Conditio Judaica 56
Studien und Quellen zur deutsch-jüdischen Literatur- und Kulturgeschichte

Herausgegeben von Hans Otto Horch
in Verbindung mit Alfred Bodenheimer, Mark H. Gelber und Jakob Hessing

Gabriele von Glasenapp /
Florian Krobb

Jüdische Geschichtsbilder
aus Böhmen

Kommentierte Edition
der historischen Erzählungen
von Salomon Kohn

Max Niemeyer Verlag
Tübingen 2005

Bibliografische Information der Deutschen Bibliothek

Die Deutsche Bibliothek verzeichnet diese Publikation in der Deutschen Nationalbibliografie;
detaillierte bibliografische Daten sind im Internet über *http://dnb.ddb.de* abrufbar.

ISBN 3-484-65156-3   ISSN 0941-5866

Druck: Laupp & Göbel GmbH, Nehren
Einband: Nädele Verlags- und Industriebuchbinderei, Nehren

Inhalt

Der Kadisch vor Col-Nidre in der Altneu-Synagoge 1

Der Retter. Aus der Mitte des 16. Jahrhunderts 21

Gawriel 65

Anhang 193

   Nachwort. Jüdische Geschichtsbilder – Die historischen Erzählungen
   Salomon Kohns 193

   Editorische Notiz 230

   Abdrucknachweise 230

   Salomon Kohns Werke: Auswahlbibliographie 231

   Neudrucke und Übersetzungen 231

   Worterklärungen und historische Erläuterungen 235

   Danksagung 247

Der Kadisch[1] vor Col-Nidre[2] in der Altneu-Synagoge

Es war ein stürmischer Freitag-Abend im Monate September des Jahres 1577.

Es war schon spät, die freundlichen Schabbeslampen waren verglommen, und tiefe Stille herrschte in der prager Judenstadt.

Blos in einem Hause brannte noch düster ein Tiegel, es war dies im dritten Stockwerke eines Hauses in der Schammesgasse, welches jetzt mit Nro. 115 bezeichnet ist, bei Rab. Mordechai, dessen Weib in bangem Zagen der Entbindung entgegensah.

Die achtzackige Lampe war schon verloschen. Rab. Mordechai selbst saß daher an dem Tische, wo der Tiegel brannte und las in einem großen Folianten. Die Hebamme und die alte Magd hatten sich auf eine Bank gekauert, und plapperten leise Gebete für eine glückliche Entbindung.

Das röthliche Licht des Tiegels warf riesige Schatten auf die Wand des ärmlichen Zimmers.

Der Wind und der Regen schlugen mit Macht an das kleine Fenster; im Zimmer selbst aber wurde die unheimliche Stille blos von Zeit zu Zeit durch das Stöhnen der Kindbetterin unterbrochen.

Rab. Mordechai war ermüdet über seinen Folianten, dem er heute nicht die gebührende Aufmerksamkeit zuzuwenden mochte, eingeschlafen. Plötzlich entfuhr der schwergequälten Brust der Kreißerin ein lauter Schrei. Erschrocken fuhr Rab. Mordechai aus seinem Schlummer auf und stieß bei dieser heftigen Bewegung den Tiegel, das einzige Licht im Zimmer, um.

Um Gott! was habt Ihr da gethan! schrie die Hebamme; Ihr müßt Licht machen, R. Mordechai, ich sag es Euch, gleich müßt ihr Licht machen; ich hab' es selbst gesehen, daß der *Chosid, der fromme Rab. Leb am heiligen Schabbes Licht und Feuer gemacht hat, als sein Weib –

Beruhigt Euch, Mariem! sprach Rabbi Mordechai, ich weiß es auch, wenn Lebensgefahr droht, ist es erlaubt, ja sogar geboten, die nöthigen Arbeiten zu verrichten; aber zuerst will ich es doch versuchen, auf der Straße einen Nichtjuden anzusprechen; vielleicht thut er mir's zu Gefallen; gebe es Gott! – komme ich aber allein zurück, so mache ich selbst Licht, so schreibt es das Gesetz vor.[3]

---

[1] Gebet für Verstorbene.

[2] Vorabend des *Versöhnungstages.

[3] Das talmudische Gesetz befiehlt ausdrücklich, daß, in dem Falle der Sabbath zur Rettung eines Menschenlebens durch eine Arbeit entweiht werden muß, diese von dem Vornehmsten im Hause verrichtet werde.

Jetzt gedulde dich einen Augenblick, liebes Weib! ich komme so bald als möglich zurück; gehabt Euch indeß wohl. Dies sprechend warf er seinen Mantel
um, und eilte die enge finstere Stiege herunter.

Es war ein furchtbares Unwetter, der Regen goß in Strömen herab, ein ungewöhnlich stürmischer Wind durchfuhr heulend und pfeifend die öden menschenleeren Gassen, die er planlos durchirrte. Was Wunder, wenn er keinem
begegnete. Schon wollte er verzweifelnd heimkehren, als er bemerkte, daß er
sich in der Nähe der kaiserlichen Wachstube befinde. Er eilte hin und fand den
Anführer der kleinen Rotte mitten in der Straße, unbekümmert um Sturm und
Regen, dem Anscheine nach in tiefen Gedanken versunken, stehen. Herr! fle-
hete Rab. Mordechai, schick einen Mann mit mir, daß er mir Licht mache in
meiner Stube, denn mein Weib liegt in Kindesnöthen, und wir haben kein
Licht und es ist Schabbes.

Das kann ich thun, sprach der Korporal; Wenzel, geh mit dem Manne, mach'
ihm Licht und Feuer und alles, was er will; Sonntag wird er dir deine Mühe
bezahlen.

Dank, tausendfachen Dank, Herr! sprach Rab. Mordechai; Gott soll's Euch
lohnen, Ihr thut ein gutes Werk.

Kaum war Rab. Mordechai mit dem Soldaten zu Hause angelangt, kaum hatte
dieser Licht gemacht, so ward die Frau von einem starken, gesunden Kinde
entbunden.

Rab. Mordechai warf sich gerührt auf's Knie, und dankte Gott aus der Tiefe
seiner Seele.

Jetzt sagte er zu dem Soldaten, gehe, zünde dir ein Licht an, denn die Stiege
ist finster, und ich mag nicht von meinem Weibe gehen. Sonntag will ich dir
zahlen.

Der Soldat that, wie ihm geheißen wurde, und ging.

Eine viertel Stunde später wollte die Hebamme eine Arzenei aus der Apo-
theke holen, kaum aber hatte sie das Zimmer verlassen, so kehrte sie todten-
bleich und zitternd gleich zurück. Gott soll sich's erbarmen! Gott soll sich's
erbarmen! Ein großes schweres Unglück ist geschehen! rief sie händeringend,
und Ihr, Rab. Mordechai! seid Schuld daran; warum habt Ihr nicht selbst Licht
gemacht? zu was mußtet Ihr den Bal-milchome[4] heraufnehmen, der jetzt todt
auf der Stiege liegt?

Was? rief Rab. Mordechai erbleichend.

Was? frug mit bebender Stimme die Wöchnerin.

Nichts, mein Kind! nichts, Chaile! sprach Rab. Mordechai, die furchtbare
Angst, die ihn erfaßt hatte, gewaltsam niederringend. Der Soldat ist auf unserer
Stiege gefallen. Vielleicht hat er des Abends zu viel getrunken. Ich muß nur
hinunter sehen, ob er sich nicht beschädigt hat.

Nein, jammerte die Hebamme, nein, Rabbi Mordechai! er ist todt.

Schweigt, Thörin! rief dieser zitternd und eilte die Stiege hinunter.

---

[4] Soldat.

Der Soldat lag leblos da. Alle Versuche, ihn in's Bewußtsein zurückzurufen, waren fruchtlos. Der herbeigerufene Arzt erklärte jede Mühe für vergeblich, da der Soldat von einem Nervenschlage getroffen sei.

Wir versuchen es nicht, die furchtbare Lage Rab. Mordechai's zu schildern. Ein solcher Vorfall war in jenen finstern Zeiten das schwerste Unglück. Der Arzt eilte zugleich zum Parneß,[5] um ihn zu wecken und ihm den Vorfall zu melden; denn ein solches Unglück wurde das Gemeingut Aller. Der Parneß erschien sogleich, und die drei Männer beriethen nun, was zu thun sei.

Meine Meinung ist, sprach der Parneß, Ihr, Rabb. Mordechai geht zu dem Korporal und erzählt ihm den Vorfall; er soll helfen wie er kann, und er soll reich belohnt werden. Ihr müßt Euch aber sputen, damit wir nicht die günstige Zeit nicht versäumen, und Hilfe unmöglich werde.

Rab. Mordechai eilte zur Wache. Starr wie eine Bildsäule stand der Korporal noch an derselben Stelle, wo er ihn verlassen hatte.

Rab. Mordechai erzählte ihm den Vorfall. Helft, rief er, als geendet, um Gottes willen! – Ihr müßt uns helfen! rief er in steigender Angst, in einer fast wahnsinnigen Aufregung, als er sah, daß ihm der Mann starr in's Auge blickte, als verstünde er ihn nicht. Ihr seid gut und mild, Ihr habt Euch des armen Juden erbarmt, dessen Weib in Kindesnöthen lag – Ihr könnt es nicht wollen, daß Menschenblut um Nichts vergossen werde – und säumet Ihr mit Eurem Rathe, so kömmt die Hilfe zu spät. Graut der Morgen und Ihr habt nichts gethan, so kommt das Volk und mordet den Säugling und den Greis, ermordet Alles, Alles!!

So wahr Gott lebt, sprach der Korporal bewegt, so lieb mir mein Seelenheil ist, so gerne will ich rathen, gönnt mir nur einen Augenblick Zeit, nachzudenken. – Wie viel ist's an der Zeit? frug er plötzlich.

Vor Mitternacht.

Gut, dann ist's gut, sprach der Soldat; Gott sei gelobt! er will nicht, daß unschuldig Blut vergossen werde. Eilet und thuet, was ich Euch sage: Ihr steckt dem Todten eine Flasche in die Tasche; dann läßt Ihr Euch das Pförtchen am Dreibrunnenplatze öffnen, tragt ihn schnell und behutsam in die Karpfengasse und legt ihn dort vor eines der Wirthshäuser; für das Uebrige werde ich dann Sorge tragen. Ich werde darüber Eurem Oberrabbiner Bericht erstatten. Nun geht und eilt.

Rabbi Mordechai und der Arzt befolgten den Rath des wackern Soldaten pünktlich, und sie waren so glücklich, auf diesem furchtbaren Gange Niemandem zu begegnen.

Am folgenden Tage, Samstag, war das Vorsteherkollegium, aus 5 Männern bestehend, beim Oberrabbiner versammelt. Der Parneß hatte sie berufen, um Rathes zu pflegen in dieser hochwichtigen Angelegenheit. Er erzählte den entsetzten Männern die Begebenheit dieser schauervollen Nacht. Als er geendigt, sprach er: Noch dürfen wir uns keiner süßen Hoffnung hingeben; so lange

---

[5] Erster Vorsteher der Gemeinde.

der Korporal nicht beim Rabbi war und ihm berichtet hat, so lange schwebt noch das blinkende Schwert über unsern Häuptern. Jedenfalls aber bleibe die Sache ein Geheimniß, und niemand von uns möge es einem Andern mittheilen, denn Leben und Tod liegt auf der Zunge.[6]

Man hole Rab. Mordechai, sprach der greise *Raf, indem er nachdenkend den silberweißen Bart mit den Fingern durchfuhr.

Rab. Mordechai, von der schrecklich durchwachten Nacht ganz erschöpft, erzählte den Hergang umständlich noch einmal. Als er geendigt hatte, sprach der Raf erzürnt:

Ihr sollt ein Lamden[7] sein? ein Am horez[8] seid Ihr. Wißt Ihr denn nicht, daß man bei Skanos Nefaschos[9] am Samstage arbeiten muß?

Wohl weiß ich es, Rabbi! entgegnete Rab. Mordechai; aber hätte ich nicht erst versuchen sollen, einen Nichtjuden zu finden? Mein Vater, Secher Zadik liwrocho![10] hat mir oft eingeschärft, nicht leichtsinnig Schabbes mechalel zu sein,[11] zuerst muß man alle erlaubten Mittel aufbieten.

Ich sage Euch, Ihr hättet Feuer machen sollen, ich, Euer Raf; und weil Ihr's nicht gethan habt, habt Ihr Unheil über eine ganze Gemeinde in Israel hereingebracht. Der Herr, gelobt sei er! wird es, so hoffe ich in gewohnter Huld und Gnade von uns abwenden. Euch aber, Rab. Mordechai, lege ich im kleinen Cherem[12] so lange, als der Ausgang der Sache noch unentschieden ist.

Demuthsvoll küßte Rab. Mordechai die Hand des strengen Lehrers und ging.

Sonntag war der Rüsttag des Versöhnungstages. Vor dem Beginn des Abendgebetes hatte sich, wie gewöhnlich, fast die ganze Gemeinde in der Rabbinergasse vor der Wohnung des Oberrabbiners, ihres geliebten Lehrers und Seelenhirten versammelt.

Der Greis erschien. Die hohe Gestalt mit dem glühenden ungeschwächten Auge und dem silberweißen herabwallenden Barte, in einen prachtvollen Talles eingehüllt, der nur vorne die *schneeigen Sterbekleider sehen ließ, machte einen tiefen Eindruck auf die versammelte Menge. Bei seinem Anblicke theilte sich die Menschenmasse und er spendete beim Durchschreiten rechts und links seinen Segen. Jene, welche ihm zunächst standen, küßten den Zipfel seiner Kleider, und alle begrüßten ihn mit ehrfurchtsvollen Segensprüchen.

------

6   *Spr. Sal. Cap. 18.
7   Gelehrter, Gesetzkundiger.
8   Unwissender.
9   Lebensgefahr.
10 Das Andenken des Gerechten sei gesegnet.
11 Zu entweihen.
12 Bann.

Bei der Altneusynagoge schied die Menge von ihm, und er trat mit dem Parneß und dem Synagogenvorsteher, die ihn aus seiner Wohnung abgeholt und begleitet hatten, nachdem er die Thürpfoste mit der Hand berührt, und diese dann ehrfurchtsvoll an seine Lippen geführt hatte, in die hellerleuchtete Synagoge.

Diese ist eines der ältesten und merkwürdigsten Gebäude.

Das Innere derselben bildet einen viereckigen, mehr langen als breiten Raum, dessen Decke von zwei mächtigen Säulen getragen wird. Diese schließen eine Tribüne, das Almemor, ein, zu dem 3 Stufen hinaufführen und welches von einem mit Marmorplatten belegten niedrigen Gemäuer umgeben ist, auf welchem sich ein Gitter erhebt. Das Almemor steht nicht in der Mitte der Synagoge, sondern der Bundeslade etwas näher. Auf dem Almemor erhebt sich eine hohe mächtige Fahne, die von einem Ende desselben bis zu dem andern reicht.[13]

Das Gotteshaus war wie gewöhnlich an diesem Abende herrlich beleuchtet, und an allen Lampen, die von der hohen Decke niederhingen, brannten Wachskerzen. Überdies waren um das Almemor so wie an den Wänden der Synagoge ringsherum eine Anzahl weißer mannshoher brennender Wachskerzen aufgestellt, die in Uebereinstimmung mit den weißen Sterbekleidern der Betenden prachtvoll gegen die tiefe Schwärze der Wände und der Decke abstachen.

Der herkömmlichen Sitte gemäß bestieg der greise Rabbi die Stufen, die zu der Bundeslade führen. Die versammelte Menge erwartete heute wie immer schöne Worte der Ermahnung zu hören. Der Rabbi aber begann und sprach von heftigem Schluchzen unterbrochen:

Meine Freunde! Schon seit vierzig Jahren betrete ich die heilige Stelle an diesem feierlichen Abende, um Euch zu ermahnen. Aber heute muß ich Euch eine schmerzliche Kunde mittheilen.

Es hat dem Herrn der Heerschaaren gefallen, uns mit Angst und Schrecken heimzusuchen. Es droht unserer lieben Gemeinde großes Unheil. Wohlweis-

---

[13] Diese Fahne findet sich noch jetzt in der Altneusynagoge. Es ist dies ein merkwürdiges Privilegium der prager Judengemeinde. Die Fahne trägt auf der einen Seite in hebräischer Sprache wörtlich folgende Inschrift:
Der Herr Zebaoth erfüllt mit seiner Herrlichkeit den ganzen Erdball.
117 Jahre der *kleinen jüdischen Zeitrechnung, das ist 1357 der üblichen Zeitrechnung, ertheilte Kaiser Carolus der II. der prager Judenschaft das Recht, eine Fahne zu führen.
Das Recht wurde auch erneuert (bestätigt) in den Tagen des Kaiser Ferdinandus gesegneten Andenkens. Durch die Länge der Zeit aber ging sie (die Fahne) zu Grunde. Jetzt aber wurde sie zu Ehren unseres Herr und Kaisers Karolus des VI. – der Herr verleih ihm Ruhm – bei der glücklichen Geburt seines erlauchten Sohnes des Erzherz. Leopold renovirt.
Ein unübersetzbares hebräisches Chronogramm gibt als Inschrift dieser Restauration 1715 an.
*Wir werden nächstens die Erzählung des Hergangs liefern, welcher Kaiser Karl dem IV. Veranlassung gab, der prager Judenschaft dieses Recht zu verleihen.

lich haben wir, die Lehrer und Vorsteher dieser Stadt, beschlossen, Euch nichts Näheres darüber mitzutheilen.

Ich hoffe aber, der Herr wird in seiner allerbarmenden Huld seine Kinder nicht verlassen, die keinen anderen Schutz haben als ihn; denn es spricht der Herr:[14] »Sage ihnen, so wahr ich lebe! ich will nicht, daß der Frevler sterbe, er kehre zurück von seinen Wegen und lebe. Kehrt zurück, kehrt zurück von Euren schlechten Wegen! Warum sollt Ihr sterben, Haus Israel? Es spricht der Herr: Kann ich den Tod des Frevlers wollen? O! kehre er zurück, daß er lebe!«

Drum sage ich Euch, thut Buße und bereuet.

Damit wir aber zerknirschten Herzens unser Gebet vor Gott ausschütten, verordne und befehle ich hiermit Euch und allen Erwachsenen unserer Gemeinde, Männern wie Frauen, jeden Montag und Donnerstag zu fasten und außerordentliche Versammlungen in den Gotteshäusern abzuhalten, wo wir beten und die Armen und Dürftigen unterstützen wollen, jeder, so weit sein Vermögen reicht. Ich aber will, so lange die Sonne uns sichtbar ist, von Sonnenaufgang bis Sonnenuntergang, nichts genießen, und mit dem Fasten so lange fortfahren, bis der Herr weggezogen hat die finstere Wolke seines Zornes, und uns wieder leuchten wird der Strahl seiner Gnade.

Zu dir aber, König der Könige! fleh' ich, rief er, indem er die Bundeslade, in welcher die heiligen Schriftrollen liegen, öffnete und sich auf's Antlitz warf. Es möge dein geheiligter Wille sein, daß deine unerschöpfliche Huld verdränge deinen gerechten Grimm, daß deine unendliche Barmherzigkeit abwälze unsere Schuld von uns, daß du gnädig seiest deinen Kindern, und an ihre Schuld nicht legest die Meßschnur des strengen Rechts.[15] Nachdem er noch einige Worte im leisen Gebete gesprochen, erhob er sich, sichtbar gestärkt und erkräftigt, küßte die Gesetzrollen, schloß die Bundeslade, und begab sich an seinen Platz.

Die ganze Gemeinde war auf das Tiefste erschüttert, und als der Rabbi seine Rede geendigt hatte, ertönte in dem ganzen Raume ein herzzerreißendes Schluchzen. Vielleicht noch nie wurde ein Jom Kippur mit höherer Weihe, mit tieferer Inbrunst gefeiert.

Vier Wochen waren verflossen, während welchen die ganze Gemeinde den Vorschriften des Rabbi getreulich nachkam, als diesem ein Soldat gemeldet wurde, welcher ihn dringend zu sprechen wünschte.

Er möge eintreten, sprach der Raf.

Der Soldat trat ein. Es war dies ein hochgewachsener kräftiger junger Mann in den beginnenden Zwanzig, dessen männlich schöne Züge die Spuren tiefen Seelenleidens trugen.

Rabbi! sprach er, ich bin der Korporal, der vor vier Wochen in der Judenstadt auf der Wache war, als sich der unglückliche Zufall ereignete; ich bin so

---

[14] *Ezechiel, Cap. 33.
[15] *Talm. Berachoth, Fol 7. a.

glücklich, Euch, Rabbi! mittheilen zu können, daß nun jede Gefahr durch die göttliche Gnade, die meinen Verstand erleuchtete, beseitigt ist.

Dann seid mir doppelt willkommen, edler Retter! sprach der Rabbi gerührt, dem Wackern die Hand reichend, welcher dieser an seine Lippen führte. Möge Gott Euch diese That lohnen, wir Menschen können es nicht. Hätte ein Mann aus Eurer Rotte es bemerkt und verrathen, daß Ihr den bestürzten Männern es gestattet, ja sogar angerathen habt, den Todten aus dem Bereiche der Judenstadt zu tragen, daß Ihr, als der Soldat nicht zurückkam, unterließet, die nöthigen Nachforschungen zu veranlassen, so hättet Ihr selbst mit in unser Unglück verwickelt werden können, man hätte Euch eines sträflichen Einverständnisses beschuldigt, und gewiß wäre unverdienter Tod der Lohn Eures Edelmuthes geworden.

Möge es mir aber gestattet sein, Euch im Namen unserer Gemeinde, die Euch so unendlich viel schuldet, dieses Geschenk als Zeichen unserer tiefgefühlten Dankbarkeit zu überreichen.

Während er dies sprach, nahm er mehrere Rollen Gold aus dem Schranke, und überreichte sie dem Soldaten.

Nein, Rabbi! sprach dieser ablehnend, das Geschenk nehme ich nicht an; vertheilt es an die Armen Eurer Gemeinde. Aber ich erbitte mir eine andere Gunst von Euch, Rabbi! eine Gunst, deren Gewährung mit lieber als Gold und Goldeswerth ist, eine Gunst, deren Gewährung ich als eine besondere unverdiente Gnade betrachten wollte, und die wie ein heilsamer Balsam meinem gramzerwühlten Herzen Linderung brächte, eine Huld, die noch in der letzten Stunde meines Lebens, wie ein himmlischer Cherub, die zermalmende Wucht ungesühnter Schuld, die auf meiner Seele lastet, erleichterte.

Während der Soldat so sprach, hatte sich eine schmerzliche Rührung seiner bemächtigt, das große dunkle Auge ward von Thränen umflort, heiße Zähren floßen über die bleichen Wangen herab, er schluchzte wie ein Kind.

Erstaunt blickte ihn der Rabbi an, die edle Sprache und die Thränen, die den tiefsten Tiefen seiner Seele zu entquellen schienen, erweckten bei dem Rabbi eine ungewöhnliche Theilnahme.

Wenn es in meiner Macht steht, sprach der Rabbi gerührt, werde ich Euren Wunsch erfüllen.

Bevor ich meine Bitte vortrage, begann der Soldat nach einer Pause, ist es nothwendig, Euch, gelehrter Rabbi, meine Lebensgeschichte zu erzählen.

Ich bin der Sohn vermögender jüdischer Eltern, und Polen ist mein Vaterland. Mein Vater, ein alter Mann, der sich mit dem Pferdehandel beschäftigte, wünschte mich, der Sitte unseres Landes gemäß, frühzeitig verheiligt. Es ward mir leicht dem väterlichen Willen Folge zu leisten, denn das siebenzehnjährige Mädchen, welches mir bestimmt wurde, war eben so liebenswürdig als tugendhaft. Im ersten Jahre unserer Ehe ward mir ein Knabe, ganz das Ebenbild seiner anbetungswerthen Mutter, geboren. Mein liebes Weib und ich, wir verehrten beide abgöttisch dieses herrliche Geschöpf. So waren mehrere Jahre eines ungestörten Friedens verflossen. Eines Tages erhielt mein Vater einen schwarz gesiegelten Brief, der ihm die Nachricht brachte, daß sein Bruder, der als armer Knabe die Heimat verlassen, als wohlhabender Mann, ohne Hinterlassung rechtlicher Erben, in Amsterdam gestorben sei. Da mein Vater demgemäß der einzige Erbe war, so erschien es nothwendig, in Amsterdam persönlich zu erscheinen. Mein Vater war schon alt und nicht geeignet, die weite Reise zu unternehmen. Da ich sein einziger Sohn war, mußte ich als sein natürlichster Vertreter mich zur Reise entschließen. Ich trennte mich nur ungern von meiner theuren Familie, aber der Nothwendigkeit nachgebend, schied ich, ein peinliches Vorgefühl im Herzen, mit den nöthigen Vollmachten versehen, von meinem Vaterhause. Drei Wochen waren unter fortwährenden Mühseligkeiten verflossen, als ich eines Abends in einem vier Stunden von Amsterdam gelegenen Dorfe anlangte. Es war schon spät, und ich hätte vor tiefer Nacht die Stadt nicht erreicht; nach einigem Besinnen beschloß ich, hier zu übernachten. Dieser Entschluß war mir unheilbringend, denn von diesem Augenblicke an bildet mein Leben nichts als eine unentwirrbare Reihe qualvoller Leiden. O! hätte es dem Allmächtigen gefallen, mich nie dies Haus betreten zu lassen!

Blickt nicht zurück in die Vergangenheit, sprach der Rabbi ernst. Wer zu dem Allmächtigen fleht, er möge Geschehenes ungeschehen machen, dessen Gebet ist ein vergebliches, lehren unsere Weisen. Ermannt euch, erkräftigt Euch und wendet den freien hoffnungsreichen Blick in die Zukunft.

Nein, nein, rief der Soldat von krampfhaftem Schluchzen unterbrochen, nirgend erblicke ich einen Hoffnungsstrahl, öde und finster, wie mein freudeleeres Herz, erscheint mir auch die Zukunft. Er war bei diesen Worten aufgestanden und durchschritt hastig mehrmahls das Zimmer.

Der Rabbi ließ ihn gewähren. Als er sich von den schmerzlichen Erinnerungen, die dieser Wendepunkt seines Lebens in ihm hervorgerufen, erholt hatte, fuhr er in seiner Erzählung fort.

Da nächsten Morgen die große Messe in Amsterdam beginnen sollte, und deßhalb das Wirthshaus mit Gästen überfüllt war, mußte ich mich bequemen, mit einem kleinen Stübchen im letzten Stocke vorlieb zu nehmen, ein Stübchen, welches so eng war, daß ich meinen Koffer, der nebst meinem Reisegelde, die zur Begründung meines Erbanspruches nöthigen, gerichtlichen Documente enthielt, nur mit Mühe unterbringen konnte. Ermüdet von der Reise warf ich mich entkleidet auf mein Lager um mich durch einen erquickenden Schlummer für die Erlebnisse der folgenden Tage zu stärken. Es mochte wohl Mitternacht gewesen sein, als ich durch ein wildes Getöse, durch einen grauenerregenden Wehe- und Hilferuf, aus meinen süßen Träumen geweckt wurde. Der wohlthätige Schlaf hatte mir die theuren Bilder meiner Lieben, mein holdes Weib, den zarten Knaben auf dem Arme, und meinen greisen Vater vorgezaubert; welch' schreckliches Erwachen! Als ich an's Fenster eilte, sah ich zu meinem namenlosen Schrecken das ganze Wirthshaus in Flammen. Mein Leben ist, wie Ihr hören werdet, reich an außergewöhnlichen Erlebnissen, aber auch diese Scene wird nie aus meinem Gedächtnisse schwinden. Einen Augenblick betrachtete ich, wie versteinert, erstaunt dieses gräßlich schöne Schauspiel. Mit tausend gierigen Zungen leckte die Flamme ringsherum. Plötzlich ertönte ein ohrzerreißendes Geklirr, die Fenster im untern Stockwerk waren zersprungen, und fast gleichzeitig entstieg jedem derselben eine Rauchsäule, der gleich darauf ein Schlangenheer von Flammen folgte, die mit wilder Hast die sichere Beute umschlangen. Ein Zuruf von der Straße, mich zu retten, erweckte meine Besinnung, ich eilte zur Thür, aber beim Öffnen derselben zog das Flammenmeer in das Zimmerchen, dieses mit Rauch und Qualm erfüllend. Gleichzeitig hörte ich die prasselnde Treppe mit einem furchtbaren Gedröhne zusammenstürzen. Also keine Rettung! Ich eilte zum Fenster und rief den Leuten auf der Straße zu, mich zu retten. Was sollte man thun? bevor man Leitern gebracht hätte, wäre ich längst dem Feuertode erlegen. Schon glaubte ich mich rettungslos verloren, da rief mir eine Stimme von unten zu: Werft euch herab, wir haben Stroh gestreut, es wird Euch beim Falle nichts Leides geschehen. Das Zimmer, worin ich mich noch immer befand, war von einem erstickenden Qualme erfüllt, die Flammen drangen bis in meine unmittelbarste Nähe. Mehr der Eingebung eines dunklen Erhaltungstriebes als einem geregelten Plane folgend, stürzte ich mich herab und fiel bewußtlos auf das ausgebreitete Stroh.

Als ich zur Besinnung kam, lag ich in einem reinlichen Bette, in einem freundlichen Zimmer in Amsterdam. Der Menschenfreund, der mein Leben durch seinen Rath gerettet, hatte mich auch, als ich besinnungslos da lag, in seinem Wagen nach Amsterdam bringen, einen Arzt rufen und mir überhaupt die sorgfältigste Pflege angedeihen lassen.

Die Dankbarkeit, die ich gegen meinen Wohlthäter empfand, könnt Ihr, Rabbi! Euch leicht vorstellen.

Rab. Mosche Tauer, dies war der Name meines gastlichen Wirthes, war ein kleiner magerer Mann, dessen Züge bis auf das rothe Haar und das Schielen des rechten Auges, einen recht wohlwollenden Ausdruck annehmen konnten. Meinen innigen Dank wies er bescheiden zurück. Ich habe blos die heiligste der Pflichten erfüllt, und das ist nicht des Redens werth, sprach er jetzt, aber, fuhr er fort, laßt mich den Zweck Euerer Reise wissen, wenn dieser kein Geheimniß ist! vielleicht kann ich Euch mit Rath und That dienen. Ich bin hier in Amsterdam wohl bekannt, und kann mich rühmen, daß mich meine Freunde eben so lieben, als die Schlechten, meine Feinde, die mich hassen und verfolgen.

Man verfolgt Euch, guter Mann? rief ich entrüstet. – Lassen wir das, entgegnete Rab. Mosche betrübt, und sprechen wir, wenn es euch beliebt, von Euren Angelegenheiten.

Ich, entzückt einen so würdigen Freund gefunden zu haben, erzählte ihm den Zweck meiner Reise und bat ihn inständigst, mich, der ich die holländische Gerichtspflege nicht kannte, in meinen Bemühungen zur Erlangung meines Erbgutes zu unterstützen. Der freundliche Rab. Mosche versprach es. Da mein Koffer verbrannt, und ich dadurch aller Hilfsmittel entblößt war, erbot sich Rab. Mosche auch, mir das nöthige Geld zur Anschaffung einer anständigen Kleidung und meines Lebensunterhaltes so lange vorzustrecken, bis ich vom Hause Geld und die zur Begründung meines Rechtsanspruches nöthigen gerichtlichen Dokumente wieder erhalten hätte; auch sollte ich bei ihm wohnen. Da mir kein anderer Ausweg blieb, war ich gezwungen, dieses freundliche Anerbieten anzunehmen.

In Amsterdam ganz fremd, war ich blos auf Rab. Mosche's Gesellschaft angewiesen, der ganz isolirt von der dortigen Gemeinde zu leben schien. Bald erhielt ich von meiner Familie, in Beantwortung eines Briefes, Geld und Urkunden. Das Schreiben, welches mir Rab. Mosche übergab, war erbrochen, ein Umstand, der, wie Rab. Mosche mir erzählte, daher rührte, weil in meinem Vaterlande eine Verschwörung entdeckt wurde, deren Verzweigungen sich bis in das Ausland erstrecken dürften, und man dem zu Folge von Seiten der Regierung alle Briefe von und nach Polen öffnen lasse, um deren Inhalt kennen zu lernen. Mein blindes Zutrauen zu Rab. Mosche ließ keinen Zweifel in mir rege werden; überdies waren Unruhen in meinem Vaterlande nicht selten. Blos der Umstand setzte mich in Erstaunen, daß die von der Regierung erbrochenen Briefe nicht wieder gesiegelt wurden und so in die Hände der Empfänger gelangten. Rabbi Mosche empfahl mir auch einen Gesetzkundigen, den er als einen streng rechtlichen, für seine Klienten sehr thätigen Mann bezeichnete. – Wider alles Vermuthen aber wurde die einfache Rechtssache auf eine mir unerklärliche Weise verzögert, fortwährend wurden meine Ansprüche von verschiedenen Seiten bestritten. Namentlich war es aber ein Weib, welches vorgab, bei meinem seligen Onkel als Wirthschafterin gedient zu haben und durch ihn Mutter zweier Kinder geworden zu sein, das am hartnäckigsten gegen mich ankämpfte. Obwohl das Gericht vielleicht die vollste moralische Überzeugung von der Unwahrheit dieser Behauptung hatte, da mein Onkel sich in jeder Beziehung des besten Rufes erfreut hatte, mußte es dennoch einen Ausgleich anordnen, da diese lügenhafte Aussage durch den Eid zweier Zeugen erhärtet worden war. Da mein Anwalt gegen die Bescheide der untern Behörden fortwährend recurrirte, zu welchem Zwecke er unaufhörlich Geldvorschüsse von mir erhob, so zog sich die Sache in die Länge. Während dieser Zeit war ich überdieß durch einen andern Umstand sehr beunruhigt. Alle Briefe, die ich nach Hause schrieb, blieben nämlich unbeantwortet, und ich war über das Befinden meiner Familie in völliger Unwissenheit. So waren zwei Jahre verflossen, als die Entscheidung der obersten Instanz sich dahin aussprach, daß die Hinterlassenschaft zwischen mir und den vermeintlichen Kindern meines Onkels gleich getheilt werde. Dem Rathe meines Freundes R. Mosche folgend, wählte ich die Prätiosen, welche die Hälfte der Verlassenschaft ausmachten, während dem Weibe und seinen Kindern die Baarschaft zufiel. Als ich nun die Prätiosen meinem Hausherrn zu dem Zwecke übergab, sie zu verkaufen, und den größtmöglichen Erlös zu erzielen, verschwand dieser plötzlich, während er mich unter einem Vorwande außer dem Hause beschäftigt entfernt hielt. Ich war auf eine unerhörte Weise betrogen worden, Moses Tauer war ein niederträchtiger Betrüger. Blos einmal in seinem Leben hatte er eine edlere Regung empfunden und das war damals, als er mich Leblosen freundlich aufnahm. Aber bald bereuete er die gute That. Als er aber von mir den Zweck meiner

Reise vernommen hatte, faßte er sogleich den Entschluß, mich um diese Erb-
schaft zu prellen. Der großartige Gaunerstreich gelang. Nachdem er mein Vertrauen erschlichen hatte, mißbrauchte er es auf eine schändliche Weise. Er
erbrach meine Briefe, die da ich in Amsterdam unbekannt war, unter seiner
Adresse kamen und unterschlug mir eine große Anzahl derselben. Weshalb er
dies that, ist mir unbekannt, da ich den Inhalt dieser Briefe nie kennen gelernt
hatte; zweifelsohne war es zum Gelingen seiner Pläne nothwendig. Der Anwalt, den er mir empfohlen hatte, war ein abgefeimter Spitzbube der mit ihm
unter einer Decke spielte. Das Weib mit den beiden Kindern war ebenfalls von
Moses Tauer zu dem Zwecke gedungen worden, um die eine Hälfte meines
Erbgutes mit unfehlbarer Gewißheit zu erhaschen, und er und der Anwalt theilten sich darin, während die Betrügerin sich mit einer kleinen Summe begnügen
mußte. Die beiden falschen Zeugen welche die lügenhafte Aussage eidlich
bekräftigten, waren: Moses Tauer und mein Anwalt.

Ich war schrecklich betrogen worden! Der bittere Schmerz getäuschten Vertrauens durchzog mein Herz, und ein furchtbarer Argwohn gegen alle Menschen
lagerte sich wie eine finstere Wolke um meine Seele. Plötzlich erwachte auch
eine bisher nie gefühlte Sehnsucht nach der Heimat in mir, die Bilder meiner
Theuern schwebten in unendlich süßer Wehmuth vor meinem geistigen Auge,
ein nie geahnter Trieb spornte mich zur Rückkehr in mein Vaterland. Ich habe
es schon erwähnt, ich war mißtrauisch gegen Alle, gegen Alles geworden.

An die heilige Erinnerung an mein Weib hatte sich bald der herbe Zweifel,
der nagende Wurm der Eifersucht geheftet. Mein Weib war jung und schön.
War der Engel rein geblieben? Ich war fern, ohne Nachricht von ihr, vielleicht
war auch zu ihr keine Kunde, kein Schreiben von mir gelangt, vielleicht hält
sie mich für todt, vielleicht schrieb sie mir deshalb nicht weil ich ihr gleichgiltig geworden, und sie in den Freuden einer verbrecherischen Liebe ihre Pflichten vergessen hatte! Ich glaubte wahnsinnig zu werden bei diesem Gedanken.
– Lebt mein alter guter Vater noch? frug ich mich dann; ich hatte ihn als Greis
verlassen, werde ich ihn je in diesem Leben wiedersehen? – Ich machte mir die
bittersten Vorwürfe, nicht eher abgereist zu sein. Zufällig hatte mir der Schurke
Tauer noch so viel Geld gelassen, daß ich mich zu einer schnellen Abreise
rüsten konnte. Wie von bösen Geistern verfolgt, durcheilte ich Länder und
Staaten; je näher ich meinem Vaterlande kam, desto unruhiger, desto ungedul-
diger war ich geworden. – Es war eine schöne Winternacht, als ich in mein
väterliches Dorf, das an der Gränze liegt, anlangte. Ich hatte die Pferde zur
größten Eile angespornt. Im wüthenden Vorüberjagen hatte ich wohl manche
Veränderung bemerkt, aber man wird es bei dem Seelenzustande, in welchem
ich mich befand, leicht erklärlich finden, wenn ich in diesem Augenblicke kein
scharfer Beobachter war. Ich hielt vor meinem Hause, das Herz schlug mir in
der Brust, als sollte es zerspringen. Plötzlich erblickte ich die Thür meines
Hauses geöffnet, nach Mitternacht geöffnet; und doch war es dunkel in allen
Zimmern. War es Fahrlässigkeit des Gesindes; oder, schrecklicher Gedanke!
war die Thür dem Geliebten meines Weibes geöffnet worden? Dieser Gedanke,

dessen Keim schon lange in meinem Busen lag, durchzuckte mit einem höllischen Feuer meine Seele, ich fühlte, wie alles Blut in mir, einer aufsteigenden Feuersäule gleich, sich nach dem Kopfe drängte. Die Pulse klopften in einer mehr als wahnsinnigen Aufregung! Alle meine Gedanken wichen entsetzt vor dieser gräßlichen Angst, der Gedanke an mein Kind, an meinen greisen Vater, an Alles!

Jetzt kann ich mir Ueberzeugung verschaffen, jetzt oder nie, sprach ich leise; – hat mich mein Weib verrathen? – O! rief ich, indem die unbesiegbare Liebe mit vollster Kraft in meinem Busen hervorbrach, nein! nein! nein! es kann nicht sein, sie muß mir treu sein, sie muß rein sein, wenn ich nicht an den Engeln um Gottes Thron zweifeln sollte! Langsam wie die lauernde Hyäne, die Hand an den Dolch gelegt, den ich, seitdem Mißtrauen gegen die Menschen mich erfüllt hatte, stets am Leibe trug, durchschritt ich die mir bekannten Treppen und Gänge; ich war an der Thür, die in das Schlafzimmer meines Weibes führte, – ein Druck an der Klinke, und die Thür war geöffnet, ich trat ein, die Qualen der Hölle und die Wonnen des Paradieses in meinem Herzen. Ich horchte – ich hörte nichts als den ruhigen milden Athemzug meines Weibes. O! rief ich Glücklicher, so kann nur die Schuldlose schlafen, sie ist rein, rein wie der Cherub an der Pforte des Himmels! Gerührt erhob ich meinen thränenfeuchten Blick zum Himmel, der Dolch entsank meinen bebenden Händen, dem vollsten Zuge meines Herzens folgend, stürzte ich auf ihr Bett, und drückte einen glühenden Kuß auf ihre rosigen Lippen. In diesem langen Kusse sog ich alle paradiesischen Wonnen in gierigen Zügen ein, ich war reichlich entschädigt für die Leiden der Vergangenheit, ich war bei meinem Weibe. Es war der schönste Augenblick meines Lebens, o! daß er auch der kürzeste sein mußte!

Bei diesen Worten stürzte der Soldat, der Wucht der Erinnerung unterliegend, sein Haupt auf beide Hände und schluchzte laut. Nachdem er sich gesammelt hatte, fuhr er fort:

In diesem Augenblicke öffnete sich die Thür des anstoßenden Gemachs; ein Haufe bewaffneter Männer, von denen einige Fackeln trugen, drang in das Zimmer. An der Spitze derselben stand ein Mann von athletischem Baue und mit vor Wuth verzerrten Zügen.

Hab' ich dich, Räuber meiner Ehre, ehebrecherischer Schurke! rief er mich mit einem Schlage zu Boden werfend; stirb, Hund!

Beim Scheine der Fackeln erkannte ich, daß das schöne junge Weib nicht mein Weib sei. Die Seele des gekränkten Ehemanns war also von all' den Qualen erfüllt, deren meine Seele noch vor kurzem preisgegeben war. Ich fühlte es, ich hatte keine Gnade zu erwarten. Der Wüthende hätte mich gleich mit seinem Schwerte durchbohrt, wäre ihm nicht ein Anderer kräftig in den Arm gefallen.

Halt, Stanislaus! das leid' ich nicht; siehst du denn nicht, daß der Verruchte ein Jude ist? – das Schwert eines Zborowski ist zu gut, um dem Leben eines elenden Juden den Garaus zu machen. Laß' ihn deinen Hunden vorwerfen, laß ihn verhungern, mach' mit ihm, was du willst, aber du, du selbst darfst ihn nicht tödten.

Wie gut er sich vorgesehen hat, bemerkte ein Anderer, mit einem scharfen Dolche; ei seht doch!

Das todtenbleiche Weib, das bisher, zweifelsohne im Bewußtsein ihrer Schuld zitternd, geschwiegen hatte, erhob jetzt ihre Stimme:

O! Stanislaus! rief sie, kannst du's glauben, daß ich einen Juden liebe, ich, fürstlichem Stamme entsprossen, die Gemahlin Stanislaus von Zborowski? Und kömmt man mit Dolchen zu seiner Geliebten?

Die Schlange blickte ihren Gemahl mit dem ganzen feuchten Glanze ihres polnischen Feuerauges an – er glaubte ihr, und sie war gerettet.

Ich glaubte schwer zu träumen; endlich, als ich mich gefaßt hatte, sprach ich:

Haltet Euer Urtheil zurück, edle Herren! bis ich geredet. Unter den Kriegern, denn solche waren die Männer, befand sich ein Greis, dieser sprach: Wir wollen zuerst hören!

Zborowski bezwang seine Ungeduld und schwieg.

Bevor ich aber in meiner Erzählung fortfahre, ist es nothwendig, Euch, edler Rabbi! den wahren Zusammenhang zu erklären. Als ich Polen verließ, regierte nach dem Absterben des *jagellonischen Hauses der französische Heinrich von Anjou. Als er nach dem Tode seines Bruders den französischen Thron bestieg, mußte er der polnischen Krone entsagen, und die Nation daher zu einer neuen Wahl schreiten. In Amsterdam erfuhr ich von diesen wichtigen Veränderungen in meinem Vaterlande nichts; ich war mit meinen Privatangelegenheiten beschäftigt, lebte nur in Tauers Gesellschaft und erhielt vom Hause keine Briefe.

Nach einer neunzehn monatlichen Debatte theilte sich die Nation in zwei Parteien, und den 14. December des Jahres 1576 wurde *Kaiser Maximilian der Zweite vom Kanzler des Reichs zum König in Polen ausgerufen, während Graf Zamoisky, von dem hohen Adel und der Geistlichkeit unterstützt, den Fürsten von Siebenbürgen, *Stephan Bathori, zum Herrscher wählte. Nun entstand ein heftiger Bürgerkrieg. Mein Geburtsort, an der Gränze des Landes gelegen, war zweimal Gegenstand eines heißen Kampfes gewesen. Die Häuser waren zerstört, die Bewohner gefangen weggeführt worden. Eben jetzt war das Dorf im Besitz der kaiserlichen Partei, und da mein Haus zufällig der allgemeinen Verwüstung entgangen war, hatte Stanislaus von Zborowski, der Anführer einer Kriegerschaar, es zu seinem Wohnhause gewählt.

Ihr könnt Euch denken, edler Rabbi! daß, da alle Einwohner des Dorfes vertrieben waren, und ich mich daher auf keinen berufen konnte, es mir schwer ward, meine Unschuld zu beweisen. Meiner Erzählung, die in der That unter solchen Umständen fast mährchenhaft erschien, wurde kein Glauben beigemessen, und nach einigem Ueberlegen wurde auf den Rath des alten Kriegers, der einen so großen Einfluß auf die andern auszuüben schien, beschlossen, mich dem nächsten kaiserlichen Gerichte zu übergeben.

Bei Anbruch des Tages wurde ich in einem geschlossenen Wagen in die nächste Stadt geführt, und ehe zwei Stunden vergingen, war mir das Urtheil gesprochen, um Mitternacht zur selben Stunde, als ich die Frevelthat versucht haben sollte, mit dem Beile, durch Henkers Hand, vom Leben zum Tode gebracht zu werden.

Den ganzen Tag verbrachte ich in meinem Gefängnisse im stillen Gebete. Ich sollte also aus dem Leben scheiden, ohne den Meinen Lebewohl gesagt zu haben, ich sollte sie nie wiedersehen! Ich hätte mit wonnigem Entzücken mein Leben ausgehaucht, wäre es mir nur einmal noch, nur ein einziges Mal vergönnt gewesen, mein Weib und mein Kind, diese beiden himmlischen Wesen, zu sehen und zu küssen, und meinen greisen Vater, dessen einziger Sohn, dessen einzige Stütze ich war. Um Mitternacht öffnete man die Pforte meines Kerkers, und brachte mich durch einen verschlossenen Gang in einen großen Saal. Dieser war mit schwarzen Tapeten behängt, an der der Thür gegenüberstehenden Wand hing ein großes Crucifix. An dem obern Ende des Saales stand ein halbrunder Tisch, an welchem sieben schwarzgekleidete Männer saßen. Rechts und links befanden sich zwei Nischen, welche durch Vorhänge verdeckt waren. Bei meinem Eintritte erhob sich der Vorsitzende und sprach:

Ihr seid zum Tode verurtheilt, weil Ihr bei versuchtem gewaltsamen Ehebruche mit einem Christenweibe betreten wurdet.

Bei diesen Worten wurde auf seinen Wink der schwarze Vorhang der linken Nische in die Höhe gezogen, ich erblickte ein einfaches Gerüst und drei Männer in bluthrothen Wämsern, den Scharfrichter und seine Knechte. Bei dem Anblicke des blanken Beils, das der Henker geschwungen hatte, entfuhr meiner gepreßten Brust ein lauter Schrei. In diesem Augenblicke trat die Vergangenheit nochmals in den lebhaftesten Farben vor meine Seele. Mein Tod erschreckte mich nicht; wäre ich allein gestanden in der weiten Welt, ich hätte nicht gezagt, ich hätte dem Tode ruhig in's Auge geblickt; aber der Trennungsschmerz, das Scheiden von meinen Lieben, deren Schicksal ich nicht kannte, und die vielleicht in einem fernen Winkel der Erde bedrückt und getreten noch stets des rettenden Helfers, des Sohnes, des Gatten, des Vaters harrten, das Scheiden in der bangen Ungewißheit – das war es, was mit tausend Stichen qualvoll meine Seele zerriß.

Edle Herren und gestrenge Richter! begann ich mit bebender Stimme, möge es mir gestattet sein, noch einige Worte zu sprechen. Verleiht mir ein gnädiges Gehör, und der Allgerechte wird auch Euch einst hören, wenn Ihr vor den Stufen seines unendlichen Thrones zur Rechenschaft gezogen werdet. Ich schwöre es nochmals hier im Angesichte des Todes, den ich, wenn es Gottes geheiligter Wille ist, durch Euren Richterspruch in kurzer Zeit werde erleiden müssen, ich schwöre es bei dem geheiligten Namen Gottes, und in der Stunde des Sterbens ist man kein Meineidiger, ich bin unschuldig an dem Verbrechen, dessen man mich beschuldigt. Lüge ich, so möge ich und mein Vater, mein Weib und mein Kind, drei Wesen, für deren Wohlergehen ich täglich die Qualen der Hölle erdulden wollte, nie des jenseitigen Lebens theilhaftig werden! – Amen. Ich hatte den glühenden Blick auf meine Richter geworfen, mir schien es, als wären sie bewegt. Ich wollte den günstigen Augenblick benützen und fuhr daher fort:

Bedenkt es nochmals, Ihr Herren! bevor Ihr schuldloses Blut vergießt! Ich flehe nicht um meinetwillen, aber ich habe einen greisen Vater, ein edles Weib, ein holdes Kind; auch Ihr, edle Herren! habt daheim Väter, Weiber, Kinder; auch Ihr, edle Herren! könnt es fühlen, was ich in diesem Augenblicke empfinden muß. – Schenkt mir das Leben, ich will's als eine Gnade, als eine Huld betrachten, obwohl es nur Recht ist; ich will mein Leben neu aus Euren Händen empfangen, und mein Weib und mein Kind werden betend ihre Hände für Euer Wohlergehen zum Himmel erheben, und wenn Engel flehen, erhört der gute Gott! O! sprecht es aus, das schöne Wort: Du bist frei! und die Engel im Himmel werden Wonnethränen weinen, um meines Weibes, um meines Kindes willen! Die Richter sprachen leise mit einander. Nach einer kurzen Pause, die mir eine Ewigkeit zu sein schien erhob sich der Vorsitzende und sprach:

Das Urtheil des Juden *Isak Solan – so war mein Name – ist gefällt und bestätigt, und keine irdische Macht kann es mehr ändern! Jedoch haben wir in Anbetracht deiner Jugend beschlossen, dir ein Mittel zu bieten, wie du dein Leben retten kannst. Der *Jude* Isak Solan ist zum Tode verurtheilt. Wirfst du dich reumüthig in den Schooß der allein seligmachenden katholischen Kirche, so bist du Christ, und der Jude Isak Solan hat aufgehört zu sein. In dem Augenblicke, wo du die Taufe empfängst, wirst du wie neugeboren, deine Vergangenheit fällt der Vergessenheit anheim, und Ehre, Reichthum und Glück erwarten dich. Bei diesen Worten des Richters wurde der rothsammete Vorhang der andern Nische in die Höhe gezogen. Ich erblickte eine Kapelle, bei dem reichgeschmückten Altare erwartete mich ein Priester mit dem Taufbecken. Ich blieb wie versteinert stehen. Trotz meiner maßlosen Verwirrung konnte ich doch erkennen, daß man mein Flehen vorausgesehen, und es voraus bestimmt gewesen war, mir die Taufe als Rettungsmittel anzubieten.

Edle Herren! begann ich, wenn Ihr gut und gnädig seid, schenkt mir mein Leben, ohne mir meinen Glauben rauben zu wollen. Macht nicht die Gnade werthlos durch die Bedingung. Sagt, kann ich, kann ein Mensch seinen Glauben, seine Ueberzeugung willkührlich ändern? Kann ich zu der Vergangenheit, denn jedem Juden gehört die ganze Vergangenheit und ihre Leiden, kann ich zu meinem Glauben, der wie ein flammender Sinai mein Herz durchzieht, kann ich zu ihm sagen: Weiche aus meiner Brust dem neuen fremden Gaste? Würdet Ihr, edle Herren! des Lebens halber, würdet Ihr des Beils, des Scheiterhaufens halber, die Ueberzeugung von Euch werfen, die Euch und Euren Vätern wahr und werth war? – Das Christenthum zählt Millionen von Bekennern, Kaiser, Könige und Fürsten beugen ihr Knie verehrend vor seinen Strahlen; was kann Euch daran liegen, ob ein verächtlicher Jude ihm oder seinem Glauben huldige? O! sprecht Ihr für mich, edler Priester! denn Euer Auge blickt mild und freundlich wie das meines Vaters, der sterbend einst dem Sohne fluchte, der seiner Väter Glauben verließ!

Der Priester antwortete mir in Worten, die, obwohl sie aus dem Herzen kamen, doch nicht den Weg zu dem meinigen fanden.

Nachdem er gesehen hatte, daß seine Worte fruchtlos waren, sprach er zu meinen Richtern einige Worte in lateinischer Sprache. Es schien mir, als vereinige er seine Bitte mit den meinigen. Ihr könnt Euch nicht denken, welch tiefen, unbeschreiblich wohlthätigen Eindruck diese Handlungsweise, unter solchen Umständen, in mir hervorrief. – Einige schienen bewegt, und wäre das einmal ausgesprochene Urtheil, aus mir unbekannten Gesetzesgründen, nicht unumstößlich gewesen, man hätte mir vielleicht als Jude mein Leben geschenkt. Nach einer kurzen aber lebhaften Unterredung, die ebenfalls in lateinischer Sprache geführt wurde, erhob sich der Vorsitzende und sprach zu mir: Das einmal gefällte Urtheil des peinlichen Gerichtshofes kann nicht umgestoßen werden, um so weniger, als du für die Wahrheit deiner Aussage keine Zeugen anzuführen vermagst, und der Eid eines zum Tode Verurtheilten keine Beglaubigung findet. Der Jude Isak Solan muß sterben. Trittst du aber zu dem Christenthume über, so rettest du deinen Leib und deine Seele, und von dem Augenblicke an ist das Urtheil null und nichtig. Jetzt entschließe dich.

So will ich sterben, sprach ich tonlos.

Der Henker und die Schergen traten an mich heran, entblößten meinen Hals, den ich auf den Block legte.

In diesem furchtbaren Augenblicke, wo mir das Herz fast aufgehört hatte zu schlagen, erfaßte mich nochmals mächtig der Gedanke an meine Familie, dieser unverlöschliche Gedanke, der wie eine Feuersäule mir stets in der Wüste meines Lebens vorgeschwebt war. Zugleich überkamen mich schreckliche, bisher nie gekannte Zweifel an die Gerechtigkeit der Vorsehung. Ich sollte sterben. Was hatte ich verbrochen? Noch war ich rein, noch konnte ich ruhig auf mein verflossenes Leben zurückblicken.

Noch einmal wandte sich der Vorsitzende des Gerichts an mich und sprach: Bedenke es noch einmal, das letzte Mal, dein Leben ist in deiner Hand!

Ein furchtbar dämonischer Kampf entstand in meiner Brust. – Ich gehörte mehr dem Tode als dem Leben an. Nicht fähig, der mächtigen magischen Erinnerung an meine Lieben Widerstand zu leisten, erlag ich, und weinend floh der verstoßene Engel des Glaubens aus meinem Herzen. Ich ward getauft, ich ward Christ. Während des Taufaktes war ich ohnmächtig geworden. Man brachte mich in diesem Zustande in ein schönes Zimmer.

Des andern Morgens wurde mir bedeutet, daß ich, um den Nachstellungen des mächtigen, beleidigten Ehemannes zu entgehen, mein Vaterland sogleich verlassen müsse, und daß ich unter starker Bedeckung nach Böhmen reisen werde.

Als ich hierauf entgegnete, ich wolle zu meiner Familie, ich habe meinen Glauben nur ihretwillen geopfert, antwortete man mir, die Taufe hätte jedes frühere Band zerrissen, – und eine jede Begegnung mit meinen Verwandten sei unmöglich.

Meine Ohnmacht fühlend, mußte ich mich in den bereit gehaltenen Reisewagen setzen, und fuhr, von einem Trupp Soldaten escortirt, Verzweiflung im Herzen, nach Böhmen.

Hier wurde ich einem Truppenkörper einverleibt, und man versicherte mich, daß hochgestellte Personen sich für mein Wohl interessiren.

Vier Wochen nach meiner Ankunft ward ich schon zum Korporal erhoben. Es muß dies eine göttliche Fügung gewesen sein, denn es war an jenem Tage, wo sich der bekannte Unfall ereignete.

Ich bin nun Christ und erfülle getreulich die Gebote meiner neuen Religion, um die ungeheure Kluft in meinem schmerzzerrissenen Herzen auszufüllen. Wäre ich als Christ geboren, ich fühlte gewiß bei einem Glaubenswechsel denselben wahnsinnigen Schmerz, der mich jetzt durchzuckt; denn der Mensch kann nur in seinem angeerbten Glauben, in der Religion seiner Väter glücklich werden. Ich bin unglücklich, sehr unglücklich.

Erlaubt mir nun, Rabbi! als Dank für den der hiesigen Gemeinde etwa geleisteten Dienst, folgende Bitte auszusprechen. Da ich als Jude für die Gemeinde Israel *abgestorben bin, mögt Ihr verordnen, daß für ewige Zeiten am Vorabende des Jom Kippurs, der Unglücksnacht, in der ich das Weltenlicht erblickte, für mich in der Altneusynagoge ein Kadischgebet abgehalten werde.

In vollster Erwartung blickte der Soldat in das Gesicht des Rabbi.

Die Bitte sei Euch gewährt, sprach dieser. Vielleicht ist es im unerforschlichen Rathschluße der Vorsehung beschlossen, Ihr sollt noch Euren ehemaligen Glaubensbrüdern Schutz und Schirm vor ungerechter Bedrückung gewähren. Die einzige Bedingung, die ich an die Gewährung Eurer Bitte knüpfe, ist die, daß Ihr, wenn Euch göttliche Fügung Macht und Ansehen verleihen sollte, es nie unterlassen mögt, die hohe Pflicht der Menschenliebe, dieses erhabene Band, welches gemeinsam den Glauben Eurer Väter und den Eurigen durchzieht, im vollsten Maße auszuüben.

Habt Dank, tausend Dank, edler Rabbi! rief der Soldat; möge Gott Euch diese Wohlthat lohnen. Als er weggehen wollte, flehte er mit erstickter Stimme den Rabbi um seinen Segen. Dieser legte die Hand auf sein Haupt, und sprach nur die Worte:

Der Allgerechte ist auch allerbarmend.

_ _

Es mochten wohl mehr als fünfzig Jahre verflossen sein, Rab. Mordechai und sein Weib waren schon längst gestorben, auch der würdige Raf war heimgegangen zu seinen Vätern, und als sein Nachfolger saß sein Sohn auf dem prager Rabbinerstuhle, als der Raf, Moze Jomkipur[16], da er die Synagoge verließ, von einem Mann angesprochen wurde. Erlaubt, sprach der Fremde, daß ich Euch in Eure Wohnung begleite.

Als die beiden in der Wohnung des Raf angelangt waren, hatte dieser, nun auch ein Greis von 80 Jahren, Gelegenheit, den Fremden näher zu betrachten. Die ganze Gestalt des greisen Kriegers, denn ein solcher war es, war in einen

---

[16] Dem Abende nach dem Versöhnungstage.

Mantel gehüllt. Die dunklen Feueraugen waren von der Macht des Alters nicht gebrochen, ein milchweißer Schnurbart überschattete die Lippen, welche stets ein schmerzhafter Zug umschwebte. Die Silberlocken verdeckten nur theilweise die Säbelhiebe an der hohen Stirn.

Ich möchte gerne mit Euch allein sein, Rabbi! sprach der Fremde. Als sich die Andern entfernt hatten, warf er den Mantel ab, und vor dem erstaunten Rabbi stand ein General der ungarischen Cavallerie, dessen Brust mit Ordensbändern und Sternen übersäet war.

Erfurchtsvoll erhob sich der Raf von seinem Sitze.

Bleibt, edler Rabbi! sprach der Fremde. Ihr kennt mich nicht mehr, es wundert mich nicht; es sind schon mehr als 50 Jahre, wir waren damals noch Beide junge Männer, als ich bei Eurem seligen Vater war, und ich mag mich seit jener Zeit wohl bedeutend verändert haben. Ich bin der Korporal, der in den *asseres jeme hatschuwa*[17] des Jahres 1577 die Wache in der Judenstadt befehligte, und dadurch in den Stand gesetzt war, die hiesige Gemeinde vor unverdientem Unheil zu bewahren.

Ich erinnere mich dieser Begebenheit um so lebhafter, sprach der Rabbi, als mein Vater, sein Andenken sei gesegnet! mir noch auf dem Todtenbette das Kadischgebet am *Col-nidre* auf das strengste empfahl, und mir dabei Eure Lebensgeschichte, die er bisher niemandem, selbst mir nicht, mitgetheilt hatte, erzählte.

Der edle Mann! sprach der General gerührt. Wenn es Euch interessirt, Rabbi! so will ich Euch den weitern Verlauf meines Lebens erzählen.

Mit gespannter Aufmerksamkeit folgte der Rabbi den Worten des Generals.

Euer würdiger Vater hatte mir gesagt: Vielleicht ist es in dem unerforschlichen Rathschlusse der Vorsehung beschlossen, daß Ihr einst Eueren ehemaligen Glaubensbrüdern Schutz vor ungerechter Bedrückung gewähren sollt. Von diesem Augenblicke an schien seine Prophezeiung in Erfüllung zu gehen. Die hochgestellten Männer, die mich zur Taufe veranlaßt hatten, ließen mich keinen Augenblick außer Acht, und zweifelsohne habe ich es nur ihren Bestrebungen zu danken, daß ich in zwei Jahren zum Offizier befördert wurde. In dieser neuen Stellung war es mir möglich, mich nach den Meinen zu erkundigen, und ich erhielt die erschütternde Kunde, mein Vater wäre gebrochenen Herzens gestorben, mein schutzloses Weib und ihr Kind hätten in Hunger und Elend ihr Leben verhaucht.

Es ist nunmehr schon ein halbes Jahrhundert, sprach der General, und Thränen erstickten seine Stimme, ein halbes Jahrhundert, und noch ist die klaffende Wunde meines Herzens nicht vernarbt, noch bedeckt nicht das wuchernde Moos der Vergessenheit die gähnende Kluft meines Busens.

Am Tage dieser Schreckensbotschaft erhielten wir die Nachricht, es sei Krieg ausgebrochen. Unser Regiment sollte den blutigen Reigen eröffnen; man führte uns gegen den Feind, gegen die Rebellen. Verzweiflung in der Seele,

---

[17] Die zehn Bußtage zwischen dem Neujahrsfeste und dem Versöhnungstage.

focht ich wie ein Wüthender, ich stürzte den feindlichen Kanonen entgegen, ganze Reihen sanken nieder, wir wateten bis an die Knie in warmem Blute, ich allein blieb unberührt. Kugeln pfiffen um mich herum, tödteten mein Pferd, – ich blieb, wie durch ein Kainszeichen geschützt, unberührt. Mein Fähnlein, durch meine scheinbare Tollkühnheit angefeuert, folgte mir, der Sieg war unser. Ich suchte den Tod und fand Ruhm. Ich flog von Stufe zu Stufe, und schon 1602 wurde ich beim *Sturm von Ofen auf den eroberten Schanzen Obrist meines Regiments. Ich focht nun bald in Ungarn, bald in Deutschland, bald in Böhmen. Das Glück war meinen Waffen günstig. Geburt und Rang wurden in der Armee nicht berücksichtigt, ein tüchtiger Arm, ein heller Kopf, das war es, was man brauchte, und so ward ich das, was ich jetzt bin, General Lieutenant seiner apostolischen Majestät, meines gnädigen Herrn und *Kaisers Ferdinand, und Feldherr der Croaten, Panduren und der gesammten ungarischen Reiterei. – Das schwarze Meer und der Belt haben die siegenden Fahnen meiner Regimenter gesehen, Deutschland nennt meinen Namen unter den Tapfersten; aber nicht mein Muth, meine Verzweiflung gewann Schlachten, eroberte Städte und Länder. Das wildeste Getümmel der Schlacht, der Donnerruf der Kanonen konnte den Aufschrei in meinem Innern nicht übertäuben. Auch die Worte Eures Vaters, der mir befahl, menschlich zu sein, hatte ich nie vergessen. Viele Menschenleben habe ich gerettet; Katholiken, Protestanten, Juden und Osmanen, Deutsche, Schweden, Spanier, Wallonen, jedes Menschenleben war mir gleich heilig.

Ich bin nun ergraut im Kriege, und schon vor einiger Zeit wollte ich mein Schwert meinem Kaiser zu Füßen legen; aber die Pflicht der Dankbarkeit hielt mich zurück. Ferdinand hatte mich mit Huld und Gnade überhäuft, und ich sollte ihn zur Zeit der Noth verlassen?! *Tilli war ergraut und sein Stern im Sinken. *Wallenstein war seit dem *Reichstage zu Regensburg aus dem kaiserlichen Dienste entlassen, *Pappenheim wohl tapfer, aber jung und unerfahren. Jetzt aber, da *Friedland's Kriegssonne mit neuem Glanze auf dem blutigen Schauplatz leuchtet, ist mein greiser müder Arm entbehrlich. Ich komme von Wien, ich habe meinem Fürsten die Hand geküßt und um meine Entlassung gebeten. Er hat mir das da umgehängt – er wies auf ein Ordenskreuz, das an seiner Brust hing – und mich seiner fortwährenden Gnade versichert. Ich gehe nach Polen, um dort mein reichbewegtes Leben auf den Gräbern meiner Lieben zu beschließen. Riß mich das Leben aus ihrer Mitte, möge der Tod uns wieder vereinen. – Gestern war ich in der Altneusynagoge, und habe gesehen, wie Euer Vater sein Versprechen getreulich bis über den Tod hinaus gehalten. Erlaubt mir nun Euch zu bitten, diese Geldrollen an die Armen und Bedürftigen Euerer Gemeinde, welche durch die harten Kriegszeiten viel gelitten hat, zu vertheilen. – Meinen Kriegernamen werdet Ihr wohl errathen haben, möge er nie über Eure Lippen kommen. Ich entäußere mich alles Prunkes und Glanzes, und will ungekannt in meiner Heimath den Tod erwarten, der wohl nicht mehr lange säumen wird zu kommen. Und nun, edler Rabbi! lebt wohl, schließt mich in Euer Gebet ein, und möge man nie den Kadisch vor *Col-nidre* vergessen.

Verlaßt Euch darauf, sprach der Rabbi; so lange die prager Gemeinde und die Altneusynagoge, Gott erhalte Beide! bestehen wird, wird dies Gebet für Euer Seelenheil abgehalten werden.

Nun so scheide ich getröstet und erhoben.

Sie drückten sich gerührt die Hände, und Thränen entquollen den Augen der beiden Greise. Fast willenlos sanken sie einander in die Arme und küßten sich, der Rabbi und der Feldherr!

Endlich entriß sich der General schluchzend der Umarmung, hüllte sich in seinen Mantel und ging. Seit der Zeit hatte der Rabbi nichts von ihm vernommen.

Die Mitwelt konnte sich das plötzliche Verschwinden eines großen Feldherrn jener Zeit von dem Kriegsschauplatze nicht erklären; bloß der prager Rabbi wußte, daß nur sein Name gestorben.

Das Versprechen des Rabbi wurde getreulich erfüllt, und noch jetzt wird in der Altneusynagoge vor dem Beginne des *Col-nidre* ein Kadischgebet verrichtet. Den Wenigsten ist die Ursache dieses Gebrauches bekannt.

Der Retter

Aus der Mitte des 16. Jahrhunderts

Ein schöner Sommertag war eben im Entstehen. Die Dunkelheit der Nacht wich nach und nach dem rosigen Schimmer im Osten. Ein klarer blauer Himmel blickte freundlich zur Erde herab. Tiefe Stille lag über die Stadt Prag ausgebreitet, denn noch hielt der Schlaf die meisten Bewohner auf ihrem Lager gefesselt. An den Ufern der Moldau aber ging es schon laut und lebendig zu, denn es war Freitag, und die Fischer am frühen Morgen der Käufer gewärtig.

Hanns! sprach ein alter Fischer aus seiner Hütte tretend, zu seinem Knaben, sieh nach den Netzen, denn dort kömmt schon unser bester Kundmann, der Jude Mordechai.

In der That schritt ein Mann der Fischerhütte zu. Bei dem ersten Anblicke konnte man an dem gelben Zeichen des linken Aermels erkennen, daß der Ankömmling ein Jude sei; aber gleichzeitig hätte auch jeder gestehen müssen, daß dieser Mensch ein außergewöhnlicher sei. Es war dies ein Mann in der Mitte der Dreißig. Der mächtige Bau seines Körpers, die riesige Höhe seines Wuchses, stand im vollsten Einklang mit dem hohen Adel seiner schönen Gesichtszüge. Ein glänzender schwarzer Bart beschattete die Unterseite seines Gesichtes, und fiel auf die kräftige breite Brust herab. Unter einer hohen Stirne blitzten, von dichten Brauen überwölbt, zwei Augen, glänzender und schwärzer als Kohle. Sein ganzes Wesen trug den Stempel jener hohen Seelenwürde, jener angeborenen natürlichen Hoheit, die unbekümmert um äußere Stellung und Geltung, einem edlen Selbstbewußtsein entspringt, und an dem selbst der erniedrigende Druck, der zu dieser Zeit schwer auf seiner Glaubensgenossenschaft lastete, spurlos vorübergegangen war.

Guten Morgen, Meister Mathes! sprach er mit einer wohlklingenden, volltönenden Stimme; ich bin gewiß wie immer Euer erster Käufer.

Ja, das seid Ihr, Herr Zemach, und ich wünsche Euch, Ihr möget noch – wenigstens siebzig Jahre lang – Euern Einkauf selbst besorgen. Aber wenn Ihr auch noch so spät kommen würdet, Euch bliebe immer der schönste beste Fisch aufbewahrt – nicht etwa deshalb, weil ihr nie mit mir feilscht, und mir das zahlt, was ich verlange, – nein, deshalb nicht; aber weil ich weiß, daß Ihr den schönsten Fisch nur deshalb kauft, um Euern Schabbes, Euern Feiertag zu ehren, – weil ich weiß, wie oft Ihr Eure armen Glaubensbrüder, mit Fisch und Fleisch, schon gekocht und zubereitet, am Freitag Abend überrascht. Noch kürzlich erzählte mir der krumme Itzig, der *Schuldiener, wie er am Freitag Abend verzweifelnd aus der Schule kam, und sich mit Weib und Kind traurig an den leeren Tisch setzte. Die Kinder, die armen Würmchen, schrien: Gib uns ein Stückchen Brod, wir wollen ja kein Barches,[1] ein kleines, kleines Stückchen Brod, uns hungert.

Dem armen Manne hätte schier das Herz brechen mögen vor Wehmuth, denn er hatte nicht eine Krume verschimmelten Brodes im Hause. – Da öffnete sich plötzlich die Thüre, und hereintritt die Magd des guten, edlen, frommen *Mordechai Zemach, und bringt Fleisch und Fisch, und Wein und Barches. – Das war ein Jubel! – Die Kinder sprangen vor Freude, das Weib weinte, und der Itzig hätte vor Entzücken bald Eure alte Magd geküßt. – Seht, das ist ein gutes Werk, das gefällt mir von Euch, und ich achte und verehre Euch darum so, – so – als wenn Ihr gar kein Jude wär't.

Ein bitteres Lächeln umschwebte Reb Mordechais Lippen bei dem sonderbaren Schlusse dieser Lobeserhebungen. Meister Mathes! sprach er, ich kann die Zeit nicht verplaudern, – Ihr wißt, ich habe heute viel zu thun. – Gebt mir einen Fisch, sucht mir den schönsten aus, – ich verlasse mich ganz auf Euch.

Der Fischer durchmusterte gewissenhaft seinen Vorrath, um das in ihn gesetzte Zutrauen zu rechtfertigen. Erst nach einem längeren Schwanken entschied er sich für einen großen Karpfen. Reb Mordechai zahlte den geforderten Preis.

Den Fisch trag ich mir selbst nach Hause, sprach er; wollt Ihr mir später noch drei kleinere Fische durch Euren Knaben schicken. Meine Frau wird zu Hause sein, und sie gleich bezahlen.

Ei, sprach der Fischer pfiffig, ich sehe, der Schuldiener Itzig ist kein Lügner. – Doch seht, Herr Zemach, heute wäre Euch bald ein Anderer vorgekommen. Der Mann, der so eilig auf meine Hütte lossteuert, muß sehr kauflustig sein. Wenn er nicht Fische kaufen wollte, was führte ihn denn an so frühem Morgen an's Ufer?

Die Erwartungen des Fischers wurden bald enttäuscht, denn der Mann schritt, ohne sich um ihn zu kümmern, an seiner Hütte vorüber, und setzte seinen Weg auf der Hügelkette, welche das Ufer bildete, weiter fort. Fischer Mathes Hütte war nahe am Uferrande gelegen, und Reb Mordechai hatte daher Gelegenheit gehabt, den nahe an ihm Vorüberschreitenden näher zu betrachten. Es war dies ein Mann von etwa 25 Jahren. Er schien den höhern Ständen anzugehören. Seine Kleider hingen nachlässig von ihm herab, das braune Haar fiel in wilder Unordnung auf sein Wams. Seine regelmäßigen schönen Züge waren jetzt furchtbar bleich und entstellt, die Augen waren von weiten, violetten Ringen eingeschlossen. Das krampfhafte Zucken der bläulichen Lippen, das fortwährende Zittern der Oberlippen namentlich, war ein untrügliches Zeichen einer heftigen Gemüthserschütterung.

Ich müßte mich sehr irren, dachte Reb Mordechai, wenn das nicht ein Unglücklicher ist.

---

[1] Eine Art besseren Gebäckes, das gewöhnlich am Samstag die Stelle des Brodes vertritt.

Die gütige Vorsehung hat in ihrer Allweisheit den Guten, ihren Engeln auf Erden, den bewunderungswürdigen Instinkt in's Herz gelegt, zu errathen, wo ihre Hilfe Noth thut. Ein übrigens naheliegender Gedanke durchfuhr Reb Mordechai's Seele. Er beschloß dem jungen Mann zu folgen.

Meister Mathes! vergeßt nicht, mir noch drei Fische zu schicken. – Guten Morgen.

Guten Morgen, Herr Zemach! ich wünsche Euch einen angenehmen Feiertag. Möge Euch der Fisch wohl bekommen. –

Reb Mordechai beflügelte seine Schritte, um den jungen Mann einzuholen. Erst nachdem er eine ziemliche Strecke zurückgelegt hatte, erblickte er ihn an der Spitze eines Hügels, an dem äußersten Rande des Ufers. Er war der Wasserseite zugekehrt, und zu sehr mit seinem Innern beschäftigt, als daß er die Ankunft Reb Mordechai's hätte bemerken können. Dieser blieb stehen. Der Schmerz des jungen Mannes hatte sich in Worten Luft gemacht, und Reb Mordechai stand nahe genug, um jedes derselben zu hören, und zu erkennen, daß er richtig vermuthet hatte.

So muß ich sterben, sprach der junge Mann, mit zitternder Stimme – so muß ich aus dem Leben scheiden, – und das Leben ist doch so schön – und ich bin doch noch so jung, – so muß ich mich losreißen – mit blutendem Herzen losreißen von einer Welt, an die mich die stärksten Bande der Liebe fesseln. Ich muß meine greisen Eltern verlassen – muß für immer scheiden von meiner Braut Helena, diesem Engel an Güte und Schönheit. Ich muß scheiden mit dem schmerzlichen Bewußtsein, daß das Herz meines Vaters brechen wird über den Verlust seines einzigen Kindes; – doch es ist besser so, als daß er vor Scham, vor Schande stürbe, wenn er sein einziges, geliebtes Kind gefesselt, schmachbeladen, entehrt, eines gemeinen Verbrechens angeklagt sähe. – Und kann ich es läugnen, kann ich sagen: Nein!? – Kann ich sagen, ich bin ein ehrlicher Mann, – kann ich es sagen!? – Allmächtiger Gott! und doch bin ich schuldlos, – doch hat nur ein Nichtswürdiger mein Vertrauen gemißbraucht, doch hat nur ein falscher Freund mich verrathen, mich betrogen. – Aber in den Augen der Welt, in den Augen des Gerichts, bin ich ein Verbrecher, ein Dieb!! ein Dieb!! ich habe aus der Staatscassa gestohlen, entwendet mir anvertrautes Gut, – ich bin ein Dieb, – ein gemeiner Dieb, – nein, nein, schlechter als ein gemeiner Dieb. – Der Dieb bricht das Schloß auf, der Dieb bricht nächtlicher Weise ein; man kann sich gegen ihn schützen, aber ich, ich habe aus der Staatscassa gestohlen, die man mir anvertraut hat, ich habe das Vertrauen mißbraucht, das man in mich gesetzt, ich habe meinen Namen geschändet, einen Namen, der durch Jahrhunderte in der Geschichte meines Vaterlandes glänzte, ich habe das Haupt meines Vaters, der in Ehren im Dienste seines Vaterlandes ergraute, mit Schmach, mit unsäglicher Schande beladen. – Und doch bin ich unschuldig, und doch bin ich nur das Opfer meiner Leichtgläubigkeit. – Hätte ich einen Mord begangen, einen blutigen Mord – hätte ich einen Menschen getödtet, aus Rachsucht, aus Haß, es wäre dies ein furchtbares Verbrechen, ich hätte es mit meinem Leben büßen müssen; – aber es wäre nicht so erniedrigend, nicht so schmachvoll, nicht so verabscheuungswerth, nicht so fluchwürdig, als ein gemeiner Diebstahl. – Und doch gewährt es mir eine gewisse Beruhigung, daß ich mir sagen kann, ich habe nichts verbrochen, der Glaube an die Redlichkeit meines Freundes war mein einziges Vergehen. – Und nun, du schöne Welt! lebe wohl. Allerbarmer! sei meiner armen Seele gnädig, vergib mir meine Schuld. Mögen sie glücklich sein, – meine Eltern und Helene! – Bei diesen Worten hatte er sich rasch seines Wamses entledigt.

Guten Morgen, Herr! sprach Reb Mordechai jetzt plötzlich. – Ihr wollt wahrscheinlich baden? thut es nicht. Der Strom ist hier tief, und das Baden an dieser Stelle lebensgefährlich.

Der junge Mann wandte sich erschrocken um. Sein bleiches Gesicht färbte sich purpurroth.

Was wollt Ihr? stammelte er verlegen.

Ich will Euch von einem unüberlegten Thun zurückhalten – Ihr sollt an dieser Stelle nicht baden. Es wäre Schade für Euer junges Leben; und dann, Ihr mögt wohl Eltern haben, nicht? Ihr seid vielleicht der einzige Sohn, das einzige Kind, es knüpfen sich an Euch vielleicht die schönsten Hoffnungen Eurer Eltern, deren Lebensfaden schmerzhaft durchschnitten würde, wenn sie erführen, daß ihr Sohn, *aus Unvorsichtigkeit*, den Tod in den Wellen gefunden. Und wenn Ihr eine Braut, eine Gattin habt, wären nicht die kühlen Fluthen der Moldau das Grab ihres Lebensglückes?

Das menschliche Herz gleicht der *Aeolsharfe: ein leichter vorüberstreichender Wind entlockt ihr die schönsten Melodien. Reb Mordechai hatte in seinem reich bewegten Leben Gelegenheit gehabt, das menschliche Herz genau kennen zu lernen. Er hatte das Selbstgespräch des jungen Mannes erlauscht, und den festen Entschluß gefaßt, ihn um jeden Preis von seinem Vorsatze abzubringen. Sein Scharfsinn bot ihm leicht ein Mittel. Er hatte seiner Stimme, als er den jungen Mann ansprach, eine solche Natürlichkeit, eine solche Aufrichtigkeit verliehen, daß dieser keinen Augenblick zweifeln durfte, Reb Mordechai kenne seine Absichten nicht. Reb Mordechai hatte genug gehört, um wie zufällig, nochmals die zartesten Saiten seines Herzens anzuschlagen, die nun in seinem Innern schmerzlich widerhallten. Ein Strom von Thränen erleichterte die gepreßte Brust des jungen Mannes. Reb Mordechai sah, daß er seine Absicht nicht verfehlt hatte; aber sein Zweck war dennoch nicht vollkommen erreicht. Reb Mordechai war nicht der Mann, der eine Sache halb thun wollte. – Ihr seht wohl, ich hatte Recht, es war ein unverzeihlicher Leichtsinn, an dieser gefährlichen Stelle baden zu wollen, und ich danke Gott, der mich herführte, Euch davon abzuhalten. – Doch nehmt es nicht übel, die Thränen, welche die Erinnerung an Euere Familie in Euch hervorrief, bürgen mir für Euer edles Herz, und ermuthigen mich zu einer kühnen Bitte.

Der junge Mann hatte Reb Mordechai bisher sprachlos angestarrt. Das ganze Wesen desselben, und namentlich die sonderbare Art und Weise, wie er ihn angesprochen, hatten einen tiefen Eindruck auf ihn gemacht, und trotz des aufgeregten Zustandes, in welchem er sich befand, fühlte er es dennoch klar und deutlich, daß die Handlungsweise des Juden ihm Verpflichtungen auferlegt hatte. – Wenn es in meiner Macht steht Euch zu dienen, so will ich es gerne thun.

Ich bin des Schreibens unkundig, und muß bis zur neunten Stunde bei dem Magistrate unserer Stadt ein Gesuch einreichen. Wenn ich's nicht thue, erleide ich harten Schaden an Hab' und Gut. Wollt Ihr wohl die Gewogenheit haben, Euch mit mir in meine Wohnung zu begeben, um dort die Schrift aufzusetzen? Es wird Euch nur kurze Zeit aufhalten, ich will gerne Versäumniß und Mühe bezahlen, und Ihr würdet mich außerordentlich verpflichten.

Bis neun Uhr! wiederholte der junge Mann mit einem krampfhaften Zittern.

Schlagt mir's nicht ab, Herr! sprach Reb Mordechai. Es ist mir so, als könntet nur Ihr mir helfen, als wäre es eine Fügung Gottes, daß ich Euch heute getroffen. Kommt mit mir! –

So will ich mit Euch gehen, sprach der junge Mann; aber wir müssen eilen, denn bis neun Uhr habe auch ich noch wichtige, höchst dringende Geschäfte zu verrichten.

––

Die beiden Männer schritten schweigend der Judenstadt zu.

In der Judenstadt herrschte schon ein reges lebendiges Treiben. Man sah nur fröhliche Gesichter. Der Druck des Mittelalters war am geeignetsten gewesen, dem Juden seinen Glauben doppelt werth und theuer zu machen. Von seinen Mitbürgern verkannt und verachtet, mußte er mit verdoppelter Liebe in den engen Kreis seiner Glaubensbrüder zurückkehren. Von dem öffentlichen Leben ausgeschlossen, mußte er sich nur heimisch fühlen in den engen Gränzen seines Ghettos. Die Welt hatte den Juden verstoßen, er mußte zurückkehren zu seiner Welt, zu seinem heiligen Glauben. Aber wie liebte auch der Jude seinen Glauben, mit welcher Gluth hing er an seinem Gesetze. Das Studium seiner Gotteslehre war seine Wonne, die Befolgung ihrer Gesetze sein höchster Lebensgenuß. Der Sabbath war jedem Juden das Paradies, und der Rüsttag des Sabbaths die Vorhalle desselben. –

Auf offener Straße standen Mädchen, die den Vorübergehenden Blumensträußchen anboten, und Jeder kaufte sich eines zu Ehren des Sabbaths. Vor den Läden der Gewürzkrämer, der Oel- und Weinhändler war ein fröhliches Gewühle, denn Jeder wollte den Wein auf Kidusch,[2] das Oel zur Lampe, die Gewürze zu den Speisen so früh als möglich anschaffen. Man sah Männer, den *Talesbeutel in der Hand, in die Synagoge eilen, während andere Familienväter, die es für verdienstlicher hielten, bei Tagesanbruch ihr Morgengebet zu verrichten, um den Fischeinkauf, nach damaliger Sitte, selbst zu besorgen, wie Reb Mordechai, schon vom Ufer, ihren Fisch in ein weißes Tuch gepackt, nach Hause gingen. Man sah Mädchen, die in geschäftiger Eile der Backstube zurannten,

---

2 Segensspruch, der gewöhnlich über einen Becher Wein gesprochen wird.

um die großen *Barches, welche sie auf einem Brette trugen, der Sorgfalt des Bäckers zu übergeben. Mägde, die Geflügel in das Schlachthaus, Fleischerbursche, die in offenen Körben den Reichen das Fleisch in's Haus trugen.

Reb Mordechai und sein Begleiter konnten sich nur mit Mühe durch diese wogenden Haufen drängen. Reb Mordechai war erfreut über diese Rührigkeit, über diese Regsamkeit, sein Begleiter aber blickte finster in dies bunte Treiben. Wollte er doch sobald aus dem Leben scheiden, und das Leben war doch so schön. Endlich hielt Reb Mordechai vor einem Hause. Hier ist meine Wohnung, edler Herr! ich gehe Euch voran, um Euch den Weg zu zeigen. Der junge Mann folgte Reb Mordechai über eine ziemlich enge Stiege. In der Wohnung sah man die Thätigkeit der Straße im Kleinen. In der Küche wurde gekocht, gebacken und gescheuert. In dem reinlichen Zimmer waren die Wände ihres Schmuckes entkleidet, denn Bela, Reb Mordechai's Hausfrau, ließ eben die achtzackige Schabbeslampe, die in der Mitte des Zimmers hing, und die Wandleuchter, die ringsherum angebracht waren, herunternehmen, um sie blank zu putzen. Zwei rothbackige Kinder, ein Knabe und ein Mädchen, liefen dem Vater entgegen, und küßten ihm die Hände. Ach, Mordechai – heute bliebst du lange aus, rief seine Frau; ich wußte mir dein Ausbleiben gar nicht zu erklären.

Ich habe etwas länger als gewöhnlich verweilt – ich bringe einen Fremden mit.

Bela grüßte achtungsvoll den jungen Mann, der ihrem Gatten folgte.

Edler Herr! tretet in diese Kammer, wenn's Euch beliebt. Sie traten in das zweite Zimmer. Reb Mordechai verschloß die Thüre und steckte den Schlüssel in die Tasche. Setzt Euch, edler Herr!

Gebt mir Schreibzeug, ich will Euch das Gesuch abfassen, aber sputet Euch, die Zeit verrinnt, und ich habe Eile.

Ich bin des Schreibens kundig wie Ihr, und brauche Eure Hilfe nicht.

Nun, was wollt Ihr von mir? weßhalb locket Ihr mich hierher?

Um Euch zu retten! entgegnete Reb Mordechai ernst. Der junge Mann sprang von seinem Sitze auf.

Bleibt ruhig sitzen. Ich war so glücklich Euch zu belauschen. Ich kenne Eure Absicht, aber ich kenne auch die Natur Eures Unglücks, und ich müßte mich sehr irren, wenn Hilfe unmöglich wäre. – Wie viel braucht Ihr, um Euren Namen, Eure Ehre, Euer Leben zu retten?

Der junge Mann blickte den Juden sprachlos an. War es ein höllischer Scherz, den der Jude trieb, um sich an den Qualen des Unglücklichen zu weiden, als Rache für die Verachtung, für die Verfolgung vielleicht, die er von seinen Glaubensbrüdern hatte erdulden müssen? War es ein Traum? oder hatte er den Juden mißverstanden?

Reb Mordechai bemerkte dies. Was blickt Ihr mich so starr an? sprach er nach einer Pause. Als Ihr an der Fischerhütte vorüberginget, war mir Eure verstörte Miene aufgefallen. Bei Eurem Anblick hatte ich sogleich vermuthet, welche Absicht Euch an so frühem Morgen an das Ufer des Flußes führte. Ich folgte, und obgleich Ihr mir rasch vorausgeeilt ward, gelang es mir dennoch durch die göttliche Gnade, zur rechten Zeit zu kommen. Ich habe Euer Geständniß vernommen, und ich bin bereit, Euch, so weit meine Kräfte reichen, zu helfen. Ihr seid kein Verbrecher, und Leichtgläubigkeit mag wohl die einzige Ursache Eures Unglückes sein. –

Ja, beim Allmächtigen! – Ich habe das Geld meinem Freunde geliehen, um ihn zu retten; er schwur bei seinem Seelenheile, mir das Geld gestern zurück zu erstatten. Er ist nicht gekommen, er hat mich getäuscht, betrogen. Heute ist der Letzte des Monats. Mit dem neunten Glockenschlage muß ich Rechnung legen, und den Stand der mir anvertrauten Cassa nachweisen. Man wird sehen, daß bedeutende Summen fehlen, man wird mich verhaften, man wird – Der Unglückliche konnte vor namenlosem Schmerz nicht weiter sprechen.

Ist denn die Summe eine so bedeutende? frug Reb Mordechai.

O! sehr bedeutend, und besonders für mich. Meine Eltern, obwohl von altem freiherrlichem Adel, leben in dürftigen Umständen. Mein Vater diente lange Zeit seinem Vaterlande im Felde. Als sein vorgerücktes Alter und die erhaltenen Wunden ihn zwangen, aus dem Kriegsdienste zu treten, vertauschte er das Schwert mit der Feder. Er wurde bei einem königlichen Amte als Cassier angestellt. Aber auch zu dieser Bedienstung ward er bald unfähig, denn seine Wunden brachen von Zeit zu Zeit auf und hielten ihn auf dem Krankenlager. Seine langjährigen Dienstleistungen berechtigten ihn zu einer besonderen Berücksichtigung. Er erbat es sich als eine Gnade, seinen Sohn an seine Stelle treten zu lassen. Es ward bewilligt, und ich übernahm seinen Posten. Daß ich meinen Beruf nicht gehörig erfüllte, habt Ihr erfahren; aber wenn Ihr wüßtet, wie man mich betrogen, so würdet Ihr mich bestimmt entschuldigen. Ich hatte einen Jugendfreund, Albert; wir hatten uns als Kinder in der Schule kennen gelernt und frühzeitig eine gegenseitige Zuneigung gefaßt. Wir hingen mit einer außerordentlichen Liebe an einander, wir wuchsen heran, und unser Freundschaftsband wurde mit jedem Tage enger und fester geknüpft. Albert war ein aufopfernder Freund, und hatte mir, während unseres Universitätslebens, mehrmals die aufrichtigsten Beweise seiner wahren Liebe gegeben. Als wir von der Universität schieden, und jeder seinem Berufe nachging, gaben wir uns das heilige Versprechen, stets unserer Freundschaft zu gedenken, und uns gegenseitig auf dem dornenvollen Pfade des Lebens zu unterstützen. Ich war nicht selten genöthigt seine freundschaftliche Hilfe in Anspruch zu nehmen. War meine kleine Cassa erschöpft durch die Krankheit meines Vaters, so ging ich getrost zu Albert, er borgte mir was ich brauchte. War ich durch meine Berufspflicht gefesselt, ferne gehalten von dem Krankenbett meines Vaters, pflegte *er* ihn mit der größten Sorgfalt. Wir liebten beide *ein* Mädchen. Einer sollte, einer mußte entsagen. Albert riß die glühende Liebe, die seinen Busen erfüllte, aus seinem blutenden Herzen, – er entsagte. Die Freundschaft war ihm höher als seine Liebe. – Ich hatte alles das, – alles das noch mit nichts vergolten, ich hatte das Opfer seines blutenden, zuckenden Herzens angenommen, ohne ihm jeden kleinsten Gegendienst geleistet zu haben. Die ungeheure Schuld der Dankbarkeit erdrückte mich, ich lechzte dem Augenblicke entgegen, wo *er meine*

Hilfe beanspruchen konnte. Der langersehnte Zeitpunkt kam leider zu früh. Vor acht Tagen stürzte mein Freund mit verstörter Miene in mein Zimmer, sprechend: Du mußt mich retten, du allein kannst mich retten!

Was willst du? frug ich ihn liebevoll; gebiete über mich. –

Ich brauche 5000 Gulden, ich muß sie haben. Du muß mir sie borgen. Mein Lebensglück steht auf dem Spiele. 5000 Gulden? frug ich erstaunt, – du scherzest. –

Ich sehe, glaube ich, nicht sehr scherzhaft aus, rief Albert, in einer Aufregung, die ich noch nie an ihm gesehen hatte.

5000 Gulden kann ich dir doch nicht borgen, da ich sie nicht besitze. –

Du kannst nicht? Du willst nicht, sage lieber. – Aber du weißt es ja, Albert! rief ich, mit dem größten Schmerz ihm seine erste Bitte abschlagen zu müssen, ich bin arm. –

Was? du verschließest täglich hundert Tausende, die in träger Ruhe nutzlos liegen, und kannst nicht 5000 Gulden davon entlehen, um deinem armen unglücklichen Freunde zu helfen?

Wie? rief ich erstaunt. Du kannst von mir verlangen, ich soll aus der öffentlichen Cassa –

Verlange ich denn, du sollst es stehlen? schrie Albert; du sollst es mir borgen, nicht schenken, hörst du, – nur auf einige Tage borgen. –

Meine Pflicht – entgegnete ich.

Pflicht, Pflicht! rief er mit einer Stimme, die mir das Herz durchschnitt. – O! über deine Moral, deine Tugend, und ganz besonders deine Freundschaft – ja ein wahrer Freund bist du, das muß man dir lassen. Pflicht!! Thust du denn etwas Schlechtes? oder glaubst du, ich würde dir das Geld nicht wiedererstatten? ich – ich, der ich dir Alles geopfert habe, würde dir das Geld behalten? Habe ich auch gerufen: meine Liebe! meine einzige unvergeßliche heilige Liebe! als ich Helene, dem Abgott meines Lebens entsagte?

Aber Unsinniger! rief ich, meine Pflicht, meine Ehre! – Die Freundschaft steht bei dir gering angeschrieben, entgegnete Albert bitter, die Liebe – die Pflicht, – die Ehre, das alles geht voraus! – Du zerreißt mir mein Herz mit deinem bitteren Hohne, entgegnete ich – aber bedenke es, bedenk es mit ruhigem Blute! In acht Tagen ist der letzte des Monats. Die Cassa wird untersucht, fehlt etwas, so ist meine Ehre, meine Freiheit – noch mehr als das, die Ehre meines Vaters, dessen Stelle ich vertrete, verloren, ich bin ein Verbrecher – und du kennst die furchtbare Strenge, mit welcher das Gesetz die Veruntreuung bestraft.

Bis dorthin habe ich das Geld zurückgegeben, auf mein Ehrenwort, – bei dem Seelenheile meiner dahingeschiedenen Mutter – ich bringe dir das Geld am Mittage des Vorletzten dieses Monats. – Albert hatte noch nie gelogen. Ich durfte seinem Worte Glauben beimessen. Konnte ich es ahnen, daß die *erste* Lüge seines Lebens ein Verrath an seinem Freunde sein würde? – Komme Mittag, du wirst das Geld bereit finden. Ich entlehnte, fuhr der Erzähler mit einem bitteren Lächeln fort, ich entlehnte 5000 Gulden aus der mir anvertrauten Casse. Ich verschwieg es meinem Vater; denn er hätte es nie und nimmer gestattet.

Mittags kam Albert zu mir, nahm das Geld und schwur mir nochmals, es in acht Tagen, am Vorletzten des Monats zu bringen.

Zu was brauchst du denn so dringend diese Summe? frug ich ihn. – Ich will dir dies später sagen, jetzt habe ich die größte Eile, ich muß gleich abreisen, in einigen Tagen bin ich wieder bei dir. Er umarmte mich diesmal nicht, wie er es früher zu thun pflegte, und schied. Als er aus der Thüre meines Zimmers trat, fühlte ich, zu spät, Reue über meine Handlungsweise. Die acht Tage waren die qualvollsten meines Lebens. Wenn die Thüre meines Amtszimmers geöffnet wurde, glaubte ich, man überfalle mich plötzlich, um Rechenschaft über den Cassastand zu fordern. Blickte einer meiner Vorgesetzten zufällig auf mich, so ward ich bleich und fing an zu zittern, ich glaubte mein Geheimniß verrathen, ich hielt mich für verloren. Jeden Tag ging ich zu Alberts Vater, er kam nicht zurück. Gestern Mittag war die letzte Frist, er hatte es hoch und theuer gelobt, mir das Geld an diesem Tage zu bringen, er kam nicht. Ich eilte zu seinem Vater, Albert war noch nicht in Prag. Ich blieb den ganzen Nachmittag in der furchtbarsten Angst, in der peinlichsten Seelenmarter, bei seinem Vater, um die Ankunft des so schmerzlich Ersehnten zu erwarten. Ich eilte von Zeit zu Zeit nach Hause, in der eitlen Hoffnung ihn vielleicht bei mir zu finden, – aber ich wurde immer enttäuscht. – Erst spät am Abend langte ein Schreiben von ihm, an seinen Vater an. Er sagte ihm ein zärtliches Lebewohl, ein Lebewohl für immer. »Unglückliche Liebe,« schrieb er ihm, »vertreibt mich aus der Heimat, ich kann den Räuber meiner höchsten Lebenswonne nicht glücklich sehen.« Wie ein Blitz durchzuckte dieser Gedanke meine Seele, ich erkannte seine Absicht. Er hatte Helenen entsagt, aber er hatte seinen Edelmuth bereut, die Zeit meiner Vermälung nahte. Seine Freundschaft hatte sich in den tödtlichsten Haß verwandelt. Er wollte sich rächen, mit einem Schlage, mit einem einzigen furchtbaren Schlage, meine schönsten Träume zertrümmern. Er wollte mich brandmarken vor den Augen der Welt, er wollte mich mit Schmach beladen, damit Helene ihr Auge mit Abscheu von dem Elenden abwende. Es ist ihm gelungen, vortrefflich gelungen. In einigen Stunden bin ich entehrt, und kann ich mich auch durch den Tod der schmachvollen Anklage entziehen, mein Name, – der Name meines Vaters ist entehrt – und Helene wird meinem Andenken fluchen. –

Der junge Mann schwieg, er bedeckte mit beiden Händen, sein in Thränen gebadetes Gesicht. Ich habe, fuhr er nach einer kurzen Pause fort, ich habe die ganze Nacht durchwacht, ich habe mein Vergehen in einem Schreiben an meine Eltern und Helene entschuldigt. Der offene Brief liegt auf dem Tische meines verschlossenen Zimmers. – Ihr seht nun wohl ein, daß ich jetzt nicht anders handeln kann. Spart Eure Worte. Eure Absicht ist bestimmt eine edle, lobenswerthe – aber ich kann nicht mehr leben. Mir ist nicht zu helfen. Ich muß sterben. Euch danke ich für Eure Bemühungen; es freut mich, vor meinem Scheiden aus der Welt, noch einen Menschen gefunden zu haben, der so edel ist, wie Ihr;

und ich fühle mich hiervon um so mehr ergriffen, als Ihr einer Genossenschaft angehört, der ich, wie so viele Andere in unserer Zeit, wenigstens in Gedanken oft schweres Unrecht gethan habe. Und nun sage ich Euch nochmals meinen herzlichsten, meinen innigsten Dank für Euer edles, menschenfreundliches Benehmen! Bei diesen Worten wollte sich der junge Mann erheben. Reb Mordechai drückte ihn aber mit seiner nervigen Faust auf seinen Stuhl.

Alles wird noch gut werden, sprach er, verzweifelt nicht. Gestern erhielt ich eine Summe Geldes, die ich meinem Nachbar geborgt hatte, baar zurück; ich bin daher im Stande, Euch die 5000 Gulden, die Ihr heute braucht, vorzustrecken. Während er dies sprach, nahm er aus einem alten Schranke mehrere Röllchen Gold und einige Säcke Thaler und stellte sie auf den Tisch; ich glaube es ist so Recht, Ihr braucht es nicht zu überzählen. –

Was soll ich damit? frug der junge Mann. – Sonderbare Frage, entgegnete Reb Mordechai. Nehmt das Geld, geht in das Amt, legt die fehlende Summe an ihren Platz und erwartet dann ruhig Euere Vorgesetzten.

Wie? täusche ich mich nicht? sprach der junge Mann nach einer Pause der höchsten Ueberraschung. Ihr wollt mir, dem Fremden, dessen Name Euch unbekannt ist, – diese bedeutende Summe vorstrecken? mir – der ich Euch ein leichtsinniges Vergehen, das durch unglückliche Umstände zu einem Verbrechen gesteigert wurde, gestanden? – mir wollt Ihr einen so großen Theil Euers Vermögens, vielleicht Euer ganzes Vermögen anvertrauen?

Ihr seid unglücklich, und schon deshalb meinem Herzen nicht fremd; das, was Euch so sonderbar dünkt, erscheint mir nur als eine einfache Pflichterfüllung; ich kann einem jungen hoffnungsvollen Menschen das Leben retten, – ich kann den greisen Eltern ihren Sohn wiedergeben, – ich kann es verhindern, daß ein Kreis von Menschen namenlos unglücklich wird – warum sollte ich es nicht thun?!

Aber darf ich Euren Edelmuth mißbrauchen? Wie kann ich diese große Summe zurückzahlen. Die Erträgnisse meines Postens sind unbedeutend, – mein Vater kränklich. – Lassen wir das, sprach Reb Mordechai; ich dränge nicht auf die Zurückerstattung der Summe. Ich kann sie entbehren. Ich kann von dem Erträgnisse meines Erwerbes ruhig leben. Ihr seid jung, Ihr werdet nicht ewig auf diesem Posten bleiben, und dann ist es Zeit, an das zu denken. Ich bin überzeugt, Ihr werdet mir, vielleicht etwas später – redlich bezahlen. Und nun muß ich Euch rathen, Euch zu entfernen. Ich höre von dem nahen Thurme acht Uhr schlagen, und Ihr habt noch manches zu verrichten; Ihr müßt den nun nutzlos gewordenen Brief vernichten, und Euch dann sogleich in's Amt verfügen, damit Alles zur gehörigen Zeit geordnet sei, und auch nicht der geringste Verdacht erweckt werde.

Der junge Mann wollte danken, aber es hatte sich seiner eine so tiefe Rührung bemächtigt, daß er für alle Schätze der Welt auch nicht ein Wort hervorzubringen vermochte. Sprachlos drückte er Reb Mordechai die Hand, nahm das Geld, und wandte sich der Thüre zu. Hier blieb er noch einmal stehen. Mit der größten Anstrengung suchte er sich zu sammeln.

Edler, großherziger Mann! ich muß meinen innigen, heißen Dank in meiner Brust verschließen; aber ich schwöre es Euch – Ihr habt keinen Undankbaren gerettet. – Doch darf ich mir den Namen dessen erbitten, der, ein Schutzengel von Gott gesandt, mich dem Leben, meinen Lieben wiedergab?

Ich heiße Mordechai Cohen, und werde hier gewöhnlich Zemach zubenannt. – Und wollt Ihr, edler Menschenfreund! meinen Namen wissen? – ich heiße – Laßt das – es ist dies überflüssig und unnöthig, ich werde Euren Namen später erfahren. Lebt wohl! Es ist schon spät, eilt, ich bitte Euch, eilt! Dies sprechend, öffnete Reb Mordechai die Thüre und sprach laut: Lebt wohl, edler Herr! ich hoffe Euch einst wieder bei mir zu sehen! – Der Fremde schied, indem er Reb Mordechai nochmals sprachlos die Hand drückte.

Bevor wir in unserer Erzählung fortfahren, wollen wir einen flüchtigen Blick auf das verflossene Leben Reb Mordechai's werfen. Er war der einzige Sohn Reb Gersons, eines reichen Goldschmiedes, und hatte schon in seiner frühesten Jugend die außerordentlichsten Anlagen gezeigt. Sein Vater, einem namentlich zu dieser Zeit, geachteten Stande angehörend, ließ seinem einzigen Kinde eine ausgezeichnete Erziehung zu Theil werden. Da sein Gewerbe ihn mit dem hohen Adel und der Geistlichkeit in Berührung brachte, so war er darauf bedacht, seinen Sohn nicht nur in dem damals bei den Juden allgemein üblichen Gesetzesstudium einzuführen, sondern er ließ ihn auch in allen jenen Wissenschaften unterrichten, deren Kenntniß nur den Bevorzugten jener Zeit gestattet war. Er hatte auf fruchtbarem Boden gesäet, denn der Geist dieses reichbegabten Knaben entwickelte sich rasch, und schon in seinem fünfzehnten Jahre konnte er sich in mehreren lebenden Sprachen und sogar im Latein geläufig ausdrücken. – Gleichzeitig mit seinem Geiste hatte sich auch sein Herz allem Schönen und Guten erschlossen. Man kann sich leicht denken, daß Mordechai, der Stolz, das Glück seines Vaters war. Bis in das spätere Knabenalter Mordechai's war sein Leben ein ruhiges, glückliches gewesen. Doch plötzlich änderten sich die Umstände. Reb Gerson hatte durch mehrere rasch aufeinander folgende unverschuldete Unglücksfälle sein gesammtes Vermögen verloren, noch mehr, er sah sich außer Stand gesetzt, eingegangene Verpflichtungen zu erfüllen. Der Schmerz über den Verlust seines ehrlichen Namens warfen den Biedermann auf's Krankenlager, das er nur verließ, um von seinem einzigen Kinde für immer zu scheiden. Mordechai war ein Jüngling von 17 Jahren, als er verwaist wurde. Er stand allein in der Welt, denn seine Mutter hatte er schon als Kind verloren. Der erste Entschluß, den er faßte, als er sich der schmerzlichen Betäubung entriß, war, den ehrlichen Namen seines dahingeschiedenen Vaters wieder herzustellen. Er ergriff das Gewerbe desselben und betrieb dieses mit einer unermüdeten Ausdauer, mit einem unerhörten Fleiße. Seine außerordentlichen Bemühungen wurden von dem schönsten Erfolge gekrönt, denn schon nach fünf Jahren hatte er alle Gläubiger seines Vaters befriedigt. Nun erst konnte er frei aufathmen. Er hatte während dieser Zeit ein Mädchen, die Tochter seines Nachbars, kennen und lieben gelernt, – aber er konnte ihr nichts anbieten; er war arm, hatte er doch den reichlichen Ertrag seines Fleißes, dem heiligen Andenken seines Vaters geopfert. Doch plötzlich ward auch sie, wie er, eine Waise, und als bald darauf ein *Edict des Königs die Juden aus Böhmen vertrieb, und die arme Waise nicht wußte, wohin sie ihre Schritte wenden sollte, bot ihr Mordechai an, sein Schicksal zu theilen. Bela folgte ihm, nachdem sie ihm angetraut worden war, nach Polen, wo die meisten Vertriebenen eine Zufluchtsstätte fanden. Acht Jahre später, im Jahre 1550, rief König Ferdinand der Erste die Juden in ihre Heimat zurück. Man hatte sie beschuldigt, mit den Türken im geheimen Einverständnis gestanden zu sein, aber nun hatte man das Grundlose, das Lügenhafte dieser Verläumdungen bewiesen. Die einzige Genugthuung, die den Verbannten für ihr namenloses Elend gegeben wurde, bestand darin, daß man sie wieder zurückrief. Aber nicht alle kehrten zurück. Unter jenen, die sich nach ihrem heimatlichen Lande sehnten, war Reb Mordechai und seine Frau. Er ließ sich wieder in Prag nieder, und nun wurde seine Stellung eine sehr angenehme. Sein reiches Wissen verschaffte ihm die vollste Achtung und Verehrung, sein edles Herz die Liebe seiner Umgebung. Seinem Fleiße und seiner Sparsamkeit war es, während seines Aufenthaltes in Polen gelungen, ein für jene Zeit nicht unbedeutendes Vermögen zu sammeln. Er verwendete einen Theil desselben zu wohlthätigen Zwecken, und wenn er einem Bedürftigen etwas gab, so geschah dies zu einer so passenden Zeit, mit einer solchen Freundlichkeit, daß der Werth der Gabe vervielfacht wurde. Es gab keinen Armen, der unbeschenkt, keinen Unglücklichen, der ungetröstet aus Mordechai's Hause ging.

Ein Jahr etwa, nachdem Reb Mordechai aus Polen nach Prag zurückgekehrt war, ereignete sich der Vorfall, der so eben erzählt wurde. Reb Mordechai hatte mit dem vollsten, klarsten Bewußtsein, sein ganzes Vermögen für die Rettung eines ihm ganz Unbekannten, dessen Name ihm fremd blieb, geopfert. Er hatte nicht einem raschen Zuge seines Herzens gefolgt, es war dies nicht ein plötzlicher Überfall des Herzens, der die Vernunft gefangen nahm, – nein, es war dies für ihn die Erfüllung einer wohlerwogenen Pflicht. – Aber als der Fremde die Thüre seines Hauses verlassen hatte, überkam Reb Mordechai ein unbehagliches Gefühl. Es ist unbezweifelt, daß dem Menschen dasjenige am schönsten erscheint, was er besessen und nun verloren, oder dasjenige, welches so hoch über ihm steht, das die Erreichung desselben ihm unmöglich scheint. –

Der Dahingeschiedene, der uns im Leben theuer ward, wird durch seinen Tod verklärt und heilig. In der weiten Ferne, ist die Sehnsucht nach der Heimat am stärksten. Das Errungene erscheint uns werthlos, im Vergleich gegen das noch zu Erringende. Bisher hatte Reb Mordechai noch nie an die Möglichkeit gedacht, seiner Familie plötzlich entrissen zu werden. Aber mit einem Male erwachte dieser Gedanke in ihm, ein Gedanke, der ihn jetzt mit doppelter Angst erfüllte, da er nun vermögenslos, und bei der Ernährung seiner Familie wieder, wie vor, blos auf seinen Fleiß, auf seine Thätigkeit angewiesen war.

Einen Augenblick, aber auch nur *einen* Augenblick, glaubte er einen Verrath an seiner Familie, an seinem Weibe, an seinen Kindern begangen zu haben. Aber bald erfüllte ihn wieder das beruhigende Bewußtsein, die hohe Pflicht der Menschenliebe ausgeübt zu haben, und seine Seelenruhe, seine Heiterkeit kehrte zurück.

In diesem Augeblicke trat seine Hausfrau Bela ein. Neugierig wie alle Evastöchter, wollte sie erfahren, was für ein bedeutendes Geschäft diesen Fremden, den sie bisher nie gesehen hatte, so früh in das Haus ihres Mannes brachte. Ein bedeutendes Geschäft mußte es wohl sein, da der Fremde mit Geld beladen fortging.

Ei, Mordechai, das ist ein guter Erew-Schabbes,[3] schon am Morgen ein so großes Geschäft zu machen; ohne Zweifel wird es auch ein gutes sein.

Ja, entgegnete Reb Mordechai lächelnd, in der That, ich habe ein hübsches Geschäft gemacht, einen Handel, der mir, je länger ich darüber nachdenke, desto einträglicher scheint.

Das freut mich um so mehr, da auch der Verkäufer sehr glücklich zu sein schien. Sein Gesicht strahlte vor Wonne. Nun, Mordechai! du wirst mir doch die hübschsten Sachen alle zeigen, die du gekauft hast, die Perlen, – Juwelen. – Laß es für jetzt sein, liebes Kind! entgegnete Reb Mordechai; du bist beschäftigt, und dann möchte ich dir mein Geschäft nicht gern am Erew-Schabbes mittheilen. Den Gedanken kannst du dann den ganzen Schabbes nicht loswerden, und du weißt, ich mag es nicht wohl leiden, wenn man sich am heiligen Schabbes werktägigen Gedanken hingibt. D'rum, mein liebes Weibchen! laß es gut sein bis Moze-Schabbes[4] oder bis Sonntag. Bela hatte eine zu große Achtung vor ihrem Gatten, um ihm zu widersprechen; sie ging stillschweigend nach der Thüre, aber die Neugierde behielt doch die Oberhand, sie blieb stehen.

Mordechai! thu' wie es dir beliebt, – aber das muß ich dir sagen, deinen Zweck verfehlst du, wenn du mir nichts sagst; ich bin neugierig, das ist mein Fehler, ich werde nun, ohne es zu wollen, morgen den ganzen Tag darüber nachdenken, was das für ein Geschäft sein mochte, ich werde mich gar nicht der Sabbathruhe erfreuen können, und ich will dir noch mehr sagen, eine Unruhe wird mich erfüllen.

Reb Mordechai war ernst und nachdenkend geworden. Er hatte sich vorgenommen, seinem Weibe nichts von dem Vorgefallenen zu erzählen, um sie nicht zu betrüben, um ihr den Sabbath nicht zu vergällen.

Nein, sprach er, mein liebes Weib, erlaß es mir, warte bis Sonntag, es hat dann Zeit.

Bela war ihrerseits nicht daran gewöhnt, daß ihr Gatte ihr eine billige Bitte abschlug, es lag etwas Räthselhaftes in seinem Benehmen, das sie mit Besorgnis erfüllte.

---

[3] Freitag, Rüsttag des Sabbats.
[4] Ausgang des Sabbats.

Du hast nichts von dem Manne gekauft, du täuschest mich – es ist vielleicht ein Unglück vorgefallen, vielleicht ist das ganze Klall[5] von einer Gesere[6] bedroht, vielleicht hat man unserer Glaubensgenossenschaft wieder ein Bilbul[7] zugeworfen und du suchst nun wie gewöhnlich, mit Aufopferung deines Vermögens den Niederträchtigkeiten unserer Feinde entgegenzuarbeiten; o! ich kenne schon deine Sprache, o! ich weiß, was bei dir ein gutes Geschäft zu machen heißt.

Nein, das ist es nicht, Gott sei Lob und Dank! derartiges ist es nicht, aber wenn du es durchaus erfahren willst, so muß ich dir's wohl sagen. Setz' dich nieder und höre mir zu, ich glaube, du wirst mein Benehmen billigen, und hättest an meiner Stelle eben so gehandelt. Mordechai begann nun mit seiner wohlthönenden Stimme seine Erzählung. Er hob mit Nachdruck die sichtliche Fügung Gottes hervor, die ihn mit dem jungen Manne zusammentreffen ließ.

Er wiederholte das Selbstgespräch desselben mit einer solchen Wärme, mit einer solchen Durchdrungenheit, daß auch Bela vor Rührung hingerissen wurde. Mit der gespanntesten Aufmerksamkeit folgte sie seinen Worten. Endlich hatte er geschlossen. Er blickte sein Weib an, das vor Erstaunen sprachlos, sich nicht zu fassen wußte.

Du hast ihm fast dein ganzes Vermögen gegeben? frug sie nach einer Pause.

Ja, denn durch einen glücklichen Zufall hatte ich es in Silber und Gold in baarer Münze liegen. –

Wie heißt der Mann? Wird er dir das Geld zurückerstatten.

Ich weiß es nicht. Mordechai sprach diese Worte, als wenn sie die einfachste, gewöhnlichste Sache beträfen.

5000 Gulden hast du einem Fremden, einem Unbekannten gegeben?

Einem Unglücklichen, dessen Leben ich nur dadurch zu retten vermochte.

Konntest du sein Leben nicht auf eine andere Weise retten? Du hättest ihn von seinem Selbstmorde zurückhalten sollen, ohne dich von Neuem bitterem Mangel preis zu geben. Du hättest ihm das schändliche einer solchen That beweisen sollen, und hättest ihn endlich mit einem Theile deines Vermögens unterstützen können; – aber alles, alles hinzugeben – das war nicht deine Pflicht – du mußt es entschuldigen, wenn ich zu dir, dem Gelehrten, dem Gesetzeskundigen von deinen Pflichten spreche, – aber ich kann nicht anders. Die Stimme deines edlen Herzens hat den Verstand übertäubt, und dich irre geführt. – Hast du nicht jüngsthin erst zu mir gesagt: Gelobt sei Gott, wir haben etwas erübrigt, das Gewerbe geht jetzt schlecht, und ich könnte Euch nicht leicht mit meiner Hände Arbeit ernähren! Und nun sind wir wieder arm. – Und wem hast du diese Wohlthat erwiesen? Wem hast du dein Vermögen geopfert? Vielleicht, ja gewiß einem Undankbaren. Es ist keiner unserer Glaubensbrüder, die mit uns leiden und dulden. – Nein, es ist einer von dem Volke, unter dem

---

[5] Gesammtheit.
[6] Leid, Gefahr, unheilvolle Bestimmung.
[7] So viel als: eine verläumderische Anklage erhoben.

wir leben – vielleicht einer von jenen, die uns hassen, verachten, mit grausamem Muthwillen verspotten, verhöhnen, mißhandeln. – Und wenn es ein solcher wäre, entgegnete Reb Mordechai ruhig, und wenn er mich selbst gehaßt, verachtet, mißhandelt hätte – wenn er es gethan hätte, wäre ich dadurch meiner Pflichten entbunden? Hätte ich Haß mit Haß vergelten dürfen, weil er vom falschen Wahn bethört, die Nächstenliebe, die Gott in jedes Menschenherz gesenkt, mißdeutet und verkennt? Nein! bedauern müßte ich ihn, aber nicht hassen. Und dann, vielleicht ist er ein Freund unserer Glaubensbrüder, es stünde übel um uns, wenn uns Alle haßten, in deren Mitte wir leben. Ich sage es dir noch einmal, ich habe Recht gethan, und es freuet mich, daß ich so gehandelt. Und nun, mein liebes Weib, wollen wir dieses Gespräch abbrechen. Wir haben in unserer zehnjährigen Ehe noch keinen Streit gehabt, und es thut mir sehr wehe, daß wir gerade bei dieser Gelegenheit nicht übereinstimmen. Ich hoffe es, du wirst mir einst eingestehen, daß ich Recht hatte.

Bele fühlte, daß sie in ihren Vorwürfen zu weit gegangen war. Sie kannte die zarte Ausdrucksweise ihre Gatten zu gut, um nicht zu wissen, daß diese Worte in seinem Munde die höchste Betrübniß ausdrückten. Schluchzend fiel sie ihrem Gatten um den Hals: O Mordechai! nicht für alle Schätze der Welt möchte ich Dir wehe thun, o vergib mir – im ersten Augenblicke ist man seiner nicht ganz mächtig – ich war überrascht. – Du hast Recht. Gott wird uns nicht verlassen, und sind wir nun auch arm, so werden wir doch glücklich sein. An deiner Seite, du großherziger, edler Mann! wird mir auch das ärmlichste Kämmerchen zum Paradiese. Und dein Selbstbewußtsein macht dich zum Glücklichsten.

Mordechai's Augen wurden feucht vor Rührung, er küßte seinem Weibe, das an seinem Halse hing, die Thränen aus dem gerötheten Antlitze, preßte sie an seine Brust und sprach: Du gutes, treues, liebes Weib!

Es war ein schönes Schauspiel, es war ein schöner Erew-Schabbes.

Es war die erste Peßachnacht, als man nach der üblichen Zeitrechnung 1559 zählte. Man hatte eben den Abendgottesdienst beendigt und aus den Synagogen der prager Judenstadt strömte eine große Menschenmenge. Es gewährte dies einen eigenthümlichen, schönen Anblick. Die Bale battim[8] waren fast alle gleich gekleidet. Sie trugen seidene Mäntel, kurze tuchene Hosen, Schuhe mit silbernen Schnallen, und auf dem Kopfe ein breites Baret, alles von schwarzer Farbe. Der *Raf, die Dajonim[9] und einige hervorragende Lomdim[10] zeichneten sich durch eine besondere Kleidung aus, sie trugen sich polnisch. Eine hohe cilindrische Mütze von feinem Pelzwerk und eine lange, schwarzseidene Schubeze,[11] bei

---

[8] Familienväter.
[9] Assessoren des Rabbinerkollegiums.
[10] Talmudisten, Gelehrte.
[11] Eine Art Kaftan.

manchen vorn an der Brust mit Silberstickereien reich verziert, bezeichneten in
der Regel einen ausgezeichneten Talmudisten. Wo sich zwei Bekannte trafen,
und dies geschah in den engen Straßen der Judenstadt sehr oft, riefen sie sich
gut Jom Tow[12] zu, reichten sich auch wohl die Hände, aber sie blieben heute
nicht, wie man sonst zu thun pflegt, auf der Straße stehen, um zu plaudern,
denn jeder eilte nach Hause, um den Seder zu geben.[13] – Die Straßen waren
nach und nach menschenleer geworden, aber aus den Fenstern drang freundli-
cher Lichtschimmer und die laute Stimme der Andächtigen, die fromme Loblieder sangen oder Gebetstücke recitirten. Ganz besonders aber war ein Haus
ausgezeichnet durch den blendenden Lichtglanz, welcher aus den Fenstern auf
die Straße fiel, – es war dies bei Reb Mordechai Cohen Zemach. Nicht leicht
konnte dieser Abend erhebender, feierlicher, weihevoller, als bei Reb Mordechai begangen werden. Das große Wohnzimmer war festlich erleuchtet. In der
Mitte der Decke hing eine achtzackige Lampe herab. Auf dem Tische und an
den Seitenwänden standen große silberne Armleuchter, auf denen Wachskerzen brannten. In dem ganzen Gemache war ein süßer Wohlgeruch verbreitet.
Die Gesellschaft war um einen viereckigen Tisch vereinigt. Obenan saß Reb
Mordechai auf einem Sopha, welches mit Hilfe mehrerer Polster zu einer Art
Thron umgestaltet worden war. Zu seiner Rechten saß Bele mit den drei Töch-
tern, zur Linken der Hausbocher[14] mit den drei Söhnen. An der untern Seite,
Reb Mordechai gerade gegenüber, saßen zwei Orchim.[15] Die zwei Hausmägde
und der Meschores[16] aber hatten, um die Tischgesellschaft durch ihr öfteres
Aufstehen nicht zu belästigen, an einem Seitentischchen Platz genommen.
Jeder hatte einen silbernen Becher vor sich. In der Mitte des Tisches, der von
einem weißen Lacken überdeckt war, stand eine große silberne Schüssel, in
welcher drei große Schmure-Mazos[17] von einem weißen Tuche verhüllt lagen.
Auf derselben stand auch eine silberne Schale, welche alle die eßbaren simbo-
lisirenden Dinge, welche beim *Seder benutzt werden, zierlich geordnet enthielt.
– Gleich bei seiner Nachhausekunft hatte Reb Mordechai seine *Schultracht ab
und dem allgemeinen Gebrauche gemäß, Kittel und Häubel[18] angelegt. Die
Feier des Abends wurde eröffnet, der jüngste Sohn des Hauses frug die Ma-
Nischtane.[19] Er frug um die Bedeutung des Festes, sein Vater antwortete ihm,
und begann die Erklärung dieser erhebenden Feier aus der vor ihm liegenden
*Hagada vorzutragen, aber bald hielt er sich nicht mehr an die Worte des Bu-

---

[12] Guten Feiertag.

[13] Die an der Peßachnacht vorgeschriebenen religiösen Gebräuche abzuhalten.

[14] Hauslehrer.

[15] Gäste.

[16] Diener.

[17] Ungesäuerte Brode, denen eine besondere Aufmerksamkeit gewidmet wird. Schon
das Getreide wird sorgfältig vor Nässe und Feuchtigkeit bewahrt.

[18] Leichenkleider.

[19] Mit diesen hebräischen Worten beginnt *der Jüngste im Hause, um die Bedeutung
des Abends zu fragen.

ches, und aus den Tiefen seiner Seele schöpfend, schilderte er den schweren qualvollen Druck, den die Kinder Israels in dem Lande ihrer Knechtschaft, in *Mizrajim erdulden mußten. Er sprach von dem frechen Stolze des Pharao, er sprach davon, wie sich der Herr in seiner Gnade erbarmte der Geknechteten, der Getretenen, wie er den Moses gesandt, und wie dieser vollbrachte die göttliche Sendung, wie der Herr das Sklavenvolk gewürdigt, zu empfangen die heilige Lehre auf dem flammenden Sinai, und wie Israel war der Mittler zwischen seinem Gotte, der auch der Gott aller Menschen ist, und der Welt. – Seine Worte waren erhaben, erhebend, erwärmend, hinreißend und doch klar, einfach und selbst den Kindern verständlich. Als er geendigt hatte, wurden Mazos und hierauf Moror[20] in Charoßes[21] getunkt, herumgereicht. Reb Mordechai erklärte den Kindern die Bedeutung dieser Erinnerungszeichen, und erzählte den jüngern, wie das Peßachlamm in Jerusalem geschlachtet, und wie es gegessen werden mußte. – Nun schritt man zu dem eigentlichen Mahle. Die dampfenden Schüsseln wurden aufgetragen, und man sprach wacker zu; die Mahlzeit wurde durch ein lebhaftes Gespräch gewürzt, an welchem Reb Mordechai, die zwei großen Söhne, der Hausbocher und die beiden Orchim, welche Talmudjünger waren, Antheil nahmen. Die Frauen plauderten indessen leise untereinander, um die Männer, die sich mit der Auslegung mehrerer Talmudstellen, der Auffindung und Lösung scheinbarer Widersprüche unterhielten, nicht zu stören. Nach dem Mahle verrichtete der Hausherr das Tischgebet. Und nun stimmten alle das große Loblied an. Als sie es beendigt hatten, rief der kleine David:

Väterchen! man klopft an unsere Hausthür –

Alles schwieg. Ja, ja ich höre es auch, schrie die vierjährige Gitel; ei, das ist gewiß Elia hanowi,[22] bestimmt.

Sieh' doch zum Fenster, Schlome! sprach Reb Mordechai. Der älteste Sohn[23] stand auf, ging zum Fenster, öffnete es und frug: Wen sucht Ihr, Herr! und was wollt Ihr?

Wohnt hier Herr Mordechai Cohen Zemach.

Ja!

So bitte ich Euch, laßt augenblicklich das Hausthor öffnen und führt mich zu ihm; ich bitte Euch dringend, ich habe ihm etwas Wichtiges mitzutheilen. – Diese letzten Worte wurden so leise gesprochen, daß sie nur von dem am Fenster Stehenden vernommen wurden. Die ganze Tischgesellschaft erschrack. Was sollte dieser unerwartete Besuch in so später Stunde?

Ephrajim, nimm den Hausschlüssel, sprach Reb Mordechai zu dem Meschores, und öffne die Hausthür. Der Meschores that, wie ihm geheißen wurde.

---

[20] Bittere Kräuter.
[21] Eine teigartige Mengung mehrerer klar zerriebener, süßer und wohlschmeckender Substanzen.
[22] Der Prophet Elia.
[23] Später der erste *Herausgeber des Werkes »Zemach David«.

Mordechai war indessen ebenfalls an's Fenster getreten. Er blickte auf die Straße. Der Fremde war in einen Mantel gehüllt, und hatte den Huth tief in's Gesicht gedrückt. Mordechai konnte ihn deshalb nicht erkennen. Indessen trat der Meschores mit dem Fremden in's Zimmer. Dieser erhielt dadurch, daß er sich die größte Mühe gab, sein Gesicht zu verhüllen, ein unheimliches Aussehen.

Mordechai ging ihm einen Schritt entgegen und sprach: Willkommen!

Ich lobe Gott, daß ich Euch gefunden und getroffen. Vergönnt mir eine Unterredung. – Ich muß mit Euch allein sprechen.

Tretet in die Kammer, sprach Reb Mordechai, nahm zwei Leuchter vom Tische und schritt dem Fremden voran. Die ganze Gesellschaft war entsetzt. Der Fremde war kein Jude, das konnte man erkennen. Als er sprach, hatten Alle ein krampfhaftes Zittern seiner Stimme bemerkt. War es verhaltene Wuth, Schmerz oder Rührung? Wer konnte das errathen. – Bele sah es nicht gerne, daß ihr Mann sich mit dem Fremden einschloß, denn sie hörte, daß die Thür von innen geschlossen wurde. Sie wußte nicht, wer der Fremde sei; – konnte er nicht eine Gewaltthätigkeit im Sinne führen? Bald aber beruhigte sie der Gedanke an die außerordentliche Körperkraft ihres Gatten. – Es herrschte die tiefste Stille, denn Alle waren, obwohl sie ihren Platz nicht verließen, bemüht, ein Wort von dem, was im Nebenzimmer vorging, zu erlauschen, – aber es war ihnen nicht möglich, auch nur ein einziges Wort deutlich zu vernehmen.

Als der Fremde mit Reb Mordechai allein war, warf er Hut und Mantel ab, und stürzte in seine Arme.

Vor allem Anderem meinen Dank, meinen heißen, innigsten Dank, edler Menschenfreund!

Reb Mordechai erkannte den jungen Mann, den er einst vom Selbstmorde zurückgehalten hatte, dessen Ehre, dessen Leben er gerettet.

Das Geld, welches ich Euch vor einigen Jahren sandte, habt Ihr wohl erhalten? Und als Reb Mordechai bejahend mit dem Kopfe nickte, fuhr der Fremde fort: Ihr werdet mich wohl für undankbar gehalten haben, daß ich nicht selbst kam, Euch zu danken; aber ich versichere Euch, ich konnte es nicht. Es hat mich sehr geschmerzt – es that mir unendlich wehe, aber bei meiner Anwesenheit in Prag hielt mich mein Dienst, meine Pflicht in der fortwährenden Nähe einer hochgestellten Person, und ich konnte nur mit Mühe einen ergebenen Diener mit diesem Auftrage betrauen. – Aber ich habe Euch wichtige Dinge mitzutheilen, und will mich kurz fassen. Doch, damit Euch meine Nachricht nicht als ein Ammenmährchen erscheine, muß ich Euch erzählen, welchen unendlichen Dank ich Euch schulde.

Als es an jenem verhängnißvollen Tage, der so düster für mich begonnen, und durch Eure Hilfe so glücklich enden sollte, die neunte Stunde schlug, trat eine Commission, die den Cassastand prüfen sollte, in mein Amtszimmer. Sie bestand diesmal aus einer größern Anzahl von Mitgliedern, als es gewöhnlich der Fall war. Der Chef der Commission war ein hoher Beamte, der sich bisher nie diesem Geschäfte unterzogen hatte. Nachdem sich die Commission von der Richtigkeit des Cassastandes überzeugt hatte, umarmt mich der Chef derselben. Es war mir dies um so auffallender, als er mich bisher nur barsch angeredet hatte und seine durchbohrenden Blicke fest auf mich gerichtet hielt. Es freuet mich, sprach er, es freut mich, daß diese Anklage eine Verläumdung ist. Bei diesen Worten zog er eine Schrift aus der Brusttasche und reichte sie mir zu lesen. Mir flimmerte ein regenbogenfarbiges Spiel vor den Augen. Ich hatte Mühe, um die mir wohlbekannten Schriftzüge zu lesen. Es war die Schrift meines ehemaligen Jugendfreundes Albert. Er bezichtigte mich der Veruntreuung und der Entwendung der öffentlichen, mir anvertrauten Gelder. – Sein Plan war fein angelegt, – aber er war vereitelt durch Eure Großmuth, durch Euren Edelsinn. Mein Vorgesetzter, der meine sprachlose Verwirrung für gerechte Entrüstung hielt, fuhr fort:

Es freut mich um so mehr, daß sich diese niederträchtigen Verläumdungen nicht bewahrheiten, als mir auch der Auftrag ertheilt wurde, Euch nach genommener Einsicht und Rechtfinden des Cassabestandes anzukündigen, daß Ihr zu einem höhern Posten berufen seid. Dies sprechend, überreichte er mir ein gesiegeltes Papier, welches mein Anstellungsdekret enthielt. Und wem hatte ich es zu danken, daß ich statt schmachbeladen, dem Hohne, der Verachtung preis gegeben, – jetzt geehrt, geachtet und befördert wurde? – Wem anders als Euch? Ich mußte, um meinen neuen Posten anzutreten, augenblicklich nach Wien reisen. – Ich mußte von Prag scheiden, ohne mich von Euch zu beurlauben, – ohne Euch sagen zu können, daß meine Dankbarkeit erst mit meinem letzten Athemzuge erlöschen würde. In Wien angelangt, waren alle meine Bestrebungen dahin gerichtet, durch Fleiß, Willen und Beharrlichkeit eine hohe Stufe zu erklimmen. War es mir ja nur dann möglich, Euch die große Summe wieder zu erstatten, die Ihr mir, dem Fremden, dem Unbekannten, großmüthig geopfert. Meine Bemühungen, von den glücklichsten Zufällen unterstützt, hatten den günstigsten Erfolg. Ich benützte eine seltene Gelegenheit, mich auszuzeichnen. Dies brachte mich in die Nähe unseres gnädigen Monarchen. Er lernte mich kennen. Mein warmer Eifer und meine treue Hingebung erregten sein Wohlgefallen. Er hatte meinen Vater gekannt und fand, daß seine Dienste nicht genügend belohnt worden waren. Er wollte es nun mit fürstlicher Huld an dem Sohne vergüten. Er überhäufte mich mit Gnaden. Meine Dankbarkeit, meine ehrfurchtsvolle Liebe gegen die hohe Person meines Monarchen mußte unter solchen Umständen die höchste Stufe erreichen. Es ward mir nicht schwer, dies mehrmals zu beweisen, und einer längern Kette von glücklichen Ereignissen, die jetzt zu erzählen die Zeit nicht gestattet, hatte ich es zu danken, daß der König und nunmehrige deutsche Kaiser mich zu seinem Geheimschreiber ernannte. Dieser Posten ist weniger glänzend als einfluß- und wirkungsreich. Seit dieser Zeit durfte ich mich keinen Augenblick von der Person des Monarchen entfernen. Ich mußte sogar in dem an dem Schlafgemache des Monarchen anstoßenden Kabinete schlafen, um jeden Augenblick seiner Befehle gewärtig zu sein. Aber die Mühseligkeiten meines Amtes werden tausendfach aufgewogen durch das vollste Vertrauen, welches der Kaiser in mich setzt. Dieses machte es mir nun möglich, Euch von einer Gefahr zu

benachrichtigen, von welcher die gesammte Judenschaft Prags und Böhmens
bedroht ist. Vor einigen Tagen hörte ich am frühen Morgen, zeitlicher als gewöhnlich, die Glocke in dem Arbeitszimmer des Kaisers. Ich erschien sogleich.
Der Kaiser ging mit großen Schritten im Zimmer auf und ab. Ich erschrack
über die leichenhafte Blässe seines edlen Gesichtes. Er hatte mein Eintreten
gar nicht bemerkt.

Gnädigster Herr? frug ich.

Ah – du bist da, das ist gut. –

Ich hörte den Ton der Glocke, gnädigster Herr –

Gut – gut. – Er ging noch einige Mal im Zimmer auf und ab, dann blieb er
vor mir stehen und sprach: Alle Juden müssen Prag und Böhmen verlassen, eh'
drei Monate verfließen.

Gnädigster Herr! entgegnete ich betroffen, es sind ja erst neun Jahre, daß
man die Juden wieder nach Böhmen zurückrief, – man hatte erwiesen, daß sie
unschuldig angeklagt wurden. Durch was haben sie sich neuerdings den Un-
willen Euerer Majestät zugezogen? Sind wieder Klagen eingebracht worden?
Nein, antwortete der Kaiser, ich bedaure diese Unglücklichen, es wäre mir
lieb gewesen, wenn Klagen gegen sie eingebracht worden wären; denn es thut
mir doppelt leid, Unschuldige aus dem Lande zu vertreiben, wo ihre Väter
schon seit Jahrhunderten ruhig und friedlich lebten.

Aber dann, gnädiger Herr! wagte ich zu entgegnen, wenn Eure Majestät die
Juden bedauert, wenn keine Klagen vorliegen, warum sollen friedliche Menschen in's Unglück, in's Elend gestürzt werden? Warum sollen sie von Neuem
heimatlos in die Welt hinaus gestoßen werden? Und wenn der deutsche Kaiser,
der gerechte Ferdinand, sie vertreibt, *wer* wird sie gastlich aufnehmen?

Der Kaiser zuckte ungeduldig die Achseln. Auf mein Fürstenwort! es thut
mir leid; aber ich muß es doch thun, ich habe mich hierzu verpflichtet, ich
habe es eidlich gelobt.

Ich war erstaunt. Wer durfte es wagen, dem deutschen Kaiser eine Verpflichtung aufzuerlegen? Wer durfte so kühn sein, ihm einen Eid abzufordern?

Der Kaiser bemerkte mein Erstaunen. Er ging wieder, wie es seine Gewohnheit ist, mehrmals rasch im Zimmer auf und ab, dann blieb er vor mir
stehen.

Gestern Nacht, sprach er, dachte ich wieder mit Schmerzen daran, ob ich
nicht doch eine schwere Sünde dadurch begangen habe, daß ich den *Utraquisten in Böhmen nicht kräftiger entgegenarbeite. Du weißt, wie strenge ich
bei meinem Regierungsantritte gegen die *Kelchner verfuhr, – aber ich bin
älter geworden, mein Sinn ist milder, – ich glaubte besser für die Wohlfahrt
meiner Völker zu sorgen, wenn ich Jedem seine Lehre, seinen Glauben, seine
Überzeugung gönne. Ich will die Irrenden bedauern, aber ich will sie nicht
mehr verfolgen. Hat doch der heilige Vater selbst die Duldung der Kelchner
gebilligt. – Aber zuweilen stört mich denn doch der Gedanke, ob ich auch
recht handle, – ich versichere dir, ich durchwache manche Nacht, weil mich
dieser Gedanke nicht verläßt. – So lag ich auch gestern bis Mitternacht in tie-

fes Sinnen versunken. Endlich überkam mich der langersehnte Schlaf, aber er war kein erquickender. Vor meiner Seele schwebten Bilder längst entschwundener Zeiten. Ich war wieder ein kleiner Knabe, – ich war in Madrid in dem Bildersaale des königlichen Palastes, der Lehrer meiner Jugend, ein würdiger Greis, stand hinter mir. Ich las in einer Bibel. Doch plötzlich verschwanden die Säle des madrider Palastes, ich stand an den Fenstern meines königlichen Schlosses in Prag, war deutscher Kaiser. Ich blickte hinab auf die Stadt, mir kam es vor, als wenn die Lieder der Kelchner aus der Stadt heraufklängen. Ich blickte mich unwillig um, neben mir stand wieder der greise Lehrer meiner Jugend; er blickte finster auf die Stadt herab. Ich glaubte ihn zu verstehen. Ich kann nicht, sprach ich, hat's doch der heilige Vater gebilligt. Da fiel zufällig mein Blick auf die Judenstadt, die dem königlichen Schlosse gegenüber liegt. Willenlos erhob ich meine Rechte. So will ich wenigstens diese vertreiben. Eh' drei Monden vergehen, darf kein Jude mehr sich in meinem Lande Böhmen sehen lassen. Ich schwöre es dir! Als ich diese Worte gesprochen, that es mir im Traume leid. Was wollte ich von den gedrückten Schuldlosen? Ich wurde von einer solchen Gemüthsbewegung erschüttert, daß ich erwachte. Aber trotz meinem größten Bedauern muß ich das Gelübde dennoch erfüllen. Ich habe meine Rechte zum Himmel erhoben, ich habe es gelobt. Ich werde keine Beruhigung finden, bis das Edict zur abermaligen Vertreibung der Juden in Böhmen erlassen und vollzogen ist.

Der Kaiser ging wieder in großen Schritten im Zimmer auf und ab. Ihr könnt Euch die peinliche Lage denken, in welche mich diese unerwartete Willensäußerung des Kaisers versetzte. Dem ersten Zuge meines Herzens folgend, wollte ich einige Worte zu Gunsten der Juden sprechen, aber der Kaiser unterbrach mich.

Kein Wort – ich habe dich auf mein kaiserliches Wort versichert, daß es mir leid thut – alles, was du sagen willst, weiß ich – aber geschehene Dinge sind nicht zu ändern. In den Träumen liegt oft die Wahrheit. Hat nicht der Herr dem egyptischen Pharao im Traume die Zukunft verkündet? Hat nicht Pharao dadurch, daß er den Traum beachtete, sein Volk vor Hungersnoth bewahrt? Bin ich, der deutsche Kaiser, schlechter als Pharao, und mein Land in den Augen der Vorsehung geringer geachtet denn Egypten? Ich habe die Vertreibung der Juden gelobt, ich werde mein Gelöbniß halten.

Ich kannte den Charakter des Kaisers zu genau, um nicht zu wissen, daß ein jedes Wort nun nutzlos wäre. Der Kaiser ist edel, großmüthig – aber er vermeidet sorgfältig alles, was auch nur den leisesten Schein hätte, als wolle er einer religiösen Pflicht zuwider handeln. Das Gelübde, das er im bewußtlosen Zustande, im Schlafe, ausgesprochen, besteht für ihn in vollster Kraft und Geltung. – Ich ging traurig an meine Arbeit, und dachte unaufhörlich daran, wie ich zu helfen vermöchte. Lange erfüllte eine furchtbare Gedankenleere mein Gehirn, ich fand keinen Ausweg. Endlich erleuchtete mich ein Strahl der göttlichen Gnade. Ich hatte das *einzige Mittel* gefunden. Ich mußte Euch um jeden Preis sprechen. Ich dachte jetzt nur darüber nach, wie ich es veranstalten könnte, einen Urlaub von dem Monarchen zu erhalten. Es war dies um so schwieriger, als meine warme Fürsprache, trotz des größten Vertrauens, das der Kaiser in mich setzte, möglicherweise den gerechten Verdacht erwecken könnte, ich wollte den Juden das bevorstehende Unheil verkünden und ihnen ein Mittel zur Abwendung desselben anrathen. Selbst das Bekanntwerden seines Planes hätte für mich und Euere Glaubensgenossenschaft verderblich werden können; da ich bei Staatsgeschäften das unverbrüchlichste Schweigen, selbst gegen die Minister und Staatsräthe, zu beobachten verpflichtet war. Ich verzweifelte schon, einen passenden Vorwand zu finden, um mir Urlaub zu erbitten, als ein glücklicher Zufall, nein *kein* Zufall, eine göttliche Fügung, mir auch hierbei zu Hilfe kam. Ein Schreiben von meinem Gute in Ungarn, das ich der kaiserlichen Huld verdanke, meldete mir, daß mein theures Weib glücklich von einem gesunden Knäblein entbunden sei, – und daß sie sich wohl befände. Mit einem Male war mir nun das Mittel geboten, Euch zu sehen, zu sprechen, zu rathen. Als der Kaiser wieder in sein Arbeitszimmer trat, war er, ich weiß nicht aus welchem Grunde, sehr heiter. Gnädigster Herr! sprach ich, ich habe eine Gnade zu erbitten. Der Kaiser sah mich ernst an. Sprich zu mir, was du willst, aber nichts von den Juden; hörst du? – mein Entschluß ist gefaßt und unabänderlich.

O nein, gnädigster Herr! das ist es nicht, sprach ich scheinbar ganz gleichgiltig. Aber ein Brief setzt mich davon in Kenntniß, daß meine Gattin, die sich auf dem Gute bei Preßburg befindet, das ich durch die allerhöchste Gnade Euerer Majestät besitze, mit einem Knaben niederkam. Da nun grade die Osterwoche beginnen soll, und ich an hohen Feiertagen nur wenige Nachmittagstunden dem Dienste meines Monarchen widmen darf, so würde ich mir die allerhöchste Erlaubniß –

Ei du Schelm, du willst zu deinem Weibe, sprach der Kaiser lächelnd. Geh' in Gottes Namen. Diese Woche bist du entbehrlich. Du kannst gleich heute reisen, damit du in acht Tagen wieder da bist. Ich dankte für die gnädige Erlaubniß und eilte in meine Wohnung. Ich hatte Helenen einst mein Vergehen gestanden, Eure Großmuth erzählt. Ihr könnt Euch denken, mit welcher Dankbarkeit sie den Retter ihres Gatten, ihres Lebensglückes verehrte. – Ich schrieb ihr ein paar Zeilen, die sie davon in Kenntniß setzten, daß die Pflicht der Dankbarkeit mich veranlasse, einen vom Kaiser erhaltenen Urlaub ferne von ihr zuzubringen. Es beträfe meinen Schutzengel Mordechai Cohen in Prag. Ich schrieb ihr, während dieser Zeit keinen Brief an mich zu richten, damit man bei Hofe nicht erführe, daß ich mich anderswo als auf meinem Gute befände. Am Schlusse fügte ich hinzu: Du kannst die Wichtigkeit meines Vorhabens ermessen, – da es mich zurückhält nach Hause zu eilen, dich zu küssen, meinen Erstgeborenen zu segnen. –

Abends fuhr mein Reisewagen der ungarischen Grenze zu; – aber zwei Stunden vor der Stadt sprang ich aus dem Wagen, schwang mich auf ein gesatteltes Pferd, das schon in einem Gebüsche in Bereitschaft stand, und ritt so schnell als möglich nach Prag. Vor einer Stunde bin ich angekommen, und jetzt bin ich hier, – um Euch das *einzige* Mittel anzugeben welches Euch möglicherweise von der bevorstehenden Gefahr retten kann. –

Der Geheimschreiber des Kaisers hielt inne, und ließ sich ermattet auf einem Stuhl nieder.

Reb Mordechai benützte diese Pause. Vergebt, sprach er, daß ich Euch in diesem Augenblicke nicht meinen Dank für Euer Benehmen, nicht die aufrichtige Theilnahme, die mir Euer Lebensglück einflößt, auszusprechen vermag. Ich kann jetzt auch dem wärmsten Gefühle keine Worte leihen. Ihr selbst seid zu dankbar, um mein Stillschweigen mißdeuten zu können. Entschuldigt mich aber einen Augenblick, ich will nur hineingehen, um meine Familie, die durch Euere unerwartete Ankunft erschreckt wurde, und zweifelsohne mit der größten Besorgnis das Ende unserer geheimnißvollen Unterredung abwartet, zu beruhigen.

Um des Himmelswillen! rief der Geheimschreiber, ich beschwöre Euch bei allem, was Euch heilig ist, ersinnt irgend einen Vorwand – aber verrathet mich nicht. Ihr seht, ich habe mich tief in meinen Mantel gehüllt, um von Euerer Frau, die mich schon einmal gesehen, nicht erkannt zu werden. Je weniger davon wissen, desto besser ist es für Euch und Euere Sache. Der Kaiser hat seinen Entschluß niemandem außer mir mitgetheilt. Das Geheimniß muß daher wohl bewahrt werden.

Verlaßt Euch auf mich, sprach Reb Mordechai, ich bin in einem Augenblicke wieder bei Euch. Reb Mordechai trat in die Stube zurück. Die zwei kleinsten Kinder waren schon zu Bette gebracht worden, die Orchim waren nach Hause gegangen, der Hausbocher in seine Kammer, der Meschores und die Mägde in die Gesindestube. Als Reb Mordechai ins Zimmer trat, sprach er, ohne die Frage der bestürzten Familie abzuwarten: Ich komme, um Euch zu beruhigen. Der Fremde hat mir wichtige geheime Mittheilungen zu machen. Ich hoffe, Ihr werdet an meiner Ruhe erkennen, daß jede Befürchtung unnöthig wäre. Übrigens freut es mich, daß die kleinen Kinder schon schlafen, denn es muß über diesen Vorfall das tiefste, unverbrüchlichste Schweigen herrschen. Eure Neugierde müßt Ihr bezwingen, denn ich kann Euch hierüber nichts mittheilen. Legt Euch ruhig zu Bette. Mein Gast wird noch einige Zeit verweilen. Seid ganz ruhig, ist doch heute die Lel schimurim.[24] Mordechai ging wieder in das Zimmer. Die beiden Männer sprachen noch über zwei Stunden mit einander, dann ging der Geheimschreiber. Mordechai begleitete ihn bis zu dem Thore der Judenstadt, dieses wurde geöffnet. Die beiden Männer drückten sich die Hände, um Abschied zu nehmen. Ich danke Euch, sprach Mordechai, mehr konnte er vor Rührung nicht sprechen. –

Ihr werdet vor dem Wischehrader Thore ein gesatteltes Pferd finden. Vergeßt nichts. Gott sei mit Euch, lebt wohl! flüsterte der Geheimschreiber leise, indem er aus dem Thore der Judenstadt trat; lebt wohl!

Das Thor wurde geschlossen und der Geheimschreiber schritt dem Gasthofe zu.

---

[24] Nacht der Beschützung.

Mordechai hob sein glühendes Antlitz zum Himmel empor. Es war eine schöne mondhelle Nacht. Die Sterne funkelten gar lieblich an dem blauen Himmel.

O! sieh herab vom Himmel und schau, wir sind den Völkern zum Hohne und zum Spotte. Herr! wir haben *Deinen* Namen nicht vergessen, o Herr! vergesse *Du uns* nicht. – Mordechai war von einer so tiefen ergreifenden Wehmuth erfüllt, als sich diese wenigen Worte fast bewußtlos seiner Brust entrangen, daß er in Gedanken versunken blieb. Er blickte hinan in das blaue ungeheure Luftmeer, wo Miriaden von Welten schwebten. Wer hat sie erschaffen? – Der Herr, der einige Gott, den er anrief – er ist allmächtig, er kann helfen. Er blickte hinan in das blaue Luftmeer, wo Miriaden von Welten schweben, er sah den unendlichen Raum, den unser blödes Körperauge erfaßt, einschließt in den engen Raum des Sehnervs – vor dem sich aber unser geistiges Auge, das Auge unserer unsterblichen Seele schmerzhaft schließt, weil es die riesige Vorstellung nicht erträgt, nicht erfassen kann das wahre Bild des Weltalls – und in diesem Raume fällt kein Blatt, in diesem Raume raschelt kein Laub, in diesem Raume athmet keines der zahllosen Geschöpfe, ohne daß es der Herr der Welt weiß – er ist allwissend. Er kennt den Schmerz der Verstoßenen, die namenlose Qual des Getretenen. – Er blickte hinan in das blaue ungeheure Luftmeer, wo Miriaden Welten schweben, und auf jeder dieser Welten Miriaden Geschöpfe – und alle diese miriadenmal Miriaden Geschöpfe leben, und freuen sich des Lebens durch die Gnade – durch die Huld – durch das Allerbarmen Gottes. Gott ist allgnädig. Gott will helfen. –

Herr der Welt! rief Mordechai, als diese tröstenden Betrachtungen an seiner Seele vorüberzogen. Du bist allerbarmend, allwissend, allmächtig. Nun warum sollen wir verzweifeln? Kannst du es denn wollen, daß man Deine Kinder ins Unglück stößt? – Sie wollen uns verbannen, vertreiben. – Warum? – mit welchem Rechte? Sie sagen, wir sind Fremde in diesem Lande, in dem schönen Böhmen. Hat nicht Gott die ganze Welt erschaffen, und sind wir nicht auch seine Kinder? Wir sind Fremde?! und doch liegen die Gräber unserer Väter in diesem Lande! Wir sind Fremde?! und doch haben wir schon Jahrhunderte in diesem Lande gelitten und erduldet! Wir sind Fremde?! Wir leben ja so lange im Lande als alle andern Bewohner! Wir sind Fremde?! Nun wo ist unser Vaterland?! Kann es Menschen geben *ohne* Vaterland? nein nein!! –

Und doch hat der Jude nichts – nichts auf dieser großen weiten Erde, was er sein nennen könnte. Nicht die Scholle, auf die er sein lebensmüdes Haupt legt – er kann sein *Grab* dem Sohne nicht vererben, denn weiß er auch, ob man nicht die weinende Waise von *seinem* Grabe stößt, wie man *ihn* vertreibt von den Gräbern seiner Väter?

Mordechai wäre vielleicht noch länger in diesen Gedanken versunken auf der Straße stehen geblieben – aber plötzlich ward die Luft durch eine prachtvolle Windsäule durchzittert. Ein lauer Frühlingswind durchbebte mit einem süßen Säuseln die Luft. Der duftige Hauch des Windes, der Mordechai's glühendes Gesicht anwehte, erweckte ihn aus seinen Träumereien, es schien ihm, als wäre dies ein Morgengruß des Allvaters an seine Söhne, der da spräche:

Friede, Friede den Fernen und den Nahen, – allen meinen Kindern Friede.
Mordechai fühlte sich gar wundersam gestärkt und erhoben. Er schritt nun zur
Wohnung des Rabbiners. Er klopfte leise an das Fenster des ebenerdigen
Zimmers, wo Reb Leb, der Bes-Din-Schames[25] wohnte.

Wer ist da? frug dieser.

Ich, Mordechai Cohen, ich bitte Euch, weckt gleich den Rebbe, denn ich
habe eine wichtige Schaile[26] zu machen.

Der Rebbe ist auf und lernt.[27] Aber Ihr pflegt ja sonst immer selbst zu
paskenen,[28] Mekaß[29] Reb Mordechai! sprach Reb Leb, als er verdrießlich die
Thüre öffnete; was fällt Euch nun ein, mit einem Male mitten in der Nacht eine
Schaile zu machen? –

Ihr seid doch auch ein Ben Tora,[30] sprach Reb Mordechai, dem es sehr un-
lieb gewesen wäre, wenn der geschwätzige alte Reb Leb seinem nächtlichen
Besuche eine größere Wichtigkeit zugemuthet hätte, als er vorgab. Ihr wißt ja,
Peßach, da gilt die höchste Strenge, und da will ich mich denn doch mit dem
Raf berathen. – Lieber Reb Leb! entschuldigt, daß ich Euch bemüht habe;
Chol-Ha-Moed[31] werde ich Euch meine Erkenntlichkeit beweisen. – Und noch
eins, es wäre mir nicht lieb, wenn man erführe, daß ich mitten in der Nacht
beim Rebbe war, drum bitte ich Euch, haltet darüber reinen Mund. Ich will
Euch gerne jeden Samstag Fisch, Fleisch, Oel und Wein schicken, jeden Samstag, so lange die Sache ein Geheimniß bleibt. – Höre ich aber, daß Ihr etwas
geplaudert, so bin ich – das versteht sich von selbst – jeder weiteren Verpflichtung gegen Euch enthoben. –

Nachdem sich Reb Mordechai auf diese Weise das Stillschweigen des Bes-
Din-Schames gesichert hatte, ließ er sich beim Raf einführen. Dieser hatte die
Sedernacht durchwacht, um den *Traktat Psachim nochmals durchzustudiren.
Er war nicht wenig überrascht, Reb Mordechai zu einer so ungewöhnlichen
Stunde bei sich eintreten zu sehen. Dieser theilte ihm das Geheimniß mit, wel-
ches er in der Nacht erfahren, so wie auch seinen Entschluß, bei anbrechendem
Morgen unverweilt nach Wien zu reisen, um dort in der von dem Geheimschreiber angerathenen Weise dem bevorstehenden Unheile entgegen zu arbeiten. Der Raf billigte seinen Plan, und nachdem die beiden Männer das Nähere
der Ausführung besprochen, schied Reb Mordechai von dem Raf. Er ging nach
Hause, um sich zur Reise zu rüsten, und von seiner Familie Abschied zu nehmen. Als der erste Peßachtag anbrach, schritt Reb Mordechai vor das Wische-
rader Thor. Er war reisemäßig gekleidet und bewaffnet. Ein lederner Gurt,

---

[25] Diener des Rabbinerkollegiums.
[26] Anfrage in religiösen Sachen.
[27] Studirt.
[28] Fragen zu entscheiden.
[29] Eine Abbreviatur der Anfangsbuchstaben dreier hebräischer Worte, dem Sinne nach
ohngefähr: Eure Ehrwürden.
[30] Gesetzkundiger.
[31] Halbfeiertage.

den er um den Leib geschlungen hatte, enthielt seine Baarschaft, seine Reiseta-
sche, einige Mazos und eine Flasche Wasser. Vor dem Thore stand ein gesatteltes Pferd in Bereitschaft. Mordechai schwang sich auf dasselbe, drückte ihm
die Sporen in die Weichen und flog mit Blitzesschnelle die Wiener Straße
entlang. –

Nach dem Morgengottesdienst ließ der Raf die Gemeindevorsteher und die
Dajonim zu einer geheimen Sitzung einladen. Nachdem sich alle Anwesenden
zu dem tiefsten Stillschweigen verpflichtet hatten, begann der Raf:

Achai we Reai![32] Heute mitten in der Nacht wurde unserem Freunde Reb
Mordechai Cohen, haschem jarich jomow![33] aus sicherer Quelle die unerwartete Kunde mitgetheilt, der Kaiser habe den unabänderlichen Beschluß gefaßt,
alle Juden aus Prag und Böhmen zu verweisen. Der Beschluß des Kaisers ist
bis jetzt für jedermann ein Geheimniß und selbst dem Staatsrathe unbekannt.
Da man Reb Mordechai die Ursache dieser unschuldigen Verfolgungen unter
dem Siegel der tiefsten Verschwiegenheit anvertraut hatte, so mußte er der
Versicherung, daß die flehentlichen Vorstellungen der Juden bei dem Kaiser
erfolglos bleiben würden, vollsten Glauben schenken. Es mußte daher zu einem
außerordentlichen, ungewöhnlichen Mittel Zuflucht genommen werden, welches
man unserem Freunde Reb Mordechai als das einzige bezeichnete, welches
möglicherweise bei dem Kaiser eine Sinnesänderung hervorbringen könnte.
Hierbei aber war die größte Eile nothwendig. Es durfte kein Augenblick versäumt werden. Reb Mordechai kam zu mir, um mich von dem über unserem
Haupte schwebenden Unglücke zu benachrichtigen, und mir mitzutheilen, daß
er gewillt sei, bei Tagesanbruch zu Pferde zu sitzen und nach Wien zu reisen.
Ich billige sein Vorhaben, da die unübersehbare Größe der Gefahr die einma-
lige Entweihung des Feiertages entschuldigt. Er hat mir auch den Plan vorgelegt, den man ihm vorgezeichnet, ich habe auch diesen in Anbetracht der Umstände genehmigt, und schon jetzt befindet sich Reb Mordechai auf dem Wege
nach Wien. – Reb Mordechai Cohen ist durch seine außerordentliche Geistes-
fähigkeit, seine Gelehrsamkeit, und ganz besonders durch den Umstand, daß er
von einer hohen Person begünstigt sein muß, da er doch das wichtige Geheimniß zuerst erfahren, zweifelsohne der geeignetste Vertreter unserer Gemeinde,
und wir dürfen uns daher der Hoffnung hingeben, daß es Reb Mordechai durch
den göttlichen Beistand gelingen dürfte, das über unserem Haupte schwebende
Unglück abzuwenden. – Jedenfalls aber wollen wir in Ergebung und Ruhe das
Ende dieser Ereignisse erwarten und unseren Kummer in unserem Inneren
verschließen, damit die unheilvolle Kunde sich nicht zu unserem Schaden und
Verderben zu früh in der Gemeinde und unter dem Volke verbreite. –

Reb Mordechai hat mich auch dringend ersucht, ihn bei Euch, Achai we Reai!
zu entschuldigen, daß er ohne Euer Wissen seine Reise angetreten. Aber die
Zeit drängte, jeder Augenblick war kostbar und durfte nicht versäumt werden. –

---

[32] Meine Brüder und Freunde.
[33] Der Herr verlängere seine Tage.

Mögt Ihr die Segnungen des Himmels zu dem Gelingen seines Unternehmens herabflehen. – Möge Euer Gebet erhört werden! – Der Raf entließ die bestürzte Versammlung.

Man stand schon in der zweiten Hälfte der Sfire,[34] als sich dunkle Gerüchte über die Schreckenskunde, welche der Oberrabbiner den Gemeindehäuptern am ersten Peßachtage mitgetheilt hatte, in der prager Judenschaft zu verbreiten anfingen. – Der enge Kreis, der es aus dem Munde des Rabbiners erfahren, hatte zwar das tiefste Schweigen beobachtet, aber mehrere Juden, die zu Beamten ins Haus kamen, um den Frauen und Töchtern derselben Waaren zum Kaufe anzubieten, wurden aufgefordert billig zu verkaufen, da sie ohnedies bald zum Lande hinausgejagt würden, und dann gar nichts verkaufen könnten. Das erste Mal beachteten die armen Juden diese Redensart nicht, und hielten dies nur für einen Schimpf, den sie geduldig ertragen mußten. Aber diese Worte wurden in kurzer Zeit sehr oft und sehr nachdrücklich wiederholt. Das war auffallend. Die Geängstigten baten, man möge sie nicht mit so grausamen Scherzen schrecken; man denke sich aber die Ueberraschung der Unglücklichen, als man ihnen bedeutete, dies sei kein Scherz, es seien Nachrichten aus Wien angelangt, daß einer kaiserlichen Entschließung zu Folge, alle Juden Böhmen in kürzester Zeit verlassen müßten. – Man eilte zum Parnes,[35] zum Raf, und fand sie von dieser Neuigkeit in volle Kenntniß gesetzt. Bald hörte man in allen Synagogen, in den Bothe-Medroschim,[36] auf dem Markte, auf den Straßen, von nichts Anderem, als von dem bevorstehenden Unglücke sprechen. Man hatte in der Gemeinde zwar die Abwesenheit Reb Mordechai Cohens bemerkt, aber man wußte bisher nicht, daß seine Reise dem Gesammtwohle gewidmet war. – Doch jetzt, da der Raf und der Gemeindevorstand Jeden versicherten, daß man schon lange von diesem Ereignisse benachrichtigt sei, und alles aufbieten werde, was im Bereiche menschlicher Kräfte läge, – als der plauderhafte Bes-Din-Schames Reb Leb sich nicht mehr halten konnte, und überall von dem Besuche erzählte, den Reb Mordechai Cohen in der ersten Peßachnacht dem Raf abgestattet hatte, da wurde es allgemein bekannt, daß Reb Mordechai als Stadlen[37] nach Wien gereist sei. Dies wirkte im ersten Augenblicke beruhigend auf die erschreckten Gemüther. Man wußte, man hatte es schon oft erfahren, daß Reb Mordechai der geeigneteste Vertreter seiner Glaubensgenossenschaft sei. – Aber bald trübte sich auch diese Hoffnung. Von Reb Mordechai war kein Brief angelangt. Seine Familie sowohl, als der Raf und der Gemeindevorstand waren ohne Nachricht von ihm geblieben. Man hatte endlich Erkundigungen eingezogen, und erfahren, daß Reb Mordechai Wien verlassen hatte. Wohin er nun gezogen war, – ob er den Kaiser

---

[34] Der siebenwöchentliche Zeitraum zwischen dem Oster- und dem Pfingstfeste.
[35] Erster Gemeindevorsteher.
[36] Lehrhäusern.
[37] Fürsprecher.

gesprochen, ob er Hoffnung hatte, das Alles blieb der Gemeinde unbekannt. Bei einer großen Versammlung, zu welcher die Vornehmsten, die Ältesten und Einsichtsvollsten in der Gemeinde berufen waren, wurde von einigen der Antrag gestellt, eine Deputation nach Wien zu senden, um an den Füßen des Thrones ihre gerechten Vorstellungen niederzulegen. Die Mehrzahl pflichtete dem Antragsteller bei, aber der Raf widersetzte sich dieser Maßregel. Ist Rettung möglich, sprach er, – kann irgend ein Mensch des Kaisers Majestät veranlassen, den gefaßten Entschluß zu ändern, so ist es Reb Mordechai Cohen. – Wer unter uns, meine Brüder! wird dies bezweifeln? – Denkt an seine glühende Beredsamkeit, denkt an die staunenswerthe Tiefe und Schärfe seines Geistes, denkt an die außerordentlichen Opfer, deren sein Edelmuth fähig ist, – und Ihr werdet mir beipflichten, wenn ich sage, daß es nutzlos, ja sogar schädlich wäre, jetzt neue Vertreter an den Hof zu schicken. Meine Behauptung ist um so richtiger, als ich durch Reb Mordechai die vollste Überzeugung erhielt, daß alle flehentlichen Vorstellungen ganz nutzlos blieben. Reb Mordechai hat den sonderbaren Grund erfahren, der unseren Monarchen, welcher uns bisher ein gnädiger Herr und Fürst gewesen, veranlassen konnte, diesen unheilvollen Entschluß zu fassen. Es gibt nur ein *einziges* Rettungsmittel, und dieses wird Reb Mordechai versuchen. Mißglückt es ihm, so ist alles unrettbar verloren, und wir können nichts Anderes thun, als uns mit Ergebung in den Willen des Allmächtigen fügen, und ihn um Kraft und Stärke in unserem Unglücke anflehen.

Von jeher hatte der prager Oberrabbiner den mächtigsten Einfluß auf seine Gemeinde ausgeübt. Die Versammelten sahen überdies ein, daß der Raf einen tiefern Einblick besäße als sie. Es blieb ihnen daher nichts Anderes übrig, als seiner Weisheit und seiner reichen Erfahrung zu trauen, seinem Willen Folge zu leisten und den Ausgang der Dinge in bangem Zagen zu erwarten. Dieser Zustand war peinlich. Um ihn in seinem ganzen Umfange zu erfassen, muß er näher beleuchtet werden. Der Begriff Verbannung hat in neuerer Zeit, durch *die große Anzahl deutscher Auswanderer, die, wie man zu sagen pflegt, sich freiwillig verbannen, irrthümlicher Weise viel von seiner ursprünglichen Furchtbarkeit verloren. Aber wie verschieden war der vertriebene Jude des Mittelalters von dem Auswanderer der Jetztzeit. Dieser verläßt seine Heimat *freiwillig*, nachdem er sein unbewegliches Vermögen veräußert, – er wird von der Regierung geschützt, er hofft seine Lage zu verbessern, – er hat ein neues Vaterland gefunden, er wird dort gastlich empfangen, – und fühlt er Sehnsucht nach dem Lande seiner Väter, ist er reich und glücklich geworden in der Ferne und will zurückkehren, – will er daheim beschließen sein Leben, will ruhen in vaterländischer Erde, so trägt ihn das Schiff zurück, er wird wieder aufgenommen, er ist wieder der Sohn seines Vaterlandes, – er hat eine doppelte Heimat. Der Jude *mußte* sich mit blutendem Herzen losreißen von der Stätte, die er durch Jahrhunderte seine Heimat genannt hatte. Der Jude ward verstoßen, arm und elend – denn auch der Reichste mußte verarmen durch die Verbannung; seine Häuser wurden werthlos, wer hätte denn ein Besitzthum gekauft, das in kürzester Zeit von selbst herrenlos wurde? Die aufgehäuften Waarenvorräthe, die

bei einer Wanderung, bei dem Aufsuchen einer Zufluchtsstätte nicht mitge-
führt werden konnten, waren für den Eigenthümer werthlos, da doch die große
Anzahl jüdischer Kaufleute nicht mit einem Male ihre Waaren veräußern
konnte; die Schulden, die sie im Lande zu fordern hatten, konnten nicht einge-
hoben werden. – Der vertriebene Jude des Mittelalters war schutzlos, denn die
heimische Regierung kündigte ihm ihren Schutz, ihren Schirm auf. Der vertriebene Jude des Mittelalters mußte befürchten, daß seine greisen Eltern, sein
Weib, die zarten Kinder den ungewohnten Mühseligkeiten der Reise unterliegen würden; denn wußte er, wie lange der Weg? kannte er das Ziel seiner
Reise? Der vertriebene Jude des Mittelalters mußte sich aus den Armen seiner
weinenden Braut reißen, wenn sich ihre Wege trennten, und wußte nicht, ob er
sie je in diesem Leben wiedersehen sollte. Der vertriebene Jude des Mittelalters konnte im fremden fernen Lande sterben vor Sehnsucht nach den Gräbern
seiner Lieben, – sterben konnte er – aber nicht zurückkehren.

Bald aber sollten die Juden dieser quälenden *Ungewißheit* entrissen werden,
um die vollste Gewißheit ihres Unglückes zu erfahren. Einige Tage nach dem
Schebuothfeste traf das kaiserliche Edict in Prag ein, und wurde noch an demselben Tage durch die königliche Statthalterei in der Judenstadt veröffentlicht.
Es lautete: Die Juden müssen Prag in acht Tagen, das Land aber in vier Wochen verlassen. – Ein Grund dieser Verweisung war nicht angegeben. Man
kann sich leicht den Jammer der prager Judengemeinde denken. Man hatte sich
bisher immer noch mit Hoffnungen geschmeichelt, man hatte nicht erwartet,
daß der kaiserliche Befehl so bald eintreffen würde. Man hatte im ungünstig-
sten Falle von der Menschlichkeit des Kaisers erwartet, daß er den Juden eine
längere Frist gestatten würde, um die benachbarten Staaten um eine Zufluchtsstätte anzuflehen, man hatte erwartet, daß der Grund dieser unverschuldeten
Ausweisung, wie es früher geschehen war, in dem Edicte angegeben würde,
und dann war noch ein Schein von Möglichkeit, durch gegründete Widerlegung
der Anklage, eine Zurücknahme des Edictes zu erwirken. Aber auch diese letzte
Hoffnung war verschwunden. – Nachdem sich die Unglücklichen von der ersten
Betäubung erholt hatten, entwickelten sie die regste Thätigkeit. Jeder beeilte
sich, sein unbewegliches Vermögen zum Kaufe anzubieten, Waaren und Werth-
sachen in Geld umzusetzen, und außenstehende Schulden einzufordern. Aber
auch hier mußten die Armen die bittersten Erfahrungen machen. Niemand wollte
ihre Häuser kaufen, die Waarenvorräthe konnten in so kurzer Zeit, auch mit
den größten Verlusten nicht verwerthet werden, und die Schuldner – versprachen
in einigen Wochen das Geld nachzuschicken.

Zu allen diesen Uebelständen gesellten sich nun noch andere Plackereien.
Die königliche Statthalterschaft hatte den Juden auf das Strengste untersagt,
die Stadt vor dem Tage der Ausweisung zu verlassen. Diese Maßregel hatte
den Zweck, zu verhindern, daß sich jemand entferne ohne die rückständigen
Steuern und Schutzgelder entrichtet zu haben. Mit dem zwölften Glockenschlage des achten Tages sollte die Ausweisung beginnen. – Die Zeit zwischen
der Bekanntmachung des Edictes und der Ausführung desselben war eine Zeit

voll schrecklicher Leiden. Niemand war im Stande einen Plan zu fassen, niemand wußte, wohin er seine Schritte wenden sollte. Der Raf und der Parnes hatten eine Versammlung berufen, welche berathen sollte, was mit den beweglichen Gemeindegütern, den Sifre Thora's[38] und den Kle-Kodesch[39] geschehen solle, aber man war nicht im Stande, sich über die Zukunft zu verständigen. Die Autorität des Rabbiners wurde nicht mehr so geachtet wie früher; denn einige äußerten unumwunden, daß man Unrecht gethan habe, dem Raf blindlings zu gehorchen, und daß es besser gewesen wäre, wenn man eine Deputation an den Hof gesendet hätte; die Sache hätte in keinem Falle übler ausfallen können. Da der Raf hierauf nichts zu erwiedern wußte, verließ er die Versammlung; ihm folgte bald der Parnes, und so zerstreuten sich nach und nach alle Mitglieder. Am Vorabende des achten Tages erst kam man endlich überein, die der Gemeinde gehörenden Sifre Thora's und die Gemeindekasse sollen von dem Raf, dem Parnes und dem Gabbe[40] der Altneuschule begleitet, nach Fürth gebracht und der dortigen Judengemeinde so lange in Verwahrung gegeben werden, bis die Mehrzahl der Gemeindeglieder eine ruhige Zufluchtsstätte gefunden. Bei Anbruch des achten Tages wurde der Morgengottesdienst in allen Synagogen abgehalten. In der Altneusynagoge hatte der Raf das Vorbeteramt übernommen. Als der erste Sonnenstrahl durch die engen Fenster der Synagoge drang, ward der Gottesdienst begonnen. Das Gotteshaus war von Andächtigen überfüllt. Viele der frommen Beter waren aufs Knie gesunken und erhoben die gefalteten Hände. Die tiefe rührende Wehmuth, von der heiligen Stätte für immer scheiden zu müssen, hatte sich der gesammten Gemeinde bemeistert und für kurze Zeit die Sorge für die Zukunft aus ihrem Herzen verdrängt. Die Gebete sind reich an wunderherrlichen ergreifenden Stellen, und bald ertönte in dem ganzen Raume das herzzerreißende Schluchzen der Betenden. Der Gottesdienst war beendet. Der Rabbiner trat vor das Aron ha-Kodesch,[41] um Abschied zu nehmen von der geweihten Stätte, die er so oft betreten, um seine Gemeinde zu belehren und zu ermahnen – um Abschied zu nehmen von seiner geliebten Gemeinde und sie durch die Worte der heiligen Gotteslehre zu stärken und zu kräftigen für die dunkle unbestimmte Zukunft, der sie entgegengingen. Er begann: Achai we Reai! – Die Worte erstarben auf seinen zitternden Lippen, es hatte sich seiner eine maßlose Rührung bemeistert. Vergebens suchte sich der Raf zu fassen, es war ihm unmöglich, ein Wort über seine bebenden Lippen zu bringen. – Nun trat eine minutenlange Pause der tiefsten Stille ein. Der Rabbi küßte das Poroches,[42] öffnete die heilige Bundeslade, und nahm ein Sefer Thora aus derselben. Unaufgefordert folgte ihm der Parnes, dann der Schulgabbe, dann die vornehmsten Lomdim, so lange, bis alle Sifre Thora's aus der Lade genommen waren. Der Rabbi sprach noch einige Worte im leisen

---

[38] Gesetzesrollen.
[39] Heiligen Geräthen.
[40] Vorsteher.
[41] Heilige Lade.
[42] Vorhang vor der heiligen Lade.

Gebete, dann schritten die Männer weinend aus der Altneuschule. Der Vorletzte war der Raf, der Letzte der Parnes der Gemeinde. Als dieser aus der Synagoge trat, schloß er sie, und überreichte den Schlüssel dem Raf. Beide, der Parnes und der Raf, wollten sprechen, das sah man an dem krampfhaften Zucken ihrer Lippen – aber beide schwiegen. Schmerzdurchbebter mag der letzte Priester nicht aus dem Tempel auf Zion gezogen sein. Nochmals, als könne er sich gar nicht losreißen, *küßte der Raf die Pfosten des Gotteshauses, dann begab sich der Zug nach seiner Wohnung, um dort die Sifre Thora's bis zum Augenblicke des Aufbruchs aufzubewahren. Dann ging der Raf auf den Friedhof. Die ganze Judenschaft Prags hatte sich, von einem und demselben heiligen Gefühle angeregt, hier versammelt, um auch von den Heimgegangenen – um auch von den Gräbern ihrer Todten Abschied zu nehmen. Kein Schmerzenslaut störte die heilige Ruhe dieses Ortes. Man sah nichts, als Knieende, bleiche Gesichter und von Thränen benetzte Gräber. – Auch Bele, Mordechais Gattin, war auf dem Grabe ihres Vaters gekniet, heiße Thränen perlten von ihrem Antlitze, – ein doppeltes Weh zerriß ihr Herz. Wo war Mordechai, ihr Gatte, der Hort ihres Lebens? –

Nach und nach ward es öder auf dem großen Friedhofe. Jeder hatte noch Vorbereitungen zu treffen zu der großen weiten Reise. Um die eilfte Mittagsstunde wurde ein Thor der Judenstadt geöffnet, durch dieses mußten alle ziehen. Auf dem Platze vor der Judenstadt waren zwei Regimenter Lanzenknechte und einige Fähnlein Reiterei aufgestellt. Eine große Menschenmasse hatte sich versammelt, um dem seltenen Schauspiele beizuwohnen. Der Statthalter hatte einen Kriegsobrist mit der Ausweisung beauftragt. Jede Familie mußte sich bei ihrem Abzuge darüber ausweisen, daß sie alle königlichen Steuern bezahlt habe und angeben, durch welches Thor sie die Stadt verlassen wolle. Das Treiben in der Judenstadt bot einen wehmüthigen Anblick dar. Vor manchen Häusern standen kleine Wagen mit einem magern Klepper bespannt. Sie waren bestimmt, die Greise und Kranke, die nicht zu Fuß wandern konnten, aus dem Lande zu führen. Vor jeder Thür standen Gruppen. Männer, den Wanderstab in der Hand, das Bündel, welches ihr Hab und Gut enthielt, auf dem Rücken, Frauen mit Kindern an der Brust. Um halb zwölf ließ der Obrist einen Trompeter durch die Straßen reiten, und verkünden, daß nur noch eine halbe Stunde Zeit sei, und daß sich Jeder zum Aufbruche anschicken solle. Nun verabschiedeten sich die Verwandten und Freunde nochmals auf offener Straße. Ein warmer Händedruck, ein Bruderkuß, und dann sollte man scheiden. Der Rabbiner hatte sich mit dem ganzen Bes-Din an das Ausgangsthor gestellt, um den Abziehenden Trost einzusprechen, und ihnen seinen Segen zu ertheilen. Endlich erscholl das Kommandowort des Obristen. Die Schwerter klirrten aus den Scheiden. Das Fußvolk stellte sich in Reih' und Glied. Es begann auf der altstädter Rathhausuhr zwölf zu schlagen. Muth und Ergebung flüsterte der Raf dem ersten zu, der die Judenstadt verlassen sollte, man hörte keinen Athemzug, es herrschte die Stille eines Friedhofes. Es schlug eins, zwei, drei, vier, fünf – – bis zwölf.

Bei dem letzten Glockenschlage ertönten Roßhufe. Aller Augen wendeten sich nach der Richtung des Jesuitencollegiums. Ein Reiter flog der Judenstadt zu. Das dampfende Pferd ward von Schaum und Blut überdeckt, der Reiter hatte sich mit seinem ganzen Oberkörper auf das edle Thier vorgebeugt und drückte ihm die Sporen in die blutenden Weichen. Sein Gesicht war bleich, blutig und entstellt. In der Hand schwang er eine Pergamentrolle und rief:

Gnade – im Namen des Kaisers!

Mit einem gewaltigen Zuge hielt er das Pferd an, und überreichte dem Commandanten das Pergament. Das Pferd bäumte sich, seinen weitgeöffneten Nüstern entstieg ein warmer Odem, es stürzte leblos zusammen; der Reiter sank ohnmächtig vom Pferde.

In dem Augenblick sprengte auch ein kaiserlicher Offizier, von einem berittenen Trompeter begleitet, mit verhängtem Zügel heran. Er schwenkte eine weiße Fahne und rief: Ich wiederhole es: Im Namen seiner apostolischen Majestät! Gnade!

Als der Obrist das kaiserliche Insiegel erkannte, entblößte er sein Haupt und las den Widerruf des kaiserlichen Edicts. – Das alles war das Werk einer Minute. Gleichzeitig hörte man den lauten Schrei: Mordechai – Vater! – Und Bele stürzte mit ihren Kindern aus dem Haufen zu dem Gatten, zu dem Vater. Die vor der Judenstadt versammelte Menschenmasse hatte den wärmsten Antheil an den Begebenheiten dieses Vormittages genommen, der unerwartete glückliche Ausgang erregte die freudigste Theilnahme, und es erscholl der donnernde Ruf: Es lebe der Kaiser! es lebe Ferdinand der Erste! und ein jubelnder Trompetentusch. Was aber in dem Herzen der Erlösten vorging, das kann nicht beschrieben, nicht nachempfunden, das muß *mit*gefühlt werden. Alles drängte sich nun an den ohnmächtigen Reb Mordechai. Die Nahestehenden küßten die Zipfel seiner Kleider. Er wurde im Triumphzuge nach seiner Wohnung getragen. Dort angelangt sprach der Raf: Meine Freunde! wir wollen jetzt Reb Mordechai der Pflege seiner Familie überlassen; uns aber laßt vor allem in die Synagoge gehen, um dem Herrn zu danken für die unerwartete Rettung. Ja, in die Synagoge, in die Synagoge! jubelte alles; und der ganze Haufe folgte mit dankerfülltem Herzen dem Raf zum Gotteshause. –

Reb Mordechai lag indessen, umstanden von seinem treuen Weibe und seinen Kindern, noch immer bewußtlos mit geschlossenen Augen auf seinem Lager. Mit der größten Sehnsucht erwartete seine Familie den Augenblick seines Erwachens. – Endlich schlug er die Augen auf, aber ach! das linke Auge war verwundet und des Lichtes beraubt.

Allerbarmer! Dein Auge! schrie Bele. –

Beruhigt euch, meine Lieben! – weine nicht, Bele! – mäßige dich Schlome! – Bezalel! – Ihr seht ja, liebe Kinder! Daß ich wohl, gesund und glücklich bin – o! glücklicher als je! Ihr habt mich wieder, der Allmächtige hat gelingen lassen meine Sendung – unsere Glaubensbrüder athmen frei auf, – sie sind nicht verstoßen aus dem Heimatslande, nicht preisgegeben dem Elende, der Schmach und der Verachtung – und Ihr wollt klagen? Jubeln, jubeln sollen wir, auf den

Knien dem Schöpfer danken für die wunderbare Rettung, aber nicht klagen, weil es dem Herrn gefallen, mir ein Auge zu nehmen. – Die Kinder sanken gerührt aufs Knie und bedeckten seine Hände mit Küssen. Bele aber dankte Gott in ihrem Herzen dafür, daß er ihren Kindern einen solchen Vater – ihrem Volk einen solchen Retter gegeben.

Samstag nach dem Vormittagsgottesdienste begab sich der Raf, der Parnes, der Gabbe der Altneuschule, nebst zwei Abgeordneten der böhmischen Landjuden zu Reb Mordechai, um ihm im Namen der prager Gemeinde und der gesammten böhmischen Judenschaft zu danken. – Nachdem Reb Mordechai die Männer bewillkommt, und ihren Dank bescheiden abgelehnt hatte, sprach er: Ich zweifle nicht daran, Morai we Raboßai![43] daß Ihr begierig seid zu erfahren wie der Herr, der Hüter Israels, meine Schritte geleitet, daß es mir durch seine unendliche Huld und Gnade gelungen, das grausame Schicksal, das uns bevorstand, von uns abzuwenden. Ich will es Euch erzählen, damit die dankbare Erinnerung an unsere Rettung fortlebe in dem Gedächtnisse unserer Nachkommen. Ich will es Euch erzählen – aber hochgeehrte Herren! Ihr müßt mir versprechen, die Begebenheiten, die ich Euch mittheilen werde – bei meinen und des kaiserlichen Geheimschreibers Lebzeiten – als unverbrüchliches heiliges Geheimniß zu bewahren. Erst nach unserem Tode seid Ihr Eures Wortes entbunden.

Die Männer gaben das geforderte Versprechen. Gestattet mir nur noch, fuhr Mordechai fort, meine Hausfrau und meine zwei ältern Söhne Schlome und Bezalel hereinzurufen, damit auch sie anhören die Gnade, deren mich der Herr gewürdigt. Nachdem sich die fünf Männer, seine Gattin und seine Söhne im Kreise gesetzt hatten, begann Reb Mordechai: In der ersten Peßachnacht wurde mir von dem Geheimschreiber unseres Monarchen, dem ich vor einigen Jahren einen Dienst zu erweisen Gelegenheit hatte, die Nachricht mitgetheilt, der Kaiser habe im Traume das Gelübde abgelegt, binnen drei Monaten alle Juden aus Böhmen zu vertreiben. Der Kaiser selbst hatte dem Geheimschreiber diesen seltsamen Traum erzählt und sich dahin ausgesprochen, daß er das Gelübde als bindend betrachte und es erfüllen wolle. – Der dankbare junge Mann benutzte einen Vorwand, um sich auf eine Woche von der Person des Kaisers zu entfernen, um mich, während ihn der Kaiser in Ungarn wähnte, von dem bevorstehenden Unheil zu benachrichtigen. Unter solchen Umständen wären, wie Ihr Euch leicht denken könnt, flehendliche Vorstellungen und Bitten nutzlos gewesen. Der Monarch wird sich, sagte mir der Geheimschreiber, in keinem Falle bestimmen lassen, sein Gelübde zu brechen, und nur wenn der höchste Kirchenfürst, der Papst, ihn seiner Verpflichtung entbindet, ihm das Gelübde löst, steht zu erwarten, daß der Kaiser seinen Entschluß ändern wird. Es handelte sich also zunächst darum, unsern Fürsten zu veranlassen, bei dem Pabste

---

[43] Meine Weisen und Lehrer.

die Lösung seines Gelübdes anzusuchen. Dies konnte nur auf eine einzige Weise – die mir der Geheimschreiber näher bezeichnete – geschehen. Nachdem ich mich mit Euch, Rabbi! berathen und Eure Einwilligung und Genehmigung erhalten hatte, ritt ich am Morgen des ersten Peßachtages nach Wien. Am Morgen des vierten Tages langte ich glücklich, wiewohl von dem langen Ritte erschöpft, in der Residenzstadt an. Ich mußte den Monarchen noch an demselben Morgen sprechen, ehe der Urlaub des Geheimschreibers, der an diesem Tage in Wien eintreffen mußte, abgelaufen war. Dies war unumgänglich nothwendig, damit nicht der gerechte Verdacht des Kaisers geweckt werde, der Geheimschreiber, der einzige, der seinen Entschluß kannte, habe diesen verrathen. Es war acht Uhr morgens, als ich in Wien anlangte. Ich hatte schon in Prag erfahren, daß der Monarch jeden Morgen bei seiner Rückkunft aus der Hofkapelle in dem Gange, der diese mit der kaiserlichen Burg in Verbindung setzte, Bittschriften annahm und kurze Audienzen ertheilte. Ich eilte daher, nachdem ich die Waffen und die Reisekleider abgelegt hatte, unverweilt auf den Burgplatz, und trat in den Burghof. Bei der Treppe aber, die zu dem erwähnten Gange führte, vertrat mir die Schildwache den Weg, und der wachhabende Offizier der in der Nähe stand, erklärte mir, daß diese Gänge für Jedermann verschlossen seien, da der Kaiser heute den Gottesdienst in der Kapuziner-Kirche anhören werde. Diese Nachricht versetzte mich in die tiefste Betrübniß. Ich frug den Offizier, ob es nicht möglich wäre, noch heute eine Audienz bei dem Kaiser zu erlangen? – Ich zweifle, entgegnete er achselzuckend, denn schon seit drei Tagen wurde niemand bei seiner Majestät zur Audienz zugelassen.

In dem Augenblicke erdröhnte die Einfahrt, ein sechsspänniger kaiserlicher Wagen fuhr mit Blitzesschnelle hart an den Aufgang der Treppe. Der Wagenschlag wurde aufgerissen und seine Majestät, unser Herr und Kaiser, von dem dienstthuenden Kammerherrn aus dem Wagen gehoben. Ich befand mich daher in der unmittelbarsten Nähe meines Monarchen. Ich mußte diesen günstigen Zufall benützen. Ich entblößte ehrfurchtsvoll mein Haupt, und sank auf ein Knie; der Kaiser sah, daß ich ihn sprechen wollte. –

Was willst du? frug er, indem er einen Augenblick stehen blieb.

Wenn Eure Majestät geruhten mir eine kurze Audienz zu gestatten, so würden durch diese allerhöchste Gnade vielleicht eine große Anzahl treuer Unterthanen einem unverschuldeten Unglücke entrissen werden.

Wer bist du, und woher kömmst du?

Ich bin Euerer kaiserlichen Majestät unterthänigster *Kammerknecht Mordechai Cohen aus Prag. Ich habe diese Stadt vor dreimal vier und zwanzig Stunden verlassen, ich bin Tag und Nacht geritten ohne zu ruhen, um meine unterthänigsten Bitten zu Euerer Majestät Füßen niederzulegen.

Seltsam, sprach der Kaiser leise vor sich hin – dann fügte er laut hinzu: Graf Eggenberg! führet den Juden in das Audienzzimmer.

Der Kaiser schritt mit einem Kammerherrn die Treppe hinan, während der andere mich in das kleine Audienzzimmer des Kaisers führte. Er ließ mich einige Zeit allein. Die Wände des Zimmers waren mit Tapeten bedeckt, und ich bemerkte nur die Thür, durch welche ich eingetreten war. Es läßt sich leicht denken, in welcher Lage ich mich befand. Ich hatte noch nie eine Unterredung von einer solchen Wichtigkeit mit einer so hohen Person gepflogen. Trotz einer gewissen Geistesruhe, die mich nie verläßt, war ich doch in diesem Augenblicke beklommen, beängstigt. Von einem Worte des Kaisers hing das Wohl meiner Glaubensbrüder ab. Jeden Augenblick konnte er eintreten, und in kürzester Zeit das Schicksal vieler Tausende entschieden werden. So sehnsüchtig ich früher gewünscht hatte, eine Audienz bei dem Kaiser zu erlangen, so glücklich ich mich in dem Augenblicke fühlte, wo es mir vergönnt war, den Monarchen selbst um diese Gnade anzuflehn, jetzt – jetzt hätte ich Alles, was ich besaß, darum gebeten, um noch etwas Zeit zu gewinnen, mich zu sammeln, meine Gedanken zu fassen und zu ordnen. – Es war zu spät – ich konnte nun nichts mehr thun, als mir den Segen, die Hilfe des Allmächtigen erflehn. Ich sank aufs Knie. Herr der Welt! sprach ich, laß deinen Geist sein mit meinem Munde, daß sich das Herz des Monarchen erschließe meinen Worten, und ich errette deine Kinder, – dein Volk Israel! Der Kaiser hatte geräuschlos eine geheime Thür geöffnet und war eingetreten. Als ich mich erhob, stand der Kaiser hinter mir. Er mochte wohl die letzten Worte meines leisen Gebetes vernommen haben.

Gnade, Gnade für die unschuldigen Juden! rief ich. Möge Eure kaiserliche Majestät sie nicht vertreiben aus dem Lande Böhmen!

Die Züge des Monarchen wurden von einer hohen Purpurröthe übergossen.

Wie? sprach er, haben die Wände Ohren, daß sie hören, und Zungen, daß sie plaudern können? – Wie so ist dieser mein Entschluß zur Kenntniß der böhmischen Juden gelangt?

Verzeihung, Majestät! er ist nur zweien bekannt, dem prager Rabbiner und mir.

Wie so habt Ihr ihn erfahren? frug der Kaiser im strengsten Tone.

Durch ein und dasselbe nächtliche Traumgesicht.

Jetzt erbleichte der Kaiser. Erzähle mir deinen Traum, sprach der Monarch nach einer Pause der Überraschung.

Ich erröthete über die Lüge, die ich meinem Fürsten gegenüber auszusprechen wagte, – aber ich erinnerte mich der Worte des Geheimschreibers, daß dieses das einzige Rettungsmittel sei, – es galt das Wohl eines armen verstoßenen Volkes, und eine innere Stimme, die nie trügt, mein klares ungetrübtes Bewußtsein, sagte mir, daß ich recht handle, daß ich *diese* Lüge verantworten könnte vor dem Throne des Allerhöchsten am Tage des Gerichts.

Es sind vier Tage, begann ich, es war die Nacht, da wir gefeiert hatten das Peßachfest, das Fest zur Erinnerung an den wunderbaren Auszug unseres Volkes aus *Mizrajim, dem Lande seiner Knechtschaft. Ich träumte wachend auf meinem Lager von einer schönen Vergangenheit, von einer schönen Zukunft. Mein geistiges Auge schien zu blicken in eine ferne, ferne Zeit, denn vor meiner trunkenen Seele schwebten schöne erhabene Bilder. Alle Völker hatten sich vereinigt, um im Gesang zu loben den Herrn der Welt, und auch Israel war unter ihnen, aber es trug keine Fesseln mehr, – es war nicht mehr geknechtet und getreten, – es ward nicht mehr gepeinigt und verfolgt – nein, die Brüder und die Schwestern alle küßten ihm ab die blutigen Thränen von dem bleichen Gesichte und gossen lindernden Balsam auf die wunden Glieder – und Israel lächelte – es war wieder froh, wie es einst gewesen, bevor es der Herr in seinem Zorne verstoßen. – Und als ich mich so gelabt an den Bildern meiner Phantasie, schlossen sich meine müden Augen. Aber auch schlafend träumte ich. Mir schien es, als stünde vor meinem Lager ein hoher kräftiger Mann; ich hatte ihn noch nie gesehen, und doch war er mir bekannt. Der große schöne alte Mann, dessen weißer Bart bis an den Gürtel herab sank, und dessen Augen von dichten grauen Wimpern überschattet waren, trug einen Reisestock in der nervigen Faust, um seine Schultern hing ein Mantel. – Ich kenne dich, sprach ich, du bist der Prophet Elias, der *Tischbite. Ich bins, sprach der Greis, ich bin gekommen, dich sehend zu machen, – und er berührte mit seinem Stabe meine Augen, und ich ward sehend. Ich sah ein schönes fernes Land im Westen Europas, wo der Himmel immer blau – die Blumen immer grün, die Orange immer golden, die Luft immer von Blumenduft durchwürzt. –

Das ist Spanien, mein Geburtsland, rief der Kaiser, der meinen Worten mit der höchsten Spannung gefolgt war und mich nur von Zeit zu Zeit durch einen Ausruf des Erstaunens unterbrach.

Ich sah eine Stadt, auf mehrern kleinen Hügeln gelegen, voll schöner Gebäude, Kirchen mit hohen Thürmen, Gärten mit schönen Pflanzen, und auf den Straßen Menschen, deren Gesicht golden gebräunt von der Sonne des Südens! –

Das ist Madrid!

Und in der Stadt sah ich ein altes schönes Schloß mit Thürmen und Erkern, mit hohen Bogenfenstern. – Das ist das königliche Schloß!

Und ein Fenster war geöffnet, ein Sonnenstrahl fiel in den herrlichen Saal, an dessen Wänden Bilder hingen von Fürsten, Königen. –

Das ist der Bildersaal!

Und mitten in dem Saale stand ein süßer holder Knabe, auf der Stirn stand ihm die Unschuld geschrieben, – er strich sich die dunklen Locken aus dem freundlichen Gesichte, er las in einer Bibel. Hinter dem Knaben stand ein Greis.

Das war ich – und der Lehrer meiner Jugend! rief der Kaiser erschüttert.

Doch plötzlich verschwand dies Bild, ein anderes erschien. Ich blickte hinaus zu dem Fenster meines Hauses, welches dem königlichen Schlosse in Prag gegenüberliegt, und ich gewahrte an dem Fenster einen Mann, dem holden Knaben ähnlich – aber sein Haar war grau. Auf dem Haupte trug er die deutsche Kaiserkrone, hinter ihm stand wieder der Greis, den ich im vorigen Bilde gesehen. – Mir schien es, als tönten von der Altstadt her die ersterbenden Klänge eines frommen Liedes, sie schienen auch hinüber zu tönen auf das königliche Schloß, denn der Mann mit der Kaiserkrone lauschte unwillig, dann wandte er sich zu dem Greise, der hinter ihm stand, – und sprach die vernehmlichen Worte: »Das kann ich nicht!« – Doch plötzlich warf er seine Blicke auf die Judenstadt, die dem Schlosse gegenüberliegt. Er erhob willenlos die Rechte, und sprach: So will ich wenigstens diese vertreiben. Eh' drei Monden

verstreichen, darf kein Jude mehr im Lande Böhmen sich sehen lassen, ich
schwöre es dir. – Als ich diese Worte hörte, erfüllte der tiefste Schmerz und
Verzweiflung meine Seele. Herr! flehte ich, warum entbrennt dein Zorn über
dein Volk, das du herausgeführt aus dem Lande Mizrajim mit großer Macht
und starker Hand?![44] Und Elias der Prophet sprach: Blick auf! Ich blickte auf
und sah eine große schöne Stadt, und in der Stadt in einem großen Pallaste saß
ein Mann auf einem Throne, und vor ihm knieten drei Männer, angethan in
hochrothen, rosenfarbenen und violetten Gewändern, – und sie sprachen:
Willst du unser Vater sein? und er antwortete: Ich will es. – Da frug ich: Großer
Prophet! wer ist das? – und Elias antwortete: Das ist der *neugewählte Papst,
er wird euch retten, er wird auflösen das Gelübde des Kaisers. – Als ich diese
tröstenden Worte vernommen, erwachte ich.

Und was hast du dann gethan? frug der Monarch.

Ich sprang von meinem Lager auf, kleidete mich an und ging zum Rabbiner;
ich traf ihn wachend, – er hatte dasselbe Traumbild im Schlafe gesehen. Ich
bestieg sogleich ein Pferd und bin nach Wien gereist, um zu den Füßen meines
erhabenen Monarchen die Begnadigung meiner schuldlosen Glaubensbrüder
zu erflehen. – Ich hielt inne. Ich hatte mir den sonderbaren Traum des Kaisers,
der für uns so schreckliche Folgen hätte haben können, so oft vor die Seele
geführt, daß er meinem geistigen Auge fast als verkörpertes Gebilde vorschwebte. Ich hatte nichts, auch nicht den geringfügigsten Umstand übergan-
gen, den mir der Geheimschreiber mitgetheilt hatte, um das Traumbild vollkommen wahr wieder zu geben. Ich hatte eine Lüge erzählt, aber sie war eine
harmlose, eine unschuldige, das bewies mir der ruhige Schlag meines Herzens.
– Meine Worte hatten den unaussprechlichsten Eindruck auf den Kaiser gemacht. Er schritt in größter Aufregung im Zimmer auf und ab, und blickte
mich von Zeit zu Zeit mit prüfenden Blicken an. Endlich warf er sich in einen
Lehnstuhl, versank in tiefes Sinnen, und sprach in abgebrochenen Sätzen leise
vor sich hin: Nein, nein, Träume sind Winke des Höchsten, – – vielleicht soll
es doch nicht sein, – – ein Gelübde – – die Kirche kann es lösen – doch wen
soll ich schicken? – Nein, so geht es nicht – – so – – so – –

Nach einer kurzen Weile schien er einen plötzlichen Entschluß gefaßt zu
haben, er sprang vom Lehnstuhl auf, und nachdem er wieder einige Mal, wie
es seine Gewohnheit ist, im Zimmer auf und abgeschritten war, blieb er vor
mir stehen.

Du mußt ein großer Mensch sein, sprach er. Du bist nichts als ein Kammerknecht des deutschen Reichs, bist ein Jude, und doch hat dich der Herr gewürdigt, dir den geheimen Wunsch deines Kaisers zu enthüllen. – Dein Traum hat
nicht gelogen, ja, – ich habe gelobt, die Juden aus Böhmen zu verweisen, und
nur der heilige Vater in Rom kann mir das Gelübde lösen. – Ziehe nach Rom,
erflehe dir vom Papst die Lösung des Gelübdes; kehrst du bis zum nächsten
Pfingstfeste nach Wien zurück, hat der Fürst der Kirche mich entbunden mei-

---

[44] Exod. Cap. 32, V. 11.

nes Wortes, so mögen deine Glaubensgenossen, wie früher, Schutz und Heimat in meinen Landen finden.

Meinen Dank, gnädigster Herr und Kaiser! sprach ich, meinen Dank für die Hoffnung, die das allerhöchste Kaiserwort in mir erweckt, kann ich nicht aussprechen – aber täglich will ich auf den Knien den Segen des Allmächtigen auf meinen Monarchen und sein durchlauchtigstes Kaiserhaus herabflehen. – Die allerhöchste Huld Euerer Majestät, fügte ich nach einer kleinen Pause hinzu, ermuthigt mich noch zu einer Bitte, deren Gewährung ich mir um so eher schmeichle, als – Noch eine Bitte? frug der Kaiser: du bist schwer zu befriedigen. – Nun laß hören.

Eure Majestät! Wie kann ich vor den Papst hintreten? – wie kann ich, ein Kammerknecht des deutschen Reiches – ein Jude, – vor ihn, den Fürsten der Kirche, hintreten, er solle das Gelübde des *römischen Kaisers* lösen? Wird er meinen Worten Glauben schenken? Wird er mich nicht für wahnwitzig halten? – Wenn aber Euere Majestät in allerhöchst Dero kaiserlichen Huld geruhten, durch einige Worte meine Sendung zu beglaubigen, – wenn allerhöchst Dero Wille, – daß die Lösung des Gelübdes der kaiserlichen Milde erwünscht wäre – darin angedeutet, ausgesprochen würde, so würde die kaiserliche Gnade vervollständigt, und der guten Sache der glücklichste Erfolg gesichert sein. –

Ich hatte diese Worte mit bebender Stimme gesprochen; es war kein Zweifel, nur wenn der Kaiser auch diese meine zweite Bitte erfüllte, konnten meine Bemühungen gelingen. Mein natürlicher Verstand sagte mir, daß diese Bitte eine außerordentliche, eine kühne sei, ich wußte nicht diesem Gesuche die passende Form zu geben, und zitterte, in irgend einem Worte die dem Monarchen schuldige Ehrfurcht zu verletzen. Ich wagte nicht aufzublicken.

Du hast Recht, sprach der Kaiser, ich will dir auch diese Bitte gewähren. Einige Zeilen sollen dich bei dem heiligen Vater beglaubigen. – Jedoch wiederhole ich es dir, bis zum Pfingstfeste mußt du mit der Lösung des Gelübdes in Wien angelangt sein. Kömmst du später, so ist es zu spät. – Wann willst du abreisen?

Sobald ich im Besitze des allerhöchsten Schreibens bin.

Gut. – Um zwölf Uhr kömmst du wieder ins Schloß. – Der Kaiser klingelte mit einer silbernen Glocke, die auf dem Tische stand. Der Kammerherr erschien.

Graf! wenn dieser Jude kömmt, so wird er in mein Arbeitszimmer geführt. Der Kammerherr verbeugte sich, und der Kaiser schritt rasch durch die Thür, durch welche er eingetreten war, ab. Der Kämmerer begleitete mich bis zur Treppe, um dem wachhabenden Offizier den Befehl zu ertheilen, mich ungehindert einzulassen.

Ihr könnt Euch denken, ich war zur bestimmten Zeit im kaiserlichen Schlosse. Der Kammerherr führte mich sogleich in das Arbeitszimmer des Kaisers. Als ich eintrat, hatte der Kaiser, der an einem Schreibpulte saß, mir den Rücken zugekehrt. Eine zweite Person, die sich ebenfalls im Zimmer befand, und die an einem mit Dokumenten bedeckten Tische schrieb, hatte das Gesicht der Thür zugewendet. Ich erkannte sogleich den Geheimschreiber. Ich befürchtete meine

Bekanntschaft durch mein Erröthen zu verrathen, während der Geheimschreiber ebenfalls weit emsiger schrieb, unsere Verlegenheit zu verbergen.

Gnädigster Herr! sprach der Kammerherr, der mich eingeführt hatte, um den Monarchen auf mich aufmerksam zu machen.

Ah – du bist da – gut, rief er, während ich mich tief verneigte. Hast du den Brief geschrieben? frug er, sich zu dem Tische wendend.

Ja, gnädigster Herr! Es fehlt nur noch der allerhöchste Namenszug.

Der Geheimschreiber überreichte ihm das Schreiben. Während der Monarch unterzeichnete, frug er: Du bist also um zehn Uhr angekommen? Nun, was gibt es Neues aus Ungarn?

Gnädigster Herr! Es sind so eben Depeschen aus Pest angelangt – ich habe sie noch nicht geöffnet, sie scheinen wichtig zu sein.

Wir werden gleich sehen.

Nachdem das Schreiben versiegelt war, überreichte es mir der Kaiser selbst. Ich schlug den Brief in ein weißes seidenes Tuch, welches ich zu diesem Zwecke mitgebracht hatte. Ich wollte sprechen, aber die Stimme versagte mir. Bis zum Pfingstfeste hoffe ich dich wieder zu sehen, hörst du!? nicht später! sprach der Kaiser mit fester ernster Stimme. Ein leichtes Nicken mit dem Kopfe verabschiedete mich. Im Scheiden warf ich noch dem Geheimschreiber verstohlen einen Blick des wärmsten Dankes zu. Er zerdrückte mühsam eine Thräne im Auge. –

Zwei Stunden später war ich auf dem Wege nach Italien. Die verschiedenartigsten Gedanken bestürmten mich. Zuweilen glaubte ich zu träumen, ich, ein Jude, dessen Schicksal noch immer zweifelhaft war, der vielleicht in kurzer Zeit verbannt und heimatlos werden konnte, – ich trat die Reise nach Rom an, um vom Fürsten der Kirche die Lösung eines Gelübdes zu erflehen, welches der römische Kaiser im Traume gelobet! Es gehörte in der That die stärkste Geistesruhe dazu, die seltsame Lage, in die ich durch die Verkettung der sonderbarsten Umstände gelangte, zu erfassen. Dann aber stiegen tausend Dankopfer auf dem Altare meines Herzens auf zu dem Höchsten dafür, daß er mich Gnade finden ließ in den Augen des Monarchen, daß er sein Herz erschlossen hatte meinen Worten.

Ich will die Mühseligkeiten meiner Reise mit Stillschweigen übergehen, nur so viel halte ich für nöthig Euch zu sagen, daß ich später in Rom anlangte, als ich erwartet hatte. Ich sollte bis zum Pfingstfeste wieder in Wien sein! Das war das letzte Wort des Kaisers an mich gewesen. Jetzt, nachdem die Sache glücklich beendigt ist, ersehe ich, daß die Forderung des Kaisers auch in diesem Punkte viel weniger unbillig war, als es mir anfänglich geschienen. In drei Monaten sollten die Juden, wenn die Lösung des Gelübdes nicht erlangt werden konnte, Böhmen verlassen haben; und der Monarch wollte in diesem unglücklichen Falle den Juden wenigstens eine vierwöchentliche Frist gestatten. Pius der IV.[45] hatte einige Zeit vor meiner Ankunft in Rom den päpstlichen

---

[45] Pius der IV. Medicis von Mailand wurde erwählt im Jahre 1559, und verwaltete die Kirche 5 Jahre, 11 Monate und 15 Tage.

Thron bestiegen, und war von den Geschäften der Kirche und des Staates überhäuft. Es wird Euch daher nicht wundern, daß es mir unmöglich war, eine Audienz zu erhalten. Unsere Glaubensgenossen in Rom konnten mich nicht einmal mit einem nützlichen Rathe unterstützen, und meine Bemühungen bei den Beamten des Vatikans waren fruchtlos, da ich den wahren Zweck der Audienz Niemandem anzuvertrauen wagte. So war ich schon einige Tage in Rom, ohne den Papst gesprochen oder nur gesehen zu haben. Es blieb mir daher nichts übrig, als eine jener kirchlichen Feierlichkeiten, wo sich der Papst dem jubelnden Volke im prunkvollen Zuge auf der Straße zeigte, abzuwarten, um ihm das Schreiben der apostolischen Majestät zu überreichen. Ich befand mich in der furchtbarsten Aufregung. Der Boden brannte mir unter den Füßen. Ich war in einem fremden Lande, mit der heiligsten Sendung beauftragt, und mußte mit jeder nutzlos verstrichenen Stunde befürchten, die kostbare, kärglich zugemessene Zeit zu versäumen.

Am vierten Tage meines dortigen Aufenthaltes ging ich trostlos durch die Straßen. Zufällig kam ich vor der Lateranskirche vorüber, wo sich eine unübersehbare Menschenmenge versammelt hatte. Man erwartete den Papst, der diese Kirche besuchen sollte. Ich blieb unter der Menge der Neugierigen stehen, und faßte den Entschluß, dem Papste hier auf offener Straße das Schreiben des Kaisers zu überreichen. Ich blickte mit der größten Spannung die Straße herab. Endlich ertönte eine liebliche wunderschöne Musik, und ein großer prachtvoller Zug bewegte sich die Straße entlang dem Lateransplatze zu. Nachdem eine große Anzahl Ordensgeistliche mit brennenden Wachskerzen in der Hand vorübergezogen war, erblickte man in einiger Entfernung den päpstlichen Tragsessel, der mit großen Fächern von Pfauenfedern versehen ist, die in beständiger Bewegung erhalten werden. Der prachtvolle Tragsessel wurde von 12 jungen Klerikern getragen. Man kann sich keine Vorstellung von der imposanten Pracht dieses Schauspieles machen. Bei dem Anblicke des Papstes schlug mein Herz, als wollte es zerspringen. Jetzt war der entscheidende Augenblick meiner Reise gekommen. – Das Volk war aufs Knie gesunken, ich war der Einzige, welcher aufrecht stand. Ich durfte den günstigen Augenblick nicht verlieren, um mich bei der Annäherung des Papstes durch diese dichten Reihen knieender Menschen zu drängen und das Schreiben, welches ich krampfhaft in der Hand hielt, zu überreichen. Ich hatte mich in die Mitte der Straße gestellt, war aber von der anströmenden Menschenmasse weit zurückgedrängt worden, so daß ich mich in der Mitte dieses zahllosen Menschenhaufens befand. Ich hatte anfänglich die Aufmerksamkeit nicht bemerkt, welche meine aufrechte Stellung erregt hatte. Bald aber ertönte rings um mich her der laute Ruf: Niederknien! – und als ich demselben nicht Folge leistete, riefen viele Stimmen: Nieder mit dem Ketzer! Er ist ein Ungläubiger! Ein Anhänger Luthers; Ein Jude! Er will sein Knie nicht beugen! – Einige der Erbittertsten machten schon Miene, auf mich loszustürzen, als der Papst an dieser Stelle vorüberkam. Er mochte wohl das Geschrei der wüthenden Menge gehört haben, denn er wandte sich, als er den Segen ertheilte, längere Zeit dem Orte zu, wo ich stand. In diesem Augenblicke drängte ich mich mit einer Riesenkraft durch Menschenmassen bis an den Tragsessel des Papstes. Die Garden, welche denselben umgaben, wollten mich zwar zurückstoßen, aber ich rief laut in lateinischer Sprache: Fürst der Christenheit! Verzeihung, daß ich es wage, auf offener Straße dieses Schreiben meines gnädigen Monarchen zu überreichen. Der Camerlingo, der neben dem päpstlichen Sessel ritt, hatte kaum das kaiserliche Siegel des Briefes erkannt, als er ihn mir aus der Hand nahm, und ihn dem Papste überreichte, dem er hierbei einige Worte zuflüsterte. Der Papst schien zu antworten. Nach dem Gottesdienst in den Vatican! sprach der Camerlingo so leise, daß nur ich es vernehmen konnte. Dies alles geschah in der möglichst kurzen Zeit. Der Zug hatte keine Minute gehalten, und setzte sich nun wieder in Bewegung. Ich enteilte dem Gedränge, um mich von der Betäubung zu erholen.

Nach dem Gottesdienste in den Vatican! – Jetzt sollte sich das Schicksal meiner Glaubensbrüder entscheiden. Ich vermag es nicht, meinen Seelenzustand in den zwei Stunden, die meiner Audienz bei dem Papste vorangingen, zu schildern. Furcht, Zweifel, Hoffnung beherrschten mich abwechselnd, und ich glaube überzeugt zu sein, daß ich diese qualvolle Ungewißheit nicht *länger* hätte aushalten können, daß ich diesen Martern unterlegen wäre. Ich ging in den Vatican. Zu meinem größten Erstaunen erwartete mich ein päpstlicher Kämmerer in dem Hofe des Pallastes, und führte mich durch mehrere Gänge und Durchgangssäle in das Sprechzimmer des Papstes. Dieses war durch ein reichverziertes Gitter in zwei Hälften getheilt. In der Einen saß auf einem Lehnsessel, auf einer Art von Tribüne, der höchste Fürst der Kirche. Ein Wink verabschiedete den Kämmerer. – Der Papst nahm mich huldreich auf. Das kaiserliche Schreiben lag vor ihm, und er schien darüber erfreut zu sein, da zwischen seinem Vorgänger[46] und dem Kaiser Ferdinand ein steter Unfriede geherrscht hatte. Er forderte mich auf, ihm zu wiederholen, wie ich zur Kenntniß des kaiserlichen Entschlusses gelangt sei. Er that dies in lateinischer Sprache, da ich ihn so auf der Straße angeredet hatte.

Heiligkeit! begann ich nach einer kurzen Pause, während welcher ich mich zu sammeln suchte; ich trete vor dich, um Gnade zu erflehen für Tausende von Schutzlosen, die durch dein Wort gerettet oder dem Verderben preisgegeben werden. – Der Herr hat dich erhoben auf den ersten Thron der Welt, denn die gesammte Christenheit hat ihr Auge auf dich gerichtet. Der Herr hat dir zugewendet alle Herzen und alle Gemüther. Ich trete vor die Stufen deines erhabenen Thrones mit dem vollsten Vertrauen im Busen, mein Herz und meine Vernunft rufen mir es mit gleich lauter Stimme zu: Du, hoher Fürst der Kirche! wirst einweihen dein erhabenes Amt mit einem Werke des Rechts und der Milde, der Menschenliebe und der Gnade; ein Werk, das wohlgefällig ist vor Gott, der ein gütiger Vater ist für Alle. – Und damit du, erhabener Fürst! erkennen mögest die Wahrheit meiner Worte, damit du erkennen mögest, daß ich mit dem vollsten Vertrauen mich genahet den Stufen deines Thrones, will ich

---

[46] Paulus IV. (Caraffa) von Neapel, erwählt im Jahre 1555, wollte weder die Entsagung Kaiser Karls des 5. noch die Wahl seines Bruders Ferdinand billigen.

dir ein Geheimniß enthüllen, daß ich nur *dem* Sterblichen anzuvertrauen wage, den der Herr berufen, zu leiten die Völker der Erde, und dem er gegeben hat die Einsicht und die Weisheit, um seine Sendung zu vollbringen.

Der Papst, von diesem Eingange überrascht, stand von seinem Sitze auf und lehnte sich an das Geländer, um meinen Worten mit der gespanntesten Aufmerksamkeit zu folgen. Ich erzählte den *wahren* Sachverhalt. Ich erzählte, wie ich den Entschluß unseres kaiserlichen Herrn erfahren. Ich schilderte das Unglück einer Verbannung, wenn die Verbannten Juden sind. Ich schilderte es mit den glühendsten Farben. Meine Thränen rollten unaufhaltsam über meine Wangen, aber sie hemmten mir die Sprache nicht. In diesem Augenblicke, ich zweifle nicht daran, war der Geist des Herrn mit mir und meinem Munde. Ich hatte jede Scheu, jede Furcht abgelegt, ich sprach, wie ich nie gesprochen, – wie ich nie sprechen werde. Die Worte entquollen den tiefsten Tiefen meines Herzens. Es war mir gelungen, die blutigen Thränen einer schmerzzerrissenen Seele in das lebendige, ergreifende Wort zu fassen. – Verlangt nicht, meine Brüder! daß ich Euch diese Worte wiederhole – ich kann es nicht; ein solcher Moment der Erhebung und Begeisterung kömmt nie wieder. – Ich hielt inne. – Mein Blick traf das Antlitz des hohen Kirchenfürsten, – und – namenlose Wonne! glücklichster Moment meines Lebens! – in dem Auge des Papstes glänzte eine Thräne! –

Ich hatte es in dem Verlaufe meiner Erzählung unumwunden ausgesprochen, daß ich mich, der geheiligten Person des Monarchen gegenüber, einer Lüge schuldig gemacht hatte. Aber die Umstände durften mich rechtfertigen, und jedenfalls waren meine Glaubensbrüder schuldlos an diesem Vergehen. Diese Aufrichtigkeit, dieses außerordentliche Vertrauen erregten, wie ich es erwartet hatte, das Wohlgefallen des Kirchenfürsten. Nach einer kurzen Pause sprach er: Ich werde meinen geliebten Sohn, den deutschen Kaiser, seines Gelübdes entbinden. Morgen wirst du das Schreiben, welches die Absolution enthält, aus den Händen meines Camerlingo empfangen. Bei diesen Worten klingelte der Papst mit einer silbernen Glocke, und schritt, ohne mir mit einem Worte Zeit zu lassen, durch die Thür des Seitenkabinets. Der Kämmerer erschien und führte mich durch die Gänge bis an die Treppe.

Des andern Tages, als ich in den Pallast kam, hatte ich nicht mehr das Glück, den Papst zu sehen. Der Camerlingo übergab mir ein gesiegeltes Pergament. –

Ich trat sogleich die Reise an. Ich hatte nun die größte Eile, denn die bei weitem größere Hälfte der mir vom Kaiser anberaumten Zeitfrist war schon verstrichen. Trotzdem wäre ich vielleicht doch noch zum Pfingstfeste in Wien angelangt, aber in Mantua warf mich ein hitziges Fieber, die Folge der fortwährenden geistigen Anstrengungen, aufs Krankenlager. Ich rang schon verzweifelnd mit dem Tode, – aber der Herr rettete mich; ich genas – aber die bestimmte Frist war verstrichen, ich langte neun Tage nach dem Pfingstfeste in Wien an. Eine Stunde nach meiner Ankunft hatte ich dem Kaiser die Absolution des Papstes überreicht.

Zu spät! sprach der Kaiser ernst – den Tag nach dem Pfingstfeste sandte ich meinem Statthalter in Prag den Befehl, den achten Tag nach dem Empfang desselben, die Juden aus Prag zu verweisen. Ich bedaure es, daß du zu spät

kömmst, und würde ein Bote meine königliche Hauptstadt Prag noch erreichen
können, bevor mein Befehl vollzogen, so wäre es mir lieb gewesen; aber das ist
unmöglich, in dieser kurzen Frist kann auch das schnellste Roß diesen Weg nicht
zurücklegen, es sind kaum zwei Tage Zeit. *Ist aber mein Befehl vollzogen, so
kann ich ihn nicht widerrufen* – dann ist es eine Bestimmung des Höchsten.

Eure Majestät! sprach ich, ich habe Alles versucht, um meine Glaubensbrüder
zu retten; – ich traue mich auch mit der göttlichen Hilfe, den Widerruf des allerhöchsten Edikts in dieser Zeit nach Prag zu bringen, wenn Eure Majestät allerhöchst geruhten, mich mit dieser Sendung zu beauftragen. Meinem dringenden
Flehen gelang es, den Monarchen zu bewegen. Ein kaiserliches Schreiben an
den königlichen Statthalter in Prag wurde mir übergeben. Obwohl durch meine
Krankheit und eine mehrtägige Reise erschöpft, setzte ich mich doch sogleich zu
Pferde. Kam ich zur Zeit, war Alles gerettet; kam ich zu spät, war Alles verloren!

Die ungeheure Schnelligkeit bei diesem furchtbaren Ritte werdet Ihr dadurch
ermessen können, daß ich zur rechten Zeit hier eingetroffen bin. – Im raschen
Fluge zog ich an Dörfern, Schlössern, Bergen vorüber. Die Hufen des schwebenden Rosses, das den Boden gar nicht zu berühren schien, schlugen Funken
aus dem harten Kies der Straße. Den ersten Tag meiner Reise ward ich durch die
Hitze sehr belästigt. Ich empfand keinen Hunger, dagegen einen desto brennen-
deren Durst! Ich wagte nicht, ihn in einer der Quellen, an die mich mein Weg
vorüberführte, zu stillen, weil ich befürchtete, die kostbare Zeit zu verlieren.
Mehrmals verzweifelte ich schon daran, mein Vorhaben auszuführen; denn ich
fühlte mich zuweilen von einer außerordentlichen, leicht zu begreifenden Mat-
tigkeit befallen. Aber der Gedanke an meine Glaubensbrüder stärkte und kräftig-
te mich wieder von Neuem. Die erste Nacht war eine mondhelle. Ich hätte gerne
mein ganzes Habe für eine Stunde Ruhe gegeben, – aber jeder Augenblick war
ein verlorener. Am zweiten Tag herrschte eine unerträgliche, drückende Hitze.
Hätte diese furchtbare Sonnengluth den ganzen Tag angehalten, so wäre ich, ich
zweifle nicht daran, unterlegen. Aber gegen Mittag zogen schwarze Wolken an
dem Horizonte, in der Ferne leuchteten Blitze, rollten Donnerschläge, und ein
erquickender Regen strömte vom Himmel. Der Boden des Weges, den ich ritt,
war harter Kies, und der Regen erweichte ihn daher nicht. Ich aber sog nun in
gierigen Zügen die erfrischende Kühle ein, – und ich fühlte mich neubelebt. Ein
Regenbogen stand am Himmel, sein Anblick stärkte mich wunderbar. – Und
wieder war es Nacht geworden. Mein Weg führte mich durch einen dichten
Wald. Der Himmel war von schwarzen Wolken verhüllt, es war die dunkelste
Nacht, die ich je gesehen. Kein Stern leuchtete am Himmel; ich fand den Weg
nicht, ich wußte nicht, wohin ich mein müdes Roß lenken sollte. Mich überfiel
eine tödliche Angst, was sollte ich nun beginnen? Sollte ich den kommenden
Morgen abwarten, und unthätig die Zeit versäumen, die ich dann nimmer einzu-
bringen vermochte? Herr! rief ich, kann es denn dein geheiligter Wille sein, daß
ich hier in träger Ruhe die kostbare Zeit versäume! Du hast mich geleitet auf
allen meinen Wegen, warst mit meinem Geiste und Munde, als ich mit den Fürsten der Erde gesprochen, hast mich Gnade finden lassen in ihren Augen, hast

mich genesen lassen von schwerer Krankheit und jetzt, Herr! – jetzt willst du
mich verlassen, da die Stunde der Entscheidung naht? – Du hast Millionen Sterne, die da leuchten auf ihren Bahnen, – und soll heute in dieser grausen Schrek-
kensnacht nicht *ein* Sternlein flimmern, mir den Weg zu zeigen? Und als ich so
das feuchte Auge zu dem finstern Himmel emporgehoben anhielt, da zog ein
mächtiger Wind grollend durch die Bäume des Waldes. Die alten Eichen und
Tannen beugten und neigten sich, und es zerriß der dunkle Wolkenschleier, –
und der Mond und die Sternlein leuchteten freundlich herab auf die Erde. – Weiter, mein treues Roß! weiter, rief ich jubelnd. Gelobt sei der Name des Herrn von
Ewigkeit zu Ewigkeit! In demselben Augenblick fühlte ich einen entsetzlichen
Schmerz im Auge. Ich hatte bei der wüthenden Eile, mit der ich jetzt wieder
meinen Ritt fortsetzte, einen hervorstehenden Baumast nicht bemerkt, und dieser
hatte mir das linke Auge durchstochen. Das Blut spritzte mir in's Antlitz. Doch
jetzt war es nicht Zeit, meines Leibes zu pflegen. Ich verband das Auge, so gut
ich konnte, und stürmte weiter. Nun näherte ich mich ohne weitern Unfall der
Stadt Prag. Bald erblickte ich die Thürme meiner Vaterstadt, und es war eilf Uhr
schon vorüber, als ich mit hochklopfendem Herzen durch das Wischehrader
Thor ritt. Vor allem anderen lenkte ich mein Roß auf die Kleinseite zur Wohnung des Statthalters, ich sprengte in den Hof, und drang unangemeldet in das
Zimmer. Als der Statthalter den kaiserlichen Befehl gelesen, beorderte er gleich
einen Offizier, mir in die Judenstadt zu folgen, um mich dem mit der Vertreibung beauftragten Kriegsobristen zu beglaubigen. Ich schwang mich sogleich
auf's Pferd, und kam, Gott sei Lob und Dank! zur rechten Zeit. –

Reb Mordechai schwieg. In dem kleinen Kreise herrschte nun jene freudige
Rührung, die wir im Menschenleben so selten fühlen, und die mit desto größerer Macht das Herz erfaßt. –

Ich hatte, brach Reb Mordechai das kurze Schweigen, ich hatte nicht mehr
Gelegenheit und Zeit, dem Geheimschreiber zu danken, aber ich werde es ihm
nie, nie vergessen, – er ist ein wackerer, dankbarer Mann, – und, mein liebes
Weib! fuhr er gegen Bele gewendet fort, wir haben wol doch recht gethan, ihm
vor einigen Jahren diesen Dienst zu leisten. – Nicht wahr?

Ja, rief Bele gerührt, ja, der Herr belohnt die Guten schon in diesem Leben. –

Was für einen Dienst habt ihr denn dem Manne geleistet? frug der Raf.

Bele wollte antworten, doch Reb Mordechai unterbrach sie: Laß es sein,
liebes Weib! Es ist nichts, Rabbi! – nichts Erzählenswerthes –

Großherziger Mann, rief Bele in höchster Begeisterung – nein, ich darf dich
nicht mehr lieben, verehren muß ich dich – verehren, wie man die Engel verehrt, die der Herr aus seinen lichten Höhen sendet, um zu trösten und zu retten.

– –

Mordechai Cohen ist schon lange heimgegangen zu seinen Vätern. Auf seinem
Grabsteine wuchert üppiges Moos. Aber Israel ist dankbar, und sein Andenken
lebt in der Erinnerung seines Volkes.

Gawriel

I

Es war der Morgen eines winterlichen Herbsttages des Jahres 1620, als ein junger Mann langsam und sinnend durch das sogenannte Pinkasschulthor in die prager Judenstadt schritt. – Diese bot einen eigenthümlichen Anblick dar. Der Morgengottesdienst war eben in den sämmtlichen Synagogen beendet, und während noch zahlreiche Haufen aus den Bethäusern strömten, eilten schon andere, zumeist Frauen, gewichtige Schlüsselbunde in den Händen, dem außerhalb des Ghettos gelegenen Tandelmarkte zu. Auch die Läden und Kramstellen innerhalb des Ghettos wurden jetzt geöffnet und selbst auf offener Straße entwickelte sich eine in andern Stadttheilen nie gesehene Regsamkeit. Hier nämlich boten Händler – freilich der untergeordnetesten Klassen – ihre Waaren, bestehend in Kuchen, Semmel, Obst, Käse, Grünzeug, gekochten Erbsen und derartigen Dingen mehr, den Vorübergehenden an. Trotz der frühen Tageszeit tauchten auch schon hier und da einzelne ambulante Garköche auf, die in friedlicher Concurrenz die Erzeugnisse ihrer Küche: Leberstücke, Eier, Fleisch und Mehlspeisen, laut priesen, und in einer Hand den zinnernen Teller, in der andern die – den meisten ihrer Gäste freilich entbehrliche – zweispitzige Gabel haltend, zumeist den fremden Talmudjüngern ihre Aufmerksamkeit zuwandten. Auf diese waren auch großentheils jene Schuster angewiesen, welche, weniger vermögend als ihre Kollegen, in der sogenannten goldenen Gasse[1] den Bochurim[2] ihre Dienste auf offener Straße anboten, und das Schuhwerk derselben, sehr häufig, während die Besitzer auf der Gasse oder im nächsten Hause darauf warten mußten, auf eine zwar sehr billige, es muß aber auch gestanden werden, meistens sehr wenig dauerhafte Weise ausbesserten. –

Der junge Mann, der eben in die Judenstadt getreten war, blickte ernst und betrachtend auf dies rege Treiben, und schien nicht zu bemerken, daß er selbst der Gegenstand der allgemeinen Aufmerksamkeit geworden war. Sein Äußeres war auch in der That vollkommen geeignet, aufzufallen. Er war eine kräftige, Alles überragende Gestalt in der Tracht der Bochurim, im Mantel und Brettl.[3] Aus seinem bleichen von einem dunklen Barte beschatteten Gesichte leuchteten von starken Brauen überwölbt, zwei schwarze ungewöhnlich glänzende Augen; dunkle Locken wallten vom Haupte; die Finger der weißen kräftigen

---

[1] Hieß ursprüglich Gilde- (Schuster-) Gasse.
[2] Talmudjüngern.
[3] Barett.

Hand, die den seidenen Mantel festhielt, waren mit goldenen Ringen übersäet, seine dicke Halskrause von makelloser Reinheit und Glätte. – Hätte der Fremde nicht durch die Eleganz seines Äußern, und vielleicht auch durch seinen riesigen Körperbau, den neugierigen Verkäufern der Straße imponirt, so wären bestimmt gleich nach seinem Erscheinen eine Masse Fragen von allen Seiten an ihn gerichtet worden, wen oder was er suche? womit man dienen könne? und derartiges mehr; ... so aber ermannte sich erst nach einigem Bedenken der vor der Pinkassynagoge auf einem Bänkchen sitzende Schuster Awrohom und begann, einen seiner Kunstfertigkeit anvertrauten Schuh aus der Hand legend, zu fragen: Lieber Bochur! wen sucht Ihr? ... Mich wahrhaftig nicht, das seh' ich an Euren zierlich geformten Schuhen mit den funkelnden silbernen Schnallen, das ist keine prager Meloche.[4] – Diese Einschaltung galt mehr seiner Umgebung und sich selbst, als dem Fremden. – Ihr seid bestimmt fremd hier? Seid mir eleph peomim mochel![5] Seid Ihr vielleicht ein Aschkenes[6] oder ein Mährischer oder ein Wiener? Wollt Ihr hier zum Schiur[7] gehen, vielleicht zum Rabbiner, oder zu *Reb Lippmann Heller? Zu wem wollt Ihr gehen? Ich will Euch gerne zu den Schiur-Sagern[8] führen – oder sucht Ihr eine Wohnung? Vielleicht kann ich Euch eine passende verschaffen. – Ich bin fremd hier, antwortete der Bochur, und muß mich wohl zunächst um eine Wohnung umsehen. Wenn Ihr ein Zimmer wißt, wo ich ungestört studiren könnte, so will ich Euer Anerbieten dankbar annehmen; aber das Zimmer muß groß, hell und freundlich sein.

Da kenn' ich nur ein Einziges in der ganzen Gaß,[9] bei meinem Oberschammes[10] Reb Schlome, das heißt bei dem Oberschammes meiner Schule,[11] der Altschul, er wohnt neben der Schule; da ist ein schönes Zimmer – und dann ist Reb Schlome ein Lamden,[12] und hat auch schöne Sforim[13] – mit einem Worte: das ist eine Wohnung für Euch, oder keine.

Während dieses kurzen Gespräches hatten sich die Nachbarn des Schusters wie zufällig näher gestellt, um einzelne Worte zu erlauschen; und diese Menschengruppe, die schon seit einigen Minuten die sinnreichsten Ansichten und Vermuthungen über den Fremden aufgestellt, bildete, vielleicht ohne es zu bemerken, einen geschlossenen Kreis um die beiden Sprechenden. Dieser wurde

---

[4] Arbeit.
[5] Verzeiht mir tausendmal.
[6] Deutscher, vorzugsweise Süddeutscher.
[7] Talmudvortrag, Vorlesung. Ich erlaube mir hier ein für allemal die Bemerkung, daß die Worterklärungen nur den, der betreffenden Stelle entsprechenden Sinn wieder zugeben, und auch nur für jene Leser bestimmt sind, denen die Ausdrücke unbekannt sein dürften. Diese Worterklärungen sind daher ebensowenig erschöpfend als maßgebend für andere Gebrauchsweisen. S. K.
[8] Diejenigen, die über Talmud regelmäßige Vorlesungen hielten.
[9] Judenstadt.
[10] Diener, hier soviel als Synagogendiener.
[11] Synagoge.
[12] Talmudgelehrter.
[13] Werke, Bücher.

nun plötzlich durchbrochen, und ein ärmlich gekleideter alter Mann drängte sich ungestüm an den Fremden.

Scholom alechem![14] rief er – Ihr seid so eben erst gekommen, thut mir den Gefallen, kommt mit mir, ich habe Euch etwas zu fragen, es wird Euch nichts schaden, und mir nützen, kommt mit mir.

Der Fremde sah die sonderbare Gestalt verwundert an. Was wollt Ihr von mir? Wie kann ich, ein Fremder, den Ihr wohl nie gesehen habt, Euch Auskunft geben? oder kennt Ihr mich vielleicht?

Herr! flüsterte Awrohom Schuster, sich auf die Fußspitzen stellend, um das Ohr des Fremden zu erreichen, Jakow ist chosser-Deo,[15] vor zehn Jahren, als er nach Prag kam, da stellte er an jeden, der ihm in den Weg kam die sonderbarsten Fragen; wenn die kleinen Knaben aus dem Cheder[16] gingen, prüfte er sie aus dem Chummisch,[17] und wenn sie noch so richtig antworteten, ward er doch immer wüthend und rief: Falsch! falsch! – Aber auch Erwachsene pflegte er zu fragen, Bale Battim,[18] Bochurim, kurz alle; aber da er schon fast jeden in der ganzen Khille[19] gefragt hat, verhält er sich seit längerer Zeit ganz ruhig. Er ist nur menschenscheu, er verweigert jede Auskunft und beantwortet keine Frage; aber er ist ein guter harmloser Mensch, und soll auch, wie die Bochurim sagen, ein großer Lamden sein; – mich wundert's, daß er wieder beginnt. –

Laßt Euch nicht beirren von dem, was Euch der da zuflüstert, rief der Alte ängstlich; kommt nur mit mir, ich bitt' Euch flehendlichst darum, – *Ihr*, nur *Ihr* könnt mich beruhigen; Eurem Ausspruche will ich glauben, alle Andern belügen mich, armen alten Mann! Kommt in meine Wohnung glaubt mir, Ihr thut eine große Mizwe![20]

Der Fremde sah den Alten mit einem durchdringenden forschenden Blick an, als wollte er ihn in die ganze Tiefe dieser zerrütteten Menschenseele senken. Wider alles Erwarten entgegnete er nach kurzem Bedenken: Laßt nur meinen Mantel los; haltet mich nicht so krampfhaft, ich will ja mit Euch gehen. Zu Euch aber – wandte er sich an den Schuster – komme ich bald zurück, ich will Euch dann bitten, mich zu dem Balbos[21] zu führen, der das Zimmer zu vermiethen hat. Nehmt vorläufig dies für Eure freundliche Theilnahme, – so sprechend zog er aus seinem Wamse eine zierliche mit Gold- und Silberstücken wohlgefüllte Börse, und legte ein großes Silberstück auf das Schusterbänkchen. Das ist zu viel, antwortete Awrohom höchst überrascht und zufrieden, Jejascher Koach[22] Mekaß[23] Reb ... ich weiß nicht einmal, wie Ihr heißt!

---

[14] Friede mit Euch! So viel als: Willkommen!
[15] Wahnsinnig.
[16] Zimmer, hier in dem Sinne von Lehrzimmer.
[17] Pentateuch, Bibel.
[18] Hausväter, verheiratete Männer.
[19] Gemeinde.
[20] Pflichterfüllung, oft in dem Sinne von Wohlthat gebraucht.
[21] Hausvater, Gemeindeglied.
[22] Er (Gott) möge Eure Kraft stärken!

Ohne diese weitere Frage zu beantworten schritt der Fremde an der Seite
des Alten aus dem Kreise, der nun seine Vermuthungen nochmals laut und
unumwunden auszusprechen begann.

Ich weiß, was er ist: – ein Narr ist er, meinte eine Leberverkäuferin, ihren
Vorrath auf der Schüssel ordnend, – und noch dazu ein großer! Awrohom gibt
er ein Silberstück, für was? – Mit dem Wahnsinnigen geht er heim, warum?

Meine liebe Mindel! entgegnete ein anderer Höckler, mir scheint, Ihr habt
große Kinne[24] auf Awrohom; deßhalb ist der fremde schöne Bochur ein Narr;
hättet Ihr das Geldstück gekriegt, wär' er klug gewesen! –

Die Mehrzahl der *Höckler und Höcklerinnen schien der Ansicht des Back-
fischhändlers – ein solcher war der Sprecher – vollständig beizupflichten, denn
Frau Mindel war in der That dasjenige, was man heut zu Tage in der untern
Volksschichte einen »Neidhammel« nennen würde. Aber Frau Mindel war nicht
diejenige, die in einem Wortkampfe voreilig die Wahlstatt verließ und sich für
besiegt erklärte. Sie entgegnete daher gereizt:

Sagt Ihr, Hirsch! Was haltet Ihr von ihm? *aber die Wahrheit!* Diese letzten,
mit etwas erhöhter Stimme gesprochenen Worte sind nur dann verständlich,
wenn erklärt wird, daß Hirsch der Backfischhändler nicht selten der üblen Gewohnheit anheim fiel, bei seinen Erzählungen Erweiterungen und Ausschmük-
kungen seiner bilderreichen Fantasie im vollsten Maße anzubringen, dagegen
das eigentlich in der That Vorgefallene auf eine auffallend stiefmütterliche Weise
zu behandlen, ein Umstand, der wesentlich dazu beitrug, daß selbst seine besten Freunde einräumen mußten, »er sei ein wenig megasem«,[25] während die
Unparteiischen ihm das wohlerworbene Prädicat: der »Schakren«[26] beizulegen
liebten.

Wenn ich die Wahrheit sagen soll, meinte Hirsch, scheinbar das Verletzen-
de in der Redeweise seiner Nachbarin nicht beachtend, wenn ich die Wahrheit
sagen soll, so bin ich zwar kein solcher Bal Kinne,[27] wie es gewisse Menschen
gibt, die vom lieben Gott ordentlich zur Strafe so geschaffen wurden; aber
lieber wäre es mir doch gewesen, wenn Fradl Kuchenbäckerin das Geldstück
bekommen hätte, die hat fünf Kinder, ihr Mann, der Baß[28] in der Altschul, ist –
nebblich[29] – seit vier Monaten krank zu Hause, – die hätte das Geld besser
brauchen können; – aber wenn es Gold regnet, ist die gute Frau nicht am Platze, und wenn sie auch da gewesen wäre, was hatte es genützt? Hätte sie die
Chuzpe[30] gehabt, einen Fremden mit goldenen Ringen an den Händen wie ein

---

[23] Eine Abbreviatur. Die Anfangsbuchstaben dreier hebräischen Worte, die eine Höf-
       lichkeitsformel bilden, dem Sinne nach ohngefähr soviel als: Euer Ehrwürden.
[24] Neid, so viel, als: seid sehr neidisch.
[25] Übertreibe ein wenig.
[26] Lügner.
[27] Neidhard, Neidhammel.
[28] Bassist, Baßsänger.
[29] Soll heißen: Nie bei Euch!
[30] Keckheit.

Sor,[31] mir nichts dir nichts gleich anzusprechen, als wenn er ein lo eda Wer[32] wäre? Warum haben wir alle geschwiegen? ... Ich war nur neugierig, wie weit es Awrohom Schuster noch treiben wird. Es hätte nicht viel gefehlt, hätte er den Fremden gefragt wie sein Ober-Ded[33] heißt, wie lang er schon bar Mizwe[34] ist und was für Hafthoro[35] damals Schabbos[36] gegangen ist.[37]

Diese Worte schienen denn doch anzudeuten, daß der wackere Hirsch neben der unangenehmen Gewohnheit des Übertreibens auch von dem Fehler seiner Gegnerin nicht ganz freigesprochen werden konnte. – In Awrohom Schuster, der alle diese Stichelreden schweigend angehört hatte, schien ein bedeutender Gedanke zum Durchbruche kommen zu wollen. Er rückte auf seinem Schämel hin und her und rieb sich mit einem eigenthümlichen Lächeln die Hände.

Meine lieben Leute! – rief er endlich – ich will Euch zeigen, daß Ihr Alle Awrohom Schuster noch nicht kennt, obwohl er jetzt schon mehr als zwanzig Jahre den großen Kowed[38] hat, in Eurer Gesellschaft Schuhe für die Bochurim der prager Jeschiwo[39] auszuflicken, und schon mehr als zwanzig Jahre deine Schkorim,[40] Hirsch, und Eure Klatschereien, Mindel, anhören muß. – Ihr Alle kennt Awrohom Schuster noch nicht! – Das Geldstück soll mir osser[41] sein, – das Geldstück gehört Fradl Kuchenbäckerin, oder vielmehr ihrem kranken Manne Simche, er ist mein Baß, das heißt: Baß in meiner Schul', hat in seinem Leben von mir noch kein Rosch haschono-[42] und kein Purim-[43] Geld bekommen, ich bin ledig, er ist ein Balbos und hat fünf Kinder; ich bin gottlob gesund, er ist krank – ich will auch einmal ein Sor sein, das Geldstück bekömmt er von mir, schon heute im Voraus als Chanuka-[44] Geschenk, – und was Ihr, Hirsch! meint, es hat keiner von Euch die Chuzpe gehabt den Fremden anzusprechen, könntet Ihr vielleicht viel besser sagen: Ihr habt nicht den Sechel[45] dazu gehabt; und jetzt, da ich von dem Geldstücke nichts haben will, laßt mich Menucho,[46] laßt mich meine Arbeit fertig machen, und verkauft lieber Eure

---

[31] Fürst.
[32] Ich weiß nicht wer.
[33] Urgroßvater.
[34] Dem Sinne nach: »zur Erfüllung der religiösen Satzungen verpflichtet«, hier aber soviel als: »wie lange es ist, daß er seinen 13. Geburtstag gefeiert«, von welchem Tage an der jüdische Knabe bekanntlich die religiösen Pflichten zu übernehmen hat.
[35] Abschnitt aus den Propheten.
[36] Samstag.
[37] Vorgetragen wurde.
[38] Ehre.
[39] Talmudische Hochschule.
[40] Lügen.
[41] Soviel als: es als etwas, dessen Benützung verboten wäre, betrachten.
[42] Neujahr.
[43] Ein jüdisches Fest, an dem man Arme zu beschenken pflegt.
[44] Tempelweihe, Tempelweihfest.
[45] Verstand.
[46] Laßt mich in Ruhe.

Fische und gebratenen Lebern! – So sprechend griff er rasch nach dem vor ihm liegenden Schuhe, und begann emsig zu flicken.

Nun, das läßt sich hören, ich weiß, Ihr habt ein gutes Herz! mußte selbst Frau Mindel dem lauten Beifall der Nachbarschaft beipflichten, worauf sie einen ehrenvollen Rückzug aus dem Wortgeplänkel dadurch zu gewinnen suchte, daß sie mit der vollen Kraft ihrer Lunge die erlöschende Flamme ihrer Kohlenpfanne zur hellen Lohe anfachte; während Hirsch, nachdem er ebenfalls verlegen den edlen Sinn Awrohoms anerkannte, grade den jetzigen Zeitpunkt als den günstigsten erachtete, seine Backfische den Vorübergehenden, als besonders ausgezeichnet, anzuempfehlen. – Aber die drei Nachbarn waren sehr versöhnlicher Natur, und trotzdem sie schon seit Decennien den löblichen Gebrauch pflogen, sich bei passenden Gelegenheiten zu necken, so hatten sie sich denn doch schon in Noth und Elend wechselseitig beigestanden, und so kam es, daß sie eine halbe Stunde später wohl den kleinen Streit, nicht aber die Veranlassung desselben vergessen hatten, und die drei Nachbarn steckten die Köpfe zusammen, um von Neuem ihre – zweifelsohne sehr interessanten – Vermuthungen über den Fremden auszusprechen.

Dieser ging indessen schweigend an der Seite seines sonderbaren Begleiters, und obwohl er mit spähenden Blicken umherschaute, gewann er nun auch Zeit, Jakow genauer zu betrachten. Das Alter des bejahrten Mannes ließ sich schwer bestimmen. Sein gramzerwühltes durchfurchtes gelblich fahles Antlitz, das einst schön gewesen sein mochte, wurde durch einen weißgrauen ungepflegten Bart, der mit dem unregelmäßig herabwallenden Haupthaare zu einer unförmlichen Masse zusammenfloß, und namentlich durch das unheimliche Blitzen seiner Augen, die weit aus ihren Höhlen hervorstarrten, zu einem fremdartigen, ungewöhnlichen, einem Menschenangesicht fast unähnlichen umgestaltet. Seine von der Wucht des Elends gebrochene hagere Gestalt schien einst riesengroß gewesen zu sein, und die Dürftigkeit seiner Kleidung vervollständigte den eigenthümlichen Eindruck seiner Erscheinung. – Am Hahnpasse[47] hielt der Alte vor einem Häuschen stille, und bat, der Fremde möge ihm über den Hof in sein Kämmerchen folgen. Dieses, ärmlich eingerichtet, lag ebenerdig und grenzte hart an den Friedhof, der Art, daß man durch das niedrige Fenster ohne die geringste Beschwerlichkeit auf den Friedhof hinaus steigen konnte. Es war nebst einem Lehnsessel, nur noch ein einziger zerbrochener Stuhl im Zimmer. Der Alte rückte schweigend beide an den Tisch und bedeutete dem Fremden, sich zu setzen.

Was wollt Ihr? frug nun dieser. Der Alte sah sorglich nach, ob niemand horche, schloß die Thüre, sogar den Fensterladen, und zündete eine Lampe an. Seht, begann er nun, seht, wie ich Euch erblickte, da war es mir so sonderbar, so ganz anders zu Muthe, als wenn ich einen andern fremden Bochur sehe; ich

---

[47] Eine ziemlich enge vom alten Friedhof begrenzte Straße der Judenstadt. Diese Gasse dürfte man vielleicht damals »hohen Paß« genannt haben, da sie die höchst gelegene in der prager Judenstadt sein soll.

weiß, Ihr seid nicht so boshaft wie die andern alle, alle, die einen armen schwachen Greis verachten, kränken, schonungslos verhöhnen; sie kennen kein Mitleid, sie haben kein Erbarmen, sie wissen nicht, was es heißt so zu leiden wie ich leide – sie vernichten mich, sie haben sich alle verschworen gegen mich, und wen ich frage, der antwortet falsch, falsch, falsch! –

Der Alte sprach mit einer furchtbaren Erregtheit, alles Blut, das seinen abgezehrten Körper durchfloß, schien sich in den hektisch gerötheten Wangen gesammelt zu haben, die Adern seiner Stirn schwollen in unnatürlicher Stärke an. Sagt mir, sagt mir, – sagt mir aufrichtig, flüsterte er dann plötzlich wieder ganz demuthsvoll, kennt Ihr die Asseres hadibros?[48] aber ich beschwöre Euch bei dem Gotte Israels, der da geschaffen hat Himmel und Erde, bei dem Seelenheile Eurer Mutter, bei Eurem Chelek le-olom habo,[49] antwortet recht, ohne falsch!

Mein guter Alter! antwortete der Fremde ruhig, ich will Euch alles thun, was Ihr verlangt, ich will Euch die zehn Gebote, ich will Euch alle *sechshundert dreizehn Gesetze sagen, voraus gesetzt, daß ich sie noch weiß, ich will Euch ganz zu Willen sein, denn ich sehe, Ihr seid ein armer müdegehetzter Mann. – Ihr lebt wohl hier in diesem Stübchen einsam, Ihr empfängt wohl keine Besuche? frug der Bochur nach einer kurzen Pause.

Seitdem ich sehe, daß niemand mit mir heimgehen will, um mir aus meiner kleinen Bibel die zehn Gebote zu lesen, lasse ich niemanden herein. Manche fürchten sich auch, – zu mir kömmt niemand, niemand, Ihr seid der Erste, der seit Jahren mein Stübchen betritt, – nun aber seid so gut, laßt die zehn Gebote hören, rasch, ich bitte Euch!

Der junge Mann fuhr sich mit der Hand über die Stirn, als wolle er sich etwas bereits längst Vergessenes ins Gedächtnis zurückrufen, und begann dann mit lauter kräftiger Stimme die am Sinai geoffenbarten zehn Worte des Herrn auswendig herzusagen. – Der Alte blickte regungslos, das vorgestreckte Haupt auf beide Hände gestützt – als wolle er jedes Wort seiner Lippen gierig einsaugen – in das Antlitz des Fremden. All' sein Blut schien langsam in sein Herz zurückzufließen, sein Gesicht ward leichenhaft blaugrau, die Augen schienen aus den weitgeöffneten Liedern herauszutreten, und je länger der Fremde sprach, desto violetter wurden die schmalen krampfhaft bebenden Lippen. Wäre nicht der Herzschlag des gequälten Alten hörbar gewesen, man hätte glauben müssen, das Leben sei aus diesem morschen Leibe geschwunden. – Der Fremde redete ruhig weiter, doch als er das siebente Gebot: »Du sollst nicht ehebrechen« aussprach, entrang sich der Brust des Gemarterten ein grauser, markdurchdringender, furchtbarer Schrei, ein Schrei so schrill, wie ihn der vom Pfeile schwer getroffene, in den Lüften mit dem Tode ringende Raubvogel ausstößt, ein Schrei, wie ihn nur der tiefste, unsäglichste Seelenschmerz einer Menschenbrust zu entreißen vermag. Der Fremde hielt inne; der Alte sank, sein Gesicht mit beiden Händen bedeckend, zusammen. Es trat ein Augenblick der tiefsten Stille ein; endlich brach der Alte in lautes Schluchzen aus.

---

[48] Zehn Worte. Zehn Gebote.
[49] Antheil an die zukünftige Welt.

Auch Ihr! – auf Euch hatte ich gehofft! Wie hätt' ich Euch geliebt, wie hätt' ich Euch verehrt, wie hätt' ich Euch angebetet, wenn Ihr anders gelesen hättet, als die Andern – aber, nein, nein, nein! – er liest: lo Sinow, lo Sinow![50] *Du sollst nicht ehebrechen!* Herr der Welt! habe ich zu wenig gelitten, zu wenig gebüßt, zu wenig bereut!? und Du läßt es noch stehen in Deiner heiligen Lehre! Soll ich ewig, hier und dort leiden?! – Doch Du bist gerecht und ich bin der Frevler – ich habe gesündigt, ich habe gefrevelt, ich habe – und so murmelte er seine Brust zerschlagend das ganze Sündenbekenntniß[51] ab. Es thut mir leid, Euch Schmerz bereitet zu haben, aber seht – der Bochur schlug bei diesen Worten in einer auf dem Tische liegenden Bibel die betreffende Stelle auf, – seht, es steht so wie ich's gelesen. – Die Druckschrift des Blättchens war von Thränenspuren ganz verwischt, und man sah deutlich, daß vorzugsweise dieses Blättchen unzähligemal gelesen worden war.

Ja, ja, es steht so! rief der Alte mit dem Tone der tiefsten Ergebung und Zerknirschung. *Ihr* habt recht, *mein Bruder* hatte recht, alle haben recht, die Bochurim, die kleinen Knaben aus dem Lehrhause, alle, alle lesen es so, – alles hat recht, nur ich nicht, ich nicht! – Ich bin schuldig! – Und wieder begann er mit beiden Fäusten an seine Brust schlagend das Sündenbekenntniß herzusagen.

Der Bochur war von seinem Sitze aufgestanden, und durchschritt mehrmals das Zimmer. Das unendliche Weh des Alten schien ein leises Gefühl der Theilnahme in ihm zu wecken. Es ist nicht jeder wie du, ein Riese an Geist und Denken, sprach er leise vor sich hin, es kann nicht jeder, wie du, den Glauben abstreifen wie ein unbrauchbar gewordenes Gewand, und aus dem innern Seelenbrand ein neues Leben erwecken. Der Mann war nicht immer wahnsinnig, aus diesen unheimlichen dunklen Augen mußte einst ein milderes Feuer geleuchtet haben, – *aber er sank durch eigene Schuld!* Ein einziger kühner Aufschwung seines freien Geistes hätte ihn gerettet vor ewiger Nacht, er wollte es nicht! Mußte er dem todten Bibelworte glauben? Stand er am flammenden Sinai, als die Donnerworte in die Menschheit hineingerufen wurden? Konnte er sich nicht loslösen von dem blinden Glauben seiner Väter? Mußte ihm das wahr und heilig scheinen, was seinen Ahnen und Urahnen heilig und wahr geschienen? – Seine Väter konnten mit dem Lächeln der Verklärung den rauchenden Scheiterhaufen besteigen, und während die Flamme den Leib verzehrte, Loblieder und Psalmen singen, sie konnten dies, weil sie den paradiesischen Wonnen eines erhofften Jenseits entgegensahen, und was ist der bitterste schmerzenreichste Augenblick der Qual gegen die unendliche Ewigkeit! – Seine Väter konnten lächelnd ihr Leben unter dem Schlachtbeil ihrer Verfolger aushauchen, sie hatten mit dem Glauben das Höchste des Daseins, die Hoffnung! – aber dieser Thor?! er hat gesündigt, nun wohl! reiß ihn heraus aus dem zerrissenen blutenden Herzen, den thörichten Glauben, der dich quält, was frommt er dir, du Armer, Verlorner hier und dort?! – – Es liegt doch eine schwer zu bewälti-

---

[50] Du sollst nicht ehebrechen.
[51] Aus den Gebeten für die *Bußtage.

gende Macht in dem Glauben! – Wenn ich noch zu glauben versuchte? das
süße Mährchen kann auch Wunden heilen! – aber ich, ich kann nicht, ich kann
nicht, – sie haben mich hinausgestoßen, sie haben mich dazu gedrängt, die
Bibel, die Menschen – alle, alle, – *ich, ich konnte* wahrhaftig nicht anders! –

Dann blieb er plötzlich wieder vor dem Alten stehen, der, ohne seinen Gast
weiter zu beachten, in dumpfes Brüten zusammen gesunken war.

Ihr seid wohl Talmudist? frug der Bochur laut, Ihr seid's! Nun denn, kennt
Ihr das Wort des frommen *Königs Chiskia nicht? »Wenn auch schon das
scharfe Schwert am Halse des Menschen liegt, so darf er doch noch nicht an
Gottes Allbarmherzigkeit verzweifeln!«[52] Vergeßt nicht: in derselben Thora, in
der geschrieben steht: »Du sollst nicht ehebrechen«, steht auch geschrieben:
»Der Ewige, der Ewige ist ein allerbarmender gnadenvoller Gott, langmüthig,
groß an Huld und Wahrheit, er bewahrt seine Huld dem tausendsten Geschlecht,
vergibt Missethat, Abfall und Sünde – «

»Aber er gedenkt die Missethat der Väter an Söhnen und Sohnes Söhnen, bis
in's dritte und vierte Geschlecht!!«[53] sprach Jakow weiter. – Verzweifelt nicht! –
Sind auch die Thore des Gebetes verschlossen, seitdem das Heiligthum in Jerusalem zerstört, die Thore der Reuezähren sind nicht verschlossen.[54] – Verzweifelt
nicht, armer Jakow! Gedenkt des Ausspruchs der Bibel: »denn die Leidenschaft
des Menschen ist böse schon von Jugend an.«[55] Gedenkt der Worte: »Kann ich
den Tod des Frevlers wollen?! spricht der Ewige, Gott; o! daß er zurückkehrte
von seinen Wegen, daß er lebe«[56] – bedenkt das wohl und verzweifelt nicht! –

Der Bochur brach jetzt plötzlich ab, als sei er erstaunt über das Mitgefühl,
das in ihm rege geworden, es schien ihn selbst überrascht zu haben. Jakow
aber faßte im Übermaße seiner Empfindung krampfhaft seine Hand und preßte
sie an seine Lippen.

O! wie wohl thut Ihr mir, rief er, wie träufelt Ihr Balsam in meine nie ver-
narbenden Wunden! So hat seit Jahren niemand mit mir gesprochen; Gott
segne Euch dafür! – Ihr seht, Jakow, sprach der Bochur, sich jetzt zum Gehen
anschickend, ich bin Eurem Willen gefolgt, und habe Euch gedient, so weit ich
konnte, – jetzt ist's an mir Euch zu bitten. – Es kömmt niemand zu Euch, Ihr
seid oft allein, erlaubt mir Euch bisweilen zu besuchen und hier zu lernen.[57]
Vielleicht vermag ich den bösen Geist zu bannen, der Euch zuweilen erfaßt.

O, ein böser, böser Geist! Ihr habt recht – ja Ihr, mit Eurem schönen Auge,
Ihr thut mir wohl – o, ich war auch einst so wie Ihr jetzt seid, groß, schön,
kräftig; wenn ich Euch anblicke, erinnere ich mich meiner eigenen glücklichen
Jugend, meines Bruders! – o, kommt zu mir oft, oft!

Das will ich, – und nun lebt wohl!

---

[52] *Talmud Traktat Berach. 10, a.
[53] *Exodus Cap. 34, Vers 6–8.
[54] *Talmud Trakt. Berach 32, b und Bowo Mez. 59, a.
[55] *Genesis Cap. 5, Vers 20.
[56] *Ezechiel Cap. 33.
[57] Talmud studiren.

Gott segne Euch!

Der Bochur schritt aus dem Hause; dann blieb er sinnend stehen. Ich will den Zufall einen glücklichen nennen, sprach er leise, der mir diesen Wahnsinnigen entgegen führte; er kann mir nützen, er kann mich auf die rechte Fährte meines edlen Wildes führen. – Aber das ist mir unerklärlich! Ich glaubte alles Mitleid, alles Erbarmen erstickt in meiner Seele, und siehe! dieser Alte weckt Gefühle in mir, die ich für ewig aus meiner Seele bannen wollte! – Alles stößt ihn von sich, und ich, ich, der ich alle diese, die am Bibelworte hangen, so bitter, so tödtlich hasse, und zu hassen Grund habe, ich ließ ihn gleich, noch ehe ich meinen Vortheil ersah, gewähren und war ihm zu willen. – O! trotz des wahnsinnigsten Hasses, der rasendesten Wuth, die mich erfüllt, ist doch noch viel zu viel vom alten guten Juden in mir geblieben! – Ich muß noch anders werden!

II

Reb Schlome Sachs, Oberschammes in der Altschule, war eben Freitag Abend aus der Synagoge gekommen. In seiner Wohnung und in seinem Herzen herrschte sabbathliche Ruhe. Es ist etwas unendlich wohlthuendes, ein solches Winterfreitagabendstübchen! Ein schwarzer großer Kachelofen ließ eine angenehme Wärme entströmen, während die in der Mitte des Zimmers hängende achtzackige Lampe, ein etwas gedämpftes, röthliches, aber doch freundliches Licht verbreitete.

Auf dem länglich runden Tisch lag ein weißes reines Tischtuch, und unter demselben lugte überdies noch eine bunte Tischdecke hervor, an deren Enden Quasten herabhingen, die eben einem muntern Kätzchen zum angenehmen Zeitvertreibe dienten. Die schönste Zierde des Stübchens bildete aber unstreitig die Hausfrau Schöndel, ein blühendes Weib von etwa dreißig Jahren. Wie sie so in zierlicher Schabboskleidung, die reichen Flechten ihres dunklen Haares von einem sogenannten reichen Häubchen[58] sittsam bedeckt in ihrem schmucken bis hoch an den Hals reichenden ängstlich geschlossenen, wohlsitzenden Wämmschen, ihrem Gatten entgegentrat und ihm Mantel und Barett abnahm, wie sich die beiden freudestrahlend guten Schabbos wünschten – wie sich da in ihren Zügen jener kindlich reine Seelenfriede, jene tiefe beseligende Gemüthsruhe abspiegelte, – da hätten die beiden gewiß nicht mit Fürsten und Königen getauscht!

Der Hausherr sang die Tfillo lel Schabbos,[59] als er geendet, frug er: Ist Reb Gawriel noch nicht zu Hause?

Nein, er wollte heute in die Altneuschul gehen, die er noch nicht gesehen.

Nun, da wird er erst später heimkommen; wir, in der Altschul sagen nur einmal *Mis-mor Schir le Jom haschabbos[60] und machen nicht Kiddusch[61] –

---

58 Ein aus Goldfäden gewirktes, mit Spitzen besetztes Häubchen.
59 Gebet für den Sabbath-Abend.
60 Ein Psalm, der Freitag Abend in allen andern Synagogen Prags zweimal abgesungen ist.
61 Ein Segensspruch, der Freitag Abend in allen Synagogen gesprochen wurde, während die Altsynagoge diesen Gebrauch nie eingeführt hatte.

Wie gefällt dir der neue Miethsmann, den uns Awrohom Schuster zugewiesen hat?

Mir gefällt er sehr gut – ein schöner Mann von feinen Sitten und Benehmen, gar nicht als wenn er ein Bochur wäre; die Bochurim denken an nichts als an ihren Schiur und an ihre Halocho Tosofos;[62] aber Reb Gawriel weiß sehr schön und zierlich zu sprechen. Er muß aus gutem und reichem Hause sein; auch hält er sich ganz anders wie die Andern, so grad, so stramm, weißt du? als wenn er ein Soldat wäre; aber fromm ist er nicht so wie die Andern.

Er ist ein großer Lamden, wie ich im Verlaufe dieser Tage aus seinem Gespräche ersehen habe, und mich freut das. – Du weißt, ich nehme keinen Zins von unsern Miethsleuten, ich will nur einen gottesfürchtigen tüchtigen Talmudisten im Hause haben; – aber sage mir liebes Weib, wie fällt dir gerade ein, er halte sich wie ein Soldat?

Nun, die halten sich eben grade und aufrecht; was ist daran auffallend?

Nichts, nichts, – aber ich habe dir noch nicht erzählt. Gestern Nacht, als ich von *Chazos[63] heimkomme, und eben unser Stübchen – von dem ich immer den Schlüssel mitnehme um dich nicht aus dem Schlafe wecken zu müssen – aufschließen will, höre ich im Zimmer unseres Miethmannes laut sprechen; ich horche einen Augenblick, – es war nicht die Art, wie man Talmud studirt, er schien die Worte an Einen oder Mehrere zu richten, aber das, was er sprach, klang so sonderbar, ich konnte ihn zuerst nicht deutlich verstehen, da er je nach dem Inhalte seiner Worte bald leise murmelte, bald laut schrie – auch pfiff der Wind laut durch den Gang; dann aber gewöhnte sich mein Ohr daran, und ich hörte ihn deutlich sprechen: »Mann – wir sind beide verloren – beide, du und ich – man will uns den Kaiserlichen verrathen – man liefert uns an's Schlachtmesser.« – Später rief er wieder plötzlich: »Man überrascht uns nicht! wir sind gerüstet, marsch, halt! Feuer! Sturmlaufen! Keinen Pardon. Sie geben auch keinen Pardon, alles niedermachen – so, so, Blut! Blut! – das thut der Seele wohl. – Der Sieg ist mein! – Mir den blut'gen Lorbeerkranz, ich bin Sieger – Sieger ich – ah! es hilft nichts, ich bin doch ein – – « Die letzten Worte verklangen leise, nach einigen Minuten war's wieder stille im Zimmerchen, und ich hörte die ruhigen Athemzüge seiner kräftigen Brust; – ich fand noch nicht Gelegenheit, dir dies zu erzählen, denn Freitag, weißt du, hält mich der

---

[62] So wurden die talmudischen Themata benannt, welche von dem Rabbiner alljährlich zweimal für alle Schiurstuben der Gemeinde bestimmt wurden, und die während der zweimal im Jahre wiederkehrenden Ferienmonate, wo die regelmäßigen Vorträge aufhörten, den Privatfleiß der Bochurim beschäftigen sollten. Die Rabbiner und alle bedeutenden Talmudisten pflegten dann in scharfsinnigen Vorträgen dieses Thema geistreich und vielseitig zu behandeln. Es bildete daher den größten Ehrgeiz der Bochurim, durch ein tiefes Eingehen in die Halocho Tosofos ihre gründlichen talmudischen Kenntnisse zu beweisen. – Bei den damaligen Verhältnissen waren diese Bezeichnungen auch den Frauen bekannt und geläufig.

[63] Mitternacht. Hier in der Bedeutung: Gebete, die um Mitternacht in der Synagoge abgehalten werden.

Dienst in meiner Synagoge fest, – auch hätte ich vielleicht daran vergessen; aber weil du von seinem soldatischen Aussehen sprachst. – Es wundert mich, daß er solche Träume hat, – entgegnete Schöndel – er denkt immer an solche wunderliche Sachen. Heute Vormittag, als ich dir deine Schabboskleider aus dem Kasten, den er uns in seinem Zimmer stehen zu lassen erlaubte, holen wollte, drückte ich, da auf mein Klopfen keine Antwort erfolgt, auf die Klinke, um mich zu überzeugen, daß er nicht zu Hause ist; aber die Thüre öffnete sich und Gawriel, den Kopf in beide Hände gestützt, blickt mit unverwandter Aufmerksamkeit – nicht in einen Folianten, sondern – in aufgerolltes buntbemaltes Papier, auf das er mit einer Feder verschiedene Striche zeichnet. Beim Nähertreten erkenne ich eine Landkarte;[64] ich fragte ihn erstaunt, was das zu bedeuten habe, und er erzählt mir, wie er von Aschkenes[65] nach Prag gereist, sei er auf seiner Reise den böhmischen und den kaiserlichen Heeren begegnet, und nun sehe er blos zum Scherze nach, wo sie stehen, – dann wies er mir ganz genau den Punkt, wo der kühne Feldherr *Mannsfeld steht, und wo der *Churfürst Maximilian und die Generäle *Tilly und *Boucquoi mit ihren Truppen lagern, und dann zeigte er mir wieder, wie Friedrichs Obergeneral, *Christian von Anhalt, die Kriegsführung des erfahrenen Ernst von Mannsfeld schlecht unterstütze, und wie die ständischen Truppen trotz ihrer Tapferkeit und ihrer tüchtigen Führer unterliegen müssen, so lange der unfähige oder, wie er sich aussprach, vielleicht von den Kaiserlichen gewonnene Anhalt an der Spitze der Armee bliebe; das alles setzte er mir so klar und deutlich auseinander, daß sogar ich unverständiges Weib es ganz gut einzusehen vermochte. – Wie so versteht Ihr das so gut? frug ich ihn; von allen Bochurim der hiesigen *Jeschiwo wird kein einziger so viel von diesen Dingen wissen als Ihr; Ihr wärt ein guter Offizier. – Nun, wer weiß, entgegnete er mir scherzend, wenn ich einst kein gutes Rabbones[66] bekomme, werde ich noch Bal-Milchome.[67] – Aber so sonderbar kam mir das Ganze vor, daß es mir den ganzen Tag vorschwebte; – ich muß lachen, wenn ich mich daran erinnere; heute Mittag, vielleicht drei Stunden später, als ich auf die Kleinseite hinüberging, um Wachskerzen zu kaufen, seh' ich zwei hohe Offiziere über die Brücke reiten, einen kannte ich zufällig, den jungen *Thurn, den kennt hier jedes Kind, aber von dem andern, einem Kriegsobristen, der einen ganz schwarzen Rappen ritt, von dem schien mir's, daß er unserem Miethsmanne Gawriel so ähnlich sei, wie

---

[64] Es muß hier bemerkt werden, daß zur Zeit unserer Erzählung für die Gelehrsamkeit das goldene Zeitalter in Böhmen gewesen. Rudolph der II. (gest. 1612) hatte an sein Hoflager die größten Männer Europas berufen und es gab damals sogar unter den Damen gelehrte Schriftstellerinnen. *Helene von Wackenfels, *Eva von Lobkowitz, *Katharina Albertin, *Elisabeth Westonia sprachen und schrieben lateinisch und griechisch. – Bei der jüdischen Bevölkerung mochte der hohe *Rabbi Löw (gest. 1609) den Sinn für wissenschaftliche Bildung erschlossen haben.
[65] Deutschland, vorzugsweise Süddeutschland.
[66] Rabbinat.
[67] Kriegsmann, Soldat.

ein Zwillingsbruder dem andern – und wie die Beiden auf der Kleinseite um-
biegen, erblickt mich dieser Kriegsobrist, und sieht mich mit freundlichem
Blicke unverwandt an, als wollte er mich grüßen; aber es ist dies alles nur
Täuschung gewesen, und die ganze Ähnlichkeit mag eine sehr geringe und
zufällige sein, und das sonderbare Gespräch Gawriels, das noch immer meine
Gedanken beschäftigte, mag der Grund sein, daß ich diese Ähnlichkeit über-
schätzte – und daß sich Offiziere nach jungen Frauen umsehen, ist auch nichts
auffallendes.

Glaub' mir, erwiederte Schlome, Gawriel ist kein Obrist; die Bochurim der
prager Jeschiwo sind nicht das Holz, aus dem der König oder die Stände Kriegshelden bilden wollen. Ich sage nicht, daß sie es nicht eben so gut wie Andere
werden könnten – die *Makkabäer kämpften so tapfer wie ein Thurn, ein
Boucquoi, ein Mannsfeld, und noch viel tapferer; aber so lange uns der Herr
der Heerscharen in seiner hohen Weisheit noch immer nicht das Herz der Fürsten und Völker, unter denen wir leben, ganz zuwendet, so lange müssen wir
uns Druck, Schmach, Hohn und alles das gefallen lassen, was die Vorsehung
über uns verhängt. – Weißt du, daß es vor einigen Jahren den Meistern von der
Feder hier in Prag sogar untersagt wurde, die Juden die edle Kunst des Fech-
tens zu lehren?[68] – Aber liebes Weib, das ist kein angenehmes Gespräch für
einen frohen Freitagabend.

Du bist undankbar! Leben wir jetzt nicht ruhig und geschützt durch das Gesetz? Blicke zurück in die finstern Zeiten des Wahns –

Wollen wir heute keine trüben Erinnerungen heraufbeschwören, wollen wir
den freudenreichen Sabbath-Frieden nicht verdrängen, bat Schlome; sprechen
wir von etwas Anderem, von was du willst. – Unser Miethsmann, sagst du, sei
nicht so fromm, wie die andern Bochurim?

Nein, er lernt nicht fleißig, geht auch nicht sehr oft zum Schiur, hat schon in
den wenigen Tagen seines Hierseins mehrmals den Besuch der Synagoge versäumt; auch küßt er nie die Mesuse[69] wenn er aus- oder eingeht.

Schlome wollte antworten, aber das rasche Eintreten Gawriels, der die eben
ausgeprochene Behauptung durch eine thatsächliche Unterlassung bestätigte,
verhinderte ihn davon.

Guten Schabbos! entschuldigt mein langes Ausbleiben. Ich war in der Altneuschul – eine ehrfurchterweckende Synagoge! Man erzählt bei uns viel von
diesem Gotteshause; es ist jedenfalls eines der ältesten der europäischen Judenheit, wenn wir die Wormser Bothe Knesios[70] ausnehmen, vielleicht das älteste; –
aber sagt mir, Bal Bos, sind alle die Geschichten, die man bei uns draußen in

---

[68] In dem, vom Kaiser Rudolph der in der Altstadt Prags unter dem Namen »Gesellschaft der Freifechter von der Feder« bestandenen Fechtmeister-Innung, am 7. März
 1607 ertheilten Privilegium Artikel 9.

[69] Eigentlich Thürpforte. Hier so viel, als eine mit gewissen Bibelsprüchen beschriebene Pergamentrolle, die an der rechten Thürpforte angeschlagen wird.

[70] Versammlungshäuser, hier so viel als Gotteshäuser.

Aschkenes in den Bothe Medroschim[71] vorzugsweise gerne zur Mitternachts-
stunde, von diesen Bes ha Kneses erzählt, und die mir stets ein so angenehmes
gespensterhaftes Grauen erregten, sind diese wahr?

Der kindliche Sinn des Volkes, entgegnete der Hausherr, liebt das Ungewöhnliche und Wunderbare, und da wird wohl viel erzählt, was in Wirklichkeit
ganz anders gewesen sein mag.

Es ist aber auch vieles wahr, fiel die Hausfrau ein; – o! dieser Gemeinde
Prag ist im Verlaufe der Zeiten so viel Schmerzenreiches zugestoßen, sie hat
so unendlich viel erduldet, und doch hat sie Gott – gelobt sei sein Name! –
wundervoll erhalten, und doch leuchtet sie jetzt ihren Schwestern in Deutschland glänzend voran. – Wenn ich vorübergehe an dem altehrwürdigen Hause
des Herrn, so werden Bilder alter verschwundener Zeiten in mir wach. – Kennt
Ihr *die Geschichte, wie unsere Glaubensgenossen einst ruchlos in der Altneuschul hingeschlachtet wurden? – Schöndel mußte diese Frage wiederholen;
Gawriel schien plötzlich in tiefes Sinnen versunken.

Nein, sprach er endlich aus seinen Träumereien auffahrend, fast wie geistesabwesend; – erzählt, edle Frau! Von Euren Rosenlippen tönt Alles doppelt schön.

Schlome schüttelte bedenklich und verwundert das Haupt ob dieser Sprechweise; einer Sprechweise, die jener der Bochurim so entfernt lag.

Reb Gawriel! Ihr sprecht ja wie ein Ritter zu einem Edelfräulein! Vergeßt
nicht, Ihr seid ein Talmudjünger, und mein Weib das Weib eines Schammes. –

Ihr dürft nicht so sprechen, als wenn Ihr uns verhöhnen wolltet, sprach
Schöndel, und hohe Purpurgluth überflog ihr Antlitz; ich kann sonst nicht –

O, erzählt, gute Frau! kümmert Euch nicht um meine Reden; ich bin zuweilen
zerstreut, ich pflege manchmal im Geiste ferne zu sein –

Hoch zu Roß in der Schlacht, nicht wahr? frug Schöndel lauernd.

Jetzt ward das Gesicht des Bochurs tiefdunkelroth. Es bedurfte eines Augenblickes sich zu fassen. – Wie meint Ihr das? frug er dann heftig.

Roschim dabronios hen,[72] wie Ihr aus dem Talmud und gewiß auch aus der
Erfahrung wißt, entgegnete Schlome; ich habe meiner Frau eben, während wir
auf Euch warten, erzählt, daß ich Euch, als ich gestern in der Nacht von
*Chazos kommend an der Thüre Eures Zimmers vorüberschritt, laut aus dem
Schlafe sprechen hörte, und daß Ihr von einer Schlacht oder etwas ähnlichen
geträumt haben mögt; – wir fanden den Traum für einen Bochur sonderbar.

Ah, sprach Gawriel aufathmend und sichtbarlich erleichert, – ah, das glaubt
Ihr? nun ja, ich pflege schwer zu träumen von Schlachten –, ja wißt Ihr, woher
das kommt? Ich war als Bochur zu fleißig gewesen, und studirte Tag und
Nacht die Talmude; nun aber kann der Mensch nicht zu viel ertragen, und da
mich mein Ehrgeiz zu ununterbrochenen Anstrengungen hinriß, so kam es, daß

---

[71] Lehrhäuser. Hier in dem Sinne von Orten, wo man die zum Talmudstudium nöthigen
Werke vorfand, und die zu jeder Tags- und Nachtzeit von fleißigen Talmudisten besucht waren.
[72] Frauen sind plauderhaft.

mein Geist verwirrt wurde, ich ward wahnsinnig, ich glaubte ein Ritter, ein Krieger zu sein, – aber, ich bin jetzt durch gute Ärzte und Ruhe des Körpers und Geistes vollkommen geheilt, vollkommen! sorgt Euch nicht! – Da ich jedoch auf meiner Hereinreise vielen Kriegshaufen begegnete, so mag mein Geist im Schlafe von trüben Bildern geschreckt worden sein; denn obwohl ich nun volkommen genesen, so pflegen mich doch noch, wenn ich kurz vorher irgend wie angeregt wurde, unangenehme Träume zu ängstigen; es sind dies aber auch nur Träume, und auch das geschieht selten, d'rum kehrt euch nicht daran, wenn ich wieder so wunderliches Zeug im Schlafe schwätze, ich bitt' Euch d'rum.

Es war zu den Zeiten, wo das Talmudstudium fast den einzigen Brennpunkt aller geistigen Thätigkeit bei den Juden bildete, nichts ungewöhnliches, daß Bochurim, besonders solche, die mit eifrigen Studien auch eine ascetische Lebensweise verbanden, durch das sogenannte Überstudiren ihren Geist zerrütteten. Es war auch bekannt, daß auf solche Weise hervorgerufene Seelenleiden durch zweckmäßige Behandlung, namentlich durch Ruhe des Körpers und Geistes, genau wie es Gawriel angegeben, geheilt werden konnten, und die beiden Gatten kannten mehrere Talmudjünger, die sich in gleicher Lage mit ihrem Miethsmanne befunden, und sich auch wie dieser erholt hatten. Es lag daher kein Grund vor, das offene Geständniß Gawriels zu bezweifeln, und selbst die auffallende Verlegenheit, die er bei der vorschnellen Äußerung der Hausfrau gezeigt, schien durch das ihm abgedrungene, ihn gewiß unangenehm berührende Geständniß hinreichend gerechtfertigt.

Armer junger Mann! unterbrach Schöndel die eingetretene längere Pause, die unangenehm zu werden begann. Dankt Gott, gelobt sei er! daß er geholfen hat, und seid recht froh. – Jetzt begreife ich auch, warum Ihr an dem alten Jakow so warmen Antheil nahmt und gleich seinen Bitten nachgabt.

Nein, das war's nicht, entgegnete Gawriel ernst und nachdenkend, als wenn er in der That die Verwunderung Schöndels theilte und in seinem Innern keinen genügenden Grund für sein damaliges Benehmen fände; – aber lassen wir diesen Gesprächstoff, wenn's beliebt, und sprechen wir von etwas Anderem! – Ihr wolltet mir erzählen, wie einst –

Ja, ja, rief Schöndel, froh, dem Gespräche eine andere Wendung geben zu können; also hört:

Es mögen jetzt schon mehr als zweihundert Jahre sein, – der *faule Wenzel herrschte damals im Lande, – da traf es sich einst, daß ein Ritter in heißer Begierde für ein Judenmädchen entflammte. Dieses wies seine schändlichen Anträge mit tugendhafter Entrüstung zurück. List und Verführungskunst scheiterten an der festen Standhaftigkeit des Mädchens, und der Ritter beschloß daher, durch Gewalt zum heißersehnten Ziele zu gelangen. Der Jom Kipur[73] schien ihm am geeignetesten zur Ausführung seines ruchlosen Vorhabens. Er wußte, daß Judith – so hieß das Mädchen – an diesem Tage allein bei ihrer blinden Mutter daheim bleiben würde, während alle Andern durch Gebete und

---

[73] Versöhnungstag.

andächtige Übungen im Gotteshause festgehalten wurden. Jom Kipur Nachmittag – Judith betete leise am Bette ihrer schlummernden Mutter – öffnet sich die Thüre ihres Zimmers und ihr verhaßter Verfolger tritt mit funkelndem gierigem Blicke herein. Judith's Flehen, ihre Thränen rühren ihn nicht, und schon hält er sie mit starken Armen fest umschlungen, da führt ein glücklicher Zufall ihren Bruder heim, der sich nach dem Befinden der Mutter und Schwester erkundigen will. Die fürchterliche unaussprechliche Wuth, die ihn erfaßt, verleiht dem ohnedies starken Manne Riesenkraft. Er entwindet dem Bösewicht die Waffe, und nur den Frauen hat es dieser zu danken, daß er die versuchte Schandthat nicht mit dem Leben büßt. – Mit Fußtritten und grimmigem Hohne stößt der gekränkte Bruder den wüsten Gesellen zum Thor hinaus. – Der Ritter, dem Spotte des Volkes, das sich schnell in starken Haufen sammelt, Preiß gegeben, schwört allen Juden blutige tödtliche Rache. Er hält sein Wort – Reb Gawriel! um Gotteswillen, was habt Ihr?! unterbrach sich jetzt plötzlich die Erzählerin; seid Ihr unwohl?

Gawriel, der die Hausfrau mit stets wachsender Aufmerksamkeit angehört hatte, war in diesem Augenblicke in der That sonderbar anzusehen; – in seinen kreideweiß gewordenen Zügen zuckte es convulsivisch und seine großen gläsernen Augen waren starr auf einen Punkt gerichtet, als sähe er Gespenster.

Was habt Ihr? rief Schlome, seinen Miethsmann aus allen Kräften schüttelnd; kommt zu Euch!

Gawriels Lippen schlugen mehrmals bebend zusammen, ohne daß er einen verständlichen Laut hervorzubringen vermochte; – endlich fuhr er sich mit der Hand über die von kaltem Schweiß bedeckte Stirne, und sprach, sich mächtig anstrengend und als ob er aus einem Traume erwachte:

Das war zu König Wenzels Zeiten, nicht wahr? vor etwa zweihundert Jahren; – eine blinde Mutter – eine schöne Tochter – und Jom Kipur war's – ?

Gott sei gelobt! daß Ihr wieder wohl seid; Ihr müßt Schwindel gehabt haben.

Ja ja, sprach Gawriel matt und abgespannt, ich war einen Augenblick unwohl, sehr unwohl – es ist aber wieder gut. Erzählt weiter, liebe Frau, ich bitt' Euch darum, erzählt!

Seinen dringenden Bitten nachgebend fuhr Schöndel fort: Seines unwürdigen Benehmens wegen schon lange aus dem Kreise der Adligen gestoßen, hatte der Ritter Verbindungen mit unzufriedenen müßigen Bürgern der Stadt angeknüpft, und diese sollten dazu dienen, ihn gräßlich zu rächen. Einige Zeit darauf führte er einen unter nichtigen Vorwänden fanatisirten Pöbelhaufen zu Mord und Plünderung in die Judenstadt. Die Ersten, die, aufgeschreckt aus ihren friedlichen Wohnungen den Räubern entgegen treten, werden ohne Erbarmen hingemetzelt. Entschlossene Männer versuchen es, der ungeheueren Übermacht entgegenzutreten, vergebliches Bemühen! Ohne Waffen, sehen sie sich nach einem langen heldenmüthigen Widerstande gezwungen, in die von Greisen, Frauen und Kindern schon gefüllte Altneuschule zu flüchten. An der geschlossenen Thüre der Synagoge erdröhnen mächtige Schläge. »Öffnet und ergebt Euch!« ruft der Ritter von Außen. – Nach einer kurzen Pause der Berathung

wird geantwortet, daß die Juden ihr Vermögen den Meuterern ausliefern, hierüber eine Schenkungsurkunde ausstellen, und sich nur das Nothwendigste zu-
rückbehalten wollen; auch geben sie die Versicherung, bei dem König und den
Ständen keine Klage zu führen, dagegen soll die Ehre ihrer Frauen und Töchter
gewahrt, und auch niemand zum Religionswechsel gezwungen werden.

»Es ist nicht an Euch,« tönte es wieder von Außen, »an uns ist es Bedingungen
vorzuschreiben. – Wollt ihr am Leben bleiben und nicht elend untergehen, müßt
Ihr öffnen und sogleich Eueren Glauben abschwören. Ich gebe nur kurze Frist
zum Bedenken; ist diese nutzlos verstrichen, seid Ihr allesammt des Todes!« –

Es erfolgte keine Antwort. An eine fernere Gegenwehr war nicht zu denken,
und auch die Hoffnung, der König werde denn doch, den unerhörten beispiellosen Frevel hintanhalten, schwand mit jedem Augenblicke. Der Kampf auf der
Straße – wenn der verzweifelte Widerstand eines wehrlosen kleinen Häufchen
gegen eine gewaffnete Übermacht so genannt werden kann – hatte lange genug
gedauert, und König Wenzel hätte schon während dieser Zeit Hilfe schicken
können. Man mußte endlich annehmen, daß er sich um das Schicksal der Juden
nicht kümmere. – In der Altneuschule herrschte Todtenstille, nur hier und da ein
unterdrücktes Schluchzen, nur hier und da ein Säugling, der seine Mutter an die
süßeste Pflicht gemahnte. Endlich ertönte nochmals die Stimme des Ritters rauh
und wild: »Ich frage Euch zum letzten Male; was wählt Ihr: den neuen Glauben
oder den Tod?« – Ein augenblickliches Schweigen und dann brach sich der tau-
sendfache Ruf: »Den Tod!« dumpf an der Decke des gottgeweihten Hauses. –
Die Meuterer begannen nun, die Thüre mit Äxten und Beilen zu zertrümmern.
Die Belagerten aber stimmten in ihrer Todesnoth, mit wunderbarer Überein-
stimmung, in feierlichem Chor den herrlichen *Vers des Psalmisten an:

»Und wall' ich auch dem dunklen Todesthal entgegen,
»So fürcht' ich doch der Frevler arge Bösheit nicht.
»Du bist mit mir ! Du bist auf allen meinen Wegen !
»Des Glaubens fester Stab ist meine Zuversicht!« – –

Der alte Rabbi war auf den Stufen, die zu dem Aron hakodesch[74] hinaufführen, betend auf's Knie gesunken. Herr! flehte er, ich habe unendliches Weh!
mögen wir doch in die Hände des Herrn fallen, denn sein Erbarmen ist gren-
zenlos – nur nicht in Menschenhand! ach! wir wissen nicht was wir thun sollen, nur zu Dir ist unser Blick gerichtet! Gedenke Deiner Barmherzigkeit und
Deiner Huld, die vom Uranfang gewesen. Im Zorne sei der Milde eingedenk!
Möge Deine Güte über uns walten, so wie wir Dir vertrauen! –

Aber Gott half diesmal seinen Kindern nicht, in seinem unerforschlichen
Rathschlusse war es anders bestimmt. Die erste Thüre ward erbrochen, der Pöbel
drang in die Vorhalle des Gotteshauses, eine einzige schwache Thüre trennte
die Bedrängten von den Bedrängern!

Herr! rief der Rabbi mit dem Schmerze der tiefsten Verzweiflung, Herr! laß
die Mauern dieses Hauses, in dem wir und unsere Väter Deinen Namen in Lob-

---

[74] Heilige Lade, Tabernakel, in dem sich die heiligen Schriftrollen befinden.

gesängen verherrlicht und gebenedeit haben, – laß die Mauern dieses Gotteshauses zusammenbrechen, und laß uns in seinen Trümmern begraben! – aber gib uns nicht lebend in die Hände der Barbaren, laß nicht unsere Frauen und Jungfrauen lebend eine Beute der Schändlichen werden! – »Nein!« rief jetzt eine kräftige Stimme – »das sollen sie nicht, Rabbi! – Frauen und Jungfrauen! zieht Ihr den Tod von der Hand Eurer Väter, Gatten, Brüder, den Tod von eigener Hand, der Schande, der Entehrung vor? Wollt Ihr statt den blutdürstenden entmenschten Mördern da draußen *lebend* in die Hände zu fallen, *rein und unschuldig* vor den Thron des Allmächtigen treten? Wollt Ihr?! sprecht, die Zeit drängt!« – und wieder schallte es von hundert Frauenlippen: »Lieber Tod als Entehrung!« –

An den Mann, der so eben gesprochen, drängte sich sein schönes blühendes Weib, den Säugling an der Brust. »Laß mich die Erste sein, laß mich von deiner lieben Hand sterben,« lispelte sie. Mit der tiefsten Rührung, deren die Menschenseele fähig ist, drückte er sie an seine Brust. »Es muß rasch geschehen,« sprach er mit dumpfer zitternder Stimme, »es muß schnell geschieden werden, – ich hatte nie gedacht, daß wir so scheiden werden! – *Verzeih' uns Gott und Allerbarmer, wir thun's ja nur um Deines geheiligten Namens willen!* – Bist du bereit?«

»Ich bin's!« sprach sie, »laß mich nur ein Mal, ein einziges Mal noch, das letzte Mal, mein süßes unschuldiges Kind küssen – Gott segne dich, du arme Waise, Gott lasse dich Erbarmen finden in den Augen unserer Mörder – – Gott helfe dir! – Wir, du theurer Freund! wir scheiden nur auf kurze Zeit, du folgst mir bald, du Treuer! – «

Mit dem unendlichsten Weh, das eine Menschenbrust durchzucken kann, drängte der Gatte den lieblichen Säugling der schier von der Mutter nicht lassen wollte, von dem entblößten wogenden Busen, ein inniger Abschiedskuß, ein letzter Händedruck – ein Messerstoß, und ein Blutstrahl spritzte über das Gesicht des Säuglings, an den Wänden des Gotteshauses empor. – Das Weib sank, mit dem Rufe Schma Jisroel[75] leblos zusammenbrechend auf die Kniee. –

Alle andern Frauen, auch Judith, folgten dem heldenmüthigen Beispiele. Viele gaben sich selbst den Tod, viele empfingen ihn von der Hand der Gatten, Väter, Brüder, aber alle ohne Murren, stille und gottergeben. – Man mußte zarte Kinder, die sich weinend und händefaltend an die Kniee ihrer Väter klammerten, und flehendlichst baten, man möge der Mutter nur nicht wehe thun, losreißen – es war eine Scene, schauervoll und herzzerreißend, eine Scene, wie sie die Geschichte der Judenheit, die Geschichte der Menschheit nicht qualenreicher kennt. – – Es war vollbracht! Kein Weib sollte lebend in die Hände der Verfolger fallen, der letzte Todesseufzer war ausgehaucht, und die wenigen Wackern, welche die innere Thüre nur so lange vertheidigen wollten, traten zurück. Ein fürchterlicher Schlag und die Thüre, das letzte Bollwerk, stürzte im aufwirbelnden Staube zusammen. Der Ritter, die geschwungene Streitaxt in der Hand, blieb, mit vor Wuth verzerrten Zügen auf den in's Bethaus führenden Stufen stehen, hinter ihm drängte sich eine unübersehbare Pöbelmasse mit Spießen,

---

[75] Höre Israel! der Ewige unser Gott ist ein einig einziger Gott!

Morgensternen und eisenbeschlagenen Dreschflegeln bewaffnet. »Gebt uns Eure Weiber und Mädchen,« rief er mit seiner Donnerstimme, nun seine wahre Absicht verrathend, – »und schwört Eueren Glauben ab!«

»Sieh diese bluttriefenden rauchenden Leichen!« sprach ein der Thüre zunächst Stehender, – »es sind Frauen und Jungfrauen, sie alle haben den Tod der Schande vorgezogen. Glaubst du *wir, Männer,* fürchten den Tod von deiner und deiner Mordgesellen Hand? morde mich, Scheusal, und sei verflucht, hier und dort, diesseits und jenseits, von Ewigkeit zu Ewigkeit!« – Einen Augenblick später lag der kühne Sprecher in seinem Blute schwimmend am Boden. – Beim Anblicke der zahlreichen weiblichen Leichen ward die thierische Wuth des Pöbels, der sich so um den schönsten Theil seiner Beute betrogen fand, zur völligen Raserei gesteigert. Bluttrunkene Hyänen wären menschlicher verfahren. Nicht ein Menschenleben ward verschont, und selbst Säuglinge wurden auf den Leichen ihrer Mütter hingeschlachtet. Das Blut floß in Strömen. Nur ein einziger Knabe ward später noch lebend unter den Leichenhaufen hervorgezogen. – Als sie sich dem Aron hakodesch nahten, um den Rabbiner, der auf den Stufen vor demselben kniete, den Todesstreich zu versetzen, fanden sie ihn leblos, das Haupt aufwärts und gegen Osten gewendet, ein sanftes Lächeln in den todesmuthigen Zügen. Der Tod hatte ihn früher erreicht, im heißen Gebete war seine reine Seele entschwebt.

Der Pöbel überblickte nun das vollbrachte Werk, und jetzt, da die Mordlust befriedigt, schrack er plötzlich selbst ob der verübten blutigen Gräuel zusammen. Das Aron hakodesch blieb unberührt, das Gotteshaus ungeplündert. Flüche und Verwünschungen gegen den Ritter, ihren Rädelsführer ausstoßend, stob die wilde Rotte in banger Furcht vor dem göttlichen und weltlichen Richter auseinander. Aber König Wenzel ließ diese Frevelthat, trotz der dringendsten Vorstellungen des böhmischen Adels, ohne Untersuchung und Strafe. – Von diesem Tage an floh ihn auch sein guter Engel. Der Geist der hilflos Hingewürgten schien stets über seinem Haupte zu schweben. Seine Regierung wurde eine unglückliche. Der Adel fühlte sich durch diese Rechtsverletzung tief gekränkt. Es entstand eine Reihe nimmerendender Zwistigkeiten zwischen dem Adel und dem Volke, und Wenzel, der von einer Grausamkeit zur anderen schritt, wurde sogar von den Ständen zweimal gefangen gehalten, und starb endlich, wahrscheinlich in Folge des Kummers, den ihm ein kurz vor seinem Tode ausgebrochener blutiger Hussitenaufstand bereitete. Er konnte bis an sein Lebensende nie mehr froh und zutraulich werden. – Auch den Ritter, den Urheber jener Schandthat, der später als Räuber und Mordbrenner das Land durchzog, ereilte die gerechte Strafe. Der prager Erzbischof ließ ihn zehn Jahre später, während der zweiten Gefangenschaft Wenzels, nebst fünfzig andern Raubgesellen angesichts der Stadt Prag hängen. Sein Name fiel der Vergessenheit anheim. – – –

Ihr könnt wundervoll erzählen, unterbrach Gawriel die Stille, die eine Weile herrschte, nachdem Schöndel geendigt; ich könnte Euch noch stundenlang zuhören. –

In der That war ihm der begeisterte Schwung ihrer Worte und namentlich die gewählte, ihrem Stande so wenig entsprechende Ausdrucksweise aufgefallen.

Entschuldigt eine Frage, begann er wieder nach einer kurzen Pause. – Ich fühle mich erst dann recht heimisch, wenn ich meine Umgebung genau kenne. Ein günstiger Zufall führt mich in Euer Haus, – ein Haus, wie ich es nicht besser wünschen und finden konnte, – aber Ihr nehmt doch meine Offenheit nicht übel – ich staune, bei einem Schammes einen so auffallenden Wohlstand, und mehr noch bei Euch, liebe Hausfrau, einen so ungewöhnlich hohen Grad von Bildung zu finden, – wollt Ihr mir dies vielleicht erklären?

Ja wohl, aber bei Tische, entgegnete der Hausherr; es ist spät und wir wollen speisen.

Die Drei setzten sich und eine alte Magd trat ein. Der Hausherr machte über einen Becher Wein *Kidusch, man ging waschen,[76] und nachdem über zwei bisher von einer Sammtdecke verhüllten Barches[77] Mozo gemacht[78] worden, stellte die Magd die dampfenden Schüsseln auf den Tisch. Die beiden Männer griffen wacker zu.

Ihr wißt, Reb Gawriel! begann Schlome, wo Zwei sitzen, und es ist nicht zwischen ihnen das Wort Gottes ......[79] d'rum möcht ich Euch ersuchen, mir etwas Thoro zu sagen.[80]

Thoro, entgegnete Gawriel gedehnt, nun, ich will's versuchen. Und sich langsam über die Stirne fahrend und die Augen drückend, als wolle er alle andern Gedanken zurückweisen und längst in den Hintergrund gedrängte Erinnerungen wieder heraufbeschwören, begann er einen geistreichen talmudischen Vortrag. Im Anfange gemessen und nachdenklich, als ob er sich auf einem glatten ihm fremdgewordenen Boden bewegte, ward er nach und nach sicherer und heimisch, und sprach sich mit Wärme in jene orientalische Lebendigkeit hinein, die diesen Studien einen eigenthümlichen Reiz verleiht. Er entwickelte ungewöhnliche Kenntnisse. Alles was er sprach, war so scharf durchdacht und wohl erwogen, daß er die Einwürfe, die Reb Schlome hie und da versuchte, mit der größten Leichtigkeit zurückwies. Dieser sah, trotz seiner reichen talmudischen Kenntnisse und seiner vielgeübten Geistesgewandtheit die Vergeblichkeit jedes Pilpuls[81] bald ein und hörte den Bochur mit fast ehrerbietigem Schweigen bis zu Ende.

Das ist ein herrlicher Chilluk[82] sprach er, als Gawriel geendet, und unser Dajan[83] Reb Lippmann Heller wird sich freuen, einen solchen Talmid[84] bekommen zu haben. Aber Ihr besucht seine Vorträge nicht oft?

---

[76] Händewaschung vor dem Speisen.
[77] Eine Art besseren Gebäckes, das am Samstag die Stelle des Brodes vertritt.
[78] Ein gewisser Segenspruch gesprochen.
[79] So ist's ein Sitz der Spötter (*Pirke Aboth. Cap. 3).
[80] Forschung aus den religiösen Wissenschaften mitzutheilen.
[81] Disputation.
[82] Complicirter Vortrag über talmudische Themata.
[83] Assessor des Rabiner-Kollegiums.

Ich habe bisher noch manches von der Reise zu ordnen, und kann nicht so oft den Schiur besuchen, als ich wollte; – aber jetzt, lieber Balbos, da wir schon Thoro gesprochen, erzählt mir wie es kömmt, daß Ihr wohlhabend und doch Schammes seid, wie so es kömmt, daß Eure Frau jene hohe Bildung besitzt, die man bei dem Drucke, den die Juden trotz mannigfachen, wenn auch langsamen Fortschreitens denn doch zu erdulden haben, so selten bei den Juden und namentlich bei Frauen findet. Erklärt mir dies, wenn Euch nicht besondere Gründe Schweigen auferlegen.

Schlome, der sich schon gefreut hatte, seinem Gaste zu beweisen, daß auch er mit Nutzen den talmudischen Studien obgelegen, mußte sich dies für das Nächstemal aufsparen, und dem Drängen seines Gastes nachgeben.

Ihr gefällt mir jetzt recht wohl, Reb Gawriel, und da ich mich nun immer mehr und mehr davon überzeuge, daß Ihr ein rechter Lamden seid, so schwindet ein eigenthümliches Mißtrauen, das mich – ich kann's jetzt offen gestehen – zuweilen gegen Euch erfaßte, und es freut mich diese Eure offene Aussprache recht herzlich. – Also hört: Ich bin der Sohn des Reb Karpel Sachs Secher Zadik liwrocho.[85] Mein Vater war ein sehr reicher und frommer Mann und machte von seinen Glücksgütern auch den besten Gebrauch. Die Gemeinde, deren Parneß,[86] und die Altschul, deren Gabe[87] er war, haben ihm viel zu danken. Ich war sein einziges Kind und war meinem Vater um so werther, als ihm in mir auch das Andenken meiner früh hingeschiedenen Mutter fortlebte. Seine liebevolle Vorsorge für mich kannte keine Grenzen. Ich durfte nie allein ausgehen, ich durfte ihn nie, auch nicht auf einen Augenblick verlassen, und alle meine Lehrer mußten mich unter seinen Augen unterrichten. Als Parneß der Gemeinde nicht selten in Verkehr mit hochgestellten nichtjüdischen Männern, sah er die Nothwendigkeit ein, daß Juden neben eifrigen religiösen Studien sich auch den allgemeinen Wissenschaften zuwenden müßten, auch um der gesammten Menschheit gegenüber das Judenthum, die Judenheit würdig vertreten zu können. Er war trotz seiner mannigfachen Beschäftigungen sehr oft beim hohen Rabbi Löw, und Genosse seiner vielseitigen Studien. Ich selbst wurde schon frühzeitig in fremden, ja sogar in den gelehrten Sprachen und in Naturwissenschaften unterrichtet, ohne daß ich hiedurch das Studium unserer heiligen Lehre irgend wie vernachläßigt hätte. Es war an einem schönen Wintervormittage, ich, ein kleiner Knabe, war bei meinem Vater in seinem Studierzimmer, und las in der Bibel; da meldet der Meschores[88] einen Mann, der meinen Vater dringend zu sprechen verlangt, und gleich darauf tritt derselbe, ein kleines Mädchen auf dem Arme, herein. Diese Scene werde ich nie vergessen, und sie schwebt noch heute deutlich und lebendig vor meiner Seele. – Der Mann war groß und kräftig gebaut, aber Gram und Kummer waren tief in seinen edlen

---

[84] Schüler.
[85] Das Andenken des Gerechten sei gesegnet.
[86] Erster Vorsteher.
[87] Verwalter, Vorsteher.
[88] Diener.

ernsten Zügen eingegraben. Das Kind, das er mit ängstlicher Zärtlichkeit noch immer auf dem Arme behielt, war ein blühendes schönes Mädchen; ich brauche es Euch nicht weiter zu schildern, denkt Euch meine Hausfrau als Mädchen von drei Jahren. Beide waren ärmlich gekleidet, der Fremde trug die Tracht eines dürftigen wandernden Polen, das Mädchen schien durch ihren zerrissenen Anzug nicht gehörig vor Kälte geschützt gewesen zu sein, und ihr Vater – denn das war der Fremde augenscheinlich – erwärmte mit dem Hauche seines Mundes die kleinen erstarrten Hände, die sich fest an seinen Nacken klammerten.

»Ich und mein Kind, wir kommen von einer weiten beschwerlichen Reise, sprach der Fremde. Ich bin gleich zu Euch, Reb Karpel! gegangen, von Euch fordere ich die Hilfe, die Ihr mir gewähren könnt und werdet. Schenkt mir eine Stunde Zeit, ich muß mit Euch allein sprechen.« – Die wenigen Worte des Fremden, und schon sein, trotz der Dürftigkeit des Anzuges, ehrfurchtgebietendes Äußere hatten auf meinen Vater sichtbarlich einen günstigen Eindruck gemacht. Er erhob sich, reichte dem Ankömmling die Hand zum Scholem alechem und rückte selbst einen Stuhl zum Ofen, in dem ein gastliches Feuer brannte. – Der Vater hieß mich das kleine Mädchen in mein Zimmer führen und ihr von den Mägden Suppe geben zu lassen. Schöndel blickte ihren Vater an, und als dieser sie auf den Boden setzte und es ihr gestattete, faßte sie lächelnd und zutraulich meine Hand und ging mit mir. – Was die beiden Männer insgeheim mit einander verhandelten, weiß ich nicht, aber als mein Vater zwei Stunden später die Thüre seines Zimmers öffnete, hörte ich ihn laut sagen: »Da Ihr bei uns weder Raf, noch *Dajan, noch *Klausrabbiner werden wollt, so betrachte ich es als eine besondere Fügung Gottes, daß gerade in der Altschul die Stelle eines Ober-Schammes erledigt ist, daß gerade diese Euren Wünschen entspricht, daß ich bei ihrer Besetzung ein entscheidendes Wort mitzusprechen habe. Ich glaube der Einwilligung meiner Mit-Gaboim versichert zu sein. Ich werde darauf sehen, daß Euch von allen Meschubodim[89] und den Schul-Balebattim,[90] mit denen Ihr übrigens in keine Berührung kommen werdet, jene Achtung erwiesen wird, die Euch, Rabbi, zukömmt. Ihr werdet so leben können, wie Ihr es wünscht, ungekannt, abgeschieden von aller Welt, Euren Studien obliegend. Ich betrachte es als ein Glück, Rabbi, daß Ihr meine Bitte gewährt, und meinen Knaben einführen wollt in die Tiefen unserer heiligen Lehre.«

»Ich danke dir, Reb Karpel; aber nenn' mich doch nicht Rabbi, nenn' mich Mosche wie – « er erblickte mich und hielt inne.

Ich war erstaunt über das fast erfurchtsvolle Benehmen meines Vaters. Die erste Person in der Gemeinde, wußte er seine Würde stets zu wahren, und es konnte nur ein besonders ausgezeichneter Mann sein, der sich einer solchen Behandlung erfreuen durfte.

»Schlome, küsse dem Rabbi die Hand, er wird von heute an deine Erziehung übernehmen,« sprach mein Vater. Ich führte seine Hand ehrfurchtsvoll an meine Lippen und von diesem Tage an schien mir Reb Mosche ein Wesen

---

[89] Untergebene, hier so viel als Synagogenbedienstete.
[90] Die, die Synagoge besuchenden Familienväter.

höherer Art. Mein Vater ließ ihm sogleich in einem der Synagoge nahe liegenden Hause die Wohnung des jeweiligen Oberschammes, dieselben Zimmer, die
wir noch jetzt bewohnen, einräumen, und den folgenden Samstag wurde –
nach gepflogener Rücksprache mit den andern Synagogen-Vorstehern – den
Bale Battim der Altschul angezeigt, daß ein Fremder, für den Reb Karpel
Sachs in jeder Beziehung einstehe, als Oberschammes aufgenommen worden
sei. – Hier also lebte mein Schwiegervater, hier war es, wo ich, kleiner Knabe,
das Erstemal herkam um das Talmudstudium zu beginnen, hier drückten wir
seine lebensmüden Augen zu! – Rabbi Mosche war ein wunderherrlicher
Mann, alles, was er sprach und that, zeugte von der tiefsten Religiosität. Er
lebte abgeschlossen von jeder Gesellschaft, und die einzigen Besuche, die er
empfing, waren *der hohe Rabbi Löw und mein Vater. Sein Vortrag war klar
und faßlich, und dem Unterrichte kam meine gespannte Aufmerksamkeit und
der feste Wille seine Zufriedenheit zu erringen, vortrefflich zu statten. Bald
theilte der übrigens etwas menschenscheue Mann seine Liebe zwischen seinem
einzigen Kind, das er abgöttisch verehrte, und mir, und auch mein Vater hatte
die fremde mutterlose Waise unendlich liebgewonnen. Wir Kinder selbst hingen mit der außerordentlichsten Zärtlichkeit aneinander, ein Gefühl, das – Gott
sei Lob und Dank! – seit jener Zeit noch nie in uns erloschen ist. – Wenn ich
von ihrem würdigen Vater unterrichtet wurde, konnte Schöndel stundenlang
neben mir sitzend zuhören, und selbst wenn ich mich mit andern Studien beschäftigte, war das kleine liebe Mädchen meine Gesellschafterin. Diesem Um-
stande und den bedeutenden Fähigkeiten und Geistesgaben meiner Frau müßt
Ihr es zuschreiben, daß diese Schammeste an Wissen und Bildung manches
Edelfräulein übertrifft. – Übrigens war dieses Stübchen selbst in meinen freien
Stunden mein liebster Aufenthalt, mit Rabbi Mosche sprechen mein höchster
Genuß. Oftmals durfte ich ihm bei gewissen Verrichtungen in der Synagoge
helfen, und es freute mich dies um so mehr, als er hierbei die Dienstleistungen
aller ihm untergeordneten Schuldiener zurückwies. Wie kindisch freute ich
mich jeden Donnerstag Abend auf den kommenden Morgen! Freitag stand ich
immer zeitlich auf, – man brauchte mich nicht zu wecken – kleidete mich an,
und lief zu Reb Mosche hinunter. Dieser erwartete mich schon, ich faßte seine
Hand und wir gingen zusammen in's nahegelegene Gotteshaus. Noch jetzt
macht ein ganz menschenleeres Gotteshaus einen eigenthümlichen schwer zu
beschreibenden Eindruck auf mich, und wenn wir die knarrenden Thüren auf-
schlossen und unsere Tritte in dem kühlen leeren Raume weithin schallten, da
schien mir's, als wehe mich der beseligende Hauch des Gottfriedens an. Mein
Lehrer schloß sein Pult am Almemmor[91] auf, steckte dann die Leuchter auf die
Hänglampen, versah das Ner Tomid[92] mit frischem Öl, und ich durfte das Öl-
fläschchen, die Lichter und alles, was er sonst noch benöthigte, nachtragen.
Alles dies geschah mit dem tiefsten Schweigen, als fürchteten wir, die Stille
des gottgeweihten Hauses mit einem Worte zu unterbrechen. War alles gehörig

---

[91] Eine erhöhte Stelle, eine Art Tribune in der Mitte der Synagoge.
[92] Ewige Lampe.

geordnet, setzte ich mich auf die zum Aron hakodesch hinanführenden Stufen und begann meinem Lehrer den Wochenabschnitt aus der Bibel vorzulesen. Auch die frühesten Schulbesucher fanden uns stets mit dem Bibelstudium beschäftigt. Ich verlebte meine Jugend ruhig und seelenvergnügt. Das räthselhafte Dunkel, das meinen zweiten Vater – denn das war mir Reb Mosche geworden – umhüllte, war nur geignet das Gefühl der Ehrfurcht, welches er mir einflößte, wo möglich noch zu erhöhen, und ich wagte nie den Versuch, diesen Schleier lüften zu wollen. Wir beide, Schöndel und ich, hätten ihn nicht um eine Welt über seine Vergangenheit, die für ihn gewiß schmerzensreich gewesen, gefragt, und auch mein Vater, dem sein Geheimniß bekannt sein mochte, bewahrte hierüber das unverbrüchlichste Schweigen. Auch die gegenseitige Stellung der beiden Männer war eine eigenthümliche; sie sprachen zuweilen so miteinander, als hätten sie sich einst vor vielen, vielen Jahren, als Kinder etwa gekannt, und doch hatte mein Vater nie seine Vaterstadt verlassen, und doch war Reb Mosche – dessen konnte sich Schöndel noch wie im Traume erinnern – aus weiter, weiter Ferne gekommen. Ich selbst nahm gegen Reb Mosche jene Stellung ein, die der Talmud dem Schüler seinem Lehrer gegenüber anweist. Ich erfüllte seine leisesten Wünsche, die ich aus seinen Blicken zu lesen versuchte, und traf es sich, daß ich ihn, ohne es zu wollen, durch ein Wort etwa, traurig stimmte, so ward ich trostlos und konnte stundenlang weinen. Dies geschah übrigens höchst selten, und ich kann mich jetzt nur eines einzigen Falles erinnern. Beim Lesen der Psalmen waren wir zu der Stelle gekommen »Sieh wie schön, wie lieblich ist's wenn Brüder beisamen wohnen«,[93] und ich sprach den kindischen Wunsch aus, nebst Schöndel, die ich als mein Schwesterchen betrachtete, auch noch einen Bruder zu haben. »Mein Sohn!« entgegnete Rabbi Mosche ernst, »was Gott thut, ist wohlgethan! Warum wünschest du dir einen Bruder? Die Brüder lieben einander nicht immer, und wo Liebe und Freundschaft herrschen sollte, herrscht oft Feindschaft und Hader. Kain erschlug seinen Bruder Abel, Jakob und Esau waren Brüder, aber Esau haßte den Jakob. Joseph ward von seinen Brüdern verkauft, und die Geschwister des größten Propheten, selbst Moses Geschwister, sprachen übel von ihm.« – Ich blickte verwundert in das Gesicht meines würdigen Lehrers, ein bitteres Lächeln schwebte auf seinen Lippen, eine Thräne glänzte in seinem milden Auge. –

Ich will Euch nicht weiter mit Schilderungen aus meiner Jugend ermüden, die, während sie mich mit den wehmüthigsten Erinnerungen erfüllen, Euch ganz gleichgiltig sein dürften. Mein Jünglingsalter verfloß eben so glücklich und ungetrübt als meine Kinderzeit. Ich reifte zum Manne, Schöndel entfaltete sich zur herrlichen Jungfrau. Unsere gegenseitige innige Neigung war beiden Vätern bekannt, und der zwei und zwanzigste Geburtstag Schöndels ward zu unserem Vermählungsfeste bestimmt. – Acht Tage zuvor, Samstag Nachmittag ward ich allein in das Zimmer meines Vaters beschieden, wo ich auch meinen Schwiegervater fand. »Mein Sohn,« begann dieser tief bewegt, »ich habe in

---

[93] *Psalmen Cap. 133.

Euere Ehe mit Freuden eingewilligt, ich kenne dich von deiner Kindheit an, du bist mir unendlich lieb und theuer, und ich kann nun von meinem einzigen geliebten Kinde in Frieden scheiden, wenn der Herr mich ruft. Aber ich richte eine Bitte an dich, und auch dein würdiger Vater vereinigt seine Bitten mit der meinigen. Sieh, Schlome! sieh, ich bin frühzeitig in Leiden und Kummer grau geworden, und habe Unglück, und ich muß dir's heute zu meiner tiefsten Betrübniß gestehen, auch Bosheit der Menschen kennen gelernt. Wir beide, dein Vater und ich, wir wissen nicht, wann Gott über uns befiehlt – Schlome! versag' uns unsere Bitte nicht! *bleib für immer Schammes in der Altschul!*« – Ich war einen Augenblick ganz erstarrt vor Erstaunen, ich hätte eher alles Andere als diesen Wunsch erwartet; aber es lag mir nicht ob, über die Ursachen dieser sonderbaren Forderung nachzugrübeln, – mein Vater war vollkommen einverstanden, ich hatte nichts zu thun als einzuwilligen. – Acht Tage darauf war die Hochzeit. Die Armen der Gemeinde wurden reich beschenkt, alle Synagogen, alle wohlthätigen Anstalten reichlich bedacht, das Hochzeitmal aber wurde stille und prunklos gefeiert. Als die beiden Väter von der Trauung heimkamen, stürzten sie sich mit dem Ausdruck der höchsten Aufregung in die Arme. »Reb Karpel! hättest du *das* gehofft, als wir vor vierzig Jahren von einander schieden?« frug mein Schwiegervater, »hatten wir gehofft, uns je wieder zu sehen? und jetzt gibt uns der gütige Allvater das Glück, unsere einzigen geliebten Kinder durch das heilige Band der Ehe zu verbinden!« – »Jetzt können wir ruhig sterben,« entgegnete mein Vater mit der tiefsten Rührung.

Mein Vater schien im prophetischen Geiste gesprochen zu haben. Im ersten Jahre unserer Ehe starb zuerst mein unvergeßlicher Vater, dann kurz darauf mein Schwiegervater. Ihre Seelen schienen durch das Band der Freundschaft auch für jenseits aneinander gekettet zu sein, und sie ruhen auch im Grabe nebeneinander.

»Meine Kinder!« sprach Rabbi Mosche auf seinem Todtenbette, «Euer Vater Reb Karpel Sachs hat Euch irdisches Gut hinterlassen, ich bin arm, ich hinterlasse Euch nichts als meinen Segen, meine unbegrenzte Liebe! – In diesen gesiegelten Schriften habe ich meine Lebensgeschichte in langen Winternächten zu Eurem Nutzen niedergeschrieben. Ihr dürft das Siegel erst in zwanzig Jahren lösen, wo Jener, der mir übel gewollt, schon gestorben sein, wo ihm Gott schon vergeben haben wird. Was Euch dunkel war, wird Euch dann hell werden. – Mein Leben war zunächst Gott, dann Euch gewidmet, und meine unbegrenzte Liebe wird auch mit meinem letzten Athemzuge nicht erlöschen. – Habt stets Gott vor Augen, was er thut ist wohlgethan. Diese Welt ist nur eine Vorhalle eines schönern Jenseits. Murrt nie! Vertraut auf Gott! – Lebt wohl! Gott segne Euch. Der Ewige lasse Euch sein Antlitz leuchten, der Ewige wende Euch sein Antlitz zu und gebe Euch Frieden! – Höre Israel, der Ewige unser Gott ist ein einig einziger Gott!« – Das war sein letzter Athemzug, er hauchte seine schöne Seele aus. – –

Reb Schlome mußte innehalten, die Erinnerung hatte ihn mit überwältigender Macht ergriffen, und auch seine Frau schluchzte laut.

Wir hatten zwei harte Schläge, und rasch aufeinander erlitten, fuhr er nach einer längern Pause gefaßter fort. – Den unaussprechlichen Schmerz, der uns erfüllte, kann nur der ermessen, der ihn im eigenen Busen gefühlt, der an dem Todtenbette eines Menschen gestanden, der ihm so werth, so theuer war. – Es war uns, als hätte sich die ganze Welt aus unsern Armen losgewunden, wir beide standen nun so einsam und verlassen.

Einsam und verlassen! wiederholte Gawriel mit einem wehdurchzitterten herzzerreißenden Tone, einsam und verlassen! – und Ihr wart doch zwei, die Ihr aneinander hingt in unendlicher Liebe!

Ihr mögt wohl auch einst trauernd, einsam und verlassen am Lager eines sterbenden Vaters, einer Mutter gestanden haben? frug Schöndel mit inniger Theilnahme.

Ja, ja! – entgegnete Gawriel heftig, fast schreiend, – ja, ja, ich stand auch einst am Todtenbette einer Mutter, händeringend und verzweifelnd! – o! einer sehr zärtlichen Mutter, tugendhaft und zärtlich, sie liebte mich, ihr einziges Kind, weit, weit über's Grab hinaus – o! es war eine gute, gute Mutter, und *ich war gar einsam und verlassen als sie starb!* – Diese Worte sprach der Bochur mit einer wilden leidenschaftlichen Bitterkeit, seine großen glänzenden Augen rollten unstätt, und Leichenblässe und Purpurgluth bedeckte im raschen Wechsel sein verzerrtes, sonst so schönes Antlitz.

Laßt Euch nicht so von der Erinnerung übermannen, bat Schöndel besänftigend, seht! Euch blieb vielleicht noch ein zärtlicher Vater –

Ein zärtlicher Vater? – nein – ja – Nicht wahr, die Väter sind alle zärtlich, zärtlicher als die Mütter? –

Die beiden Gatten hatten ihre Mütter nie gekannt und schwiegen.

Ein Vater! wiederholte Gawriel mit dem Ausdrucke der bittersten Verzweiflung, und als ob er die überströmenden Empfindungen zurückdrängen vermöchte, preßte er die Hände kramphaft auf die Brust; dann aber, nach einer kurzen Pause faßte er sich, wischte den Schweiß, der sich in starken Tropfen gesammelt, von seiner Stirne und sprach mit sichtlicher Anstrengung: Entschuldigt, meine Lieben, aber ihr wißt, tiefes Leid läßt sich nicht verschließen. –

Euer Schmerz muß noch frisch sein, bemerkte Schlome.

O, eine tiefe Herzenswunde vernarbt nie, – aber genug hiervon, sprechen wir weiter, rief Gawriel; die zwanzig Jahre sind wohl noch nicht verflossen, und Ihr kennt die nähern Schicksale Eures Schwiegervaters noch nicht?

Nein, es sind erst neun Jahre, daß er hinüberging in ein schöneres Sein, seine Lebensgeschichte ruht noch gesiegelt in jenem Schranke, der in Eurem Zimmer steht ... wir kennen nicht einmal den Namen seiner Familie.

Sonderbar! sprach Gawriel; Ihr kanntet auch Eure Mutter nicht? liebe Hausfrau –

Mein Vater sprach nie von seiner Vergangenheit, entgegnete diese; meine Mutter muß in meiner frühesten Kindheit gestorben sein.

Wohl Euch! rief Gawriel, und als die Beiden ihn erstaunt anblickten, fuhr er rasch fort: wohl Euch, daß Ihr mit dem unlöslichen Bande der Liebe an Eurem Vater hängt, daß er noch fortlebt in Eurem Andenken; mögt Ihr einst so in dem Herzen Eurer – doch Ihr habt keine Kinder?

Gott hat unsere Ehe nicht mit Kindern gesegnet, entgegnete Schöndel weh-mühtig.

Was Gott thut ist wohlgethan! daran halte ich fest, nahm Schlome jetzt ernst und ruhig das Wort. – Seht, ich war einst tief betrübt darüber; – wir, mein Weib und ich, wir haben keine Geschwister, keine Freunde – wir lebten stets abge-schlossen von allen, – und wenn wir auch Freunde hätten, die Liebe eines Kin-des zu seinen Eltern, die kann durch nichts ersetzt, durch nichts aufgewogen werden ... Es that mir weh, daran zu denken, daß, wenn der Herr mich oder mein Weib ruft, eines von uns beiden zurück bliebe so ganz einsam und verlassen in bittersten Schmerze, – es that mir weh daran zu denken, daß einst nur Fremde mein Grab umstehen, es that mir weh daran zu denken, daß mit uns die Erinne-rung an meinen Vater und Schwiegervater zu Grabe ginge, daß grade mit mir der lange Faden risse, den die Menschheit seit der Weltschöpfung fortzuspinnen bestimmt ist – aber es zogen später tröstende erhebende Gedanken in mein Herz. »Murrt nie! diese Welt ist nur eine Vorhalle des Jenseits,« hatte mein Schwie-gervater gesagt, und sprach's nicht auch der Profet? »O! möge nicht der Kinder-lose klagen, sieh' ich bin wie welkes Gras! – So spricht der Herr zu jenen Kinder-losen, die da halten meine Feiertage, und wählen, was mir wohlgefällt und fest-halten an meinem Bunde. Ich will ihnen geben in meinem Hause und in meinen Mauern, Hand und Namen, besser als Söhne und Töchter, einen ewigen Namen gebe ich ihm, der nie vertilgt wird«.[94] – Ich beuge mich dem Willen des Allwei-sen, was er thut ist wohlgethan. – Ich lebe nun froh in der Erfüllung meiner Pflich-ten, für die Zukunft mag ein Höherer sorgen, – wird auch einst mein entseelter Leib von Fremden in die Gruft gesenkt – mein Geist steigt empor zu Gott! –

Schlome sprach mit aufrichtiger Wärme, es war dies keine gefällige Selbst-täuschung, es war seine klare, reiflich erwogene wahre Anschauung.

Als er geendet, trat eine Pause ein. Die Öllampen begannen nach und nach zu verlöschen, und Schöndel bemerkte, daß das Tischgebet noch nicht verrichtet worden war. Eine Viertelstunde später verabschiedete sich Gawriel und ging auf sein Zimmer. Hier hatte die vorsorgliche Hausfrau schon vor dem Anbruche des Sabbaths eine reichlich gefüllte Lampe angezündet, die noch hell brannte. Gaw-riel schloß rasch die Thüre und Mantel und Brettl abwerfend, rief er zähneknir-schend und die Fäuste krampfhaft ballend: Zerrt nur unbarmherzig an den ewig blutenden Wunden meines Herzen, Ihr habt scharf gezielt, und gut getroffen! Schmerzhafter konntet Ihr meine wutherfüllte Seele nicht zerreißen! – Habt Ihr in die Tiefen meiner Brust geblickt?! Ist mir ein Kainszeichen auf die Stirne gedrückt, daß jeder nach seinem Belieben meine schmachbeladene Vergangen-heit herauszulesen vermag? – Als dieses Weib mit dem blitzenden Auge mir von jenem Jom Kipur sprach, von jenem Ritter, von jenem Judenmädchen und ihrer blinden Mutter – und wie sie ihn hinausstießen mit Spott und Hohn – war's nicht als wollte mir dies Weib nochmals ein häßliches Stück aus meinem eigenen Leben entrollen?! Und wie sie mich anblickte und frug ob ich einst *einsam und*

---

[94] *Jesaias, Cap. 56, Vers 3.

verlassen am Sterbebette meiner Mutter gestanden? ob mir ein zärtlicher Vater geblieben?! – das war kein Zufall, das kann kein Zufall sein. – Zufall kann Schlachten entscheiden, Zufall kann mich lebend in die Hände der Kaiserlichen fallen lassen – aber *das* ist kein Zufall, das ist eine Ahnung, ein dunkler Trieb, ein Instinkt, mich zu hassen, mich zu kränken; – aber Ihr habt recht, ich hasse auch Euch, mit der vollsten ungezähmten Kraft des schwer gereizten Tigers – rächen – mich rächen – das ist ja der einzige Gedanke, der mich belebt – ich muß das Weib finden, *das Weib*, das mich hätte retten können als ich über dem bodenlosen Abgrund schwebte – und das mich zerschmettern ließ – ich muß sie finden – sie kann mir nicht entgehen – sie ist hier in Prag von den Thoren des Ghettos eingeschlossen! – o! – wie freu' ich mich der süßen Rache – mich süß und furchtbar rächen, und dann für ewig untergehen! – Aber wenn ich früher stürbe, wenn mich die Kriegstrompete zum Kampfe führte, wenn ich auf dem Schlachtfelde verblutete – wenn der Geächtete den Kaiserlichen lebend in die Hände fiele! – Nein, nein! das *kann* nicht sein oder – es gibt doch einen Gott!

Gawriel schritt in seinem Zimmer heftig auf und ab. Vor seiner Seele zogen Bilder einer Vergangenheit vorüber, die ihn mit den quälendsten Erinnerungen erfüllten. – Sterben? sprach er endlich, plötzlich stehen bleibend – ich fürchte den Tod nicht, ich habe ihn im Schlachtengewühle starr und unverwandt in's Aug' geblickt, aber bevor ich sterbe, möchte ich denn doch auch *jenen* finden, den ich nun zehn Jahre lang suche, den ich vielleicht doch liebend in meine Arme schlöße. – Du, den sie allmächtig und allerbarmend nennen, rief er plötzlich, das Fenster öffnend und seinen Blick zum gestirnten Himmel emporhebend, Du! Gib mir meinen Vater, gib mir ihn und sei's im letzten Athemzuge meines Lebens – laß ihn einen Augenblick, und sei's mein letzter! ... an meiner Brust ruhen – und ich will Dich anerkennen, und ich will meinen stolzen Geist noch sterbend vor Dir beugen! – aber wo ihn suchen? wo ihn finden? – Ich weiß gar nichts, gar nichts, als daß ich sie alle namenlos hasse, und zu hassen Grund habe! – –

III

Samstag war Gawriel mit seinem Hausherrn zum Frühgebete in die Altschul gegangen. Der Gottesdienst hatte bis nahe an Mittag gedauert. Reb Schlome hatte dann noch den Raf[95] besucht. Beim Mittagmale, an dem heute auch zwei Orchim[96] theilnahmen, trafen sie sich wieder.

Wie gefiel's Euch bei uns in der Altschul? frug Reb Schlome.

Es ist ein schönes Gebäude und es herrscht bei Euch Ruhe und Ordnung .... Ich muß Euch noch »Jejasche Koach«[97] sagen, ich habe es wohl nur Euch zu danken, daß ich, ein fremder Bochur, zur *Thoro gerufen wurde; eine Ehre, die diesen Samstag nur ausgezeichneten Männern widerfuhr ... Ich ließ mir die

---

[95] Rabbiner.
[96] Gäste. Es war und ist noch Sitte, fremde oder mittellose Bochurim zu Tische zu laden.
[97] Eine Dankformel, die namentlich in der Synagoge häufig angewendet wird.

Namen aller zur Thoro Gerufenen nennen, es waren durchaus Männer von Gewicht und Ansehen, aber über den Letzten, der gerade vor mir gerufen wurde, konnte oder wollte mir keiner gehörigen Aufschluß geben, obwohl ihn alle zu kennen schienen.

Ich will's Euch erklären, entgegnete Schlome; jener Mann gehört der bekannten Familie *Nadler* an, einer Familie, die – ich getraue es mich jetzt kaum auszusprechen – noch vor fünfzig Jahren trotz ihres Reichtums und Wohlthuns von jedem gemieden wurde. Man wollte in keine Verbindung mit ihnen treten, es wollte niemand um ihre Töchter freien, man sprach nicht mit ihnen, man entfernte sich von ihnen im Bethause, es wohnte niemand in ihren Häusern, und es wollte sie auch niemand als Miethsleute; und sogar die Armen verschmähten das Almosen, welches sie im reichsten Maße spenden wollten. Ihr könnt leicht den Grund errathen, – es lastete auf dem Großvater dieser unglücklichen Familie der später als grundlos erwiesene Verdacht, ... als wäre er einer von denen, die nicht in die Gemeinde des Herrn aufgenommen werden dürfen.[98] Die Familie litt fürchterlich unter dieser vorgefaßten Meinung, und erst der große Denker, der hohe Rabbi Löw, wußte mit einemmale allen Schimpf dadurch von ihnen abzuwälzen, daß er – es sind diesen Schabbos Tschuwo[99] gerade sechs und dreißig Jahre geworden – in einem Vortrage unter Mitwirkung der zehn größten Lomdim der hiesigen Gemeinde einen feierlichen Bann gegen alle jene aussprach, die es ferner wagen sollten den Ruf dieser Familie anzutasten, den Todten übel nachzureden, oder irgend jemanden in der Gemeinde Israel mit dem Namen Nadler, als Schimpfnamen zu belegen.[100] Von diesem Tage an durfte sich niemand dem Verkehre mit ihnen entziehen und man erwies ihnen auch alle Ehre um so williger, als sie ihren Reichthum zum Besten der Leidenden und Armen anwandten, streng nach dem Gesetze lebten, und man sie langjährige Schmach und Unbill vergessen machen wollte. Deswegen spricht man noch jetzt nicht gerne über sie, und vermeidet alles, was zu weiteren Erörterungen über diese Familie führen könnte.

Gawriel hatte mit der größten Theilnahme schweigend zugehört.

---

[98] Ein im Ehebruche oder in Blutschande Gezeugter.

[99] Der Samstag vor dem Versöhnungstage.

[100] Die hier angeführte Erzählung ist wahr. In einem alten, jetzt selten vorkommenden Werkchen: דרוש נאה ומשובח שדרש הגאון האלוף כמהר"ר יהודה בר בצלאל זצ"ל בשבת תשובה בק"ק פראג בבית הכנסת החדשה בשנת אריה שאג מי לא יירא – (Ein Vortrag des hohen Rabbi Löw, abgehalten am Samstage vor dem Versöhnungsfeste, in der heiligen Gemeinde Prag in einem Bethause im Jahre 344 der *kleinen jüd. Zeitrechnung – 1584 der übl. Zeitrechnung) – heißt es wortgetreu in's Deutsche übertragen: »Und dieses geschah in der heiligen Gemeinde Prag, am Samstage vor dem Versöhnungsfeste des Jahres 344 der kl. jüd. Zeitrechnung, ... es wurde ein sehr großer und sehr furchtbarer Bann ausgesprochen ... Zehn Sifre Thoros (Schriftrollen) (wurden aus der heiligen Lade genommen) und die hochweisen Männer der heiligen Gemeinde, von denen jeder ein Sefer Thoro trug, sprachen aus: Daß kein Mensch sich unterfange den Todten übel nachzureden, und daß nicht erwähnt werden dürfe, irgend ein Makel der (Familie) Nadler« ...

Sieh' Schöndel! rief plötzlich Reb Schlome, ich bemerke an Reb Gawriel
eine merkwürdige Ähnlichkeit mit Dir, eine Ähnlichkeit, über die ich mich
gestern beim Lampenlichte zu täuschen glaubte, ... auch ihm pflegt zuweilen
ein feuriges Maal in der Mitte der Stirne aufzuzucken.

Das ist sonderbar, sprach Gawriel ernst und nachdenklich.

Nicht so sonderbar als Ihr glaubt, nahm einer der Orchim das Wort; es ist
dies eine nicht selten vorkommende Erscheinung; soll doch auch, wie ich hörte, ein kaiserlicher Offizier[101] ein Zeichen an der Stirne tragen, ich glaube zwei
gekreuzte Schwerter ... wahrscheinlich mag Eure Mutter, als sie Euch unter
dem Herzen trug, plötzlich eine Feuersbrunst erblickt haben, oder ist's ein
Familienmaal, das sich forterbt; hatte Euer Vater auch ein solches Maal an
seiner Stirne?

Gawriel hatte dem Orach aufmerksam zugehört, er antwortete nicht, aber
der rothe Flammenstreif an seiner Stirne trat noch deutlicher und klarer als
früher hervor.

Ich selbst, bestätigte der andere Orach, kannte vor Jahren, als ich in Mainz
auf der Jeschiwo lernte, einen Wahnsinnigen, den man Jakow nannte, und dem
auch, sobald er in Aufregung gerieth, genau in solches Maal mitten auf der
Stirne erschien; wahrscheinlich mögen bei Euch allen dieselben Umstände
obgewaltet haben. Übrigens, fügte der Orach nach kurzem Besinnen hinzu,
glaub' ich diesen Wahnsinnigen auch hier gesehen zu haben.

Ihr irrt Euch nicht, sprach Schöndel; der wahnsinnige Jakow ist hier in Prag,
und unser Miethsmann Reb Gawriel kann uns wenn er will mehreres über ihn
mittheilen; denn er hat eine besondere Vorliebe für ihn gefaßt, und ist oft tagelang bei ihm ohne heim zu kommen oder die *Schiurstube, die *Klause zu
besuchen.

Einen Augenblick schien es, als wollte Gawriel der Hausfrau widersprechen; aber er faßte sich sogleich und schwieg. – In dem Augenblick trat die
alte Magd ein und meldete einen Knaben, der nach Herrn Gawriel Mar fragte,
und ihn dringend zu sprechen wünsche.

Entschuldigt mich, sprach dieser rasch aufstehend, ich muß den Knaben auf
mein Zimmer kommen lassen, und hören was er bringt.

Der Knabe mußte in der That wichtige Neuigkeiten gebracht haben, denn
Reb Gawriel kam nicht mehr zu Tische und ließ sich durch die alte Magd entschuldigen. Ein Soldat aus seiner Heimat ist hier angekommen, erzählte die
alte Hannile, und da eilt er athemlos um zu hören, wie es allen zu Hause geht,
– der gute Bochur!

Die beiden Orchim schienen die günstige Meinung der alten Magd nicht
zu theilen. Ein sonderbarer Bochur das, meinte der eine; sitzt bei Tische und
spricht keine Diwre Thoro,[102] steht auf und betet nicht, geht weg und küßt
keine Mesuse ....

---

101 *Graf Gottfried von Pappenheim.
102 Gelehrte biblische oder talmudische Forschungen.

Reb Schlome fühlte, daß seine Frau am vorigen Abend recht gehabt hatte, wenn sie aussprach: Gawriel sei weniger fromm, als die andern Bochurim, aber er mochte dies nur ungern gestehen, da Gawriel's reiches talmudisches Wissen ihm seine Achtung und Zuneigung gewonnen. Er forderte daher einen der beiden Bochurim auf, Thoro zu sagen, und verrichtete, nachdem einer derselben seinem Wunsche entsprochen, sogleich das Tischgebet. –

―――――――――

Gawriel hatte es kaum erwarten können sein Zimmer aufzuschließen, um den Knaben allein zu sprechen.

Was bringst Du mir, Johann? frug er hastig.

Gnädiger Herr! antwortete der Knabe, der Vetter macht die gehorsamste Meldung, daß der Fähnrich Herr *Smil von Michalowitz eben mit einem Auftrage an Euer Gnaden von Pilsen angelangt sei, und in Dero Wohnung wartet.

Gut Bursche, lauf voran, ich komme gleich. – Gawriel zog rasch Mantel und Brettel an und ging. – Obwohl die Wohnung, die er verließ, bei der Altschul und daher außerhalb der Thore des Ghetto's gelegen war, mußte er doch den Weg durch dieses wählen, um am schnellsten in die Plattnergasse zu gelangen. Vor der Hinterseite eines Hauses hielt er an. Er klopfte zweimal an eine kleine geschlossene Thüre, diese wurde rasch geöffnet, und er eilte über eine Hintertreppe in eine Stube, an deren Wänden Säbel, Reiterpistolen und andere Waffen bunt durcheinander hingen. Er warf Mantel und Barett ab, schnallte ohne lange zu wählen einen Degen um die Hüften, hüllte sich in einen Reitermantel und trat durch eine Tapetenthüre in das anstoßende geräumige Gemach. Hier wurde er schon erwartet; ein schlanker junger Mann in der schmucken Tracht der Mannsfeld'schen Reiteroffiziere ging ungeduldig auf und ab.

Willkommen hier in Prag, Herr von Michalowitz! sprach Gawriel freundlich; bringt Ihr mir angenehme Botschaft von Mannsfeld?

Ich wollt', ich brächte bessere, Euer Gnaden! entgegnete der Gefragte sich verneigend. Vor allem andern überreiche ich das eigenhändige Schreiben des Herrn General-Feldzeugmeisters, ich kenne zum Theil seinen Inhalt und bin beauftragt, Euer Gnaden nöthigenfalls alle nähern Aufschlüsse zu geben.

Gawriel entsiegelte rasch das Schreiben und warf einen Blick in dasselbe. Noch immer haben sie unsern Truppen keine Löhnung geschickt?! rief er zornig mit dem Fuße stampfend, während das Feuermaal in tiefster Röthe auf seiner Stirne brannte, – noch immer nicht!? ... was haben sie mir nicht alles versprochen, Geld, Munition, Fourrage, Verstärkung! ... es ist um wahnsinnig zu werden! – Ihr glaubt es nicht, Herr von Michalowitz, was für schweren Stand ich hier habe! Mit diesem *Friedrich ist nichts ... Einen schlechtern König hätten die Böhmen fürwahr nicht wählen können – der hört seine Predigten an, geht auf die Jagd und gibt Bankette und Tourniere ... Um den *Kaiser und die *Liga kümmert sich der nicht! – Seine Feldherren sind im steten Streite miteinander und vereinigen sich nur dann, wenn es gilt Thurn und Mannsfeld zu kränken und herabzusetzen. Lassen mich doch diese Herren um Verstärkung und Operationspläne betteln, als gälte es lediglich mein Wohl, als flehte ich um ein Almosen für mich! – Glaubt mir, Friedrich muß unterliegen. Wen stellt er diesen erfahrenen kriegskundigen Feldherren gegenüber? einen Anhalt gegen einen Tilly; einen *Hohenlohe gegen einen Boucquoi! – Die Böhmen sind tapfere Soldaten, aber sie werden schlecht geführt ... Ich kann mit Euch offen sprechen, Herr Fähnrich, Ihr seid stets der Vertraute unserer Pläne gewesen ... es gibt nur ein Mittel wo es denkbar ist daß Friedrich siegt ... Anhalt und Hohenlohe müssen abdanken und Mannsfeld und *Mathias Thurn übernehmen das Kommando.

Es ist in der That traurig, entgegnete der Fähnrich bitter, daß alle unsere angestrengten und erfolgreichen Bemühungen von Prag aus so schlecht unterstützt werden. Dieser Anhalt gibt eine feste Position nach der andern auf, und wenn es so fort geht, steht zu befürchten, daß Herzog Maximilian den Prinzen bis vor die Thore der Stadt Prag drängt, wo er die Schlacht dann annehmen muß, wenn er nicht ganz und gar von den Kaiserlichen gewonnen ist – und eine Schlacht vor den Thoren Prags verloren ...

Ist noch immer nicht entscheidend, fiel Gawriel in's Wort. Ich kenne nun dieses Prag, es ist gut gelegen, stark befestigt und kann sich lange halten ... Ihr kennt wohl die Hauptstadt Eures Vaterlandes? Die Bürger sind tapfer, in den Waffen wohl geübt und besonders die alt- und neustädter der königlichen Sache ergeben – Friedrichs Macht ist noch immer stark, Mannsfeld operirt im Rücken des Feindes; aus Ungarn sind frische Hilfsvölker im Anzuge ... Herr Fähnrich, sagt meinem Freunde Mannsfeld, eine Schlacht vor den Thoren Prags verloren, endet den Krieg noch immer nicht! ... aber Anhalt darf nicht an der Spitze des Heeres stehen, so lange der den Oberbefehl führt, ist alles zu verlieren ... und sehen wie die beiden Heerverderber Anhalt und Hohenlohe dreißigtausend Mann kommandiren, während Held Mannsfeld allein, verlassen von der *Union und dem blöden Friedrich, für den er kämpft, ohne Unterstützung, ohne Geld, im fremden Lande, von geheimen und offenen Feinden umgeben, mit einer geringen Truppenmacht der dreifachen Übermacht die Spitze bietet! .... Wie erträgt er die harten Schläge der launischen Fortuna?

Mit gewohnter Ruhe, mit unerschütterter Kaltblütigkeit; o es gibt nur *einen* Mannsfeld, Herr General-Major, nur einen solchen Helden so weit Kriegsruhm und Kriegsthaten reichen. Es ist beispiellos in den Annalen der Weltgeschichte, daß ein Graf, durch Kaiser Rudolph erst legitim erklärt, dem Kaiser und dem ganzen Reiche Trotz bietet – Trotz bietet ohne Geld, ohne Land ohne Unterstützung – geächtet, – einzig und allein durch seinen Namen, durch sein Schwert! ... Was sind wir alle in Mannsfeld's Lager? sind wir Truppen der Union?! die hat am dritten Juli einen schmachvollen Frieden mit der Liga geschlossen ... sind wir die Söldner dieses *Pfalzgrafen, der die Krone unseres Vaterlandes, zum lustigen Zeitvertreibe auf sein Haupt setzte? bei Gott und Ritterehre nein! Was sind wir? – wir sind nichts als Mannsfeld's Kinder, wir alle, vom geringsten Stückknechte bis zu Euch, Herr General-Major! ... Wir hängen alle mit felsenfester Treue nur an ihm, wir folgen nur seiner Fahne, nur seinem Rufe, für Mannsfeld opfern wir unser Leben, ihm gehört unser Arm, unser Blut, unsere Ehre, unser Name, unser Eid; wir wissen, er führt uns nur dem Siege oder dem ehrenvollen Kriegertode entgegen.

Ihr habt ganz recht, Herr Fähnrich! entgegnete der General ernst bewegt, – er ist uns allen ein Vater, ein Bruder, ein Freund! Was wäre ich geworden, wenn ich nicht Mannsfeld getroffen ... Herr Fähnrich! Ihr habt ein Vaterland, Ihr habt ein Wappen, Ihr habt einen Namen ... ich hatte alles das nicht ... ich hatte nichts als meinen Arm, und ein racheerfülltes zerrissenes blutendes Herz! ...

Ja, Herr General-Major, Mannsfeld liebt die Kühnen, die Tapferen, und zu denen zählt Ihr, das habt Ihr tausendfach bewiesen, bei Gott! – Name, Stand und Glaube sind ihm gleichgültig; ob Reformirter, Utraquiste oder Lutheraner, ob Herr, Ritter, Bürger oder Bauer, ob Deutscher oder Böhme, fragt Mannsfeld darnach? Seht, Euer Gnaden! auch das reißt mich zur Bewunderung für Mannsfeld hin ... hat sich nicht dieser Friedrich auch dadurch die Herzen aller Böhmen entfremdet, daß er auf Anrathen seines streng calvinistischen intoleranten Hofpredigers *Abraham Schulz Katholiken, Utraquisten und Lutheraner bitter kränkte!? Ich bin ein Mann des Krieges und kein Studirter, ich bin ein schlichter Soldat und habe mich nie viel mit Gottesgelahrtheit abgegeben, aber so, glaub' ich, sollt es sein auf Erden: Jeder glaube was er will, das möge er mit seinem Gewissen ausmachen; aber niemand soll dem Andern hindernd und trutzig in den Weg treten und das verhöhnen, was dem Andern werth und theuer ist ... Warum rißen wir uns los von dem erlauchten Hause Österreich, unter dem wir groß und mächtig waren? ... wir wollten frei sein in unserem Glauben, und nun kömmt dieser Friedrich, den wir selbst gewählt, den wir groß gemacht, und es wird nicht besser! Euer Gnaden! Ihr seid kein Böhme und könnt nicht wissen, wie mich der dritte September des vorigen Jahres schmerzt, wo 36 Herren, 91 Ritter und fast alle Städte des Landes sich von der glänzenden Beredtsamkeit des *Wilhelm Raupowa bethören ließen und diesen unfähigen Friedrich wählten; – auch ich, auch mein Ohm, der Königgrätzer Burggraf, war unter den Stimmenden.

Der General schwieg. In seiner Seele schlummerten Erinnerungen wie Funken im Zündstoff; der leiseste Windstoß fachte sie zur hellen Lohe an. Der Fähnrich mißdeutete dies Schweigen. Er hatte manches gesprochen, das den General unangenehm berühren konnte; er war niedriger Abkunft, kein Böhme, vielleicht ein Glaubensgenosse des Pfalzgrafen. Euer Gnaden! hub er daher wieder nach einer kurzen Pause verlegen an, habe ich Euch vielleicht irgendwie verletzt? seid Ihr vielleicht einer von jenen, die sich auch mit religiösen Studien und gelehrten kirchlichen Streitigkeiten befassen? Seid Ihr, Herr General-Major, mit Vergunst zu fragen, vielleicht selbst Calvinist? ... Mir gilt's gleich, Herr General-Major, ich achte Euren hohen Rang, Eure Tapferkeit, auch wenn Ihr – verzeiht den Scherz – auch wenn Ihr ein Jude oder ein Heide wäret ...

Vor Gawriels Seele zogen wieder Bilder einer längst entschwundenen Zeit, wieder war sein Geist festgebannt an irgend einem Punkte der entfernten Vergangenheit. Ich gebe mich nicht mehr ab mit religiösen Studien, antwortete er, zerstreut, fast geistesabwesend; – aber einst, einst, da war's mein höchster Genuß; aber damals war ich noch Ju– er vollendete nicht, es schien als erwache er plötzlich aus einem schweren Traume, eine starke Röthe überflog sein Gesicht, er strich die Haare aus seiner hohen Stirne, in deren Mitte das Maal purpurn glühte, und setzte rasch und mit veränderter Stimme fort: damals war ich noch jung, sehr jung – aber jetzt denk' ich nicht mehr daran ... und Mannsfeld's Glaube ist auch der meinige.

Die Art, wie der General sprach, der eigenthümliche Ausdruck seines Gesichtes, war nicht geeignet den Fähnrich über seine Befürchtungen zu beruhigen. Euer Gnaden! begann er wieder, Ihr selbst spracht es vor mir aus, Ihr hattet keinen Namen als Ihr in's Mannsfeld'sche Korps tratet, und jetzt seid Ihr doch der weit und breit gekannte und gefürchtete Mannsfeld'sche General Otto Bitter. Ihr habt vielleicht keinen Stammbaum, keine Vergangenheit; aber Ihr habt eine Zukunft; mit der Spitze Eures Schwertes schreibt Ihr Euern Namen in die eherne Tafel der Geschichte!

Nein, nein! fuhr jetzt der General heftig auf, nein, das nicht! ... Herr von Michalowitz, glaubt mir's, ich bin nicht abergläubisch und auch nicht gläubig, – ich glaube an gar nichts – hört Ihr! an gar nichts, als an Mannsfeld und an mein gutes Schwert, ... ich bin nicht schwach, ich gebe mich keinen Ahnungen hin; aber das eine lebt in mir mit der vollsten Kraft der Wahrheit, so klar, so lebendig, als säh' ich's mit meinen eigenen körperlichen Augen, mein Name wird nicht fortleben in der Geschichte, ... Mannsfeld, Thurn, Boucquoi, Tilly, *Waldstein, alle die Helden, die mit oder gegen uns kämpfen, haben für die Ewigkeit gelebt; aber mein Name wird untergehen, wird spurlos verschwinden ...

Der General durchschritt mehrmals das Zimmer und strich sich mit der Hand die dunklen Locken aus der hohen Stirne, dann blieb er vor dem Fähnrich stehen. Ich bin zuweilen sehr aufgeregt, Herr von Michalowitz! sprach er, und rede manches, das besser ungesprochen bliebe, ... drum bitt' ich Euch, vergeßt was ich gesprochen ...

Der Fähnrich verneigte sich stillschweigend. Der General warf sich auf einen Lehnstuhl, bedeutete dem Fähnrich sich ebenfalls zu setzen und nahm nach einer längern Pause Mannsfeld's Brief nochmals zur Hand.

Ihr habt wieder einen wandernden Juden aufgegriffen? Ihr glaubt er wäre ein Spion oder Bote der Kaiserlichen, er trüge Briefe mit einer Geheimschrift bei sich? frug der General, sich im Lesen unterbrechend.

Ja, Euer Gnaden! der Gefangene behauptet, unwahrscheinlich genug, die Schriften wären hebräische Stücke aus der Bibel und Briefe seiner Frau. Der Feldzeugmeister sendet Euch die Schriften wahrscheinlich in der Absicht, Ihr möget hier in Prag durch Rabbinen oder bibelkundige Geistliche, den Inhalt derselben prüfen lassen. – Der Fähnrich legte bei diesen Worten ein gesiegeltes Paket auf den Tisch. – Uns wär's fast erwünschter, wenn er schuldig wäre, wir sind in dem kaiserlich gesinnten Pilsen ganz von Aufpassern umgeben, wir wissen nicht mehr wem wir trauen dürfen; es muß ein Exempel der Strenge statuirt werden.

Der General ergriff unwillkührlich das Paket, um es zu entsiegeln, aber gleich darauf schob er es, sich schnell erinnernd, rasch bei Seite und las weiter.

Herr Fähnrich, ich muß hinauf in's Schloß, sprach er, als er geendet und das Gelesene reiflich erwogen hatte. Mit Anhalt und Hohenlohe ist nichts .... ich muß hinauf und muß mit dem König nochmals selbst sprechen. Morgen früh sollt Ihr die Antwort für Mannsfeld erhalten.

Wenn Ihr's erlaubt, Euer Gnaden, will ich Euch bis auf's Schloß begleiten.

Der General schellte, ein Diener der eintrat ward mit dem Nöthigen beauftragt und kurz darauf wurde das große Hauptthor des Hauses, welches auf den Marienplatz ging, geöffnet, und der General und der Fähnrich ritten aus demselben in der Richtung der Kleinseite. In gemessener Entfernung folgten zwei mit Büchse und Säbel bewaffnete Reiter.

Im Vorzimmer des Königs Friedrich harrten drei Herren der Audienz. Sie standen in dem Ausbuge eines hohen Burgfensters und sprachen leise, aber lebhaft miteinander.

Ja, Ihr Herren! begann *Johann von Bubna, ein Mann von etwa fünfzig Jahren, ja der Raupowa ist an Allem Schuld. Dein Vater – wandte er sich an den jungen Grafen Schlick – der edle *Graf Joachim, der für den Kurfürsten von Sachsen stimmte, hatte ganz recht – aber geschehene Dinge lassen sich nicht ändern, und wir müssen uns jetzt auf Leben und Tod vertheidigen, es gilt unsern Glauben, unsere Freiheit, nicht wahr, Thurn?

Der Angeredete, Graf Heinrich Mathias von Thurn, war ebenfalls etwa fünfzig Jahre alt. Aus seinem gebräunten Antlitze leuchteten dunkle Augen mit jugendlichem Feuer, als wollten sie das graue dichte Haar Lügen strafen; die edlen Züge seines geistvollen denkenden Gesichtes ließen beim ersten Anblick erkennen, daß in diesem kräftigen gedrungenen Körper auch eine Heldenseele wohne. Er war unstreitig der erste Führer seiner Partei, ein tüchtiger Feldherr und der Urheber des Aufstandes gegen den Kaiser. Er war es, der *die bekannte Katastrophe am 23. Mai 1618, wo die beiden kaiserlichen Statthalter, Slawata und Martinitz vom Fenster in den Schloßhof hinabgeworfen wurden, veranlaßte, und wenn einzelne Personen ein weltgeschichtliches Ereigniß, wenn nicht hervorrufen, so doch befördern können, so war Graf Mathias Thurn bestimmt einer derjenigen, der die Flamme des Aufruhrs zu jenem wilden Brande anfachte, der dreißig Jahre lang Deutschland und Mitteleuropa verheerte. Er war ein geborener Italiäner, aber in Böhmen reich begütert. Ein tapferer Soldat, gewandter Hofmann, feiner Diplomat und trefflicher Redner, hatte er die Liebe des Adels, der Armee, des ganzen Volkes gewonnen, und die Nation übertrug ihm auch die wichtige und einflußreiche Stelle eines Defensors oder Glaubensbeschützers. Vom Kaiser seines Amtes als Burggraf von Karlstein entsetzt, hatte er später gemeinschaftlich mit Mannsfeld das Oberkommando der böhmischen Truppen übernommen, welches Friedrich aber gleich nach seiner Thronbesteigung zum großen Verdrusse der böhmischen Herren in die

Hände des Prinzen Christian von Anhalt und Grafen Georg von Hohenlohe legte. –

Graf Thurn schien seine Ansicht nur ungern auszusprechen. Ja, Ihr Herren! Ihr wißt, ich war nie der Letzte im Kampfe, ich kämpfe gerne für Böhmen ... es wird vielleicht auch wieder eine Zeit kommen, wo ich für unsere Sache fechte, ... aber vorläufig ...

Also Euer Gnaden! seid Ihr fest entschlossen, so lange der Fürst den Ober-befehl leitet, nicht zu kommandiren? frug *Heinrich Schlick hastig.

Er hat nicht Unrecht, meinte Johann Bubna; es war ein dummer Streich vom König, unserem Thurn das Oberkommando zu nehmen.

's ist nicht das, sprach Thurn weiter, wenigstens nicht das allein; aber der Krieg wird schlecht geführt. Was habe ich und der junge Anhalt, der seinen Vater an Tapferkeit und trotz seiner Jugend auch in den Kriegswissenschaften weit über-trifft, was haben wir im *Kriegsrathe zu Rokizan darauf gedrungen, den von be-schwerlichen Märschen ermüdeten Feind gleich mit unserer ganzen Macht an-zugreifen, selbst Hohenlohe, der sonst doch sehr ungern rasche Entschlüsse faßt, theilte unsere Ansicht – es unterlag keinem Zweifel, wir mußten siegen; – da erhob sich der Prinz Anhalt und erklärte dem Könige in langer Rede, – – pfui, ich mag nicht daran denken, wie mein herrlicher Operationsplan zu nichte wurde, wie man sich, statt zu schlagen, in schimpfliche Unterhandlungen einließ, wie wir, ich möchte sagen, ohne Schwertstreich bis nach Unhoscht flohen, oder wenn es besser klingt, uns geordnet zurückzogen; denn *die kleine Affaire bei Rakonitz, wo wir überdies die Herren von *Dohna und *Kratz verloren, ist für wenig zu rechnen ...

Aber das Treffen bei Rakonitz blieb, wie ich hörte, unentschieden, bemerkte Heinrich Schlick; auch sollen den Kaiserlichen die beiden Feldherren *Fugger und *Aquaviva getödtet worden sein, und ihr Obergeneral Boucquoi ist schwer verwundet und vorläufig kampfunfähig ...

Herr Graf! entgegnete Thurn finster, Ihr kennt den Boucquoi nicht, der ist werth dem Tapfersten gegenüber zu stehen ... wenn's zum Schlagen kömmt, läßt sich der noch sterbend auf's Schlachtfeld tragen. Gebe Gott, daß wir ihn nicht binnen kurzem vor Prags Thoren sehen. – In Unhoscht, fuhr Thurn weiter fort, riß endlich der Faden meiner Geduld, und als der König auf dringendes Bitten des Anhalt nach Prag ging, erbot ich mich ihm als Begleiter. Ich bin froh, daß ich hier bin und –

Thurn ward unterbrochen, denn die Thüre des Vorzimmers öffnete sich und Gawriel, oder der Mannsfeld'sche General-Major Otto Bitter trat ein.

Ah, willkommen Freund! rief ihm Johann Bubna entgegen, reichte ihm die Hand und führte ihn zu den beiden andern Herren. Stört Euch nicht, Graf Thurn, ich stehe für meinen Freund Bitter, sprecht nur weiter.

Ich kenne den Herrn General-Major, sprach Thurn, während sich Bitter tief verneigte ... Der Freund meines Freundes ist auch mein Freund. – Graf Hein-rich Schlick, Sohn unseres Oberstlandesrichters und Direktors Herrn Joachim Andreas Schlick Grafen von Passau und Ellbogen, ein tüchtiger Feldobrist – Herr Otto Bitter, General-Major im Lager Mannsfeld's, und dessen rechte Hand,

– stellte Thurn nun selbst mit wohlwollender Artigkeit die beiden jungen Männer einander vor.

Der Name Schlick, sprach Otto Bitter verbindlich, hat einen guten Klang, und Ihr, Herr Obrist, seid, wie mir vielseitig versichert wurde, würdig einen so gefeierten Namen zu tragen.

Heinrich Schlick wollte eben die höfliche Ansprache des Generals erwiedern, als Mathias Thurn sich an diesen wandte und ihn frug, was ihn nach Prag geführt.

Ich mache kein Hehl aus meiner Sendung, entgegnete der Gefragte, ich bin im Auftrage des Feldzeugmeisters nach Prag gekommen, um den Sold unserer Truppen, der nunmehr nahe an sechs Monaten ausgeblieben, einzuheben und an die zugesagte Verstärkung zu erinnern; ich halte mich namentlich deshalb so lange hier auf, um den König und seine Feldherren zu einem entscheidenden Schritte zu bewegen, den unser Mannsfeld mit aller Kraft unterstützen will; aber der König ist zu viel mit seinen Festgelagen beschäftigt, und Feldmarschall Prinz Anhalt hat, wenigstens für mich, nie ungestört Zeit.

Still! rief Bubna, lupus in fabula, er kömmt so eben ...

Das Gespräch, obgleich leise geführt, verstummte augenblicklich, die beiden Thüren des Vorzimmers wurden rasch und mit großem Geräusche geöffnet und Fürst Christian von Anhalt, Obergeneral der königlichen Truppen und Statthalter in Prag, trat mit erhobenem Haupte stolz in das Vorzimmer. Die Anwesenden, Thurn ausgenommen, verneigten sich tief; Anhalt dankte mit einem nachläßigen Kopfnicken, und beabsichtigte wie gewohnt unangemeldet in das Zimmer des Königs zu treten. Otto Bitter trat aber schnell vor und sprach:

Ich bin glücklich, Euer Durchlaucht hier zu treffen, – ich bin neuerdings vom General-Feldzeugmeister Grafen von Mannsfeld angegangen worden ...

Ihr seid vom Grafen Mannsfeld angegangen worden? wiederholte der Prinz mit scharfem Nachdruck. Warum richtet er seine Eingaben nicht unmittelbar an das Oberkommando, wie es jedem Korps-Kommandanten zukömmt?! Zu was braucht's da Mittler und Zwischenträger?! ... Übrigens ist Ort und Zeit sehr schlecht für Euer Anliegen gewählt, hier ist das Vorzimmer des Königs, und ich gehe zur Audienz. – So sprechend ging Anhalt ohne dem General Zeit zur Entgegnung zu lassen, in das Audienzzimmer des Königs; Bitter trat wieder zu den andern Herren zurück; seine Züge waren vor Wuth entstellt, und das Flammenzeichen brannte purpurn auf seiner Stirne. Alle waren von diesem Auftritte unangenehm berührt.

Es ist so in der Art des Prinzen, wollte Heinrich Schlick begütigend entschuldigen; – er ist herrisch und haßt jeden Widerstand, nehmt's nicht so übel auf, Herr General-Major!

Nein! einem so verdienten Offiziere so zu begegnen, rief Bubna die Degenscheide auf den Boden stoßend; und wie er von Mannsfeld sprach! ...

Diese Pfälzer haben zu jeder Zeit freien Eintritt beim König, bemerkte Thurn, und aus seinen Augen leuchtete es wie zerschmetternder Blitz, – und uns, – uns läßt man warten.

*Andreas von Habernfeld, Friedrichs Günstling, öffnete eben jetzt in vollständiger Gallakleidung die Thüre des königlichen Gemaches; er mochte vielleicht die letzten lautgesprochenen Worte Thurn's vernommen haben.

Ist des Königs Majestät zu sprechen? frug Thurn sich stolz aufrichtend ... ich meine, für uns ...

Der König muß nicht wissen, daß so viele und hochansehnliche Herren ihn zu sprechen wünschen, sonst hätte er Euch gewiß schon früher zu sich beschieden ... ich will ihn sogleich von Eurer Anwesenheit in Kenntniß setzen.

Bubna, Schlick und ich, wir sind schon lange gemeldet und warten bisher vergebens, entgegnete Thurn hart; auch der General-Major Bitter wird wahrscheinlich eben so sehnlich wie wir, wünschen mit dem König zu sprechen, – indessen kann's nicht schaden, wenn Ihr unsere Gegenwart nochmals in Erinnerung bringt.

Habernfeld machte ein sehr bestürztes Gesicht und verschwand augenblicklich. Kurz darauf kam er athemlos zurück. Des Königs Majestät läßt die wohledlen Herren bitten, sie mögen ihn für heute, mit Regierungsgeschäften verschonen, meldete er; der König feiere heute den Tag seiner Ankunft in Prag, und lade die Herren ein, sich zum Bankette in den spanischen Saal zu verfügen.

Ein Bankett?! entgegnete Thurn fast schmerzlich, und die Adern seiner hohen Stirne schwollen mächtig an; ich bedauere, die gnädige Einladung nicht annehmen zu können, ich bin nicht in der Stimmung zu bankettiren, ich dächte immer an das siegreiche widerstandslose Vordringen der Kaiserlichen, und mein finsteres Gesicht würde nur die Freude des Festes stören, sagt das dem Könige, ich bitt' Euch d'rum, Herr von Habernfeld ... damit er mein Ausbleiben gnädigst entschuldige. – So sprechend warf Thurn den Mantel um und wollte sich entfernen.

Euer Gnaden! rief Schlick, Thurn beim Arme fassend, um alles in der Welt, bedenkt's, es ist unser Herr und König, – unser selbstgewählter Herr und König, er wird's ungnädig aufnehmen.

Mein junger Freund, flüsterte Thurn dem Schlick in's Ohr – erspart mir den verhaßten Anblick, Anhalt an der Seite des Königs schwelgen zu sehen, während unsere tapfere Armee sich nutzlos opfert. Speis und Trank würden mir zu Gift und Galle ... Ihr wißt's, ich bin von einem gefaßten Entschlusse nicht leicht abzubringen, drum bitt ich Euch Herr Graf, laßt mich!

So will ich Euch wenigstens bei des Königs Majestät unterthänigst entschuldigen, entgegnete Schlick laut; ich bitt' Euch, Herr von Habernfeld, vergeßt, was der Graf in der Aufregung gesprochen, er ist ein warmer Patriot, ein guter *Böhme*; aber in seinen Adern rollt doch noch südlich welschländlich Blut ...

Thurn schied, die drei Herren folgten dem Habernfeld in den Bankettsaal. Es war indessen die Abenddämmerung angebrochen. Der große weite Raum war von tausend Wachskerzen feenhaft beleuchtet, das reiche Lichtmeer brach sich tausendfach in den hohen Spiegeln, ein reicher Kranz von Damen und Herren, zumeist Pfälzer und Deutsche, durchwogte lusterfüllt den prachtvoll geschmückten Saal. Es schien niemand an die Kriegsereignisse zu denken –

von den Anwesenden mochte niemand ahnen, daß in acht Tagen alle diese Herrlichkeit verschwunden sein würde.

Am obern Ende des Saales erhob sich eine thronartige Erhöhung, wo in zwei carmoisinrothen goldgestickten Lehnsesseln König Friedrich und seine Gemalin saßen. Es war ein wunderschönes Paar. Friedrich war damals vier und zwanzig Jahre alt. Blonde herabwallende Locken, milde blaue Augen und leicht geröthete Wangen verliehen seinen Zügen etwas Weiches, fast Mädchenhaftes – und doch stand ihm der wohlgepflegte blonde Knebel- und Schnurrbart ganz vortrefflich. Die kleidsame Tracht seiner Zeit war besonders geeignet, die Vorzüge seiner Gestalt in das beste Licht zu setzen. Er war ganz in dunkel violetten Sammt gekleidet. Das eng anliegende Wamms war reich mit Gold gestickt, die weißgefütterten geschlitzten Ärmel mit Spitzen besetzt. Über einem weißen Spitzenkragen hing an einem rothen Bande ein goldenes Medaillon. Die Beinkleider, die sich an den Knieen verengten, waren hier mit Goldbrocat und Spitzen geziert. In der Linken hielt er ein schwarzes Barett mit rothen und weißen Federn.

Die *Königin Elisabeth war etwas kleiner als Friedrich. Sie war eine vollendete Schönheit. Ihr Antlitz trug das Gepräge ihrer englischen Abstammung. Das reiche goldene lichtblonde Haar, in das an einem blauen Bande ein Diadem geflochten war, vom zartesten Roth angehauchte Wangen, schöne sanfte blaue Augen verliehen der Königin beim ersten Anblicke eine merkwürdige Ähnlichkeit mit ihrem Gemahl. Sie trug ein Kleid von blaßgrünem Atlas. Dieses, weit ausgeschnitten und eng anliegend, hob ihre wundervollen üppigen Formen hervor. Die Perlenschnur, die an ihrem Halse niederhing, schien mit dem schneeigen Weiß ihres Busens zusammenzufließen. – Beide, Friedrich und seine Gemalin, trugen Atlasschuhe mit großen seidenen Schleifen und ihre Füße ruhten auf einem carmoisinrothen Polster. Sie blickten fröhlich und wohlgemuth in das bunte Gedränge. Auf der Gallerie standen Musiker, die auf einen Wink des Habernfeld beim Eintritte der drei Offiziere einen lärmenden Trompetentusch ertönen ließen und dann lustige Weisen anstimmten.

Die drei Offiziere stachen mit ihrer einfachen Soldatenkleidung sonderbar gegen die Gesellschaft ab. Heinrich Schlick, ein eben so feiner Hofmann als tüchtiger Krieger, fand sich indessen im Damenkreise bald heimisch, während Bubna und Bitter sich mit dem lauten Jubel der Versammelten nicht befreunden mochten und schweigsam und düster vor sich hinblickten. Gleich bei ihrer Ankunft hatte Habernfeld alle drei vor den Sitz des Königs geführt und Schlick die Abwesenheit des Grafen Thurn mit dringenden unabweisbaren Geschäften entschuldigt. General Bitter durfte es bei dieser Gelegenheit nicht wagen, den Zweck seiner Sendung nach Prag auszusprechen, war aber fest entschlossen im Verlaufe des Abends dem Könige sein Anliegen vorzubringen. Die Gelegenheit fand sich bald. Der König und die Königin erhoben sich zu einem Gange durch den Saal von ihren Sitzen, und die Anwesenden stellten sich – da der sehr leutselige und herablassende Friedrich gerne an jeden das Wort richtete – in zwei langen Reihen auf. Der König, dem in kurzer Distanz der Prinz von

Anhalt folgte, begann die Herrenreihe entlang zu gehen, während die Königin
sich an die Damen wandte. Jeder, an den der König das Wort richtete, verbeugte sich tief. Er sprach mit Allen und hatte für jeden etwas Freundliches,
Schmeichelhaftes. Bitter und Bubna waren nebeneinander stehen geblieben und
erwarteten ebenfalls in ehrfurchtsvoller Stille Friedrichs Ansprache. Als er sich
dem General Bitter näherte, flüsterte Anhalt dem König etwas in's Ohr.

General Bitter, aus Mannsfeld's Lager, nicht wahr? frug Friedrich, während
ein Anflug von Verdruß über seine Züge glitt ... es ist mir angenehm Euch hier
in Prag zu sehen; aber Ihr seid schon Wochen lange hier – mich wundert's, daß
Ihr in Mannsfeld's Lager so lange entbehrlich seid ...

Bubna biß sich die Lippen blutig, und Bitter entgegnete unerschrocken aber
gemessen:

Da Eure Königliche Majestät mir die Gnade erweist, sich nach dem Grunde
meiner längeren Anwesenheit in Prag zu erkundigen, so muß ich mir unterthänigst erlauben das Anliegen, das ich schon einmal Eurerer königlichen Majestät
gehorsamst zu unterbreiten die Ehre hatte ...

Nichts, nichts von Geschäften! sprach Friedrich so laut, daß es die Umstehenden hören konnten, ich will auch einmal meines Lebens froh sein, und nicht
immer an's Regieren und Kommandiren denken. Übrigens, fuhr er dann gereizt
fort, sind Klagen eingelaufen; Mannsfeld brandschatzt in Pilsen rings umher,
als wär' er in Feindes Land und drückt mein eigen Volk, das muß enden!

Eure Königliche Majestät geruhe mich nur einen Augenblick gnädigst anzuhören, sprach Bitter rasch. Das Mannsfeld'sche Korps besteht großentheils aus
Ausländern; sie sind durch keinen Eid an die Krone Böhmens gebunden, und sie
kämpfen nur so lange, als sie Gold bekommen; sechs Monate lang ist die Löhnung ausgeblieben, der hungernde Soldat, der keinen ganzen Rock am Leibe hat,
sieht mehr einem abgerissenen Räuber als einem Kriegsmanne ähnlich, und wäre
nicht Mannsfeld der angebetete Held unseres Lagers, das ganze Korps hätte sich
längst von den Banden der Disciplin befreit ... auch sind wir von Feinden umgeben, denn Pilsen und die Umgebung ist kaiserlich und es hat manchen blutigen
Kampf und manchen Angriff gekostet eh' wir Pilsen erstürmten. – Die Bauern,
die Getreide und Fourrage liefern sollen, und bisher vergebens auf die aus Prag
erwarteten Gelder angewiesen wurden, sind schwierig und stehen gewaffnet in
großen Haufen wider uns, alle Lebensmittel müssen aus dem feindlich gesinnten
fast ganz ausgesogenen Kreise mit dem Schwerte in der Hand gewaltsam herbei-
geschafft werden ... Eure Majestät kann in Dero hoher Einsicht in der That
nicht verlangen, daß Mannsfeld Nahrung für viertausend Menschen und fünf-
zehnhundert Pferde aus der hohlen Hand herbeischaffe. Sobald Euere königliche
Majestät gnädigst geruhen wird, Dero Oberfeldherren und Kriegszahlmeister zu
befehlen, den fälligen Sold an uns auszuzahlen, werden alle Gewaltthätigkeiten
ein Ende nehmen, und allen Beschädigten wird vergütet werden. Eben diese
und noch eine andere Bitte Euerer königlichen Majestät zu unterbreiten bin ich
nach Prag gekommen, und da ich bisher noch nicht so glücklich war den
Zweck meiner Anwesenheit von Erfolg gekrönt zu sehen, mußte ich mich zu

meinem Leidwesen entschließen von der Armee zu einer Zeit entfernt zu bleiben, wo jeder Offizier, jeder Heerführer bei seinen Truppen bleiben sollte.

Anhalt erblaßte vor Zorn. Friedrich schwieg einen Augenblick; die offene rückhaltslose Sprache des Mannsfeld'schen Offiziers hatte ihn überrascht und einen Augenblick außer Fassung gebracht.

Ihr sprecht sehr deutlich und unumwunden, Herr General, – ich liebe die Offenheit beim Soldaten, aber sie darf nie die Grenze der schuldigen Ehrerbietung überschreiten ... Was Ihr mir sagtet, will ich mit meinen Feldherren besprechen und überdenken ... Wenn Ihr in's Mannsfeld'sche Lager kommt, erzählt den Truppen nicht wie Ihr mit mir gesprochen ... es könnte dem Respekte schaden.

Diese Worte sprach Friedrich mit einem schmerzlichen Lächeln leise, den Andern unverständlich, fast zutraulich. – Er ging die Reihe nicht weiter entlang, die Freude des Abends war getrübt, der König und die Königin entfernten sich bald, und Bubna und Bitter waren die ersten, die ihrem Beispiele folgten.

Die Pest über die Pfälzer! rief Bubna wüthend, als die Beiden nebeneinander durch die Spornergasse hinab ritten; aber Du hast dich wacker gehalten, Bitter! Wort für Wort geantwortet und wacker zugesetzt. Stand doch dieser Friedrich vor Dir, zitternd wie ein Schulknabe! Spricht von Bedrückung und Brandschatzung und läßt seine eigenen braven Truppen verhungern! – Ich kann's dem Thurn nicht verargen, daß er sich von diesem schwelgerischen Hofe ganz losgesagt hat, und abwarten will, bis er wieder an's Ruder kömmt ... Gott erbarme sich des armen Vaterlandes!

Vor Bubna's Hause verabschiedeten sich die beiden Generale, und Bitter sprengte allein von seinen Reitern gefolgt über die Brücke auf die Altstadt. Als er auf dem Marienplatz anlangte, schlug die Thurmuhr am Ring gerade ein und zwanzig, eine Zeit, die der neunten Abendstunde entsprach. In dem großen Thore erwartete ihn der Besitzer des Hauses, ein Waffenschmied, der früher als Wachtmeister unter ihm gedient hatte.

Es ist schon spät, flüsterte Bitter demselben zu, als er in das Haus ritt, öffne sogleich das Hinterpförtchen des Hauses, ich muß eilen. – Kurz darauf trat Otto Bitter aus der in die Plattnergasse führenden Hinterthüre; er trug wieder die Kleidung des Bochurs und eilte schnell der Judenstadt zu. Der Herr des Hauses, ein Stelzfuß, schloß die Thüre sorgfältig und brummte während er über den Hof schritt: Mein General ist tapfer, ein Krieger wie kein Zweiter, aber diese Liebschaft ist für einen so hohen Herrn doch zu schmählich ... ja wenn's eine Grafentochter oder eine Edeldame wäre, aber eine Judendirne! ich begreif's nicht. – –

Gawriel schlug wieder den kürzesten Weg in seine Wohnung bei der Altschul ein, er fand die Thore des Ghettos noch offen und trat durch das Thor der goldenen Gasse in dasselbe ... Er war eine kleine Strecke in Gedanken tief versunken gegangen, als plötzlich einige Worte an sein Ohr schlugen ... »Ich dank' Euch, liebe Frau, ich nehme Euere Begleitung nicht an, es ist hier, glaub' ich, sicher in der Straße, und ich bin bald zu Hause«.

Der melodische klangvolle Ton dieser Stimme wirkte wundervoll auf Gawriel. Einen Augenblick durchzitterte ihn ein heftiger Schreck. Der kräftige riesige Mann mußte sich an der Wand halten, um aufrecht stehen zu bleiben, seine Brust hob sich in mächtigen Athemstößen, es schien als wage er es nicht sich umzusehen, als fürchte er, die Gestalt, der jene Stimme angehöre, würde vor seinen Augen in Nichts zerfließen. Aber im nächsten Momente huschte ein Weib eilig an ihm vorüber, der Mond, der eben aus einer Wolke trat, warf sein bleiches zitterndes Licht auf das von einem herabwallenden Schleier zufällig nur halb verhüllte Antlitz ... er konnte die Gesichtszüge erkennen, sein Ohr hatte ihn nicht getäuscht. – Gefunden! rief er fast laut nach einer Pause sprachlosen Entzückens; Gawriel! Du hast den Wermuthbecher bis zur Neige geleert! ... aber Deine Rache wird süß, sie wird furchtbar sein! ... dann folgte er unbemerkt eilenden Schrittes der weiblichen Gestalt. Am Hahnpaß erst hielt diese athemlos vor einem scheinbar ganz unbewohnten baufälligen dreistöckigen Hause an. Mit einem Schlüssel, den sie aus der Tasche ihres Kleides zog, öffnete sie die Hausthüre, und kurz darauf sah Gawriel einen Lichtstrahl aus einem Dachfenster dringen. Gawriel wischte sich die hellen Schweißtropfen von der Stirne, er rieb sich die Augen, blickte rings umher, tastete an den kalten Wänden des Hauses herum, sich zu überzeugen, daß es kein Traum sei, der ihn mit lügnerischen Trugbildern erfülle, daß dieser Augenblick vollständig und wahrhaft der Wirklichkeit angehöre. Er mochte so vielleicht einige Minuten dagestanden sein, als wieder der helle Ton einer Frauenstimme in sein Ohr drang. Was steht Ihr so träumend da, Reb Gawriel?

Gawriel fuhr wie aus einem tiefen Schlafe empor; vor ihm stand eine Frauengruppe, unter ihnen Schöndel seine Hauswirthin. Was steht Ihr so auf der Straße? wo wart Ihr? Warum kamt Ihr seit Mittag weder nach Hause noch zum Gebet in die Altschul?

Gawriel faßte sich rasch; er befand sich in der Nähe von Jakow's Wohnung; er hatte sein langes Ausbleiben aus Schlome's Hause stets mit Besuchen bei dem Wahnsinnigen entschuldigt. Dieser, menschenscheu wie er war, stand gewiß niemanden Rede und Gawriel konnte darauf rechnen, wenigstens durch ihn nicht verrathen zu werden.

Ihr seht es ja, sprach er, ich komme eben von dem armen Wahnsinnigen, der meine Theilnahme in hohem Grade in Anspruch nimmt; man kann bei Krankheiten des Geistes eben so mewakker Chole[103] sein, als bei Gebrechen des Leibes, und vielleicht ist diese Mizwe eine größere.

Wir kommen auch von einer Mizwe, entgegnete Schöndel; ich gehöre dem Vereine »frommer Frauen« an, wir haben so eben an dem Todtenbette einer Verscheidenden gebetet, einem armen alten verlassenen Weibe die Augen zugedrückt ... es ist so traurig einsam und verlassen zu sterben ... Schöndel trocknete ihre schönen Augen, die vor Rührung feucht waren.

Wir müssen eilen, sprach eine Frau, eine Nachbarin Schöndel's, sonst wird das Altschulthor gesperrt, wir sind die einzigen, die außerhalb der Gasse wohnen ...

---

[103] Kranke besuchen.

Reb Gawriel, Ihr geht doch heim? so begleitet uns, sprach Schöndel ...

Gawriel ging still und verschlossen an der Seite der beiden Frauen, während diese, beschäftigt mit der Erinnerung an den traurigen Dienst, den sie eben verrichtet, es gar nicht versuchten ein Gespräch anzuknüpfen.

Zu Hause angelangt, erzählte Schöndel ihrem Gatten, wie sie Gawriel an der Thüre des Wahnsinnigen gefunden, bei dem er den Nachmittag und Abend zugebracht ... Gawriel warf sich, als er auf sein Zimmer kam, in mehr als fieberhafter Erregtheit auf einen Stuhl. Die mannigfachen Erlebnisse des heutigen Tages verschwanden alle vor dem ungeheuern Eindruck, den das Wiedersehen jenes Weibes auf ihn gemacht ... Er durchwachte, auf- und abschreitend, die ganze Nacht, und erst spät am Morgen konnte er sich entschließen die Berichte niederzuschreiben, welche der Fähnrich Michalowitz dem Grafen Mannsfeld überbringen sollte.

IV

In dem Dachstübchen eines sonst ganz unbewohnten, baufälligen dreistöckigen Hauses am Hahnpaß saß an einem zerbrochenen Tische ein Weib und stickte beim Scheine einer Öllampe ein Proches.[104] Es war schon spät am Abend, ein rauher Wind umsauste die Wände dieser ärmlichen Wohnung, welche, die höchstgelegene in der Straße, alle andern Häuser weit überragte ... es war ringsum dunkel, und nur die Fenster der übrigens entfernten Klause, die von fleißigen Bochurim und Lomdim stets besucht ward, waren noch matt erleuchtet. Das Weib, obwohl nicht mehr in der ersten Blüthe der Jugend, bot doch das vollendete Bild der tadellosesten orientalischen Schönheit dar. Sie mochte etwa sechs oder acht und zwanzig Jahre zählen. Ihr lilienbleiches wundervoll geformtes Antlitz, das nur zuweilen vom zartesten Rosenroth übergossen wurde, hob sich prachtvoll gegen das schwarze glänzende Haar ab, dessen reiche Wellen unter einem turbanähnlichen Häubchen hervorquollen und auf den weißen Nacken niederwallten ... ihre Augen waren glänzender und schwärzer als Kohle, ihre Augenlieder von langen seidenen Wimpern umsäumt, und die halbgeöffneten frischen Lippen zeigten zwei Reihen Perlenzähne ... Sie arbeitete angestrengt, sich nur dann unterbrechend, wenn sie zu der geöffneten Thüre des zweiten Kämmerchens trat, den Athemzügen ihrer schlafenden Mutter zu lauschen, – oder wenn sie sich mit dem Ausdrucke der höchsten mütterlichen Liebe über eine Wiege beugte, in der ein Säugling, das vollkommene Ebenbild seiner Mutter, ruhig schlummerte.

Blume[105] mein Kind! rief die Mutter jetzt aus dem anstoßenden Stübchen, Du wachst noch? Geh' zu Bette, schone Deine Augen .... ich bitt' Dich d'rum – wer so wie ich, nun mehr als fünfzehn Jahre im Dunkeln lebt, der lernt den Werth des Auges erst recht schätzen; folg' meinem Rathe, Kind, geh' zu Bette!

---

104   Vorhang vor der heiligen Lade in der Synagoge.
105   Ein jüdischer Frauenname.

Schlaf Du nur, lieb' Mütterchen! entgegnete Blume laut, fast schreiend, und einige Augenblicke mit der Arbeit innehaltend; es ist nicht so spät als Du glaubst, es fehlen noch zwei Stunden zu Mitternacht.

Wenn nur Dein Gatte zurückkäme von seiner Reise, seufzte die Mutter, er wird gewiß Geld mitbringen, und Du wirst es nicht mehr nöthig haben, Deine süßen goldenen Äuglein zu opfern ... Herr der Welt! daß ein Rottenberg als Sofer[106] das Land durchreisen muß, um seinen Unterhalt zu gewinnen, daß meine Tochter, meine holde Blume, sticken muß, um nicht betteln zu müssen, das schmerzt ... aber Herr! Du bist gerecht, und was Du thust ist wohlgethan, ich murre nicht! ... ich *flehe* nur vor Dir aus den tiefsten Tiefen meines Herzens, nicht für mich – nicht für mich, die ich dem Grabe zuwanke, aber für meine Kinder ... erbarme Dich nur *ihrer*!

Schlaf', Mütterchen, schlaf! rief Blume und große Thränen perlten über ihre Wangen ... es wird noch alles gut werden, glaub' mir, Gott verläßt die Seinen nie.

Blume lehnte die Thüre zu. Ja, wenn nur mein Mann wieder daheim wäre, sprach sie dann zusammenschauernd; zuweilen wird mir so bang, wenn ich allein mit meiner Mutter und meinem Kinde bin, allein, verlassen in einer fremden unbekannten Stadt! ... und der Gatte irrt herum im Lande, um Brod zu erwerben; Gott schütze ihn!

Sie faltete fast willenlos die Hände, und begann mit glühender Andacht das Nachtgebet. Der kleine Schläfer in der Wiege erwachte und verlangte nach der Mutter. Ohne ihr Gebet zu unterbrechen reichte sie ihm die Mutterbrust ... sie sprach gerade die Worte: »Der Ewige segne Dich und behüte Dich! Der Ewige lasse Dir sein Antlitz leuchten und sei Dir gnädig; der Ewige wende Dir sein Antlitz zu, und gebe Dir den Frieden« – als sie das Kind an ihren Busen preßte; und die niederrollenden Thränen netzten das liebliche Gesicht des Säuglings. – Plötzlich schien es ihr, als würde die Hausthüre geöffnet ... sollte ihr Gatte von der Reise gekommen sein? – das war nicht denkbar. – Mannstritte schallten über die nahgelegene Treppe, sie hörte ein Geräusch, als suche jemand die Thürklinke und könne sie nicht finden, ... wen mochte die Fremde, Unbekannte suchen? eine unnennbare Angst erfaßte einen Augenblick ihr Herz; – sie war am Schlusse des Nachtgebets, und die letzten Worte desselben erfüllten sie wieder mit gläubigem Vertrauen, sie sprach sie, vielleicht ohne es zu wissen, laut: »In Deine Hand befehl ich meinen Geist, so ich schlafe, so ich wache, meinen Geist und meine Hülle ... Gott ist mit mir, ich fürchte nichts!« ... sie hielt ihren Blick fest auf den Eingang geheftet; da ein schwacher hölzerner Riegel die Thüre von innen schloß, erwartete sie, daß der Angekommene zuerst klopfen würde; aber dies geschah nicht, und ein einziger von einer kräftigen Hand geführter Stoß öffnete die Thüre.

Gawriel! rief Blume erbleichend mit dem unterdrückten Schrei der entmuthigten Verzweiflung, sie riß ihr Kind von der Brust, die sie rasch verhüllte,

---

[106] Schreiber, hier so viel als Gesetzrollenschreiber.

drückte es fest in ihre Arme, und erhob sich, als fürchte sie, Gawriel wollte es ihr entreißen ...

Dieser stand sprachlos und wie festgewurzelt vor ihr ... er zitterte am ganzen Körper, sein leichenblasses Antlitz durchzuckte es eigenthümlich und wunderbar, seine Augen sprühten Blitze, das Feuermaal auf seiner Stirne glühte, seine breite Brust hob und senkte sich stürmisch, in seinem Innern schien die entfesselte Leidenschaft zu wüthen ... er rang einige Augenblicke vergebens nach einem Worte.

Ich bin's, sprach er endlich dumpf, und jedes seiner Worte klang dem Ohre des erschreckten Weibes wie grollender Donnerschlag; ich bin Gawriel Süß, ... den ihr Alle verstoßen, getreten ... und auch Du – Du! die ich einst so innig, so glühend geliebt hatte.

Es trat wieder eine lange Pause ein, Blume's Busen wogte heftig, sie starrte Gawriel an, als wär' er ein grauenhaft Gespenst, sie hielt ihr Kind noch immer fest an sich gepreßt, endlich brach sie das peinliche Schweigen und sprach mit sanfter flehender Stimme:

Das ist vorüber, Gawriel, ... was willst Du jetzt von mir?! ...

Dich! ...

Das arme gemartete Weib sank auf ihren Stuhl nieder; Gawriel ging mehrmals im Zimmer auf und ab.

Weck' mir die blinde Mutter nicht, Gawriel! bat Blume endlich schüchtern, kaum hörbar; Alter und Krankheit haben ihr Gehör geschwächt; aber Du sprichst so laut, so heftig ...

Schließe die Thüre fester, ich habe mit Dir allein zu reden, ... uns soll kein Dritter hören ...

Blume schloß die Thüre. Gawriel! sprach sie mit zitternder Stimme, ich bin allein mit Dir, ich bin ein schwaches Weib, Du bist ein Riese an Kraft, ... aber vergiß es nicht, uns hört ein Dritter, uns sieht ein Dritter, ... der Geist des Herrn ist überall, ... er ist nahe den Gedrückten, – er hilft den Bedrängten ...

Gawriel unterbrach sie nicht; aber ein ungläubiges Lächeln verzerrte seine sonst so schönen Züge so grauenhaft, das Feuermaal auf seiner Stirn leuchtete so unheimlich hervor unter den dunklen Locken seines Hauptes, daß das Wort auf ihrer Lippe erstarb ... sie fühlte es, ein ungeschwächter jahrelang genährter Groll herrsche allgewaltig in Gawriel's Busen, und er selbst suche jetzt vergebens den Ausdruck für jene wilde verzehrende Rachegluth, die sein heißes Blut zur höchsten Raserei aufpeitschte ... Der Säugling war wieder sanft eingeschlummert, Blume wußte nicht was sie thun sollte, sie wagte nicht das Kind in die Wiege zu legen ...

Ist das ... Dein einzig Kind? begann Gawriel wieder nach einer lautlosen Pause mit jenem eigenthümlichen, unerklärlichen Abirren der Gedanken, welches den Menschen zuweilen gerade da überkömmt, wo der bewältigende Eindruck des Augenblickes alle Seelenthätigkeit im vollsten Maße beschäftigen sollte.

Es ist mein einziges unschuldiges theures Kind, rief Blume tödtlich erschrocken und in Thränen ausbrechend; ... laß mich's zur Mutter tragen, daß wir's nicht wecken.

Blume! rief Gawriel, ihren Arm erfassend und sie zurückhaltend, zwei Worte will ich aus Deinem Munde nicht hören, nicht »Mutter«, nicht »unschuldiges Kind«, – sprich sie nicht aus vor mir ... um Deinetwillen nicht, sonst könnte ich jahrelang gereifte Entschlüsse vergessen, und mich mit einemmale furchtbar an Dir, an Deinem Kinde rächen ... ... »Mutter«! wiederholte Gawriel mit einem so schmerzlichen, markerschütternden Tone, daß selbst Blume Mitleid mit ihm fühlte, »Mutter«! das schöne süße himmlische Wort, das jeder so gerne spricht und gerne hört ... das Wort, das tief in's Herz dringt, und in jedem das unaussprechlichste, beseligendste Gefühl hervorruft, *Mutter!* das Wort, das sphärenklingend, magisch in die Seele tönt ... das Wort ist mir ein *leerer hohler begriffsloser Schall!* .... jeder Mensch, so weit sich der blaue Himmelsbogen über die Erde wölbt, und wär' er noch so elend, der Sklave, der in wahnsinniger Wuth an seiner Kette rüttelt, – jedes Wesen, alle, alle haben, hatten eine Mutter ... nur ich nicht! nur ich nicht, ich ganz allein, seitdem es Menschen gibt auf Erden! ... Das Weib, das verworfene Geschöpf, der Dämon, ... der mich in dieses Dasein hinausstieß, ... *das war keine Mutter!* ... pfui, pfui! nennt sie nicht Mutter! gebt ihr nicht den schönen herrlichen Namen! ... eine Mutter, und wär's die gestreifte Hyäne, die zur Lust mordet, eine *Mutter schützt* ihre Jungen, – eine Mutter häuft nicht die volle Wucht der Sünde, die *sie* verbrochen, auf das *schuldlose* Haupt ihres Kindes, während es händeringend und verzweifelnd an ihrem Todtenbette steht, eine Mutter ...

Gawriel, schweig! um Gotteswillen sprich nicht weiter, ... so sprich nicht weiter von Deiner Mutter, von der Schwester meiner Mutter, sie ist *doch* Deine *Mutter*, Du bist *doch* ihr Sohn! ... sie ist todt, richte nicht strenge über sie, – es wird ein Tag kommen, wo auch Du vor dem Richterstuhle des Höchsten stehen wirst, wo auch Du die Barmherzigkeit, die Gnade Gottes wirst anflehen müssen, denk' *daran!* Die Augenblicke eines jeden Daseins sind gezählt ... Denk' an die letzte Stunde Deines Lebens! – hättest Du in Deinem reichbewegten Leben nicht gesündigt, hättest Du nichts verbrochen, nichts – als daß Du so von Deiner Mutter sprichst, von Deiner Mutter, die Dich unter ihrem Herzen getragen, in Schmerzen geboren, genährt, gepflegt, geliebt ... hättest Du nichts gethan, als so von Deiner Mutter gesprochen, – Gawriel! Du müßtest vor dem Jenseits zittern!

Blume sprach diese Worte mit edler Entrüstung, mit der hinreißenden Begeisterung einer Seherin, ihre Wange glühte, ihr Auge flammte, sie glich einem überirdischen Wesen.

Weib! entgegnete Gawriel mit leuchtenden Blicken, ich zittere nicht! ... ich hab' dem Tod in's Aug' geblickt tausendmal im Schlachtgewühle, ich habe nicht gezittert, neben mir sanken Tausende von den feindlichen Kugeln zerrissen, ihr zerschmettert Hirn spritzte mir in's Antlitz, ich *zitterte* nicht, – ich war umringt von Feindeshaufen, sie zuckten Alle ihre Schwerter nach meiner Brust, ich war verwundet, schien verloren – *ich tödtete sie alle; aber ich zitterte nicht!* ...

Du siehst, Du lebst, es war nicht Dein letzter Augenblick, fiel ihm Blume rasch in's Wort; – aber bei dem allmächtigen Gotte Israels, der da geschaffen die Welten da oben, und einst erwecken wird die Schlummernden da unten, – sie deutete hinan zum blauen Himmelsdome, hinab auf die Gräber des beschneiten Friedhofs vor ihrem Fenster[107] – bei seinem geheiligten Namen, *wenn Deine letzte Stunde schlägt, in dem letzten Momente Deines Lebens wirst Du zittern, wird Reue Dein stolzes ungebeugtes Herz zerknirschen! ...*

Gawriel schwieg. – Lassen wir den leeren Streit den Priestern, den Rabbinen, sprach er endlich, unwillkührlich milder; Du hast Dich nicht um mein Leben bekümmert, – lass' mir auch die Sorge für meine Todesstunde ... was liegt Dir daran? wirst Du um mich sein in meiner letzten Stunde? willst Du mir die müden Augen schließen, wirst Du die Raben von meinem blut'gen Leichnam scheuchen, wenn ich von Rosseshuf zertreten auf dem Schlachtfelde liegen werde?! was kümmerst Du Dich um mich und meiner Seele Heil?! ... was kümmert Dich der *Fremde, der Verstoßene?* ... ist sie ja schon lang verweht, die schöne gold'ne Zeit, wo's anders war ...

Gawriel sprach wieder mit maßloser Heftigkeit, aber doch hatte sich bei den letzten Worten dem wilden Grimme eine tiefe erschütternde Wehmuth wundersam beigemischt, und selbst Blume, das edle pflichttreue Weib, war tief bewegt, sie erkannte, wie sie dieser felsenharte Mann einst geliebt, wie qualenreich seine Vergangenheit gewesen sein mochte! –

Du bist allein? ... Dein Mann ist abwesend? Weißt du, wo er ist? frug Gawriel wieder nach einer Pause, scheinbar ruhig.

Blume zuckte wieder auf in fürchterlichem Schreck und erwiederte demuthsvoll: Er reist herum im Lande, als Sofer, um Brod zu erwerben; ich weiß nicht wo er ist, ich bin ohne Nachricht von ihm, – hab' Mitleid mit uns, Gawriel, die Rottenberg sind nicht mehr reich, wir sind arm und elend.

Gawriel starrte eine Weile düster vor sich hin, dann plötzlich, als fasse er jetzt einen gewaltigen Entschluß, trat er vor Blume, die er auf einen Sessel drückte.

Weib! sprach er, zehn Jahre such' ich Dich, zehn Jahre lechze ich wie der verwundete, verschmachtende Hirsch nach frischem Wasser, darnach, Dich zu sehen, Dich zu sprechen, mich zu rächen; – als ich in der Ferne die Thürme Prags erblickte, wo ich Dich zu finden wußte, als ich in das Ghetto trat, dessen Thore Dich einschloßen, – da schlug mein Herz vor wilder Freude; ich kleidete mich als Bochur, ich besuchte alle Bethäuser, die *Schiurstuben, die *Bothe Midroschim, um Deinem Gatten zu begegnen, – ich wohnte mit denen, die ich tödtlich hasse, alles das nur, – um Dich zu finden ... ich verschmähte es nicht mit einem wahnsinnigen Bettler zu verkehren, weil ich glaubte, er würde mich auf Deine Spur leiten – als ich Dich gestern Abend erkannte, war ich so glücklich in meinem Hasse, so überschwänglich glücklich, Dich gefunden zu haben, mich rächen zu können, – glücklich! wie ich es seit jener verhängnißreichen Stunde nicht gewesen, wo alle meine Lebenshoffnungen erloschen ... und jetzt, da ich vor Dir stehe, wo meine Hände Deine schönen vollen Arme fassen, jetzt

---

[107] Der Friedhof grenzt, wie schon erwähnt wurde, an den Hahnpaß.

in dem Augenblicke fehlt mir das Wort Dir zu sagen, wie glühend ich Dich, wie glühend ich Euch alle hasse ...

Gawriel schritt wieder mehrmals in der höchsten Aufregung auf und ab. Ich will Dir eine Geschichte erzählen, Blume! sprach er dann einen Stuhl an ihre Seite rückend, eine gar merkwürdige Geschichte; den größern Theil kennst Du schon; aber es thut nichts, die Geschichte kam schon lange nicht über meine Lippen, und ich will auch mir meine trostlose Vergangenheit noch einmal vor die Seele führen, vielleicht werde ich dadurch den wahren Ausdruck finden für *das*, was meine Brust bewegt. – In Köln lebte einst ein Mann, der hieß Baruch Süß. Er war Leibarzt des Erzbischofs, reich, mächtig, und angesehen beim Hofe. Noch stolzer, als sein Reichthum und sein Einfluß, machte ihn der Besitz zweier Töchter, Miriam und Perl, auf die er nach dem Tode zweier hoffnungsreichen Knaben seine ganze Liebe übertrug. Sie waren die schönsten Mädchen in Deutschland; und Freier fanden sich bald aus allen Enden der Welt ein. Miriam konnte sich nur schwer zur Wahl entschließen, und erst nachdem die jüngere, Perl, Deine Mutter, sich mit einem Sprossen der berühmten Familie Rottenberg vermält hatte, gelang es ihrem Vater ihre Wahl auf den Sohn seines Bruders, auf seinen Neffen Josef Süß, der in Speier lebte, zu lenken. – Drei Jahre blieb ihre Ehe kinderlos, im vierten Jahre erklärte sie ihrem entzückten Gatten, daß sie Mutter sei. Miriam Süß genas von einem wunderschönen Knaben, man nannte ihn Gawriel. Der glückliche Gatte jubelte, die Armen wurden reich beschenkt, eine großartige Stiftung gegründet. Der Großvater Baruch aus Köln, der schon gefürchtet hatte, enkellos zu bleiben, unternahm absichtlich die beschwerliche Reise nach Speier, um seinen ersten Enkel zu sehen, und im ersten Freudenrausche sicherte er ihm sein ganzes Vermögen nach seinem Ableben zu. Kurze Zeit nach mir, wardst Du Blume geboren, und der Großvater und seine beiden Schwiegersöhne kamen überein, die Kinder sollten einst durch das Band der Ehe verbunden werden ... Meine Knabenjahre verflossen eben so glücklich als mein Jünglingsalter. Angebetet von einem Vater, dem ich übrigens beim besten Willen seine reiche Liebe nicht wiedererstatten konnte, hing ich mit inniger heiliger Liebe an meiner Mutter, die auch mich wie ihren Augapfel wahrte. Da ich das einzige Kind blieb, und wegen der beabsichtigten Verbindung mit Dir, Blume, die Du ebenfalls das einzige Kind Deiner Eltern warst, häufte auch der Großvater alle seine Zärtlichkeit auf mein Haupt. Meiner frühesten Kinderzeit erinnere ich mich nur dunkel, und nur ein einziges Ereigniß schwebt vor meiner Seele, aber so nebelhaft, so verschwommen, daß ich jetzt noch immer zweifle, ob es nicht ein Traum, ein lügenhaftes Gebilde wäre, das meine glühende Fantasie erst später geschaffen, und in eine frühere Zeit zurückversetzte. Ich ging einst, wie gewöhnlich von einer Magd begleitet, vor das Thor, da stürzt plötzlich ein großer bleicher hagerer Mann auf mich zu, drückt einen heißen Kuß auf meine Stirne, preßt mich an sein Herz und läßt zwei schwere Thränen auf mein Antlitz niederrollen. Meine Wärterin, eben so betroffen wie ich, will schreien, aber er drückt ihr ein Goldstück in die Hand und entfernt sich dann rasch mit einem tiefen Seufzer ... War's kein Traum, so war der Mann mein Vater! ...

Gawriel schwieg erschöpft. Blume kannte die frühere Lebensgeschichte ihres Verwandten, sie folgte seiner Erzählung mit der gespanntesten Aufmerksamkeit, ängstlich den Augenblick erwartend, wo er bei der fürchterlichsten Katastrophe seines Lebens anlangen würde.

Du weißt, fuhr Gawriel fort, von meinem neunten Jahre an brachte ich die eine Hälfte des Jahres bei meinem Großvater, die andere Hälfte im elterlichen Hause zu. Meine Erziehung war eine vollendete. In Speier wurde ich gründlich in religiösen und talmudischen Wissenschaften unterrichtet, mein Großvater, am Hofe des Erzbischofs von Köln beliebt und angesehen, und durch seine für einen Juden eigenthümliche Sonderstellung im steten Verkehre mit dem rheinländischen Adel, ließ mich auch in allen jenen Wissenschaften unterweisen, die in der Regel den deutschen Juden weniger zugänglich sind, und selbst ritterlichen Künsten und Übungen, die ihnen in dem größten Theile Deutschlands durch das Gesetz oder die Willkühr verboten sind, durfte ich obliegen. – Ich war wohlgebildet, kräftig, mit einem scharfen alles erfassenden Geiste begabt. Ich war neunzehn Jahre alt geworden, und als ich einst *Chanuko von der Frankfurter *Jeschiwo heimkehrte, fand ich meinen Großvater im elterlichen Hause. Man hatte mir – um nicht im Vorhinein meinen Widerspruch zu wecken – mit weiser Vorsicht verheimlicht, daß man beabsichtige mich mit Dir – die ich früher nie gesehen – zu vermälen, und selbst jetzt als es hieß: wir alle sollten gemeinschaftlich den Onkel Joel in Worms besuchen, fiel es mir durchaus nicht ein, daß diese Reise eine Brautfahrt für mich werden sollte. Wir kamen nach Worms. Ich sah Dich, Blume! prangend in der vollsten Pracht Deines Jugendreizes, und die tiefinnigste Liebe, die je ein Menschenherz erfaßte, loderte rasch in meinem Busen auf. Dem Gatten meiner Mutter, der sich mein Vater nannte, hatte ich nur meine Dankbarkeit, aber nicht meine Zuneigung zugewandt, und es war mein, Dein Großvater, dem ich meine glühende Liebe, die ich nicht unerwidert glaubte, offen gestand. Mein herrliches geliebtes Kind! rief der Greis, und Thränen entströmten seinen Augen, so erfüllen sich durch Dich alle Wünsche meines Herzens; – ja, Gawriel! Blume, die Tochter Deiner Mutterschwester, ist Deine Dir bestimmte Braut. Gott segne den Bund, den die Väter schon in Euerer frühesten Jugend schlossen, und den Ihr besiegelt durch die Gefühle Eueres Herzens. Ich trat an der Hand meines Großvaters vor Dich, ich durfte Deine alabasterweiße Stirne küssen, wir waren Braut und Bräutigam ...

Gawriel hielt wieder inne. In Blumes Gesicht malte sich die fürchterliche Angst ihrer Seele, sie wußte, was jetzt folgen würde, und kalte helle Schweißtropfen flossen langsam über ihr Antlitz, dem selbst die bitterste Seelenqual nichts von seinem wunderlieblichen Reize zu rauben vermochte. Ihr Herz schlug hörbar.

Ich war der glücklichste Mensch auf Erden, fuhr Gawriel mit einer Stimme fort, deren Beben den unendlichen Schmerz bekundete, der in seiner Seele brannte, ich war erfüllt von meinem Glauben, an dem ich hing mit der ganzen Kraft meines Gemüthes, meines Geistes, der mich beseligte, mich erhob; ich hatte eine *Mutter*, und ich liebte meine Mutter mit jener unaussprechbaren übermenschlichen Innigkeit, für die wir vergebens den Ausdruck suchen, die so nur in dem Herzen des dankerfüllten Kindes lebt – ich hatte Dich, und wie ich Dich, wie ich Dich geliebt, – Blume! das hast Du nie geahnt, das konntest Du nie geahnt haben!! ...

Gawriel stockte, seine Stimme, die im Schlachtengewühle den Donner der Geschütze übertönte, klang weich und bebend; sein glühendes Auge wurde feucht. Er strich sich mit der Hand über die Stirne, und fuhr dann fort: Es sollte anders werden! – Es waren zehn Monate seit unserer Verlobung verflossen, ich war in Worms Dich zu besuchen, und blickte hoffnungsreich der nächsten Zukunft entgegen, wo Du mir angetraut werden solltest; da ward mir die unerwartete Botschaft, meine Mutter sei plötzlich tödtlich erkrankt, ich müsse eilen, wenn ich sie noch lebend treffen wollte. Ein wahnsinniger Schmerz durchzuckte meine Brust. Wie von bösen Schemen gejagt, durchflog ich den Weg nach Speier; spät Abend am Rüsttage des *Roschhaschono langte ich dort an. Die Hausleute erwarteten mich in der Hausflur, man wollte mich aufhalten, mich vorbereiten; ich hörte die Lästigen nicht an und flog pfeilschnell athemlos die Treppen hinan und in's Krankenzimmer meiner Mutter. Sie lebte noch, aber sie lag in letzten Zügen. Die Dunkelheit war angebrochen; viele Männer waren schon versammelt die Gebete in der Sterbestunde zu verrichten, eine achtzackige Hänglampe in der Mitte des Zimmers erleuchtete dasselbe. Josef Süß stand an ihrem Bette und hielt ihre Hand in der seinigen. Die wehmüthige Freude, sie noch lebend zu treffen, rang mit dem bittersten Schmerze in mir. Da bin ich, Du gute Mutter, rief ich mit von Thränen erstickter Stimme, mich auf die Kniee vor sie werfend, und ihre schöne kalte Hand mit glühenden Küssen bedeckend, da bin ich, Du gute süße Mutter! ... ich wußt es ja, Du würdest noch Deinen treuen Sohn erwarten ... Ich konnt's nicht glauben, du traute herzinnige Mutter, daß Du mir entschweben wolltest, bevor ich angelangt, ... da bin ich! da knie' ich nun vor Dir im unnennbaren tiefsten Schmerz! ... warum sprichst Du nicht!? Blick mich noch einmal an, nur noch ein einzigesmal, mit Deinen milden lieben Augen, sprich mit mir, ich fleh' dich d'rum! sprich nur ein Wort, nur ein einziges, das letzte Lebewohl ... lege Deine Hände segnend auf das Haupt Deines einzigen Kindes, das Du verläßt, das in tiefem unendlichem Gram vergeht! ...

Die Umstehenden, obwohl gewohnt an Sterbescenen, mußten doch laut schluchzen bei dem überschwänglichen Ausbruche meines kindlichen Gefühles. – Mein heißes Flehen schien nicht wirkungslos zu bleiben. Miriam Süß erhob sich plötzlich, wie von einer Feder emporgeschnellt, auf ihrem Bette, ihr schönes Antlitz, schon angeweht vom Todeshauche, war weißblau, ihre Augen traten weit hervor ... aber *sie segnete mich nicht!* ... sie faltete die Hände und begann mit bebender aber doch deutlich vernehmbarer Stimme: Herr der Welt! ... Du befiehlst über mich, und ich muß eingehen in das Reich der Todesschatten ... ich zittre vor Dir, o Herr und Richter! denn ich habe schwer gesündigt, schwer gefrevelt! .... Verzeih' mir Gott, der Du gnädig bist allen, und vergibt

Missethat und Sünde ... ich habe bitter bereut und schwer gebüßt ... und damit
alle erkennen mögen, daß meine Reue eine vollkommene und tiefgefühlte, will
ich jetzt in dem letzten Momente meines Lebens offen und laut vor Dir mein
Gatte und diesen würdigen Männern die ganze Größe meiner ungesühnten
Schuld bekennen .... ich *brach Dir die eheliche Treue, und mein Sohn
Gawriel – ist nicht Dein Sohn* .... Blume! was ich in dem Augenblicke gefühlt, *das auszusprechen* vermag das armselige Menschenwort nicht. Schmerz,
Leid, Weh, Qual – faß' alle die Begriffe zusammen, die sich an diese Worte
heften, *vertausendfache* sie – und Du hast noch keine Ahnung von dem, was
mein gebrochenes Herz durchbebte! – Mit einem Schlage, mit einem einzigen
mächtigen, sicher geführten Schlage war die unendliche Kindesliebe aus meiner Brust gewichen, und der finsterste Haß erfüllte mich, ein Haß, wohl begründet und unverlöscht! .... Hätte ich tausendmal gelebt, und jeden Augenblick meines Lebens tausend todeswürdige Verbrechen begangen, *und es gäbe
eine göttliche Gerechtigkeit* .... mit diesem schmerzensübervollen Augenblicke wären alle Frevel meines Lebens gesühnt gewesen. Während ich den
Segen der sterbenden heißbeweinten Mutter erflehe ...... *verräth sie mich*, stößt
sie mich hinaus aus dem Paradiese meines Lebens zu nimmer endender Qual –
während ich für sie lächelnd und schweigend mein Leben unter grauenhaften
Martern ausgehaucht hätte, während ich meine Seele gerne für ihr Seelenheil
den ewigen Qualen der Verdammniß überantwortet hätte, ... *während dem
verräth mich meine Mutter!!!* ...... »Wahnsinnige Lügnerin! widerrufe! sag', daß
ein böser Geist aus Dir gesprochen!« rief ich mit wutherfüllter Stimme, die fast
Leblose heftig schüttelnd. »Ich kann nicht, Gawriel, ich kann nicht!« kreischte
sie, »betet für mich! ...... Herr der Welt! verzeih' mir! sei mir gnädig! sei barm-
herzig! ich habe schwer gefrevelt! ... *Gott!* laß mein Bekenntniß und mein Sterben meine Sühne sein! Höre Israel« ...... sie konnte nicht weiter sprechen, ihr
Auge brach ... sie sank um, ein leiser Todesseufzer hob ihre Brust ... sie war
nicht mehr. – »Nein, todte Mutter, nein!« rief ich, »Gott wird sich Deiner nicht
erbarmen, so wie Du kein Erbarmen mit mir kanntest ... ich fluche Dir und Deinem Andenken!« – Ich stieß die fürchterlichsten Verwünschungen, die gräßlich-
sten Flüche aus ... man riß mich los von der entseelten Hülle meiner Mutter.

Josef Süß war bei dem Geständnisse seiner schuldigen Gattin sprachlos zusammengesunken. Als er zur Besinnung kam, schäumte er vor Wuth. Sein *schuldig* Weib war todt, und der arme Betrogene häufte die ganze Wucht seines un-
versöhnten Grimmes auf mein unschuldig Haupt. – Das Band, das uns an einan-
derknüpfen sollte, war gelöst, ich war nicht sein Sohn, ich war ein Fremder – o!
weit weniger als ein Fremder, – er brauchte keine Rücksichten zu kennen, und
eine Stunde später stand ich allein, verlassen, hinausgestoßen aus dem Hause,
das ich bisher das väterliche genannt hatte! ...... So hatte mir *ein* Moment, *ein*
Wort den Vater, die Mutter, die Liebe, die Erinnerung, die Vergangenheit und
die Zukunft geraubt!

Ich irrte die ganze Nacht in der Stadt herum, ich konnte es nicht erwarten,
daß das Morgenroth anbreche, und doch hätte ich wieder gewünscht, daß die

Nacht mit ihrem Dunkel ewig gedauert hätte. Rosch haschono früh ging Alles
in die Synagoge, ich, ich allein scheute den Anblick der Menschen ... ich wollte
nicht auf der Straße bleiben, und in der Verzweiflung meines Herzens wandte
ich meine Schritte der Wohnung meines frühern Lehrers zu, eines kranken
bettlägerigen Greises, der selbst an den höchsten Feiertagen seine Andacht zu
Hause verrichten mußte. Ich fand ihn schon aufrecht im Bette sitzend, und
beim Scheine einer Lampe lesen. Auch zu ihm war schon das Gerücht meiner
Erniedrigung gedrungen, bei dem Anblicke seines einst geliebten Schülers
stieß er einen Schrei aus, und die Bibel entsank seinen zitternden Händen.
War's Zufall, war's vielleicht, daß mein alter Lehrer, meine unglückliche Lage
überdenkend, die betreffende Bibelstelle aufgeschlagen, ich weiß es nicht; –
aber als ich mich bückte das Buch aufzuheben, fiel mein Blick in dasselbe, die
Worte flimmerten in buntem Farbenspiel vor meinen brennenden Augen, ich
las die Worte: »Ein *Mamser darf nicht in die Gemeinde des Herrn kommen.«[108] – Ich fühlte neuerdings einen heftigen Stich im Herzen. Neben der
fürchterlichen unaussprechbaren Aufregung, die mich bei dem schändlichen
Geständniß jenes Weibes, das mich unter dem Herzen getragen, erfaßt hatte,
neben der zermalmenden Schmach mich so erniedrigt zu sehen vor den Augen
der Menschen, war in mir wohl auch das schmerzliche selbstquälerische Gefühl erstanden, einer Sünde mein Dasein zu danken, in die Welt geschleudert
worden zu sein gegen den Willen des höchsten Wesens, das ich damals in
unendlicher Ehrfurcht anbetete; – aber als ich nun nochmals klar und deutlich
die Worte las, die Worte jener Schrift, die ich bisher als bindend, als heilig
betrachtet hatte, – als ich Ausspruch des Herrn las, den ich gläubig im Staube
gebückt allerbarmend, allgütig, *allgerecht* genannt hatte, – als ich das Urtheil
las, das mich, – der ich *schuldlos* war an dem Verbrechen, das mich unglücklich machte, – vernichtete; da riß ich ihn heraus aus meinem blutenden zerrissenen Herzen den blinden Glauben, der mich nimmer beseligen, mich nimmer
beglücken konnte, den Glauben, der mir nimmer wahr, nimmer heilig sein
durfte, – ich riß mich los von der Religion, der süßen Trösterin, die *Jedem*
Trost bot, nur *mir* nicht! – –

Es war Mittag geworden. Die Mauern der Stadt wurden mir zu enge, ich
ging hinaus, und während meine frühern Glaubensgenossen im Gotteshause
beteten, saß ich allein im tiefen Walde und weinte heiße bittere Thränen, wie
sie kein Mensch je schmerzlicher geweint!

Es war ein schöner frischer Herbsttag, der Sonnenstrahl drang gedämpft durch
die grüngelben Wipfel der Bäume, die Vögel zwitscherten muntere Lieder, ein
weicher milder Wind durchzog das welkende Laub – ringsum herrschte der
tiefste Friede, in mir grollte der bitterste tödtlichste Haß. – Ich mochte stundenlang im schmerzlichen Brüten gesessen haben, als ich urplötzlich auffuhr; wie
ein heller Blitz in dunkler Nacht durchzuckte es mich, ich war noch nicht verloren. Dein theures Bild, Blume! trat mir mit einemmale mit den lebendigsten

---

[108] Deutr. Cap. 23, V. 3.

Farben vor die Seele. Ich hatte noch *Dich!* nun nur Dich *allein* auf weiter Erde, aber ich hatte *Dich*; was wollte ich mehr?! Das Wort der Schrift hatte mich gebrandmarkt, meine Mutter verrathen, meine Brüder verstoßen, – aber ich hatte noch Dich, Dich, Blume! die Du mir alles das, alles, alles ersetzen solltest. Auf Dich übertrug ich nun meine ganze ungetheilte reiche Liebe! Ein unnennbares glühendes Sehnen nach Dir entbrannte in wilder Gluth in meiner Seele; meine Liebe zu Dir hatte die Höhe des Wahnwitzes erreicht. Die Erinnerung an Dich verwischte die gräßliche Mahnung an die nächste Vergangenheit, lenkte meinen Blick von meiner düstern Zukunft ab ... mit Dir, Blume! in einem fernen Winkel der Erde zu leben, ein solches süßes Kind, *mein* Kind! ... Blume! brach Gawriel plötzlich mit dem Ausdruck der leidenschaftlichsten Wehmuth ab – Du hättest mein Schutzengel werden können – an Deiner Hand, Blume ... wäre ich vielleicht *zurückgekehrt* ... Du hast mir weh gethan, Du hast nicht recht gehandelt ... Blume! wenn es einen Gott gibt – hörst Du! ich will's nicht glauben, ich darf's nicht glauben, ... aber wenn es so ist, Blume! ... so wird man meine Seele einst von Deinen Händen fordern! – – – Ich eilte nach Worms, – wie Dein Vater mich schimpflich zurückwies, wie ich erfuhr, man hätte Dich, als man die schnell verbreitete Nachricht empfangen, rasch mit dem Brudersohne Deines Vaters, mit Deinem Vetter verlobt – das alles weißt Du, – was ich gelitten, das wußtest Du nicht, nein! ich will's zur Ehre der Menschheit denn doch glauben, daß Du's nicht gewußt. – Ich wollte, ich mußte Dich allein sprechen; ich hoffte Dein Vater hätte gelogen, Du würdest anders sein als die Andern, Du würdest Mitleid mit mir haben, würdest mich lieben! – Ich erwartete sehnsüchtig den Jom Kipur; ich wußte, Du würdest, während alle im Gotteshause beteten, daheim bei Deiner blinden Mutter bleiben. Jom Kipur Nachmittag schlich ich in Dein Haus. Athemlos durcheilte ich die mir wohlbekannten Gänge des Hauses, ich öffnete die Thüre, die in das Zimmer Deiner Mutter führte; sie schlummerte, Du saßest an ihrem Bette und betetest. Ich blieb wie Espenlaub bebend an der Thürschwelle stehen. Ich glaubte Du würdest mir mit einem Freudenschrei in die Arme stürzen, die Thränen von meinen Wimpern küssen, den kalten Angstschweiß trocknen, der mir von der Stirne floß. Blume! rief ich, willst Du mit mir fliehen? Willst Du mein Weib werden? – Du schwiegst. Auch Du Blume! rief ich im unsäglichen Schmerze zu Deinen Füßen zusammenbrechend ... Dein Busen hob sich, Deine Lippen bewegten sich, als wolltest Du sprechen, aber Du sprachst nicht, Dein Blick richtete sich geisterhaft auf mich, als wär ich, der Schuldlose, Unglückliche, der Hölle entflohen! ... Ich wollte das dumpfe Schweigen brechen, ich suchte nach Worten, Dich zu rühren, den starren Marmor Deines Herzens zu schmelzen; aber plötzlich fühlte ich mich rücklings erfaßt, Dein Vater, Dein Verlobter waren heimgekommen sich nach Deinem, Deiner Mutter Befinden zu erkundigen. Der wilde Grimm verzerrte ihre Züge ... Wie sie mich beschimpft, wie sie mich gehöhnt, das hattest Du gehört, wie sie mich hinausstießen, ohne Mitleid, ohne Erbarmen, wie man 'nen räudigen Hund mit Fußtritten hinausstößt, das hast Du gesehen! Ja Du sahst's, aber Du sprachst nichts, Du fielst ihnen nicht in die Arme ... Du standest nur bebend und händeringend da ...

Blume! rief Gawriel sie heftig am Arme schüttelnd, und aus seinen Augen blitzte
es mit der Wuth des Wahnwitzes, warum ließest Du diese Gräuel geschehen,
sag', Weib! warum? – warum reichtest Du deine Hand dem Manne, der mich
Unschuldigen so fürchterlich, so unverdient beschimpfte, sag', warum? sprich!

Blume schluchzte heftig, sie faltete ihre schönen weißen Hände, ihre Lippen
bewegten sich lautlos im heißen Gebete ....

Blume! sprach Gawriel, nach einer minutenlangen Pause mit dumpfer
schwankender Stimme, wenn mein Todfeind, der mich für die Ewigkeit haßt,
der mit heißer Gier darnach strebt, mein Herzblut zu trinken – wenn mein
Todfeind so vor mir, der ich unerschütterlich bin im Hasse, wenn mein Todfeind so vor mir läge, wie ich an jenem Jom Kipur Nachmittage vor Dir kniete,
ich, der ich kein Erbarmen kenne, würde heiße Thränen Mitleids weinen, – und
ich war nicht Dein *Feind*, ich hatte Dich geliebt, wie eine Menschenseele nicht
inniger, nicht heiliger lieben darf, ich hätte den letzten Tropfen meines Herzblutes für *eine Thräne* aus Deinem Auge gegeben – und Du, das schwache,
milde, erbarmungsreiche Weib, weintest diese Thräne nicht ... Du standest
entsetzt da, aber Du wehrtest den Wüthenden nicht ... Was hatte ich Euch
gethan? Was war mein Verbrechen?! war ich nicht bis zu dem letzten Athemzuge meiner Mutter fromm, edel, aufopfernd gewesen?! Warum begrubt ihr
die schuldige Mutter feierlich als reuige Büßerin und verstießt den unschuldigen Sohn?! ... Als ich herausgestoßen wurde aus Deinem Hause, Blume, als da
das letzte Ankertau meiner Hoffnung riß; – da schwur ich mir's in meiner
Seele – fürchterliche ewige Rache! ... Ich liebe die Menschen nicht, ich hasse
Euch Juden, aber den glühendsten Haß, den die Menschheit und vielleicht die
Hölle kennt, trage ich gegen Deine Mutter, Deinen Gatten, und ganz besonders
gegen Dich im Herzen!

So tödte mich, rief Blume hastig, und lass' den Gatten, die Mutter, lass' alle
in Frieden! ... lass' die volle Wucht Deines Zornes auf *mein* Haupt niederfal-
len, tödte mich, Gawriel, aber lass' die Andern ...

Der kleine Schläfer auf ihrem Arme war wieder erwacht, er streckte sein
Händchen lächelnd nach der Mutter, Blume schauerte zusammen und brach in
lautes Schluchzen aus: Nein, Gawriel, tödte mich nicht, lass' mich leben, sieh'
mich zu Deinen Füßen, – sie warf sich auf's Knie, – lass' mich leben, nicht für
mich flehe ich, beim allmächtigen Gott! nicht meinetwegen; – aber sieh' diesen unschuldigen Säugling, sein Vater ist ferne, er hat nur die Mutter, könntest
Du's verantworten ihm seine Mutter zu rauben?! ... Du weißt nicht, was eine
Mutter für ihr Kind fühlt ...

Schweig, Blume und steh' auf! rief Gawriel, die Knieende vom Boden rei-
ßend, und die Adern seiner Stirne schwollen mächtig an; bist Du wahnwitzig?
Werde ich ein wehrlos *Weib* ermorden? sei ruhig ... ich tödte Dich nicht, ... so
will ich mich nicht rächen.

Beide schwiegen. Blume öffnete das Fenster, sie sah, ob in der Klause noch
Licht brannte, ein matter Schimmer drang aus den Fenstern des fernen Gebäu-
des, sie fühlte sich wohler zu wissen, daß dort noch Menschen wachten! ... ein

kalter Wind strich durch das Zimmer, Gawriel und Blume bemerkten dies nicht, und nur das Kind schauerte am Arme seiner Mutter.

Du hast viel erlebt, brach Blume wieder das peinliche Schweigen .... Du bist abgefallen von dem Glauben deiner Väter?! ... Du bist ... Du warst ...

Blume wußte nicht was sie sprach, aber diese Grabesstille war ihr tödtlich, sie mußte sprechen, und fast willenlos lösten sich diese Worte von ihren Lippen.

Von dem Glauben *meiner Väter!* wiederholte Gawriel; Du wählst Deine Worte gut, jedes ist ein giftiger Pfeil und hat einen Widerhaken – hab' ich denn den Glauben meiner *Väter* verlassen?! Kenn ich denn meinen *Vater?* Zehn Jahre such' ich ihn, wie Dich, fuhr er dann sinnend fort, Dich habe ich gefunden, werde ich ihn je wiederfinden, *ihn*, den ich vielleicht, – und wenn ich ihn fände, sprach Gawriel nach einem langen Schweigen in sich gekehrt, mehr mit sich selbst sprechend, würde die Stimme der Natur, wie die blöden Menschen sagen, siegen? würde ich voll unendlicher Liebe in seine Vaterarme stürzen, oder würde mich namenloser Haß erfassen gegen den treulosen Verräther, der vielleicht im Wohlleben schwelgte, als man sein Kind von Hohn und Schmach erdrückt von der Schwelle jenes Hauses stieß, das er zwanzig Jahre lang sein Vaterhaus genannt hatte! Wenn er so wäre, wenn er mein vergessen, wenn er nie gedacht des Unglückseligen, den er zur ewigen Qual hinausgeschleudert in das weite öde Dasein, – wenn er so wäre wie die Mutter, die sterbend noch ihr Kind verrieth, wenn er so wäre, und ich fände ihn, – Blume! mit einem Vatermorde würde ich mein elend Dasein glorreich schließen! ...

Blume schauerte zusammen. Gawriel warf sich in einen Stuhl und verhüllte sein Gesicht mit beiden Händen ...

Wenn's aber nicht so, wenn's anders wäre, begann er wieder nach einer langen Pause, während welcher sich die schäumenden Wogen seines Gemüthes gelegt hatten, wenn die Erscheinung in meiner Jugend Wahrheit und nicht Täuschung gewesen, wenn seine Thränen einst in der That das Antlitz seines Kindes genetzt hätten, wenn mein Vater sich in unendlichem Schmerze nach dem langentbehrten Sohne sehnte, wenn sein Herz mir mit jenem eigenthümlichen Gefühle – wie es zuweilen in milden Stunden in den Tiefen meiner Seele aufzuckt – entgegen schlüge, wenn er gefoltert von Reue und Gewissensbissen, wahnsinnig vor Schmerz nach mir forschte ... wenn ich ihn so fände, und wär's der Niedrigste auf Erden, und wär's der elendeste Bettler, dem ich ein Stück Brot zuwerfe, – und er träte so vor mich – Blume! ich hab's oft ausgesprochen, ich wiederhole es auf Manneswort und Ritterehre! ich würde ihn liebend in meine Arme schließen, – und wär's der letzte Augenblick meines Lebens, und wär's mein letzter Athemzug, – mein letzter Athemzug wär' ein lautes Halleluja! noch sterbend ...

Gawriel brach plötzlich ab, und auch Blume hatte schon einige Zeit früher gelauscht. Eine dienstfertige Windeswelle trug aus dem Gebüsche eines entfernten Theiles des Friedhofes klagende Töne an das Ohr der Beiden, und jeder hatte das, was er gehört, eine Zeit lang für eine durch die furchtbare Erregtheit des Augenblickes gerechtfertigte Täuschung gehalten, aber die zuerst dumpfverhallenden Klänge kamen näher.

Mein Sohn, mein Sohn! tönte es jetzt immer deutlicher an ihr Ohr, mein vielgeliebtes, einzig Kind ... wo bist Du? .... komm' zu mir, Du theures Kind .... Du bist in Sünde geboren, aber ich lieb' Dich doch! Du bist ja doch mein Sohn! ... Wo find' ich Dich? ... Fänd' ich Dich im Himmel, ich sucht' Dich dort, fänd' ich Dich jenseits des Meeres, ich sucht' Dich dort – wo bist Du, in Sünde Geborener, der Du meinem Herzen so nahe stehst? Komm' zu mir und lass' uns flehen am Grab des Vaters, vielleicht wird sich Gott meiner erbarmen, wird mir vergeben! ... o! wenn mein Sohn noch lebte, daß ich ihn sehen könnte; dann wollt' ich sterben! ...

Von der nahen Thurmuhr schlugs Mitternacht, ein Wind erhob sich und zog rauschend über den weiten öden Raum des Friedhofs ... der Glocken Klang, des Windes Rauschen übertönte die wieder in der Ferne ersterbenden Worte. Gawriel war leichenblaß geworden. Er trat an's Fenster und blickte lange hinab; aber er sah nichts. Es war Täuschung, sprach er leise vor sich hin, sich rasch und mit dem ganzen Schwunge seines bewundernswürdigen Geistes fassend, – mein scharfes Auge erspäht nichts auf dem weiten, schneebedeckten Raume, – und die Todten sprechen nicht.

Blume schauerte zusammen, sie wagte es nicht auszusprechen, daß auch sie den gespensterhaften Ruf vom Friedhofe vernommen. Gawriel starrte in düsteres Brüten versunken vor sich hin. Blume versuchte es in Gawriel's Seele zu lesen. Sie hatte ihn seit jenem verhängnißreichen Jom Kipur nicht gesehen. Der, der sie einst geliebt, der an seinem Glauben, an der Menscheit, an seinem Volke, am Rechte mit der vollsten ungeschwächten Kraft des Jünglings festgehalten, war ein Anderer geworden. Gebrandmarkt durch das heilige Wort der Schrift, das menschliche Weisheit nimmer ganz zu erklären vermag, verrathen von seiner Mutter, die er abgöttisch verehrte, zurückgewiesen von ihr, hinausgestoßen aus dem Kreise seiner Brüder, – war seine Seele erfüllt vom Hasse. Aber auch seinen Haß vermochte sie nicht zu ergründen; als er eingetreten, hatte sie gefürchtet, er wolle ihr Kind rauben, er wolle sie tödten, – das wollte er nicht, das war nun klar – und doch durfte sie sich noch nicht beruhigen, er hatte es ausgesprochen: er hasse sie, er wolle sich rächen; – in banger Qual starrte sie regungslos auf seine Lippen, und jede Bewegung derselben machte ihr Herzblut von Neuem erstarren; – und doch erschien ihr sein Schweigen noch fürchterlicher. Es war wieder eine jener langen oft wiederkehrenden Pausen eingetreten, die für Blume eine Ewigkeit zu währen schien. Ihre namenlose Beklemmung war noch erhöht durch den tiefen Eindruck des eigenthümlichen Zwischenfalles, durch die Bewunderung für Gawriel, der ihn willenskräftig rasch aus seiner Seele gebannt zu haben schien.

Gawriel! flehte Blume, ich bitte Dich, sprich, brich dies unheimliche Schweigen, es ist mir grauenvoll! ... sprich was Du willst, erzähle weiter.

Siehst Du, Blume! – damals war auch mir Dein Schweigen grauenvoll, ... damals hattest Du kein Wort des Mitleids, keinen Blick des Erbarmens für den armen, unschuldig Gemarterten, und ich schmachtete nach einem Worte der Liebe ... Hätte damals mein Großvater in Köln noch gelebt, vielleicht, ... ich weiß es nicht, aber vielleicht hätte er, der Einzige, mich noch in seine Arme aufgenommen, aber die fürchterliche Nachricht, die seine Tochter, seinen Enkel brandmarkte, seinen Namen der Verachtung Preis gab, seine liebsten Hoffnungen vernichtete, warf den Greis auf's Todtenbett. Ich kam zwei Tage nach seinem Begräbnisse nach Köln. Man wich mir scheu aus, mein Schicksal war allen meinen Glaubensbrüdern bekannt! ...

Ich nahm als Erbe von der ungeheuern Hinterlassenschaft meines Großvaters Besitz. – Mich hielt nun kein Band mehr an dieses Leben, alle die ich geliebt, mußte ich hassen, was mir wahr und heilig gewesen, erschien mir nun lügenhaft und falsch, ich war der unglücklichste Mensch auf Erden! Ich brach mit meiner ganzen Vergangenheit, nichts von ihr sollte in mir fortleben, als die Erinnerung an meine unverdiente Schmach, die meine Rachegluth mit ungeschwächter Wuth anfachte. – Ich suchte nach einem äußeren Zeichen, daß ich ein Anderer geworden; im Dome zu Aachen schwur ich dem alten Glauben ab, in meinem Herzen schwur ich Feindschaft allen Jenen, die ihm anhängen ... Als ich aus der Kirche trat, war eine Menge Volks versammelt den Neubekehrten anzugaffen. Ich schlug die Augen nicht auf; aber ich fühlte es, wie die lästigen Blicke Aller auf mir hafteten. Rasch durcheilte ich das Gedränge und suchte eine Nebengasse, die zu meiner Wohnung führte, zu gewinnen. Der Haufe, der mich begleitete, verlief sich nach und nach und ich hörte endlich nur den Fußtritt eines Einzelnen hinter mir, der mir hartnäckig bis zur Thüre meines Hauses folgte. Ich blickte mich nicht um, aber als ich in's Haus treten wollte, fühlte ich mich am Mantel erfaßt. Was willst Du? frug ich den Zudringlichen, einen Bettler in der Tracht der armen Juden. Nichts, entgegnete dieser mit dem irren Blick des Wahnsinns, nichts, als Dir sagen, daß Du Unrecht gethan hast ... Du hast Deinen Vater im Himmel verlassen ... und ein gutes Kind sucht seinen Vater, auch wenn er ihm Weh bereitet hat, ... es gibt keinen größern Schmerz, als wenn Vater und Sohn sich suchen und sich nicht finden dürfen! ... Der Irrsinnige eilte rasch davon; aber seine Worte drangen wie zündende Funken in meine Seele ... Ich kannte meinen Vater nicht! meine Mutter war gestorben ohne seinen Namen zu nennen; der hohe Ruf ihrer Tugend, den sie bei ihrem Leben besessen, hatte nie das leiseste Mißtrauen aufkommen lassen, und auch wenn ich es hätte wagen dürfen meine frühern Glaubensgenossen zu Mittheilungen zu veranlassen, wären meine Nachforschungen vergeblich gewesen. Ich war bisher zu betäubt gewesen, um meines unbekannten Vaters zu gedenken; aber nun gesellte sich der wilden Rachegluth gegen Euch alle ein Gefühl, so eigenthümlich, so wunderbar, wie ich es nie zu schildern vermöchte. Bald entbrannte ich in namenlosem Hasse gegen den unbekannten Urheber meiner Tage, bald fühlte ich mich milder gestimmt, und tiefes Sehnen erfaßte mein zerrissenes Herz, bald glaubte ich, überzeugt zu sein, er hätte mein vergessen und schwelge ungestörten Frohsinns in irdischem Glücke, während sein Sohn dem schmerzensreichen Gram erläge, bald hoffte ich, er, der mich nicht verrathen, der jahrelang sein Vaterrecht nicht geltend gemacht, – hätte es nur aus unerschöpflicher Liebe zu mir gethan. Ein qualenreicher, oft rascher

Wechsel der Empfindungen erfaßte allgewaltig mein Herz; aber von dem Augenblicke an lebte der Wunsch in mir, meinen Vater zu finden, sei's um ihn zur fürchterlichen Rechenschaft zu fordern, sei's versöhnt in seine Vaterarme zu stürzen!

Drei Tage später ward mir die Nachricht, man hätte Dich mit Deinem Verlobten vermält. Ihr hattet sehr geeilt, und der Tod des Großvaters konnte Euch von Euerem raschen Entschlusse nicht abhalten. Du, meine heißgeliebte angebetete Braut, reichtest dem die Hand, der mich schmählich mißhandelte, als ich flehend vor Dir auf den Knieen lag! ... Die Hochzeit wurde in Worms gefeiert, während ich in Aachen im wahnsinnigsten Schmerze verging! – Der Entschluß meiner Rache stand fest und unerschütterlich, aber ich war noch zu schwach, zu ohnmächtig sie auszuführen!

Gawriel hielt inne, er preßte beide Hände an seine glühende Stirne; nach einer langen Pause fuhr er leidenschaftslos, fast ruhig fort:

Ich ward unstät und flüchtig, ich wußte nicht, wohin ich meine Schritte lenken, nicht, was ich beginnen sollte. Der Krieg war in einem Theile Deutschlands entbrannt, aber er kümmerte mich nicht, er war mir gleichgiltig. In wilder Raserei irrte ich von Stadt zu Stadt, von Dorf zu Dorf; ich hatte nirgend Ruh' und Rast. Oft mußte ich mitten in der Nacht aufstehen und weiter ziehen, es riß mich unaufhaltsam fort. In einer stürmischen Winternacht war ich einst in einem Städtchen im *Jülichschen angelangt, und wollte dort übernachten; aber der Schlaf floh meine müden Augen, um Mitternacht stand ich auf und ließ mein Pferd satteln. Mein Diener weigerte sich entschieden in dem fürchterlichen Sturme fortzuziehen, man rieth mir von der Weiterreise ab, die Straßen waren unsicher, – mich konnte nichts zurückhalten, mich trieb's hinaus! ... Ich mochte wohl zwei Stunden lang planlos geritten sein, als ich plötzlich Flintenschüsse höre, ich reite in der Richtung des Schalles und erblicke bald beim Lichte der vollen Mondscheibe, die minutenlang durch die windzerrissenen Wolken schien, in einiger Entfernung eine Gruppe von Reitern im heftigen Kampfe begriffen. Fast willenlos sporne ich mein Pferd zum raschern Laufe, und halte erst in der Nähe des erbitterten Kampfes. Dieser war ein ungleicher. Fünf Reiter, offenbar die Angreifenden, schlossen einen Halbkreis um eine hohe ritterliche Gestalt. Der Angegriffene, in einen weißen Mantel gehüllt, den Kopf von einem offenen Dragonerhelm bedeckt, mußte in dem Augenblicke meiner Ankunft der überlegenen Anzahl allein die Spitze bieten, da sein Begleiter kurz vorher von einem Pistolenschusse verwundet zusammengesunken war. Ich blieb einen Augenblick thatloser Zuschauer. Zwei Leichen und zwei herrenlose Pferde auf der Seite der Angreifer ließen keinen Zweifel darüber, daß der Weißmantel und sein Gefährte von ihren Feuerwaffen guten Gebrauch gemacht hatten, aber jetzt, wo dieser kampfunfähig geworden, war jener vollauf beschäftigt, die Hiebe der Andringenden zu pariren. Der Mond warf sein fahles Licht auf den Weißmantel, der, die Lippen fest aufeinander gepreßt mit blitzendem Auge und sicherer Hand, sich gegen jeden Angriff deckte, und mit fast übermenschlicher Kraft sein mächtiges Schwert gebrauchte. Die Waffen klirrten, sonst aber herrschte tiefe Stille. Ich kam im Rücken der Angreifer; als der Bedrängte mich erblickte, schien ein Hoffnungsstrahl seine bleichen edlen Züge zu überfliegen; aber kein Laut entfuhr seinem Munde. Meine Ankunft änderte die Lage der Dinge. Zwei der Reiter warfen ihre Pferde herum, und hielten mir die Pistolen entgegen. *Brandenburgisch oder Kaiserlich? riefen sie. – Gilt mir gleich, war meine aufrichtige Antwort. Einer der Frager wandte sich nun um, und zielte scharf und sicher auf das Gesicht des Weißmantels. In diesem Augenblicke erwachte meine volle Theilnahme für den Bedrohten. Er war *verlassen, allein* gegen viele; – ohne mir Rechenschaft über mein Thun zu geben, geleitet von einem innern Drange, – ohne auch nur zu wissen, welcher Partei er angehöre, zog ich die Pistole aus dem Halfter, und schoß den Zielenden vom Pferde herab. Habt Dank, Retter in der Noth! ich will's Euch nie vergessen, rief der Weißmantel sich nun wie neugekräftigt hoch im Sattel aufrichtend, und einen so mächtigen Stoß gegen einen seiner überraschten Gegner führend, daß dieser leblos zu Boden stürzte. Wir waren nun zwei gegen drei, der Weißmantel war gerettet. Mit einer wundervollen unnachahmlichen Schwenkung warf er nun sein Pferd auf meine Seite herüber. Ich hatte nicht Zeit meine zweite Pistole abzufeuern, denn unsere Gegner, in den Waffen wohl geübt, drangen mit gedoppelter Heftigkeit auf uns ein. Ich riß das Schwert von meiner Seite und kämpfte mit der vollen ungezähmten Wuth, die mein Herz erfüllte. Der heiße Kampf that mir wohl, ich fühlte es nicht, daß Blutstropfen an meinem Arme herabträufelten, aber plötzlich sauste aus dem nächsten Gebüsche eine Kugel an mein Ohr, ich sank verwundet zusammen .... Der Weißmantel fing mich mit einem Arme auf, mit dem andern noch immer die mächtige Waffe schwingend. In dem Augenblicke hörte ich Hufschläge, aber ich schloß die Augen und verlor die Besinnung. Als ich acht Tage später zum Bewußtsein kam, befand ich mich zu meinem Erstaunen in einem schönen Zimmer in Jülich ... Ich lag im Bette. Ich erfuhr, daß der Krieger, dem ich das Leben gerettet, der kaiserliche General Ernst von Mannsfeld, Markgraf von Castelnuovo und Bortigliere war. – Brandenburgische Reiter hatten ihm aufgepaßt, als er, tollkühn genug, nur von seinem Lieutenant begleitet, den Weg nach der Stadt zurücklegen wollte. Die Kugel, die mich getroffen, war von Neuenburgischen Schützen geschossen worden, die den brandenburgischen Reitern zu Hilfe kamen; aber gleichzeitig hatten die Flintenschüsse auch kaiserliche Dragoner herbeigeführt, deren Ankunft das kleine Gefecht zu unseren Gunsten entschied. Man sagte mir, Mannsfeld brenne vor Begierde mir seinen Dank für die unerwartete Hilfe abzustatten, und als ich erklärte, daß ich mich nun so wohl und so kräftig fühle, seinen Besuch zu empfangen, trat er einige Augenblicke später in mein Gemach. Mannsfeld stand damals in der Mitte der Zwanzig.[109] Er war ein hoher kräftiger Mann; sein auffallend bleiches, ernstes Gesicht mit dem spanischen Schnurr- und Knebelbarte war von dunklen Locken umwallt, seine großen Augen blickten innig auf mich, er reichte mir die

---

[109] Mannsfeld wurde 1585 geboren.

Hand. Ich dank Dir, Bruder! sprach er gerührt, und jedes seiner Worte drang
tief in mein armes liebeleeres Herz ... Du hast mein Leben gerettet, ich will Dir's
nie vergessen, so wahr mir Gott helfe! – Du wußtest nicht, wem Du halfst, nicht
dem Grafen von Mannsfeld, nicht dem kaiserlichen Feldherrn, nein, dem Menschen, dem hartbedrängten ermatteten unbekannten Krieger botest Du nach guter
Soldatenart den rettenden Arm! ... Dich band kein Eid, was Du für mich gethan,
entstammte blos dem freien Willen Deiner edlen Seele ...

Blume! Ihr Alle hattet mich verstoßen, ich stand allein auf der weiten Welt,
mein Herz, das so glühend, so unendlich lieben konnte, war öde und zerrissen.
Jedes Wort Mannsfeld's träufelte Balsam auf die Wunden meiner Seele; eine
Rührung, so tiefinnig, wie sie nur zur Zeit in mir erstehen konnte, als ich noch
gläubig und unenttäuscht dem süßen Wahne leben durfte, durchrieselte mich,
mein ganzes Herz erschloß sich seinen Worten, ich drückte die Hand des edlen
Kriegers, und heiße Thränen entquollen meinen Augen. Nun, wenn Du kräftig
genug bist und Dich das Reden nicht anstrengt, fuhr Mannsfeld fort, so lass'
mich den Namen meines Retters wissen, wie ist Dein Wappen? Wo ist Deine
Heimat? ...

Der Angstschweiß trat auf meine Stirne. Die Vergangenheit zog im raschen
Fluge nochmals vor meiner Seele vorüber, mir schien alles ein wüster Traum!
Ich kämpfte einen heißen Kampf mit mir; der Zufall führte mir einen mächtigen dankbaren Freund entgegen; durfte ich es wagen, ihm offen und unumwunden meine Lebensgeschichte zu erzählen? Mußte ich nicht befürchten, der
gefeierte Held, der General, der Günstling des Kaisers würde sich verach-
tungsvoll von mir wenden? von mir, dem abtrünnigen Juden, dem, von seinen
Brüdern Verstoßenen, durch seine Geburt Gebrandmarkten!? – Mannsfeld
bemerkte mein Zögern. Ich will nicht in Euch dringen, fuhr er nach einer Pause
der Überraschung fort; vielleicht schwebt ein Geheimniß über Eurem Namen
... es thut mir leid; aber Ihr mögt sein was oder wer Ihr wollt, Ihr werdet mir
stets theuer bleiben ... Plötzlich durchzuckte ihn ein Gedanke. Ihr seid vielleicht Protestant? vielleicht ein Anhänger der Union? rief er; o! wie kennt Ihr
Mannsfeld schlecht! Bei dem allmächtigen Gotte, Ihr mögt sein wer Ihr wollt, –
Ihr seid mir werth und theuer ... Soll ich im Vertrauen mit Euch sprechen? ich
bin dem Protestantismus, den ich jetzt unter den Fahnen meines glorreichen
kaiserlichen Herrn bekämpfe, im Grunde des Herzens nicht abhold; – aber
mich fesselt das Band der Dankbarkeit an das erlauchte Haus Östreich; ich bin
am Hofe meines Taufpathen Erzherzog Ernst erzogen; alles was ich bin, danke
ich meinem kaiserlichen Herrn und Gebieter, und warum sollte ich vor Euch,
meinem Lebensretter, das verheimlichen, worüber ich schon so oft erröthen
mußte und was halb Deutschland weiß ... ich bin nicht im legitimen Ehebette
geboren,[110] und nur der besondern Huld und Gnade des Monarchen habe ich's

---

[110] Ernst Graf von Mannsfeld war ein natürlicher Sohn des Grafen Peter Ernst von
Mannsfeld, und einer vornehmen niederländischen unverheirateten Dame. Kaiser
Rudolph II. erklärte seine Geburt für legitim.

zu danken, daß er mir den Namen und Rang meines Vaters verlieh, daß er meine Geburt für legitim erklärte, daß er mir sein kaiserliches Wort gab, mich, sobald der Krieg, den wir jetzt führen beendet, mit den sämmtlichen Gütern meines Vaters zu belehnen. – Mannsfeld's Worte machten einen erschütternden Eindruck auf mich. Der blinde Zufall hatte mich wunderbar geleitet. Daß die Geburt des Mannes, den ich gerettet, der um meine Freundschaft, um meine Liebe warb, erst durch das Machtwort des Kaisers legitim erklärt wurde, daß ich ihn gerettet, während mein Herz des Hasses übervoll war, daß er, der löwenkühne todesmuthige Held, der sein Leben wohl tausendmal für seinen Kaiser, seine Fahne, seinen Ruhm in die Schanze geschlagen, einen so hohen Werth darauf setzte, das alles wirkte so entscheidend auf mich, daß ich das tiefe Schweigen brach, zu dem ich mich fest entschlossen hatte, daß ich Mannsfeld meine ganze Vergangenheit enthüllte. Mannsfeld hörte mich mit der wärmsten innigsten Theilnahme an. Du bist allein auf der Welt, sprach er, nachdem ich geendet, mit dem vollen Wohllaut seiner kräftigen Stimme, Du hast mir das Leben gerettet, ... Dein Geheimniß soll ewig in meiner Brust ruhen – Willst Du mein Bruder sein? – Mannsfeld blickte mich mit seinen tiefdunkeln Augen so innig, so liebevoll an. Mein Herz schlug als wollte es die Brust zersprengen. Mannsfeld verachtete mich nicht, Mannsfeld reichte mir nicht nur das ärmliche alltägliche Almosen des Mitleids; nein, er bot mir sein ganzes großes Herz – durfte ich die überreiche Gabe zurückweisen? Die Thränen, die meinen Augen entrollten, waren meine einzige Antwort, und in einem langen Bruderkusse besiegelten wir den geschlossenen Bund. – Acht Tage später war ich vollkommen genesen, und bei einem Bankette, das dem Retter Mannsfeld's zu Ehren gegeben wurde, ward ich sämmtlichen Offizieren als neugewonnener Waffengefährte vorgestellt. – Sie hatten mich in der Taufe *Gottfried* genannt, aber Gott war nicht mehr in meinem Herzen, Friede nimmer in meiner Seele, ich bannte die beiden auch aus meinem Namen und nannte mich Otto Bitter, und unter diesem völlig unbekannten Namen trat ich in die kaiserliche Armee. – Das ererbte ungeheuere Vermögen meines Großvaters erlaubte es mir, einige Fähnlein Reiter auf meine Kosten auszurüsten, und zum Dank dafür ward ich an ihre Spitze gestellt. Das Glück, das meinen Waffen günstig war, vereint mit der unerschöpflichen Freundschaft Mannsfeld's für mich, hoben mich rasch von Stufe zu Stufe und ließen mich bald einen hervorragenden Rang in der vom *Erzherzog Leopold geführten Armee einnehmen, die bestimmt war gegen die *Unirten in den Jülch-Cleve'schen Landen zu operiren. – Der fortwährende Krieg hatte mich vollauf beschäftigt, aber trotz des Umstandes, daß meine Vergangenheit jedem, Mannsfeld ausgenommen, ein Geheimniß bleiben sollte, war es mir doch gelungen Nachrichten über Dich und die Deinen einzuziehen. Ich war wohl ferne von Euch, aber im Geiste war ich Euch stets nahe, ich verlor Euch keinen Augenblick aus dem Gesichte. – Mit namenloser Sehnsucht erwartete ich das Ende des langwierigen Krieges. Nach vielen Kämpfen schloß die protestantische Union endlich Frieden mit dem Kaiser, um ihre ganze Macht dem neuentstandenen katholischen Bunde,

der Liga entgegenzustellen. Ich war frei, ich wollte nach Worms eilen, vor
Dich, vor die Deinen treten, mit Euch abrechnen, – aber eine neue unerwartete
Wendung in dem Schicksale meines Freundes Mannsfeld trat mir hindernd
entgegen. Mannsfeld hatte mit Gewißheit erwartet, der Kaiser würde ihn nach
Beendigung des Feldzuges mit den Gütern seines verstorbenen Vaters, der
Statthalter in Luxemburg gewesen, belehnen. Der *Jülich-Cleve'sche Erbfolge-
krieg war beendet, die *Elsaßer Streitigkeiten geordnet; Mannsfeld hatte dem
Kaiser die wesentlichsten Dienste geleistet; er hatte sein Blut auf dem
Schlachtfelde verspritzt, er hatte das reiche Erbe seiner Mutter für kriegerische
Rüstungen aufgewendet, ohne hierfür eine Entschädigung zu verlangen; nur
durch Mannsfeld's Eifer, durch seine hohen militärischen Talente, durch seine
Aufopferung konnte es dem obersten kaiserlichen Feldherrn Erzherzog Leopold
gelingen, den zahlreichen Feinden mit Erfolg die Spitze zu bieten. Mannsfeld
suchte nun um die gewünschte Belehnung an, aber er wurde schimpflich zurückgewiesen. Sein stolzer Sinn konnte die erlittene Beleidigung nicht ertragen, er trat aus den kaiserlichen Diensten, und widmete der evangelischen
Union seinen Eifer, seinen siegreichen Degen. Mir war's völlig gleichgiltig für
wen oder was ich kämpfe, – mich kettete das feste unlösliche Band der Freundschaft an Mannsfeld, ich durfte keinen Augenblick schwanken, ich trat auf
Mannsfeld's Seite. Der Sieg heftete sich an Mannsfeld's Fahne. Ich war sein
treuester und bester Waffengenosse, das Kriegsglück war mir günstig; geliebt
von Mannsfeld, angebetet von den Truppen, ward ich nun der erste Offizier
seiner Armee. – Während dieser Zeit waren die *Judenverfolgungen der Empörer Fettmilch, Gerngroß und Schopp in Frankfurt ausgebrochen, die Judenstadt
ward geplündert und verwüstet, das Leben deiner Glaubensgenossen bedroht.
Der *Pöbel in Worms wollte dem Beispiele, das Frankfurt gegeben, folgen, und
ein Vorwand war leicht gefunden. Deine Familie, die Familie Rottenberg, hatte
eine, ich zweifle nicht daran, wohlbegründete Forderung an einen Patricier in
Frankfurt; er starb und sein in Worms eingebürgerter Sohn fand es am bequem-
sten, sich der von seinem Vater eingegangenen Verpflichtung dadurch zu entledigen, daß er zunächst die Schuld als eine wucherische, später aber sogar den
Schuldschein als einen falschen erklärte. Die Ehre, das Vermögen, die Sicherheit
Euerer Familie ward gleichzeitig bedroht. Die Gewerke in Worms, Freunde
eines raschen Verfahrens, wenn es sich um Gewaltthat gegen die Juden handelte,
betrachteten den Privatstreit als eine Gemeindeangelegenheit und verlangten
vom kaiserlichen Kammergerichte zu Speier die sofortige Austreibung aller
Juden aus Worms. Sie wurden zurück, und in Bezug auf Euere Angelegenheit
auf den Rechtsweg gewiesen. Aber die kaiserlichen Richter waren streng und
gerecht, und es unterlag daher keinem Zweifel, daß Ihr den Rechtsstreit gewinnen würdet. Die Gewerke, durch das Mißlingen ihrer Absicht auf's höchste gereizt, verlangten, Ihr solltet die Schuldforderung opfern, und überdies zur Ehren-
rettung ihres Mitbürgers die Urkunde für unrecht erklären. Ihr entschloßt Euch,
die hohe Summe zu verlieren, aber zu dem unwahren unehrenhaften Geständnisse vermochte Euch niemand zu bewegen. Vergebens war das Drängen der Ge-

werke, vergebens die Bitte Eurer Glaubensbrüder in Worms, die blind genug waren die plumpe Falle nicht zu bemerken und in ihrer Herzenseinfalt glaubten, die Wormser Gewerke würden sich mit dieser Erklärung zufrieden stellen, und keine weiteren Feindseligkeiten gegen die Juden unternehmen. Ihr bliebt standhaft, und in der Charwoche brach der wilde Sturm los. Der Magistrat, beim besten Willen zu schwach, Euch zu schützen, mußte rath- und thatlos zusehen, wie die Juden vertrieben, ihre uralte Synagoge niedergerissen, ihr Friedhof entweiht wurde. Der ungeheueren Anstrengung des Bischofs, der erst spät am Abende jenes unheilvollen Tages in Worms anlangte, gelang es die wilde Wuth des Pöbels zu zähmen; eine allgemeine Plünderung unterblieb, aber für Euch, auf die man den Volkshaß zunächst gelenkt hatte, war es zu spät. Euer Haus war bis in den Grund zerstört, Ihr wart' beraubt, Dein Vater war mißhandelt worden. Ihr hattet Euch nur durch eine rasche Flucht dem sichern Tode entziehen können. Dein Vater starb in Folge des Schreckens und der erlittenen Mißhandlungen. – Die frankfurter Rebellen wurden mit Waffengewalt bezwungen, ein kaiserlicher Kommissär bestrafte die Schuldigen, und die Juden zogen im Triumph wieder in ihre Stadt ein.[111] Auch in Worms erlagen die Empörer bald den kaiserlichen Truppen, und die Juden wurden zurückgerufen, und mit Ehren in ihre alten Wohnungen eingeführt.[112] Ihr aber kehrtet nimmer zurück. Die Wormser Gemeinde behauptete, Euere Halsstarrigkeit wäre schuld an dem Unheil, das noch viel übler hätte ausfallen können, und Ihr hättet Euere Ehre, Eueren Stolz dem Gemeindewohle opfern sollen. Die Gemeinde schloß Euch aus ihrer Mitte, und arm und elend, Euere Schmach unter einem fremden Namen bergend, mußtet Ihr den Bettelstab zur weiten unbestimmten Wanderung ergreifen. Die Strafe war hart; aber Ihr hättet sie um mich verdient!

---

[111] Die im Aufstande gegen den Magistrat der Stadt Frankfurt begriffene Bürgerschaft, unter Anführung des Pfefferküchlers Vincenz Fettmilch, des Schneiders Gerngroß und des Schreibers Schopp stehend, brach am 22. August 1614 in die Judengasse ein. Die erste glückliche Gegenwehr der Juden vermehrte die Erbitterung. Die Juden wurden aus der Stadt gejagt, ihre Wohnhäuser und Synagogen geplündert. Aber die Frevelthat fand bald ihren gebührenden Lohn. Die kaiserlichen Subdelegirten, welche die, gegen die Empörer ausgesprochene Reichsacht zu vollstrecken hatten, kehrten bald mit verstärkter Truppenmacht zurück und bezwangen die Rebellen. Der Landgraf von Hessen hielt am 20. März 1615 in Frankfurt fürchterlich Gericht. Sieben der Empörer wurden hingerichtet. Vincenz Fettmilch geköpft, und die Stücke seines geviertheilten Leichnams zum abschreckenden Beispiel an den vier Enden der Stadt aufgesteckt. Fettmilch's Haus wurde niedergerissen, und eine Schandsäule bezeichnete die Stelle, wo es gestanden. – Die Juden wurden mit Trompeten und Paukenschall feierlich in die Judenstadt eingeführt. Drei Adler wurden an die Pforten derselben geheftet, sie trugen als Umschrift die Worte: »Des Kaisers, und des ganzen Reiches Schutz.« Den auf 175919 Gulden berechneten Schaden ersetzte die Stadt.

[112] Der Churfürst von der Pfalz kam selbst dahin, strafte die Rädelsführer, und restituirte von Reichs wegen die Juden, welche am 7. Januar 1616 wieder ihre Wohnsitze bezogen.

Blume hatte Gawriel wieder lautlos ohne ihn zu unterbrechen angehört. Es schien ihr fast, als freue er sich der behaglichen breiten Umständlichkeit seiner Erzählungsweise, als freute er sich, seine ganze Vergangenheit, die er jahrelang im Herzen verschließen mußte, in's lebende tönende Wort zu übertragen. Als er von jener Zeit sprach, wo er ihr ferne war, schien er ruhiger geworden zu sein, ein milder versöhnlicher Geist schien über ihn zu kommen, als er Mannsfeld's, des festen Freundschaftsbandes gedachte, das ihre Herzen aneinander gekettet, als er von den Verfolgungen der unschuldigen Juden in Frankfurt und Worms sprach, schien ihr's, als ob in ihm doch noch nicht alle Liebe zu seinen Glaubensgenossen erstorben wäre, als ob sich in dem Grunde dieser schwer erforschbaren Seele denn doch noch das Gefühl des Mitleids regte. Sie gab sich schon der schmeichlerischen Hoffnung hin, Gawriel wäre nur gekommen ihr zu verzeihen, er hätte sie nur schrecken wollen mit der Erinnerung an die Vergangenheit; die ernste Mahnung sollte nur dazu dienen, sie durch die volle Wucht seiner Großmuth zu vernichten; – aber als er jetzt wieder mit rauher Hand an die blutenden Wunden ihres Herzens tastete, als er wieder von Strafe sprach, an Vergeltung dachte, sank sie neuerdings, ihr schönes Antlitz mit beiden Händen bedeckend, zusammen. Gawriel bemerkte dies nicht.

Von diesem Augenblicke an verlor ich Deine Spur. Ich hatte mein Schicksal an das meines Freundes Mannsfeld geheftet; es warf mich von einem Ende Deutschlands zum andern. Überall spähete ich nach Dir; kam ich in die Nähe einer Judengemeinde, vertauschte ich oft den Harnisch und Reiterhelm mit dem Mantel und Brettel, um als reisender Bochur Eintritt in dieselbe zu haben, um Dich zu suchen. Ein thörichter Liebeshandel mit Judenmädchen galt da, wo meine Vermummung meiner nächsten Umgebung nicht verheimlicht werden konnte, als Grund derselben. Meine Nachforschungen blieben vergeblich, aber ich verzweifelte nicht, ich wußte es, ich mußte Dich einst finden ... Wir waren eben bereit, dem *Herzog von Savoyen, einem Bundesgenossen der Union zu Hilfe zu eilen, als plötzlich das Kriegsfeuer in Böhmen aufloderte. Der Herzog bedurfte gerade jetzt keiner Verstärkung, Mannsfeld war es gleichgiltig, wo er für den Protestantismus, wo er gegen den Kaiser kämpfte; und wir zogen daher auf Ansuchen der böhmischen Stände, die uns in Sold nahmen, nach Böhmen. Unsere Ankunft wurde sogleich durch einen Sieg bezeichnet, wir nahmen die feste und kaiserlich gesinnte Stadt Pilsen ein. Der Kaiser gerieth durch den Verlust dieser treuen Stadt in höchsten Zorn, und Mannsfeld, und ich, sein erster Offizier, wurden in die Reichsacht erklärt. – Indessen hatten die Böhmen den Pfalzgrafen Friedrich zu ihrem Könige gewählt. Die Wahl war eine unglückliche. Friedrich ernannte Anhalt und Hohenlohe zu Oberfeldherren seiner Armee und Mannsfeld blieb vom Hauptlager getrennt in Pilsen, um nicht unter den Beiden dienen zu müssen. Wir befanden uns in einer schlimmen Lage. Sold und Unterstützung blieben nun sowohl von der Union als vom Pfalzgrafen aus, und Mannsfeld mußte seine Armee ohne Geld auf den Beinen erhalten. Um das Maß des Mißgeschicks voll zu machen, war der Theil des Landes, in dem wir lagen, kaiserlich gesinnt, und wir waren von Spionen umgeben. Es mußte die größte Aufmerksamkeit aufgewendet werden, und jeder, der sich des Spionirens irgendwie verdächtig machte, mußte festgenommen und streng verhört werden. Einst war ein reisender Jude angehalten worden; man wußte, daß die prager Juden der kaiserlichen Sache mit Treue und Eifer anhingen, es war nicht unmöglich, daß er ein Spion sei. Er wurde mir vorgeführt, ich erkannte ihn sogleich. Er war einst eine Zeit lang mit mir auf der Jeschiwo zu Frankfurt gewesen, und auch in Worms hatte ich ihn mehrmals gesehen. Meine veränderte Stellung machte mich völlig unkenntlich. Zu seinem Erstaunen frug ich ihn, ob er nichts von Deinem Aufenthalte wisse, und zögernd gestand er mir, er hätte die längst Verschollene in Prag flüchtig erblickt; aber Du wärst jeder Begegnung scheu ausgewichen. Der arme Bochur hatte nicht im entferntesten an's Spioniren gedacht, und wollte blos nach Fürth reisen. Ich entließ ihn unbehelligt und noch reich beschenkt. – Schon lange vorher war es bestimmt gewesen, daß ich nach Prag reisen, den rückständigen Sold vom Könige verlangen, und mit Anhalt einen gemeinsamen Operationsplan besprechen sollte. Ich hatte mich bisher dem lästigen Geschäfte entzogen, aber als ich erfuhr Du wärst in Prag, erklärte ich mich sogleich zur Reise bereit. Ich langte hier an, und nach dreitägigen erfolglosen Bemühungen beim König und seinen Räthen, entschloß ich mich hier zu bleiben, bis ich dich gefunden. – Ich hatte mein Absteigquartier in dem Hause eines Waffenschmiedes genommen, der einst als Wachtmeister in meinem Regimente gedient hatte. Er war dienstunfähig geworden, und hatte sich dem großen Schwarme Fremder, die mit dem Pfalzgrafen nach Prag gekommen waren, angeschlossen. Er war mir stets ergeben gewesen, und ich konnte auf seine Treue und Verschwiegenheit rechnen. – Wieder war es ein Liebesverhältniß, das ich vor ihm vorschützte, als ich die Kleidung des Generals mit jener des Bochurs wechselte. Ich ging in die Judenstadt und nahm den Familiennamen Mar[113] an. Ein glücklicher Zufall ließ mich sogleich eine Wohnung bei dem Schammes der Altschule, Reb Schlome Sachs finden. Diese, ausserhalb den Thoren des Ghettos gelegen, war für den doppelten Zweck meines Hierseins besonders geeignet. Ich hatte auch gleich bei meinem Eintritte in das Ghetto die Gunst eines sonst menschenscheuen wahnsinnigen Alten auf eine wahrhaft unerklärliche Weise gewonnen, und ich selbst fühlte mich, ohne mir hierüber einen Grund angeben zu können, zu ungewohnter Theilnahme für ihn angeregt, vielleicht – wie ich später annehmen mußte, aus dem Grunde, weil sein eigenthümlicher Wahnsinn mich an das Unglück meines eigenen Lebens gemahnte. Ich war fremd in der jüdischen Gemeinde zu Prag; Du lebtest hier stille und eingezogen unter einem fremden angenommenen Namen. Jede Nachforschung bei Deinen Glaubensgenossen gab mich einem gegründeten Verdachte Preis, ermöglichte eine Entdeckung der wahren Verhältnisse, und so war es einzig und allein der Wahnsinnige, durch dessen Vermittlung ich hoffen konnte Dich aufzufinden; aber als ich ihn zum zweitenmale in seiner Wohnung aufsuchte, fand ich diese verschlossen; und es war

---

[113] Mar heißt im hebräischen *bitter*.

mir seit dem Tage meiner Ankunft nicht mehr gelungen seiner ansichtig zu werden. Aber da ich wußte, daß er mit niemanden verkehre, so konnte ich doch seine Bekanntschaft, die ich auf offener Straße geschlossen, wenigstens als Vorwand für meine oftmalige Abwesenheit vom Hause benützen, und mein Hausherr Reb Schlome Sachs glaubte mich oft theilnahmsvoll an der Seite des Wahnsinnigen, während ich mit dem Könige und dem Feldmarschalle wegen rückständiger Löhnung oder verfehlter Operationspläne unterhandelte. Ich durchstreifte häufig die Straßen der Judenstadt, aber ich erblickte Dich nie. Fast verzweifelte ich schon, Dich hier aufzufinden, als Dich mir ein glücklicher Zufall gestern an der Schwelle des Badehauses entgegenführte, gerade *gestern*, wo ich durch ein Zusammentreffen der Ereignisse Herr Deines Schicksals geworden war! Gestern fand ich Dich, nach zehn martervoll verlebten Jahren wieder, und heute steh' ich vor Dir ...

Blume hatte Gawriel wieder lautlos angehört, er hatte wieder selbstvergessend, oder mit der ganzen staunenerregenden Kraft seiner Seele die entfesselte Leidenschaft bezwingend, so zu ihr gesprochen wie einst vor Jahren. Blume gab sich von Neuem einer beschwichtigenden Hoffnung hin, aber die letzten Worte Gawriels zerstörten nochmals alle ihre Täuschungen.

Was willst Du von mir? kreischte sie sich wieder erhebend und sich unwillkührlich über die Wiege ihres schlummernden Kindes beugend, – was willst Du von mir? sprich's aus, Gawriel! und martere mich nicht mit langsamer Qual zu Tode ...

Du fragst was ich will? rief Gawriel mit leuchtendem Blicke und seine Stimme klang wie das Grollen des Gewittersturmes; was ich will? Dich! ... Du warst mein, Blume! von Deiner Geburt an warst Du mir bestimmt, den Bund, den die Eltern für uns geschlossen, hatten wir gefestet durch das Band der Liebe – das schöne Band der Liebe hast Du gelöst ... nun denn, so kettet mich der Haß an Dich! sind's nicht mehr die Wogen Deines üppigen Busens, sind es nicht mehr die Wellen Deines schwarzen wundervollen Haares, sind es nicht mehr die Blitze dieser schönen liebentzündenden Augen, sind es nicht mehr die schwellenden Rosenlippen, die mich entzückend zu Dir reißen, ... nun denn, so ist's das süße betäubende Gift der Rache! ... Ihr habt mich verstoßen, Ihr habt mich getreten ...... um einer Sünde willen, die ich nicht begangen – lastet nun der Fluch dieser Sünde auf meinem elend' verpesteten Dasein, so will ich denn auch die Süßigkeit dieser Sünde kosten ... ich will –

Blume war einen Augenblick erstarrt, aber dann ergriff sie rasch ihr Kind, öffnete das Fenster und lehnte sich weit hinaus, als wolle sie um Hilfe rufen. Gawriel faßte sie am Arme.

Sei ruhig, Blume! sprach er, fürchte nichts, ich werde nichts durch rohe Gewalt ertrotzen, Du wirst Bedenkzeit haben, und Du wirst Dich mir flehend in die Arme werfen – eine Woche lang geb' ich Dir Bedenkzeit, ... aber ich glaube, dein Entschluß wird rascher gefaßt sein ... Von heute in acht Tagen, Sonntag den achten November – es ist gerade der Jahrestag unserer Verlobung – bin ich um Mitternacht bei Dir ... Willst Du mir angehören?

Gottvergessener! rief Blume außer sich vor Wuth, mit flammendem Antlitz und funkelnden Augen; *das* verlangst Du von mir, von mir, der Gattin eines Andern, der frommen Jüdin, dem pflichttreuen Weibe, der zärtlichen Mutter? ... Ja mein Entschluß ist rasch ...

Weil Du die *Gattin* eines Andern bist, unterbrach sie Gawriel, verlange ich's ... *wärst Du frei*, und du lägst mit all' dem unendlichen Reize, den nicht Leid, nicht Gram Dir geraubt, zu meinen Füßen, und flehtest um einen Liebesblick ... ich stieße Dich von mir ... wie Du mich verstoßen – aber Dich hält das Band der Ehe! Du sollst sündigen, Dein felsenstarres marmorhartes Herz soll die bittern Qualen der Reue kennen lernen, ... und weil Du ein pflichttreues Weib bist, weil Du Deinen Gatten liebst, weil Du Deinem Kinde den Vater erhalten willst, erwarte ich die Gewährung meines Wunsches. – Er zog aus der Brusttasche seines Wammses ein Päckchen, es enthielt einige kleine beschriebene Pergamentrollen und ein Blatt Papier; schweigend reichte er es dem vor Zorn und Leid zitternden Weibe.

Das ist die Schrift meines Gatten! schrie Blume, das sind die *Mesuses, die er geschrieben ... Gott! da ist ein Brief von mir! Wie kömmst Du zu diesen Schriften? wo ist mein Gatte? sprich!

Lies! antwortete Gawriel und reichte ihr nun auch Mannsfeld's Brief, den er gestern durch den Fähnrich erhalten hatte. Blume durchflog rasch das Schreiben, aber als sie zu den letzten Zeilen gelangte, schwankte sie und mußte sich an der Lehne des Stuhles festhalten. Die Buchstaben flimmerten vor ihren Augen ... Ich kann's nicht lesen, sprach sie, lies Du!

Gawriel las:

»Anbelangend den oberwähnten Juden, den meine Vorposten aufgegriffen, halte ich ihn für unschuldig. Ich mußte mein ganzes Ansehen brauchen zu verhindern, daß er nicht von den erbitterten Truppen in Stücke gerissen, oder auf den nächsten Baum gehenkt wurde; und selbst einige Offiziere stimmten für seinen Tod. Da die bei ihm vorgefundenen ihn verdächtigenden Schriften, seiner Aussage nach, hebräische Bibelstellen und Briefe seiner Frau sein sollen, so sende ich sie Dir jedenfalls zur Prüfung, und Dein Wort wird ihm je nach dem Inhalt der Schriften den Tod oder die Freiheit geben. Übrigens ist die ganze Angelegenheit zu unbedeutend, als daß Du deshalb den Michalowitz auch nur einen Augenblick aufhältst, und nur wenn der Jude ein Spion und der Inhalt der Schriften daher für uns von Wichtigkeit ist, kannst Du mir's durch einen Deiner Reiter anzeigen; sonst schicke bei der Unsicherheit des Weges nach Pilsen keinen Boten an mich ...«

Nun, rief Blume hastig, Du siehst, es ist keine Geheimschrift, es sind Mesuses und meine Briefe. Hast Du den Boten schon abgesendet, der das unselige Mißverständnis lösen soll?

Nein! – meine Antwort wird von der deinigen abhängen. – Willst Du von heute in acht Tagen mir angehören?

Und wenn ich *nein* antwortete, was wirst Du thun? frug Blume in höchster Spannung.

Das wirst Du *nicht*, entgegnete Gawriel heftig, Du wirst mich *nicht* zum Äußersten, zum Alleräußersten zwingen ... ich will nicht *so, so* will ich mich rächen, Blume, zwing mich zu keiner andern, zu keiner blutigen Rache ... Ich will nur Gleiches mit Gleichem vergelten ... Du ließest meine Seele zerreißen, – nun denn, so will ich die lebendige Gewissensqual in Deinem Dasein werden, ... Du ließest mich demüthigen, mich tief, o! unendlich tief erniedrigen – nun denn! so will ich auch Dich erniedrigen. Aber ich, ich hatte Dich geliebt, Dich angebetet, Ihr hattet mir *Liebe* mit *Haß* vergolten; ich bin *gerechter* als Ihr – ich geb' Euch *Haß* um *Haß!* ... Mein Entschluß ist unerschütterlich!

Blume stand händeringend und verzweifelnd vor Gawriel. – Nein, ich kann's nicht glauben, daß Du den gräßlichen Frevel begehen willst, daß Du Mannsfeld die höllische Lüge schreibst, die meinen Gatten tödtet, ... sieh', Gawriel! fuhr sie, die Hände faltend fast tonlos fort, ich habe Dich ja nicht gekränkt, nicht gedemüthigt, nicht erniedrigt ... es *durfte* nicht sein, ich *durfte* nicht Dein Weib werden, eine höhere Macht stellte sich zwischen uns, konnte ich, *wer* konnte dafür? *ich* war unschuldig, *Du* warst unschuldig! – nicht wahr, Gawriel, Du willst mich nur schrecken, Du schreibst die Lüge nicht an Mannsfeld?

Blume! ich bin gewappnet gegen Dein Flehen ... Jahre lang such' ich Dich, zehn Jahre lang brüt' ich den Rachegedanken aus, und nun, da ein wunderbarer Zufall mir die Zügel Deines Geschickes in die Hände wirft, sollte ich diesen Moment unbenützt vorübergehen lassen? sollten mich Deine Thränen bethören?! Nein, Blume, nein! jedes Menschenleben muß ein *erreichbares* Ziel haben .... ich hatte kein anderes, als die Rache! – Mein Entschluß bleibt unerschütterlich!

Du läßt mir also nur die Wahl zwischen der Sünde und dem namenlosen Weh? – Du schweigst? ... Gawriel, sprach Blume nach einer Pause, plötzlich ihr schönes Haupt erhebend ... Du hast mich einst geliebt, in Deinem Herzen ist nun jedes Fünkchen dieses Gefühles, alle Theilnahme erloschen, aber ich, ich bemitleide Dich doch! ... wie tief Du gesunken, armer Gawriel! der stolze seelenstarke Gawriel, der die Leuchte seines Volkes werden sollte, ein Riese an Geist, ringt mit einem schwachen, von Elend tief gebeugten Weibe, das den Säugling am Arme zitternd vor ihm fleht ... und welchen Sieg, welchen Triumph will er erkämpfen? – er will das arme, müdegehetzte Weib durch eine freche schamlose Lüge, wie sie niederträchtiger nicht der Menschensinn erdenken kann, verderben! – Gawriel, ich bin in diesem Augenblicke elend und unglücklich wie kein zweites Weib auf Erden, – aber – bei dem allmächtigen Gotte! ... nicht für eine Welt stände ich *so* vor *Dir*, wie *Du* vor mir!

Gawriel stand mit verschränkten Armen vor Blume. Der verzweifelte rücksichtslose Widerstand des hilflosen Weibes, namentlich der letzte schmerzliche Aufschrei ihres gequälten Herzens hatten ihn einen Augenblick, aber auch nur einen Augenblick, wankend gemacht; wie ein Lichtstrahl durchzuckte es seine Seele, Gefühle, die er längst erstorben glaubte, wurden rege in ihm, einen Augenblick gab er sich dem Gedanken hin, seiner Rache zu entsagen, seine jüngste Vergangenheit zu vergessen, wieder ein Anderer zu werden – aber er war schon zu weit gegangen, er hatte mit allen Traditionen gebrochen, die Zukunft, wie er sie in seiner Jugend geträumt, *schien ihm für ewig verloren* ... er konnte nimmer zurück. Sein besserer Theil unterlag, die böse Leidenschaft siegte.

Mein Entschluß ist fest und unerschütterlich, sprach er rasch sich zum Gehen anschickend, als fürchte er selbst nochmals schwankend zu werden. Von heute in acht Tagen, um Mitternacht bin ich bei Dir, – Deines Gatten Schicksal liegt in Deiner Hand, bedenk's bis dorthin ... *Mein* Entschluß ist unerschütterlich!

Er hüllte sich in seinen Mantel und ging. Blume brach laut schluchzend zusammen.

V

Das kaiserliche Heer rückte unaufhaltsam, fast ohne Schwertstreich vor, während sich Anhalt mit seinen Truppen bis auf den weißen Berg, hart an Prag zurückzog. Er hatte kaum sein Lager verschanzt, als die Nachricht anlangte, Herzog Maximilian rücke mit seinen Truppen an, und Boucquoi folge mit dem Reste der Kaiserlichen. Anhalt berief einen Kriegsrath. Mathias Thurn rieth, man möge den Herzog gleich bei seiner Ankunft angreifen, bevor sich seine ermüdeten Truppen erholt, und er sich mit Boucquoi vereinigt hätte. Johann Bubna, Schlick, *Styrum und Andere unterstützten seinen Antrag, und schon schien der Obergeneral Prinz Anhalt für diese Ansicht gewonnen, als Hohenlohe sich heftig gegen jeden Angriff aussprach. »Wir müssen,« meinte er, «jede offene Schlacht gegen die von ausgezeichneten Generalen geführte stärkere Armee zu vermeiden suchen; der Ausgang der Schlachten ist ungewiß, und man darf eine Krone nicht leichtsinnig auf's Spiel setzen. Wir haben eine feste uneinnehmbare Position auf den Höhen, und der Feind wird es nicht wagen uns anzugreifen.« – Hohenlohe's Ansicht drang durch, und Mathias Thurn verließ im höchsten Zorne den Kriegsrath. – So brach der Morgen des achten November an, jenes Tages, der für Jahrhunderte entscheidend werden sollte.

In Prag gab man sich ermuthigt durch das Beispiel Friedrich's, der sich nicht im Geringsten in seinen gewohnten Vergnügungen und Lustbarkeiten stören ließ, keinen Befürchtungen hin, und selbst im Lager am weißen Berge glaubte man sich so sicher, und erwartete so wenig einen Angriff, daß an diesem Tage – es war gerade ein Sonntag – viele Offiziere und gemeine Soldaten nach Prag gegangen waren, ihre Familien zu besuchen.

Gawriel hatte die acht Tage, seit jenem nächtlichen Besuche bei Blume in einer fieberhaften Aufregung verlebt. Mit einem eigenthümlichen Gefühle begrüßte er den Morgen dieses Tages, *des Jahrestages seiner Verlobung.* Nur eine kurze Spanne Zeit trennte ihn jetzt von dem lang ersehnten Momente der Rache!

Es war Vormittag, er saß im Sinnen tief versunken auf seinem Zimmer in Reb Schlome Sachs' Hause, und blickte ernst vor sich hin. Die verschiedenartigsten Gefühle bestürmten ihn allgewaltig. Er ließ seinen Blick, wie er es oft zu seiner eigenen Qual zu thun pflegte, nochmals über seine Vergangenheit schweifen. Er sah sich als Knabe, friedlich und gläubig im Hause seines Großvaters, im Hause seiner Mutter. Er sah sich als Jüngling an der Hand seines Großvaters, vor seiner wunderholden in lieblicher Scham erglühenden Braut, er erinnerte sich der goldenen Träume seiner Jugend, wie er im seligen Hoffen durch ein der Tugend und dem Glauben gewidmetes Leben ein wonnenreiches Jenseits erringen wollte ... und dann wie das alles, urplötzlich anders geworden war, – an die sterbende Mutter, an jenen Jom Kipur, wo er verzweifelnd vor Blume stand ... und nun, nun sollte er sich rächen, fürchterlich rächen! ... Er wußte es, schmerzlicher konnte er Blume, dies keusche seelenreine Weib nicht verwunden, tiefer konnte er sie nicht erniedrigen, – und doch zweifelte er nicht daran, daß das edle treue Weib ihre Ehre, ihre Seelenruhe dem Gatten opfern würde. Zuweilen schien ihm jede Zeitwelle, die ihn von Mitternacht trennte, fast zu rasch, zu eilig vorüberzuhüpfen, als wolle er mehr das Erwarten des nahe bevorstehenden Momentes der Rache, als diese selbst genießen ... zumeist aber schien ihm jede Sekunde unendlich lang, und er konnte sich vor Ungeduld nicht fassen. – All' diesen Erinnerungen, all' den ungewöhnlichen Gemüthsbewegungen hatte sich, wie immer wenn er heftig aufgeregt war, auch bald der Gedanke an seinen Vater beigesellt. Die rasch wechselnden Gefühle der Liebe und des Hasses gegen diesen, der natürliche Wunsch ihn kennen zu lernen, vielleicht auch das, was man die Stimme des Blutes nennt, alles das vereint, hatten stets eine nicht zu beschreibende eigenthümliche Sehnsucht in seinem Herzen erweckt. In *diesem* Augenblicke verzweifelte er daran, ihn je zu finden. Eins, das er jahrelang erstrebt, glaubte er erreicht; aber Blume hatte ihm nicht entgehen können, er hatte es stets gewußt, er müsse sie – wenn auch vielleicht nach jahrenlangem Suchen, – denn doch auffinden. Aber seinen Vater? Von dem wußte er gar nichts, er hatte nicht den geringsten Anhaltspunkt, nicht die leiseste Vermuthung dämmerte in ihm; wo sollte er ihn suchen, wo sollte er ihn finden?

Ein rasches Öffnen der Thüre weckte Gawriel plötzlich aus seinem wirren Gedankenchaos, er wandte sich um, und vor ihm stand der Knabe, der gewöhnliche Sendling des Waffenschmiedes aus der Plattnergasse.

Gnädiger Herr! rief der Knabe, der Obrist *Schlemmersdorf erwartet Euch daheim, er will Euch dringend und eilends sprechen. Gawriel stutzte.

Sag', Du hättest mich nicht getroffen, Junge! entgegnete er nach kurzem Bedenken; ich will bis morgen ungestört bleiben.

Gnädiger Herr! es muß aber etwas sehr Wichtiges sein, der Obrist war außer sich, Euch nicht zu Hause zu treffen, er wollte mir auf dem Fuße folgen .... ich soll Euch sagen, es stehe Leben, Ehre, Alles auf dem Spiele ....

Gawriel erhob sich nun rasch, aber unmuthig und mit sichlichem Widerwillen. – Kurz darauf war er auf die schon bekannte Weise in seiner Wohnung auf dem Marienplatz angelangt, wo ihn Schlemmersdorf mit der fürchterlichsten Ungeduld erwartete.

Wo bleibt Ihr so lange, General? rief er ihm entgegen, schnell, sputet Euch, es ist, bei Gott! kein Augenblick zu verlieren, sputet Euch, nehmt Euere Waffen, zu Pferd, zu Pferd! ... Ich bitt' Euch d'rum!

Was gibt es? frug Gawriel.

Nichts Erfreuliches, wenigstens für den Augenblick nicht ... Heute früh wurde der Vortrab der baierischen Heeressäule am äußersten Ende der Straße erblickt. Der Prinz ruft nochmals die wenigen im Lager anwesenden Offiziere zusammen, zu berathen, ob es nicht denn doch zweckmäßig wäre, die anrückenden Truppen mit einem Angriffe zu empfangen; aber Hohenlohe will die feste Stellung auf den Höhen durchaus nicht aufgeben, und während er sich in Gründen für seine Ansicht erschöpft, wird gemeldet, daß Tilly mit seinen Baiern über ein Brücklein unbehindert den Fluß passirt hat. – Der zum Angriff günstige Augenblick ist für uns verloren. Herzog Maximilian entrollt im Centrum seine ganze wohlgebildete Schlachtordnung; Boucquoi, der dem Herzoge auf dem Fuße gefolgt sein mußte, stellt sich am rechten Flügel auf, und wir haben die ganze Hauptmacht des Feindes uns gegenüber ... Der Prinz, der jeden Augenblick den Angriff der Kaiserlichen erwartet, sucht nun in größter Eile die Truppenmassen zu ordnen. Er hat den Habernfeld an den König mit der Bitte gesandt, er möge das unzeitige Gastmal, das er dem englischen Gesandten gibt, aufheben, und in's Lager kommen, um durch seine Gegenwart den gesunkenen Muth der Truppen aufzurichten. Der Styrum sucht den Mathias Thurn und ich bin zu Euch geeilt ... Aber General! waffnet Euch doch! was zaudert Ihr?

Der General hatte Schlemmersdorf schweigend angehört, ohne sich, trotz dessen Drängen auch nur zu regen. Was soll ich im Lager? frug er jetzt.

Die Frage ist sonderbar, Herr General! entgegnete Schlemmersdorf gereizt; so viel man im Lager in der Eile bestimmen konnte, fügte er dann rasch einlenkend hinzu, sollt Ihr am linken Flügel die ungarischen Reiter, statt *Bornemissa, der krank darnieder liegt ...

Nie und nimmer, Herr Obrist! rief der General entrüstet; das Kommando dieser, der Mannszucht entwöhnten Truppe, deren Sprache ich nicht einmal kenne, der ich mich nicht einmal verständlich machen kann, übernehme ich nicht ... ich dank' dem Prinzen für die Ehre und den Ruhm, der sich mit dem Kommando erringen läßt ... Übrigens, Herr Obrist, kann ich auch sonst nicht viel im Lager nützen, ich bin den Verhältnissen der hier stehenden Armee fremd, ich kenne weder die Stärke ihrer Abtheilungen, noch die Fähigkeiten ihrer Offiziere; der Plan, nach dem vorgegangen werden soll, ist mir völlig unbekannt, ... Herr Obrist, Ihr müßt es selbst gestehen, es wäre beispiellos in der Geschichte der Kriegsführung, es wäre Wahnsinn, wenn ich mich entschlöße, unter solchen Umständen zu kommandiren.

Schlemmersdorf konnte die Richtigkeit des Gesagten nicht bestreiten, er schwieg.

Ich kann Euch d'rum, fuhr Gawriel fort, draußen mit nichts, als mit meinem Arme nützen, wie jeder andere gemeine Reitersknecht, ... aber da mich der Prinz nicht zum Kriegsrathe, an dem doch alle hier anwesenden höhern Offiziere theilnahmen, berufen, so wird, glaube ich, der einzelne Mannsfeld'sche Offizier auch auf dem Schlachtfelde entbehrlich sein ... Entschuldigt mich d'rum beim Prinzen, wenn ich hier bleibe, wo mich gerade heute dringende unabweisliche Geschäfte festhalten.

Es gibt keine dringenderen Pflichten als jene der Ehre! brauste Schlemmersdorf auf. Ich weiß es, Ihr seid beleidigt worden, Herr General! fügte er begütigend hinzu, vielseitig beleidigt worden, es war Unrecht vom Prinzen ... aber jetzt braucht man Euch, der Prinz ruft Euch, nach der gewonnenen Schlacht sollt Ihr vollständig Genugthuung erhalten ...

Gawriel schritt mißmuthig und tief bewegt im Zimmer auf und ab; ein eigenthümliches, früher nie geahntes Grauen durchzitterte ihn, ... daß sie ihn gerade heute auf's Schlachtfeld riefen! *gerade heute*, an dem Jahrestage seiner Verlobung mit Blume, *gerade heute*, wo er sich rächen, seinen jahrelang gereiften Plan zur Ausführung bringen wollte! ...

Schlemmersdorf war in Verzweiflung, er wollte Alles aufbieten um seinen Zweck zu erreichen. Herr General! sprach er endlich nahe an Gawriel tretend, die Zeit drängt, entschließt Euch rasch, ... während wir hier müßig die Zeit verplaudern, greifen die Kaiserlichen vielleicht unsere Linien an; der heutige Tag kann über Friedrich's Krone, über das Schicksal Böhmens entscheiden. Bedenkt's! es wäre ein ew'ger unvertilgbarer Schandfleck auf Eurem Namen, wenn Ihr Euch dem beginnenden Kampfe entzöget. Was würde die Mitwelt, was würde selbst Euer Freund Mannsfeld sagen? ...

Schlemmersdorf hatte die verwundbare Stelle Gawriel's getroffen. Seine Soldatenehre und Mannsfeld's Achtung, das waren die höchsten Güter, die er besaß. Die Mahnung an seine Ehre und die wilde Kampfeslust trieben ihn hinaus auf's Schlachtfeld, und doch fühlte er sich wieder mit ehernen Banden an Prag festgehalten. Er hatte dem Tode schon tausendmal starr in's Auge geblickt, aber heute, gerade heute, seinem Ziel so nahe – heute auf dem Schlachtfelde verbluten, ungerächt sterben zu können, sterben zu können, ohne das namenlose Weh, das ihn getroffen, vergolten zu haben, sterben zu können, ohne irgend *eine* Absicht erreicht zu haben, ... das war ein Gedanke, der ihn mit fürchterlichem unsäglichem Entsetzen erfüllte. Es schien ihm als müsse er Alles aufbieten, sein Leben für seine Rache, für diese Nacht zu erhalten. Ein qualenreicher Zwiespalt zerriß sein Herz ... Einen Augenblick blieb er unschlüssig, als sich aber Schlemmersdorf in seinen Mantel hüllte und ohne ein Wort des Abschieds zu sprechen, ihm verächtlich den Rücken wandte und der Thüre zuschritt, entschied er sich plötzlich. Ich geh' mit Euch, Schlemmersdorf! rief er, ich gehe mit Euch ... aber heute will ich nicht fallen! – Schlemmersdorf blickte betroffen in Gawriel's Gesicht, er wußte es, es war nicht banges Zagen, das aus ihm sprach; aber zu näheren Erörterungen war die Zeit zu kostbar, er trieb zur größten Eile, und kurz darauf sprengten die Beiden mit verhängten Zügeln durch's Strahower Thor hinaus in's Lager. Vor der Stadt begegneten sie dem Styrum, der den Mathias Thurn vergebens gesucht hatte. *Mathias Thurn war an diesem Tage nicht zu finden.*

———————————

Die beiden Heere standen einander gegenüber. Die kaiserlich-bairische Armee, über dreißigtausend Mann stark, war schlagfertig und kampfbereit; die böhmische, kaum zwanzigtausend Mann, war überrascht, und trotz des günstigen Terrains von Anhalt in der größten Eile unzweckmäßig aufgestellt. Der Prinz hatte alles Geschütz, das er besaß, auf die Höhen, die seinen rechten Flügel deckten, bringen lassen, und so stand dieser, von dem jungen Prinzen Anhalt kommandirt, unter dem Gebiete seiner eigenen Kugeln, die über ihn hinweg ihren Bogen machen sollten. Im Centrum kommandirte Hohenlohe unter Anhalt's Oberbefehl, am linken Flügel Bornemissa, der sich trotz seiner Krankheit auf's Schlachtfeld hatte tragen lassen. In der kaiserlichen Armee befehligte der Herzog selbst, und unter ihm Lichtenstein das Centrum, Tilly den linken, Boucquoi, der ungeachtet seiner bei Rakonitz erhaltenen Wunde zu Pferde saß, den rechten Flügel.

Es war ein schöner frischer Wintertag. Die Kaiserlichen schienen eine Zeit lang unschlüssig, ob sie vorrücken sollten; endlich zwischen zwölf und ein Uhr Mittags setzten sich die beiden Treffen, welche die äußersten Flügel bildeten, in Bewegung, und rückten mit klingendem Spiele und großem Geschrei vor. Anhalt ließ alle seine Kanonen auf einmal losbrennen, aber sie waren zu hoch gerichtet, und die Kugeln gingen über die Köpfe der Kaiserlichen weg, ohne ihnen auch nur Einen Mann zu tödten. Der rechte Flügel der Böhmen wurde nun mit Heftigkeit angerissen und zusammengedrängt; aber der junge Anhalt, von Bubna und dem jungen Thurn unterstützt, brach plötzlich (nach den Worten seiner Feinde) »wie Blitz und Donner« in die kaiserliche Reiterei, und sein überaus heftiger Angriff brachte diese, trotz des hartnäckigsten heldmüthigsten Widerstandes, zuletzt zum Weichen. Die Kaiserlichen verloren drei Fahnen, und Obrist Preuner ward gefangen. Der Sieg schien sich auf Friedrich's Seite zu neigen. Aber in dem entscheidenden Momente langte für die bedrängten Kaiserlichen Hilfe an. Gottfried von Pappenheim kam mit seinen Kürassieren gerade rechtzeitig, um das weitere Vordringen des jungen Anhalt zu verhindern. Die Kaiserlichen faßten bei dem Anblicke des jugendlichen glühenden Helden wieder festen Fuß, es entstand ein fürchterliches Handgemenge, und der Kampf wogte eine Viertel Stunde unentschieden auf diesem Theile des Schlachtfeldes. Zu dieser Zeit langten die drei jungen Männer, Gawriel, Schlemmersdorf und Styrum am weißen Berge an. Gawriel hatte nur einen einzigen persönlichen Freund auf dem Schlachtfelde, Johann Bubna; dieser stand am rechten Flügel, und dorthin lenkte er seinen feurigen Rappen. Der Anblick des Schlachtfeldes verscheuchte seinen Mißmuth. Der heiße Kampf, das Schmettern der Trompeten, das Geknatter des Kleingewehrfeuers, der Donner des groben Geschützes, alles das ließ ihn für den Augenblick seine Entschlüsse vergessen. So war er oft an Mannsfeld's Seite gestanden, auf dem Blachfelde hatte er sich einen *neuen, geachteten*, gefürchteten Namen errungen ... Seine Kampfeslust entbrannte in wilder Glut, er zog sein Schwert, spornte sein Roß zum raschen Laufe an, und durchflog pfeilschnell die Fläche, die ihn von dem Kampfplatze trennte.

Ah! bist Du da, junger Freund! rief der alte Bubna, der sich einen Augenblick aus dem dichten Gedränge zurückgezogen hatte, um das Blut, das ihm aus einer Fleischwunde floß, zu stillen, ... gut, daß Du kommst, Dein Anblick stärkt mich wundersam; wie steht's am andern Flügel?

Ich weiß nichts, Bubna, entgegnete Bitter ... ich komme so eben, ... Ihr haltet Euch wacker gegen die Übermacht ...

Wir waren schon Sieger, da kam dieser Pappenheim mit seinen Kürassieren, und der Ausgang des Gefechtes wird wieder zweifelhaft ... Siehst Du ihn dort mit dem offenen Helme auf dem Grauschimmel, wie er seine Reiter anfeuert? ... Er scheint stets neue Massen todesmuthiger Kürassiere aus dem Boden zu stampfen ... aber vorwärts Freund!

Gawriel drang mit seinem schwarzen Rosse unaufhaltsam vorwärts. Das Fähnlein Reiter, das seinem wehenden Helmbusche folgte, war am Weitesten voran. Seine riesige, Alle weit überragende Gestalt, und die nie erlahmende Kraft seines Armes, die seine Gegner wie Spreu zerstreute, erregte Pappenheim's Aufmerksamkeit. Dieser hatte bisher seine Wallonen blos durch das Schwenken seines blinkenden Säbels und seine donnerähnliche Stimme, die das Getöse des Kampfes vollkommen zu übertönen vermochte, aufgemuntert; aber bei dem Anblicke dieses kühn vordringenden feindlichen Offizieres entschloß er sich plötzlich, den alten griechischen Helden gleich, die oft erprobte Kraft seines Schwertes nochmals zu versuchen. Seine späterhin weltbekannte jugendliche Raschheit führte ihn in's dichteste Gedränge, und bald stand der *geächtete Mannsfeld'sche General* dem Grafen Pappenheim, *dem eifrigsten Diener seines Kaisers, dem glühendesten Vorfechter seines Glaubens, gegenüber.* Beide Männer waren riesengroß, beide fühlten, daß mit einem gut geführten Schwertstreiche der Gegenpartei ein schwer zu ersetzender Verlust zugefügt würde. Gawriel ließ seine festen Vorsätze, Pappenheim die Pflichten eines Führers außer Acht; beide vergaßen alles andere, es schien, als wollten sie blos den einen nächsten Zweck erreichen oder sterben. Es galt einen Kampf auf Leben und Tod zwischen den beiden Offizieren, einen Kampf, wie er in der neuern Kriegsführung gewiß zu den seltensten Vorkommnissen gehört. Beide blickten einander einige Sekunden lang thatlos in's Gesicht. Pappenheim bemerkte verwundert einen hellen Purpurstreif, einer Opferflamme gleich, auf der Stirne seines Gegners, während Gawriel die gekreuzten Schwerter auf Pappenheim's Stirne anstarrte ... Das war der Pappenheim, *das* war das Maal, von dem jener Bochur vor neun Tagen an dem Tische seines Hausherrn Reb Schlome Sachs gesprochen, jener Bochur, der ihn an seinen Vater, an seine Mutter gemahnt ... die ganze Vergangenheit, die nächste Zukunft, alles das zog wieder mit der unendlichen Schnelligkeit des Gedankens vor seinem geistigen Auge vorüber ... er wollte leben, seiner Rache leben. Das bange Vorgefühl, heute, dem ersehnten Ziele so nahe, sterben zu müssen ohne es erreicht zu haben, das bange Vorgefühl, das heute schon in ihm aufgetaucht war, entstand mit gedoppelter Kraft in ihm. Daß ihn ein feindliches Geschick heute, gerade heute dem ersten Ritter der kaiserlichen Armee entgegenführte! .... Er wäre gerne zurückgetreten, aber wieder war er zu weit gegangen, er konnte nicht mehr zurück. Pappenheim stürmte mit der ganzen Tollkühnheit seines Jugendfeuers auf ihn ein; ein fürchterlicher Kampf begann. Beide waren ungewöhnlich kräftig, beide gewandte Fechter. Pappenheim hatte erwartet einen ebenbürtigen Gegner zu finden; aber er fand seinen Meister. Die Todesahnung, die Gawriel durchzuckte, hatte ihn nicht muthlos, hatte ihn nur vorsichtig gemacht, er war eine Zeit lang verteidigungsweise vorgegangen, aber plötzlich erspäht er eine Blöße seines allzuheftigen Gegners, er erhebt sich hoch im Sattel, führt einen meisterhaften Stoß, den sein ritterlicher Gegner nicht schnell genug zu pariren vermag, ... Pappenheim stürzt leblos vom Rosse. – Gawriel athmet tief auf und die böhmischen Reiter dringen herzhaft vorwärts, während die Kürassiere, durch den vermeintlichen Tod ihres geliebten Führers entmuthigt, zu weichen beginnen. Aber plötzlich durchfliegt ein Gerücht die Reihen. Der junge Anhalt ist verwundet vom Pferde gestürzt, und in die Hände der Kaiserlichen gefallen; auch Gawriel hört's, und einen Augenblick später ertönt das weitschallende Kommandowort Bubna's, der an des jungen Anhalt Stelle, schnell die Führung übernommen. – Noch ist Hoffnung zum Siege; aber plötzlich ändert sich die ganze Schlachtscene.

Gleichzeitig mit dem Angriffe auf den rechten Flügel der Böhmen hatte der Herzog auf *seinem* rechten Flügel einen *Scheinangriff* auf die gegenüber stehenden ungarischen Reiter durch Polen und Kosaken angeordnet, die aber bald an dem begegneten Widerstande zurückprallen und zerstieben. Die Ungarn, deren Führer Bornemissa nicht zu Pferde sitzen konnte, lassen sich durch diese List täuschen; sie verfolgen die Flüchtigen, und indem sie sich schon für Herren des Schlachtfeldes halten, lösen sie Beute suchend ihre geschlossenen Reihen. Diesen günstigen Moment erspähend rücken Herzog Maximilian und *Lichtenstein mit frischen Kerntruppen gegen die Ungarn. Anhalt ersieht die Gefahr, die seinem linken Flügel droht, und sendet den Bedrängten vom Centrum aus die Hohenlohe'sche Reiterei zu Hilfe. Aber Lichtenstein empfängt sie mit wohlgezielten Kanonen- und Musketenschüssen, die ersten Reihen sinken nieder, und die Hohenlohe'schen Reiter ergreifen, ohne auch nur das Schwert gebraucht zu haben, eiligst die Flucht. Die Ungarn ergreift ein panischer Schrecken, sie folgen dem gegebenen üblen Beispiele, wenden dem Feinde den Rücken und durchbrechen die Reihen ihres eigenen Fußvolkes. Jeder Versuch, die Ungarn zum Stehen zu bringen, ist vergeblich, sie werfen sich in das Thal bei *Motol und suchen die Moldau zu durchschwimmen, aber der Strom ist angeschwollen, und die Meisten finden in den Wellen ihr Grab. Das Fußvolk, in Unordnung gebracht, von der Reiterei verlassen und ohne Kanonen, muß sich nun auch zum raschen Rückzuge entschließen. – Der linke Flügel und das Centrum der böhmischen Armee waren geschlagen; Lichtenstein und Boucquoi hatten keinen Feind mehr vor sich. Der Herzog machte also mit seinem rechten Flügel und dem Hauptkorps eine Schwenkung zur Linken und griff die Hügel an, auf die Anhalt all' sein Geschütz gepflanzt hatte, und von dem sich die Truppen zu weit entfernt hatten. In kurzer Zeit war es in seinen

Händen, und die Friedrich'schen mußten jetzt das Feuer ihrer eigenen Kanonen erfahren. Dies geschah gerade in dem Momente, wo Pappenheim gestürzt,
Anhalt in die Hände der Kaiserlichen gefallen und Bubna das Kommando
übernommen hatte. – Bubna ließ zum Rückzug blasen. Die Truppen, im Rük-
ken das Feuer des Geschützes, von vorn den fürchterlichen Andrang der
sämmtlichen, an allen andern Punkten nun entbehrlich gewordenen kaiserlichen Reiterei – ziehen sich, so geordnet, als es die ungünstigen Verhältnisse
gestatten, zurück. Ein höherer Punkt, an dem sie nun zwischen zwei Feuern
kämpfend anlangen, gewährt ihnen den trostlosen Anblick des Schlachtfeldes
... Leichen und weggeworfene Waffen decken den weiten Plan, das Mittel und
der linke Flügel ist in völliger Flucht begriffen. Es muß ein rascher Entschluß
gefaßt werden; man muß sich trennen. Bubna will es versuchen die Reiterei
nach Prag zu führen, um Friedrich wenigstens den Rest seiner Kavallerie zu
retten. Schlick und sein mährisches Fußvolk ist fest entschlossen lieber zu
sterben als zu fliehen, und während Bubna von Gawriel begleitet sich nach Prag
wendet, dringen die mährischen Regimenter in geschlossenen Reihen durch
das siegreiche kaiserliche Heer, und erreichen fechtend den Stern,[114] wo sie
auf's Neue festen Fuß fassen, aber bald im tapfern Widerstand erliegen. –

Der Sieg der Kaiserlichen war ein vollständiger, und in weniger als einer
Stunde erfochten. Viertausend Böhmen, darunter ein Graf und mehrere Edel-
leute, waren gefallen. Der junge Anhalt, der junge Schlick und andere hohe Offi-
ziere waren gefangen, das ganze Geschütz und das Lager erbeutet worden. Der
Verlust der kaiserlich-bairischen Armee war verhältnißmäßig gering. *Graf
Meggau, *Rechberg und vierzehn andere Offiziere waren am Platze geblieben.
Gottfried von Pappenheim fand man später lebend, aber schwer verwundet,
unter einem Leichenhaufen.

Bei der vollständigen Niederlage der böhmischen Armee hatte der Herzog
jede Verfolgung der Fliehenden für unnöthig gehalten, und in der Nähe Prags,
auf der Hauptstraße, schlossen sich der geordneten Reitermasse Bubna's mehrere Bataillone Fußvolk an, die Schlemmersdorf nach Prag führte. – Schlemmersdorf reichte Bubna und Gawriel traurig die Hand, alle drei ritten schweigend durch das Strahower Thor. Beim Eintritt in die Stadt erblickten sie den
Pfalzgrafen. Er war festlich, in Sammt gekleidet. Habernfeld war es nicht gelungen ihn zu bewegen, auf's Schlachtfeld zu kommen, er wollte nicht nüchtern
ausreiten, hatte sich gerade heute vorgenommen ein Gastmal zu geben, und
wollte erst nach aufgehobener Tafel in's Lager. Die Nachricht von der völligen
Niederlage seiner Truppen unterbrach das unzeitige Bankett, er eilte zum Thore, wo ihm schon seine Generäle Fürst Anhalt und Graf Hohenlohe entgegen-
kamen. Der erstere war ohne Hut, und in der fürchterlichsten Aufregung.

Gnädiger Herr! Ihr habt die Schlacht, und ich habe meinen einzigen Sohn
auf dem Wahlplatze verloren! rief er ihm mit dem erschütternden Schmerze
des trostlosen Vaters entgegen; es ist Alles verloren!

---

[114] Ein Gehölz in der Nähe des weißen Berges.

Friedrich konnte einen Augenblick nicht antworten, die heftige Gemüthsbewegung raubte ihm die Sprache. – Ich weiß nun wer ich bin, sprach er endlich, es gibt Tugenden, welche uns nur das Unglück lehren kann, und nur in
der Widerwärtigkeit erfahren wir Fürsten, wer wir sind.

Gnädiger Herr! rief jetzt Schlemmersdorf, der eben durch das Thor einritt, im
schmerzlichen Vorwurf, Ihr saßt fröhlich und wohlgemuth bei der Tafel, während Euere Armee sich vor den Thoren der Stadt für Euch niederschießen ließ!

Und nutzlos habt Ihr Euch geopfert, sprach Friedrich wehmüthig, und eine
Thräne füllte sein Auge; – ich bin verloren!

Das wolle Gott verhüten! rief Schlemmersdorf; wir führen Euch den Rest
der Armee, etwa siebzehn Bataillons, zu; die Flüchtlinge werden beim ersten
Trommelschlage zu ihren Fahnen zurückkehren, Mannsfeld's fliegendes Kommando steht schlagfertig im Rücken des Feindes, achttausend Mann frische
Hilfsvölker sind aus Ungarn angelangt und stehen schon bei Brandeis ... Befehlt nur, daß man die Thore schließe, und daß sich die Bürger waffnen, die
Stadt kann eine lange Belagerung aushalten.

Was glaubt *Ihr*, Prinz? wandte sich Friedrich an Anhalt. Dieser zuckte die
Achseln. Rathet, Ihr Herren, rathet, was glaubt Ihr? rief Friedrich fast flehend,
was soll geschehen?

Vor allem andern, bemerkte Bubna mit einem Seitenblick auf Anhalt, muß
ein tüchtiger General ernannt werden, die Vertheidigung der Stadt zu leiten ...

Ihr habt auch *meinen* Rath verlangt, gnädiger Herr! fuhr Anhalt jetzt auf,
nun denn, die offene Straße ist ein schlechter Ort für eine ernste Berathung;
gestattet mir, Euch auf's Schloß zu begleiten, dort wollen wir's bedenken ...

Die verlorene Schlacht hatte Anhalt's Einfluß auf den schwachen Friedrich
nicht vermindert. Der Pfalzgraf wandte sein Roß und ritt von Anhalt, Hohenlohe und Schlemmersdorf begleitet, auf den Hradschin. Bubna blickte ihnen
mit verbissenem Ingrimm nach.

Was gedenkst Du zu thun, Bitter? frug Bubna nach einer langen schmerzlichen Pause.

Jedenfalls bleibe ich heute Nacht in der Stadt, entgegnete Gawriel; morgen
wird man hören, was für Pläne Friedrich's Räthe ausgeheckt haben, und darnach werde ich mich richten ... Es ist ausgemacht, daß unser Mannsfeld den
Krieg fortsetzt, auch wenn Friedrich Frieden schließt. In jedem Falle gedenk'
ich Mannsfeld's Schicksal zu theilen.

Du bist kein Böhme, Bitter! Du bist frei ... aber ich, ich! ... ich lieb' den
Friedrich nicht, ich acht' ihn nicht; – aber der Landtag hat ihn doch gewählt;
wenn er Prag flüchtig verlassen muß, ... *muß* ich mit ihm, ich *kann* nicht anders. Erst wenn er in Sicherheit geborgen ist, stoße ich zu Mannsfeld ... also
Bitter, lebe wohl!

Gawriel drückte Bubna's Hand, aber plötzlich schlang der alte Krieger seine
Arme leidenschaftlich um Gawriel's Nacken und küßte ihn mehrmals heftig.
Du hast mir beim *Treffen von Netolitz das Leben gerettet, sprach er, ich habe
Dir noch nie dafür gedankt. Ich glaubte stets Dir einst die alte Schuld abzuzah-

len. Aber unsere Wege trennen sich, ... Bitter! wir gehen einer ungewissen unheilschwangern Zeit entgegen; ... die nächste Zukunft kann uns den Tod bringen, ich weiß nicht ob wir uns je wiedersehen ... Bitter! mir ist's als sollt' ich *Dich nie mehr wiedersehen* ... ich dank' Dir ... leb' wohl!

Bubna riß sich fast gewaltsam los, seine rauhe kräftige Stimme bebte, große Thränen flossen langsam über sein pulvergeschwärztes Antlitz. Ohne Gawriel Zeit zur Entgegnung zu lassen, sprengte er in der Richtung des Hradschins fort. Aber noch einmal hielt er an und mit der Hand winkend, rief er: Leb' wohl, Bitter, für immer!

Gawriel konnte vor Bewegung nicht antworten, und mußte sich fast am Nacken seines Rosses festhalten, um nicht zu schwanken. Das eigenthümliche Aufzucken einer bangen Todesahnung in ihm, als ihn Schlemmersdorf auf's Schlachtfeld rief, war im heißen Gefechte verschwunden, und wieder lebhaft erwacht, als er dem gefürchteten Pappenheim im Zweikampfe gegenüberstand. Einen Augenblick gab er sich sogar rettungslos verloren. Aber er hatte *gesiegt*, er war ohne Wunde, wohlbehalten in Prag angelangt; es schien ihm, als wenn er sich *über* sein Geschick erhöbe. Das kühne übermüthige Selbstvertrauen zu seiner Kraft erreichte seinen Höhepunkt, und trotz des bittern Unmuthes über die verlorene Schlacht, belächelte er in seinem Innern doch die kindlichen Befürchtungen, denen er sich hingegeben hatte. Aber Bubna's Abschied, die trübe Vorahnung, die der alte schlachtgewohnte tapfere Krieger fast zweifellos ausgesprochen, und die Gawriel unwillkührlich auf *sich* bezog, hatte ihn auf einmal wieder mächtig erschüttert. In raschem Fluge, als wolle er seinen düstern Gedanken entrinnen, sprengte er über die Brücke der Altstadt zu, und hielt erst auf dem Marienplatze vor seiner Wohnung. Sein ergebener Waffenschmied erwartete ihn ungeduldig im Thore.

Gott Lob, gnädiger Herr! Ihr lebt! Ihr seid nicht verwundet ... Die Schlacht ist verloren, nicht wahr?

Gawriel eilte, ohne der Worte des Waffenschmiedes zu achten, die Treppe hinan und winkte demselben, zu folgen. Gawriel warf sich in einen Lehnstuhl, der Waffenschmied stand kerzengrade vor ihm, seine Befehle erwartend.

Martin! begann der General, nachdem er lange nachgedacht hatte; Du bist mir immer treu gewesen, ich danke Dir herzlich dafür. Du mußt mir nun noch einen Dienst erweisen, vielleicht den letzten. Die heutige Nacht wird das Schicksal Prag's, des ganzen Landes entscheiden. Ich zweifle nicht daran, Friedrich wird den Einflüsterungen seiner Räthe folgen, wird fliehen; – und dann darf mich der kommende Morgen nicht in Prag finden ... lebend darf ich den Kaiserlichen nicht in die Hände fallen ...

Flieht, gnädiger Herr, flieht! unterbrach ihn Martin, mit dem Rücken der Hand über seine feuchten Augen streichend; verliert keinen Augenblick!

Nein, Martin! heute Nacht muß ich hier bleiben ... ich *muß*, Martin! wiederholte er heftig, als wenn ihm dieser widersprochen hätte, ... dann schritt er lebhaft im Zimmer auf und ab und sprach leise zu sich selbst: Wenn Friedrich feig und schlecht genug wäre, die Thore Prag's jetzt gleich dem eindringenden

Feinde zu öffnen – wenn ich, der Geächtete, lebend in die Hände der Kaiserlichen fiele, wenn ich, in Schmach geboren, schmachvoll durch Henkers Hand enden sollte, enden sollte ohne mich gerächt zu haben! ... nein, nein, ich bleibe *doch* in Prag, ich *muß* mich rächen ... und dann? ich hab' ja ein gutes Schwert, lebend fall' ich nicht in die Hände meiner Feinde ... Martin! sprach er dann laut, jedenfalls läßt Du morgen früh zwei der Dragoner, die mich nach Prag begleitet haben, gut bewaffnet mit einem gesattelten Pferde beim Schweinsthore[115] auf mich warten. Wird die Stadt im Verlaufe der Nacht in Vertheidigungsstand gesetzt, so muß dies den Bürgern bekannt gegeben werden, und Du wirst's erfahren. Ist dies nicht der Fall, so muß man annehmen, daß Friedrich jeden Widerstand, seine Krone aufgibt. – Am besten ist's, Du gehst auf den Hradschin, und paßt genau auf, ob der Pfalzgraf flieht; unbemerkt kann kein Wagen aus der Stadt. Morgen mit Tagesanbruch kömmst Du an's Thor und erstattest mir Bericht. Wird die Stadt übergeben, geh' ich nach Brandeis den ungarischen Hilfsvölkern entgegen, suche sie mit Mannsfeld zu vereinigen, und der Krieg beginnt von Neuem. – Wenn die Kaiserlichen einrücken, wird man mich suchen; sag' ihnen, ich wäre mit dem Pfalzgrafen geflohen.

Gnädiger Herr! rief Martin, flieht gleich, versäumt keinen Augenblick, ich will mit Euch fliehen, ich will Euch nicht verlassen ...

Was ficht Dich an? rief Gawriel, trotz seiner Gemüthserschütterung bewegt von dem Antrage des Waffenschmiedes. Du bist jetzt ein ansäßiger prager Bürger, es wird sich niemand um Dich kümmern, und wenn der erste Sturm, der nur hohe Häupter treffen wird, vorübergerast ist, kannst Du ruhig Dein Geschäft fortsetzen. Siehst Du, Alter! Du hast nur einen Fuß, Du bist nicht mehr jung, das Kriegerleben ist nicht mehr für Dich ... oder fürchtest Du, man wird Dir Deine Treue an mir entgelten lassen? nein, Martin! da ist nichts zu besorgen, sie wissen's nicht, und auch wenn sie's wüßten ...

Nein, es ist nicht das, gnädiger Herr! entgegnete Martin; ich fürchte nur für Euch. Warum wollt Ihr diese Nacht *in Prag* verleben? ... Flieht gleich!

Ich *kann* nicht, Martin! ich *kann* nicht, sprach Gawriel; zum Fliehen ist noch morgen Zeit, – es bleibt bei meinen Anordnungen. Lass' mich jetzt allein, ich hab' noch etwas zu überdenken. – Morgen sehen wir uns.

Martin blieb noch einen Augenblick. Gnädiger Herr! sprach er ...

Willst Du noch etwas? ... Ja, ich erinnere mich, ich muß Dich noch für Deine treuen Dienste entlohnen, und morgen könnte ich in der Eile d'ran vergessen ... Gawriel wollte einen Schrank aufschließen.

Um Gotteswillen, gnädiger Herr! wie könnt Ihr mich so mißverstehen? das ist's nicht, was ich verlange, ich bin reich genug; – aber erweist mir die Huld, flieht heute, flieht gleich ...

Die Hartnäckigkeit Martin's war auffallend. Was hast Du denn? Weißt Du etwas? Wird vielleicht in der Stadt ein Aufstand zu Gunsten der Kaiserlichen ausbrechen? sprich!

---

[115] Jetzt Spittel- oder Poříczer Thor.

Nein, beim allmächtigen Gott, ich weiß nichts, gnädiger Herr! ... aber, setzte er mit leiser unsicherer Stimme hinzu, ich fürchte, ich weiß nicht warum, Euch morgen nimmer lebend wiederzusehen.

Gawriel zuckte unwillkührlich zusammen. Das Wort des schlichten Waffenschmiedes klang dem Abschiedsrufe Bubna's so ähnlich ...

Martin! sprach er, nachdem er sich wieder gefaßt hatte, Deine Liebe zu mir läßt Dich alles schwarz sehen ... ich *kann* heute nicht fort, ich *muß hier bleiben* ... Mein Entschluß ist unerschütterlich!

Martin beugte sich über die Hand, die ihm Gawriel reichte, und benetzte sie mit Thränen.

Mein Entschluß ist unerschütterlich! wiederholte Gawriel nochmals als er allein war ... Es war dies auch das letzte Wort, das er zu Blume gesprochen ... Er maß sein Zimmer mit großen Schritten. Eine leicht erklärliche ungewöhnliche körperliche Ermattung begünstigte die ungeheure Aufregung seines Geistes. Sein bewegtes Leben war stets reich an mannigfaltigen Abwechslungen gewesen, aber heute hatte sich in dem engen Zeitraume weniger Stunden unendlich viel zusammengedrängt. Den einmal wach gewordenen und vielseitig wieder geweckten Gedanken, *heute* zu sterben, *gerade heute*, konnte er denn doch nicht ganz aus seiner Seele bannen. Schon oft war er dem Tode nahe gewesen, schon oft hatten ihn feindliche Kugeln umsaust, feindliche Degenklingen bedroht, schon oft hatte er fallen können, auch ungerächt, auch ohne sein Ziel erreicht zu haben; – *aber er war ihm nie so nahe gewesen.* – Bei dem leisesten Zweifel an dem Gelingen seines Planes litt er die Qualen, die die Mythe jenem *Tantalus andichtet; aber sie waren schmerzlicher ... *wenn er heute stürbe ohne sich gerächt zu haben, wenn er stürbe, hinter sich ein ödes, leeres, zweckloses Dasein, vor sich eine unbekannte Zukunft, so gäbe es eine Vorsehung, so hätte er mehr als ein Menschenleben, mehr als ein Dasein* verscherzt. – Mit der ganzen Kraft seines Riesengeistes kämpfte er gegen den Gedanken, der im Grunde seiner Seele auftauchte. Aber der Gedanke war nicht faßbar, nicht widerlegbar. Er mochte sich's tausendmal vorsprechen, daß er keinen Grund zu diesen Befürchtungen hätte, aber eben weil er keinen vernünftigen Grund für seine Besorgnisse fand, setzte ihn dieses *unerklärliche* Zusammentreffen seines eigenen Gefühls mit jenem seines Freundes Bubna, seines ergebenen Martin, in beunruhigendes Staunen. Aber sein starker Geist rang sich nach und nach zur Fassung empor. Er konnte zwar den peinigenden Gedanken nicht vernichten, aber er überwältigte ihn ...

Blume's Schicksal, das Leben ihres Gatten, steht *jetzt noch* in meiner Hand, sprach er zu sich selbst; die nächste Zukunft kann die Verhältnisse ändern ... der grauende Morgen darf mich nimmer in Prag finden ... ich weiß nicht, ob ich Blume je wiedersehe – der günstige Moment der Rache muß benützt werden!

Eine Stunde später wollte Gawriel aus der Hinterpforte seines Hauses treten. Er war wieder in der Kleidung des Bochurs, aber er hatte diesmal einen weiten Mantel umgeworfen.

Was willst Du, Martin? frug er überrascht, als er den Waffenschmied erblickte, der hastig seinen Arm erfaßte.

Gnädiger Herr! rief dieser, geht nicht in die Judenstadt, flieht, laßt die thörichte Liebschaft ... laßt Euch erflehen; was liegt Euch an dem Judenweibe? ... Geht nicht in die Judenstadt, sie sind dort kaiserlich gesinnt!

Martin, Du meinst es gut; ... aber ich kann Dir nicht folgen ... Siehst Du, er schlug den Mantel auf, unter dem eine Scheide und drei Pistolen hervorblitzten, ich bin bewaffnet, es ist nichts zu fürchten ... Lass' mich; Du kennst mich, Du weißt's, mein Entschluß ist unerschütterlich – Vergiß nicht, morgen früh am Schweinsthore.

Gawriel trat hinaus und eilte in die Judengasse. Martin blickte ihm nach so lange als er ihn noch sehen konnte, dann schloß er das Pförtchen und murmelte seufzend: Den seh' ich gewiß nimmer wieder! –

Die Nachricht der völligen Niederlage Friedrich's hatte sich schnell in der ganzen Stadt verbreitet, und überall herrschte die größte Spannung. Die Altstädter Bürger hatten auf's Schloß geschickt anzufragen, was sie beginnen sollten, und erboten sich, Truppen zu werben und die Stadt zu vertheidigen, wenn Friedrich in Prag bleiben wollte. Die Antwort Friedrich's, die er den Bürgern auf Anrathen Anhalt's ertheilte: »sie sollen trachten mit dem Feinde einen Vergleich zu treffen, er für seine Person wolle am anbrechenden Morgen abreisen«, war dazumal nicht bekannt. Die Altstädter, Friedrichisch gesinnt, waren bestürzt, die Kleinseitner, zumeist dem Kaiser ergeben, freuten sich des von Herzog Maximilian erfochtenen Sieges. Auch in der Judenstadt herrschte eine starke Aufregung. Zahlreiche Gruppen besprachen auf offener Straße leise die jüngsten Neuigkeiten; alle waren der kaiserlichen Sache zugethan.

Gawriel durcheilte dies Gewoge. Zufällig streifte er an einer Straßenecke an einen Haufen Bochurim. Er erkannte sie, sie besuchten die Schiurstube des Dajans Reb Lippmann Heller, dieselbe, die auch Gawriel, um wenigstens den Schein des Bochurs zu retten, besucht hatte.

Wie geht's, Reb Gawriel? wandte sich einer der Bochurim rasch um, wie geht's? ... schade daß Ihr heute Vormittag nicht beim Schiur wart, das war heute ein Schiur! ich sag' Euch, so etwas hört man nur in Prag ... Peli wehafli.[116]

Der Bochur, der Gawriel angesprochen, war eine eigenthümliche Figur. Er war der Nestor der prager Bochurim. Ein fünfzigjähriger Mann, stets Talmud studirend, hatte er nach fünfundzwanzigjähriger reiflicher Erwägung es am besten gefunden, allen Heiratsplänen zu entsagen. Diese mochten früher wohl zumeist an seinem Äußern gescheitert sein, welches in der That wenig Liebenswürdigkeit darbot. Seine ungewöhnliche Länge stand nicht im entferntesten Einklange zu seiner auffallenden Magerkeit, die seinem ungeheuren Höcker zur Folie diente. Seine Kleidung war überdies geeignet, den sonderbaren Eindruck seiner Persönlichkeit noch zu erhöhen. Vom Hause aus arm, und dem Studium zu eifrig ergeben um sich durch Unterricht seinen Lebensunterhalt zu verschaf-

---

[116] Ausgezeichnet, wundervoll –

fen, war er stets darauf angewiesen, sich der abgetragenen Kleider seiner Freunde zu bedienen. Er that dies, ohne die körperliche Persönlichkeit derselben zu berücksichtigen, und so kam es, daß ihm der fadenscheinige seidene Mantel kaum den Höcker überwölbte, daß sich die vielfach geflickten schlotternden Tuchhosen am Knie, wo sie von Rechtswegen den seidenen etwas zerrissenen Strümpfen begegnen sollten, aufwärts stülpten und eine bedenkliche, durch einen Leinwandstreifen sehr unzweckmäßig ausgefüllte Lücke ließen, daß das kleine enge Brettel, dessen ursprüngliches Schwarz nicht unbedeutend in's Röthliche schillerte, nur leicht auf seinem reichbehaarten Haupte ruhte, und bei der leisesten Bewegung des lebhaften Mannes hin und her schwankte. Ein grauer Bart, der ungepflegt auf die Brust niederhing, wurde stets von den Fingern seiner rechten Hand durchfurcht, und mußte sich's bei lebhaften Discussionen seines Trägers gefallen lassen, mit dem untern Ende kunstreich in den Mund empor gestülpt und zerbissen zu werden, und in der That, hatten die Zähne Reb Mordechai Wag's – so hieß der Bochur – diesen Haarschmuck schon bedeutend gelichtet. Trotz dieses wenig reizenden Äußern war Reb Mordechai Wag doch überall wohl gelitten. Er hatte einen scharfen, namentlich das Wesen des Talmuds leicht erfassenden Geist, und ein gutes Herz. Er war seines Pilpuls wegen ein Schrecken aller reisenden Lomdim, die in Prag Darschenen[117] wollten und ein Gönner aller kleinen Bochurim, die nach Prag auf die Jeschiwo kamen. Oft, wenn er nach der Sitte der damaligen Zeit von irgend einem Gemeindegliede zu Tische geladen war, sandte er einen andern, der, weniger glücklich als er, an diesem Tage keinen Gastfreund gefunden hatte, an seiner Stelle, und während er sich krank ansagen ließ, kaute er daheim, seine eigene List belächelnd, ein Stückchen trockenes Brod. – Das Studium des Talmuds war sein einziges, sein höchstes Ziel. Es schien ihm unmöglich, daß ein Bochur sich für etwas anderes als den Schiur interessiren könne, und selbst heute, wo Alles in die größte Aufregung versetzt war, war es ihm ganz gleichgiltig, ob der Pfalzgraf oder ob Herzog Maximilian Sieger blieb, und seine Gedanken bewegten sich nur in dem gewohnten Geleise. – Es war Gawriel sehr unangenehm, gerade in der jetzigen Stimmung in die Hände des mittheilsamen Reb Mordechai gefallen zu sein, und doch wollte er nicht durch ein zu auffallendes Davoneilen die Aufmerksamkeit der Bochurim auf sich ziehen. Er hüllte sich daher fester in den Mantel, der seine Waffen verbarg, und sprach seine Ungeduld bekämpfend: Es thut mir leid den heutigen Schiur versäumt zu haben, ich werde Euch nächstens, bei Gelegenheit bitten, mir mitzutheilen, was der Rebbe ...

Zu was nächstens? Gleich will ich's Euch sagen; was haben wir jetzt Besseres zu thun?

Ich meinte, entgegnete Gawriel, sich zu einem Lächeln zwingend, der Augenblick, wo Alles der nächsten Zukunft gespannt entgegensieht, wo es entschieden werden soll, ob der Kaiser oder der Pfalzgraf ...

---

117 Öffentlichen Vortrag abhalten.

Was kümmert das aber uns Bochurim? entgegnete Reb Mordechai durch Gawriel's Widerspruch gereizt ... der Kaiser soll ein Malchus schel Chesed[118] sein, – der Pfalzgraf und die böhmischen Herren haben uns Juden zwar auch geschützt, aber was hilft's, sie sind doch morid be Malchus gewesen,[119] und Ihr wißt, das thut nicht gut .... D'rum überlassen wir das alles hakodosch, boruch hu,[120] und beschäftigen wir uns nur mit seiner Thoro ... also der Rebbe ...

Reb Mordechai! sprach jetzt ein junger Mann mit einem dunklen ausdrucksvollen Gesichte, den die Andern Reb Michoel nannten; laßt das jetzt. Jofo Thoro im Derech Erez[121] ... Die weltlichen Sachen sind auch wichtig, wenn Ihr das auch nicht so begreifen könnt ... Ihr kommt von draußen,[122] fuhr er zu Gawriel gewendet fort, habt Ihr vielleicht etwas Näheres über die Schlacht gehört? Man sagt, die ungarischen Reiter wären zuerst Sieger geblieben, aber das grobe Geschütz der Kaiserlichen hätte das Kleingewehrfeuer ...

Was kümmert das einen Bochur, frug Reb Mordechai heftig, ob die Reiter auf's Fußvolk, oder ob das Fußvolk auf die Reiter geschossen, ob sie zuerst aus den kleinen Flinten und dann aus den großen Kanonen gefeuert haben oder umgekehrt? ... welcher rechtschaffene Bochur kümmert sich darum? Ein Bochur kann ein *Rof oder ein Schochet,[123] oder ein friedlicher *Balbos werden; habt Ihr schon gesehen, daß ein Bochur ein *Baal Milchomo geworden ist?!

Ein dritter junger Mann, der bisher keinen Antheil an dem Gespräche genommen hatte, trat näher. Ich bin erst seit kurzem in Prag, sprach er, ich habe bisher in Frankfurt am Main gelernt, ich weiß nicht, ob Euch der Name Gawriel Süß bekannt ist ... der war zuerst ein tüchtiger Bochur, dann ward er ein Kriegsmann.

Gawriel zuckte zusammen; er hörte sich so das erste Mal seit langer Zeit nennen, er antwortete nicht, aber Michoel schüttelte verneinend das Haupt. Gawriel Süß ... Süß – wiederholte Reb Mordechai nachdenkend – war er nicht ein Mamser? etwas hab' ich einmal gehört, ... aber ich habe kein Gedächtniß für solche Dworim betellim.[124]

Was war's mit dem? frug Michoel neugierig; erzählt, ich bitte Euch.

Reb Nochum – so hieß der Frankfurter Bochur – leistete der dringenden Aufforderung Reb Michoel's Folge und erzählte Gawriel's Lebensgeschichte, freilich hier und da etwas von der Wahrheit abweichend; aber im Ganzen ziemlich richtig. Seine Erzählung schloß damit: Gawriel sei, nachdem er sich hatte taufen lassen, von frühern Bekannten einmal zu Pferde mit mehrern kaiserlichen Reitern gesehen worden, möge aber, da er seit jener Zeit verschollen sei, im Jülch-Kleve'schen Krieg den Tod gefunden haben.

---

[118] Ein Regent der Milde, ein milder Fürst.
[119] Sie haben sich gegen die Regierung empört.
[120] Der Heilige gelobt sei er (Gott).
[121] Schön ist's, wenn die (Kenntniß der) Lehre, sich mit Weltkenntniß verbindet (*Pirke Aboth Cap. 2).
[122] Außerhalb der Judenstadt.
[123] Schlächter.
[124] Nichtige Dinge.

Ja, so etwas Ähnliches hab' ich gehört, sagte Mordechai, nachdem der Frankfurter geendet; aber daß er ein Baal Milchome geworden, das war hier in Prag nicht bekannt; es hieß, er habe sich ertränkt ... wer weiß auch ob's wahr ist ... Übrigens wißt Ihr, man hätte ihn können metaher sein![125] ja wahrhaftig, fügte Mordechai rasch hinzu, sich nun wieder auf festem Boden fühlend, die Aussage der Mutter gilt nichts, Gawriel Süß war gar nicht als Mamser zu betrachten. Seht nach im *Rambam[126] Isure Biah[127] ...

Wohl wahr, Reb Mordechai! entgegnete Michoel, aber Ihr vergeßt, es war eine *sterbende* Mutter, eine *sterbende* Mutter wird nicht mit einer Lüge von ihrem Kinde scheiden ... und sie hatte doch früher, wie erzählt wurde, ihren Sohn geliebt – und dann, was nützte es ihm? wird jemand, irgend jemand daran zweifeln, daß er ein Mamser ist? wenn Ihr eine Schwester, eine Tochter hättet, würdet Ihr sie ihm zur Gattin geben? *das* bedenkt, Reb Mordechai! *Vor der innern Überzeugung konnte keine Macht auf Erden die Rechtmäßigkeit seiner Geburt herstellen!*

Michoel's Blick blieb zufällig auf Gawriel's Gesicht haften, er bemerkte die Pupurgluth und Leichenblässe, die im raschen Wechsel Gawriel's Züge deckte. – Vor der innern Überzeugung nicht! wiederholte Gawriel tonlos. – Reb Mordechai hatte nichts zu erwiedern, und es war eine Pause eingetreten. Gawriel konnte sich jetzt verabschieden, aber er mochte es nicht, das Gespräch war zu interessant für ihn, um es nicht bis zu Ende anzuhören.

Das Gesetz: ein Mamser darf nicht in die Gemeinde des Herrn kommen, begann Reb Nochum wieder, ist ein Chok.[128] Warum büßt der Schuldlose die Sünde der Eltern? warum wird er hinausgestoßen aus dem engsten schönsten Verbande? warum darf er nie ein liebend Weib als Gattin heimführen? warum darf er sich nicht freuen im Kreise seiner Familie? ... aber seht, auch in diesem Gesetze gibt sich der Geist des Herrn kund, der dem Gläubigen aus jedem Worte unserer heiligen Lehre entgegenweht. Seht diesen Mamser, diesen Gawriel Süß ... er fluchte der entseelten Mutter! ... *das* konnte nur ein Mamser thun, *den* Frevel kann kein Mensch begehen, der nicht in Sünde geboren ... Das Verbrechen, das ihn in's Dasein rief, stößt ihn immer weiter vorwärts, und willenlos betritt er die Bahn der Sünde ... d'rum mag der Herr in seiner Weisheit ...

Ihr seid ein Denker, unterbrach Michoel den Sprecher, und mich freut's, Euch gefunden zu haben; man findet das nicht oft unter den Bochurim – *der feste Gottesglaube wird nicht erschüttert durch vernünftige Forschung, wenn man nur diese unterordnet* ... Aber Ihr irrt, Freund! Da sei Gott vor, daß irgend ein Mensch eine fest vorgezeichnete Bahn, – den Weg der Sünde *betreten*

---

[125] Rein Sprechen, hier soviel als: legitim erklären.
[126] Eigentlich *Jad ha Chasaka von Maimonides, ein Werk, welches alle biblischen und rabbinischen Gesetze und Entscheidungen enthält. Der Ausspruch desselben ist in der Regel endgiltig.
[127] *Jad ha Chasaka Iiure Biah Cap. 15, Hal. 19.
[128] So nennt man jene Gesetze, die sich nicht in der menschlichen Vernunft begründen lassen.

müßte, wo bliebe sein freier Wille? – so ist's nicht. Eine Tochter, eine Schwester dürft Ihr dem Mamser nicht geben, *das* befiehlt die Thora, aber *nur* das und nichts weiter, so erklärt's der Talmud ... das ist ein Gebot, wie es viele andere sind, ein Gebot des Herrn, dem Menschengeiste verhüllt, unerklärt ... Aber ein Mamser kann edel, groß, kann eine Leuchte seines Volkes werden. Kennt Ihr die *Mischna in Horios nicht? »Ein Mamser *Talmud Chochom steht über einem hohen Priester, der weniger würdig ist«[129] – nicht wahr, wandte sich Michoel an Mordechai, es steht so? – Gawriel Süß *mußte nicht* verzweifeln, *mußte nicht* so handeln, wie er gehandelt. Der Herr hatte ihn mit irdischen Glücksgütern gesegnet, er hatte ihm Geisteskraft verliehen; er hätte ein Wohltäter der Armen, eine Stütze der Wankenden, ein Lehrer seines Volkes, ein Beispiel demuthsvoller Ergebenheit werden können. In dem höchsten geistigen Genusse, dem ungestörten Forschen des Gotteswortes, in dem Ringen nach dem Jenseits hätte er Befriedigung, hätte er auch ein ruhiges Diesseits gewonnen. – *Sein Schicksal stand in seiner Hand ... daß er verdarb, war seine eigene Schuld!*

Gawriel war's, als hätte ihn ein zündender Blitz in das Innerste seiner Seele getroffen. Er fuhr sich mit der Hand krampfhaft nach dem Herzen, er schwankte und mußte sich auf den Eckstein niedersetzen. Mordechai, dem für das eben Gesprochene das höhere Verständniß fehlte, bemerkte dies eben so wenig, als Reb Nochum, dessen Aufmerksamkeit durch Michoel's Worte völlig gefesselt blieb, und blos des Letztern scharfer Blick erkannte die Bewegung Gawriel's, die dieser nicht zu bemeistern vermochte. – *Der Zustand der fürchterlichsten Aufregung, der fieberhaftesten Spannung, in der er sich befand, hatte den Eindruck dieser Worte noch erhöht, vervielfacht.* Er fühlte es in diesem Augenblicke mit der ganzen Kraft seiner Erkenntniß: in den entscheidendsten Momenten seines Lebens hatte ihm *nur* die Fackel seines wilden Hasses geleuchtet, und in ihrem düstern unheimlichen Scheine hatte ihm alles verzerrt entgegengegrinst ... Die Worte, die einst lindernder Balsam für sein blutendes Herz hätten werden können, trafen ihn jetzt mit der ganzen Wucht ihrer überzeugenden Wahrheit. Der Gedanke, der ihn einst hätte retten können, erfüllte ihn nun mit namenlosem unsäglichem Schmerze. Die kühne Zuversicht, mit der er sich für alles das, was er gethan, unverantwortlich gemacht hatte, war gebrochen. Michoel hatte ihm gezeigt, wie er hätte werden können, – wie anders war er geworden!

Es war wieder eine Pause eingetreten. Mordechai bemerkte jetzt mit Schrecken, daß er fast die Zeit des Mariwsgebetes[130] versäumt hätte, und eilte mit Reb Nochum in die nächstgelegene Synagoge. Michoel blieb vor Gawriel stehen. Dieser schien fast die Besinnung verloren zu haben. Endlich frug er, sich aufraffend, mit tonloser Stimme: Wer seid Ihr und wie heißt Ihr?

Ich heiße Michoel Glogau, bin in Schlesien geboren, und habe hier meine talmudischen Studien vollendet. Ich bin nach Breslau als Darschan[131] berufen – und wie heißt Ihr?

---

[129] Ein Mamser, der ein Schriftgelehrter ist .... Traktat Horios, letzte Mischna.
[130] Abendgebet.
[131] Prediger.

Ich heiße Gawriel Mar ... entgegnete der Gefragte mit zitternder unsicherer Stimme.

Gawriel Mar, Mar, Mar,[132] wiederholte Michoel ganz leise und nachdenklich, sein Auge fest auf Gawriel geheftet; sonderbar! ... Seid Ihr unwohl, daß Ihr so erschöpft auf dem Steine da sitzt?

Ja ... nein ... ein wenig ... es wird besser werden. Was blickt Ihr mich so starr an? – geht nur, Reb Michoel, stört Euch um meinetwillen nicht ... ich pflege oft ... so zu leiden. Geht, ich bitt' Euch, geht ... geht ...

Michoel ging, von Zeit zu Zeit stehen bleibend und sich nach Gawriel umblickend. Dieser saß einige Minuten lang wie versteinert, aber – war es wiedergewonnene Fassung, oder hatte ihn der starke Schnee, der zu fallen begann, aufgerüttelt – er erhob sich plötzlich, wischte sich den kalten Schweiß von der Stirne und blickte starr die Stelle an, wo Michoel gestanden, als ob er sich überzeugen wollte, daß ihn nicht fantastische Träume umschwebten; dann schritt er rasch seiner Wohnung zu. Als er am Ende des engen Gäßchens, das aus der Judenstadt in die Altschul führte, angelangt war, hörte er plötzlich seinen alten Namen »Gawriel Süß« rufen. Überrascht wandte er unwillkührlich den Kopf um – er erblickte niemand und eilte mit verdoppelter Schnelligkeit nach Hause in die Altschule.

Er ist's! sprach Michoel Glogau hinter einer Mauerecke vortretend, die ihn Gawriel's Blicken entzogen hatte, meine Vermuthung war richtig, Gawriel Mar – ist Gawriel Süß. Ich muß ihn sprechen ...

Gawriel trat wieder in sein Zimmer in der Altschul. – Seit wenigen Stunden, seit Vormittag, wo ihn Schlemmersdorf auf's Schlachtfeld gerufen, war unendlich viel in und außer ihm vorgegangen. Friedrich hatte seine Krone verloren, der Kaiser einen weit hinausreichenden Sieg erfochten. Er war bei dieser wichtigen Katastrophe anwesend, war Zeuge, Theilnehmer des heißen Kampfes, sein Leben war vielfach bedroht gewesen. Er war Pappenheim, dem ersten Ritter der kaiserlichen Armee, gegenüber gestanden, und glaubte ihn getödtet zu haben, – und alle diese Vorfälle, deren jeder einzelne genügt hätte den Geisteskräftigsten in die höchste Aufregung zu versetzen, verschwanden spurlos vor Gawriel's Seele. Michoel's Worte hatten eine neue Fluth von Gefühlen in seiner übervollen Brust hervorgerufen. Ein neues, früher nie geahntes Weh rang mit dem alten Schmerzen in seiner Brust. Mit der ganzen Riesenkraft seines Geistes suchte er sich emporzuschwingen aus dem wilden Chaos der Gedanken, die jeden Andern, minder starken, unfehlbar in die grause Nacht des Wahnwitzes gestürzt hätten. – Die beiden mächtigen Hände an die hohe purpurn glühende Stirne gepreßt, als wolle er all' sein Denken auf einen Punkt hindrängen, saß er stundenlang in gewaltigem innern Kampfe an seinem Tische.

---

[132]	Es muß hier nochmals in Erinnerung gebracht werden, daß Mar im hebräischen, *Bitter* bedeutet.

Nein, nein, nein! rief er endlich heftig, *jetzt* ist's zu spät, *zu spät!* Gawriel, Du bist zu weit, zu *weit* gegangen, ... jetzt kannst Du nimmermehr zurück .... Du gleichst jenem Acher, der da von sich gehört: Kehrt zurück ihr widerspänstigen Söhne, – nur Acher nicht![133] ... Ja Michoel, Du Mann der schönen Rede, mit dem milden freundlich glänzenden Auge! wärst Du am Todtenbette meiner Mutter gestanden, hättest *Du damals* so zu mir gesprochen! ... aber sie hatten mich alle verstoßen ... o, Blume! Blume! warum hast Du mir das gethan? hättest Du mir *nicht Deine Hand gereicht*, nur Dein *Mitleid!* ... o! nur ein einziges aufmunterndes Wort an jenem Jom-Kipur, zum heißen Kampfe mit dem namenlosen Schmerze! Warum sprachst *Du* nicht so wie jener Michoel? ... o! ich wär' ein Anderer geworden, gewiß, ich wär' ein Anderer geworden! ... Blume! Du hättest der rettende Engel meines Daseins werden können, – Du stießest mich von Dir, *Du wardst mein Dämon!* ... Gawriel hielt beide Hände vor sein Antlitz: Ja *Ihr, Ihr*, rief er jetzt plötzlich, und die wilde Wuth verdrängte alle milden Gefühle, Ihr habt mich auf den Weg gedrängt, den ich betreten, ... *Ihr* habt mein *Dasein* vergiftet, meine *Hoffnung* vernichtet! ... Stehe ich nun zwischen einer trostlosen Vergangenheit und einer hoffnungslosen Zukunft, so will ich wenigstens die Gegenwart nutzen, will ich wenigstens mein verpfuschtes elendes Leben gleichmäßig beschließen! Ich will mich rächen, süß und fürchterlich .... die heutige Nacht weih' ich der Rache, – und dann ... mich selbst dem sichern Tod; die nächste Schlacht will ich mich in die dichtesten Feindeshaufen stürzen, die nackte Brust im heißen Kugelregen baden; *eine* Klinge, *eine* Kugel wird wohl den Weg zu meinem schmerzgebroch'nen Herzen finden! ... Und wenn ich allein, verlassen, von Rosses Huf zerstampft am blut'gen Plan verröchle; – dann will ich noch mein brechend Aug' zu einem letzten trutzigen Blick erheben, dann noch will ich ungebeugten Geistes ausrufen: Wo bist Du, den sie allgerecht, allmächtig, allmilde nennen? ... Siehst Du? ich sterbe einsam, verlassen, unbeweint, – verflucht von dem Weibe, das ich einst wahnsinnig liebte, verstoßen von dem Vater ...

Dieser Gedanke, der Gawriel's ganzes Seelenleben wie ein rother Faden durchzogen hatte, dieser Gedanke, der Gawriel stets emporgerissen hatte zur Hoffnung oder zur Verzweiflung, je nachdem die Wogen seines bewegten Geistes strömten, wirkte auch in diesem Momente, nur wo möglich noch heftiger, wo möglich noch tiefer eingreifend auf Gawriel. Mit fast wahnsinniger Hast riß er das Fenster auf und blickte zu dem, zum Theil mit Wolken verhüllten Nachthimmel empor: Gib mir meinen Vater, wenn Du allmächtig bist, laß mich ihn finden, *heute, heute* finden ... und ich will Dir das größte Opfer, das allerschmerzensreichste Opfer – meine Rache darbringen; laß mich in den Armen meines Vaters sterben ... und ich will mein Gelöbniß halten, ja, ja, ich

---

[133] *Elischa ben Abuja, Rabbi Meir's Lehrer, sagte sich später vom Glauben los. Man nannte ihn dann Acher (ein Anderer). Sein treuer Schüler Rabbi Meir bat ihn, zum Glauben zurückzukehren. Ich kann nicht mehr, entgegnete er, ich habe eine Stimme gehört, die da ausgesprochen: Kehrt zurück ihr widerspänstigen Söhne – nur Acher nicht! *Talmud Traktat Chagiga 15. a.

will sterbend meinen starren Nacken beugen, *will bereuen*, will sagen, daß ich *gefrevelt*, daß *Du allmilde, allgerecht*, daß *Du allmächtig* bist! – mein letzter Athemzug soll ein *Schma Jisroel sein ... ich will sterben wie ein frommer Jude! – aber meinen Vater mußt Du mir geben, *heute* geben! Kannst Du das, Allmächtiger?!

Das rasende Hohngelächter Gawriel's, womit er die letzten Worte begleitete, schallte über den menschenleeren Hof, und tönte dumpf und hohl aus dem weiten Raume des naheliegenden gegenüberstehenden Gotteshauses, dessen hohe Fenster zufällig geöffnet waren, zurück.

Körperlich und geistig auf's Höchste angespannt, sank Gawriel auf seinem Stuhl zusammen, der warme Blutstrom, der sich nach Gawriel's Kopf gedrängt hatte und sein Gehirn zu zersprengen drohte, floß wieder langsam in's Herz zurück. Der unbeschreiblichen Aufregung folgte, wie gewöhnlich, eine plötzliche Ermattung, dieser erst später die ruhige Überlegung. So fand ihn seine Hausfrau Schöndel, als sie, die Thüre öffnend, fragte: Reb Gawriel, Ihr seid im Finstern, wollt Ihr Licht?

Gawriel's Schweigen als eine Bejahung betrachtend, verschwand sie sogleich, ein Licht zu bringen.

Gawriel hatte bei seiner Heimkunft seine Waffen auf den Tisch gelegt; er wollte sie, bevor Schöndel mit dem Lichte zurückkam, schnell verbergen. Ein alter großer Schrank, seinem Hausherrn gehörend, stand ihm zunächst; aber der Schlüssel stack nicht im Schlosse. Ohne sich zu besinnen, öffnete er mit einem kräftigen Fußstoße das untere Fach desselben, und warf die Waffen in dasselbe. Einen Augenblick später trat Schöndel mit dem Lichte ein. Gawriel lehnte sich hart an den erbrochenen Schrank, um ihn Schöndels Blicken zu entziehen.

Wo wart Ihr heute, Reb Gawriel? frug diese, seit Früh nicht zu sehen! Was sagt Ihr zu den Neuigkeiten des heutigen Tages? ... Bei uns in der Judenstadt weiß man gar nichts; vielleicht stehen schon morgen früh die Kaiserlichen auf dem altstädter Ring.

Nun, da muß ich mich sputen, sprach Gawriel.

Warum sputen? frug Schöndel befremdet.

Das ist sehr klar, antwortete Gawriel sich fassend, und zu einem Lächeln zwingend. Ich bin nun ziemlich lange in Prag und habe wahrhaftig nicht viel Talmud studirt. Ich muß nun wieder beginnen. Wird die Stadt übergeben, so ist die allgemeine Aufmerksamkeit abgelenkt, ich selbst werde zerstreut, und meine guten Vorsätze sind wieder auf einige Tage aufgeschoben ... Ich will aber schon heute beginnen. Zu Chazos gehe ich in die Klause, und lerne dann die ganze Nacht durch. Vor Tagesanbruch komme ich dann heraus in die Altschul zu Schomrim.[134] Das Thor wird wohl so zeitlich geöffnet?

Ja, aber zwei Stunden vor Mitternacht müßt Ihr in die Judenstadt gehen, sonst wird das Thor geschlossen ... Nun, mich freut's recht herzlich, daß Ihr

---

[134] Gebete, die vor Tagesanbruch abgehalten werden.

beginnen wollt, so ein rechter Bochur zu werden ... aber morgen kommt Ihr nicht zu Schomrim, darauf geb' ich Euch mein Wort.

Warum? frug Gawriel.

Ihr werdet morgen früh einen tiefen Schlaf schlafen, aus dem man nicht leicht erwacht. – Schöndel hörte die Stimme ihres Gatten, der sie rief, sie eilte hinaus. Gawriel hatte die letzten Worte mißverstanden. Gewöhnlich pflegten Bochurim, die die ganze Nacht in der Klause wachten, in den Morgenstunden einzuschlafen, und dadurch den Frühgottesdienst zu versäumen. Das hatte Schöndel scherzweise andeuten wollen; aber Gawriel war nicht in der Stimmung einen Scherz zu verstehen, und diese Worte klangen ihm düster und unheimlich ... Sie stimmten so sonderbar zu den Befürchtungen des treuen Waffenschmiedes, zu Bubna's erschütterndem Abschiede, zu der bangen Ahnung, die ihn selbst mehrfach im Laufe des heutigen Tages erfaßt hatte!

Die Glockenschläge der Rathhausuhr zeigten jene Zeit an, die der achten Abendstunde entspricht. Vor Thoresschluß, zwei Stunden vor Mitternacht wollte er in die Judenstadt; er hatte daher noch eben so lange Zeit. Die übermenschliche Aufregung des heutigen Tages, die wollustreiche Qual der Erwartung seiner Rache, die seine ganze Mannskraft anspannte, durfte in dieser Stärke nicht lange anhalten. Er fürchtete, das Übermaß dieser Empfindungen könne ihn wahnsinnig machen, könne ihn tödten. Er strich sich mit der kräftigen Hand über die hohe Stirne und drückte sich krampfhaft die Augen zu, als wolle er alle seine Gedanken vernichten ... Er suchte nach einem Gegenstande, der geeignet war, seinen Geist zwei Stunden lang anderweitig zu beschäftigen; – ein solcher bot sich ihm nun plötzlich dar. Bei dem gewaltsamen Erbrechen des Schrankes war ein Manuskript aus demselben gefallen. Er bemerkte dies erst jetzt. Er hob das gesiegelte Schriftstück auf, es war in hebräischer Sprache geschrieben, und ein Umschlag belehrte ihn, daß dieses die Lebensgeschichte, das Vermächtniß Reb Mosche's, des Vaters seiner Hausfrau, sei, welches erst zwanzig Jahre nach dessen Tode geöffnet werden sollte. Er verriegelte die Thüre seines Zimmers, rückte den Stuhl zum Tische, entsiegelte die Schriften und las. Der Inhalt derselben war folgender:

»Am 23. Tage des Monats Tischri, das ist der Tag, der dem Sukoßfeste[135] folgt, des Jahres 371 der kleinen jüdischen Zeitrechnung. Heute werden es sieben und dreißig Jahre, daß ich meine Bar Mizwe, meinen dreizehnten Geburtstag gefeiert, und ich habe nun das fünfzigste Jahr erreicht. An eben diesem Tage verließ ich auch die alte ehrwürdige Gemeinde Prag – in der ich meine Jugendzeit verlebt, und wo ich, so Gott will, mein Leben beschließen werde – zu einer weiten mühseligen Wanderung.«

»Ich kann den heutigen Tag nicht weihevoller begehen, als daß ich die Blätter meiner Lebensgeschichte zu schreiben beginne; die Blätter, die ich für Euch, meine Kinder! bestimmt habe. Wenn Ihr das Siegel dieser Schriften löst, bin ich längst nicht mehr unter den Lebenden; aber so wie die unendliche Lie-

---

[135] Laubhüttenfest.

be eines Vaters weit über das Grab hinausreicht, so wird auch in Euch die Erinnerung an mich fortleben, und Ihr werdet mir auch dann die vollste Theilnahme nicht versagen. – Ich habe die Erzählung meines Lebens niedergeschrieben, damit wenigstens *nach* meinem Tode kein Geheimniß zwischen Euch und mir obwalte.«

»Mein Vater – *secher Zadik liwrocho – war der überaus gelehrte Talmudist und Kabbalist Rabbi Jizchok Meduro. Er entstammte einer uralten Familie, die Jahrhunderte lang in Spanien geblüht, und seine Ahnen hatten sich stets durch Gelehrsamkeit und Liebe zu ihrem Glauben ausgezeichnet. – Die *fürchterlichen blutigen Judenverfolgungen hatten seinen Vater, als kleinen verwaisten Knaben, gezwungen zum Scheine seinen Glauben zu wechseln. Zum Manne herangereift, bereuete er, auch nur äußerlich den Glauben seiner Väter abgelegt zu haben, und als ihn die Diener der Inquisition bei der Feier des Pesachfestes betrafen und ihn vor das Tribunale führten, gestand er offen, mit ganzer Seele Jude zu sein. In Sevilla bestieg er den Scheiterhaufen. Mit gottergebenem Sinne sang er Psalmen und Loblieder, während die Flamme mit tausend gierigen Zungen an seinem blutigen Körper hinan leckte. Ein Flammenstrahl schoß ihm endlich in's Antlitz und verlöschte sein Augenlicht. Ein »Schma Jisroel!« entrang sich mit erstickter Stimme der gequälten Brust des Sterbenden. Gleichzeitig ertönte ein herzzerreißender, markerschütternder Schrei vom Domplatz her, und ein Weib sank leblos nieder. Es war die Gattin des Sterbenden; unter ihrem Herzen trug sie seinen Sohn, meinen Vater. Zwei Stunden später, erblickte dieser in einem dumpfen Kellerloche das Licht der Welt. Seine Mutter erlag gleich nach der Entbindung dem wahnsinnigsten Schmerze. Der Geburtstag meines Vaters war der Todestag seiner Eltern. Auf der Stirne des Neugeborenen bemerkte man ein rothes Flämmchen, eine Wirkung der fürchterlichen Qual, die der grauenhafte Anblick des Scheiterhaufens auf die zu Tode erschreckte Mutter hervorgerufen hatte. – Fromme Juden, selbst der größten Hilfe bedürftig, nahmen sich des ganz verwaisten hilflosen Säuglings an, und edle Mütter reichten ihm die Brust. – Aber der Glaubenshaß begnügte sich mit den blutigen Opfern nicht. Es war wieder eine jener, auf den pyrenäischen Halbinseln oft wiederkehrenden Judenverfolgungen ausgebrochen; die Juden sollten aufhören in Spanien. Wer nicht den alten Glauben abschwor, mußte das Land binnen vier Monden verlassen, ohne Silber und Gold mitzunehmen. Hunderttausende verließen Habe und Gut, um nur ihr Heiligthum weit hin zu retten, um aus einem Lande zu fliehen, wo ihr Gebet zum einzigen Gotte zum Verbrechen gestempelt ward. – Eine Anzahl edler Männer, die über's Meer nach der *Berberei zogen, nahmen den Säugling mit, um den Sprossen einer so erlauchten Familie seinem Glauben zu erhalten. Aber die Armen, ohne Geld und ohne Schutz, wurden zurückgewiesen. Ein Theil der Fliehenden erlag der Pest, ein Theil fiel in die Hände von Seeräubern, die sie in die Sklaverei führten, einige aber waren so glücklich, nach fürchterlichen Drangsalen in Portugal eine Zufluchtsstätte zu finden. Unter diesen befand sich mein Vater. – Er war während dieser Zeit zu einem herrlichen Knaben herangewachsen. Er hatte bisher nichts als Leiden kennen gelernt. Das grenzenlose erschüt-

ternde Unglück, das den Tag seiner Geburt bezeichnete, hatte seinem Geiste und
sogar seinen Zügen unvertilgbare Spuren aufgedrückt. Eine tiefe, nie zu bannen-
de Schwermuth lag auf dem denkenden Gesichte des Knaben, und das rothe
Feuermaal, das auf seiner Stirne prangte, ließ ihn auch keinen Augenblick jenes
flammenden Scheiterhaufens vergessen, der den Leib des geliebten angebeteten
Vaters verzehrt, dessen Anblick die Mutter getödtet hatte.« –

»Der junge Jizchok Meduro entwickelte bald eine fast salomonische Weisheit
und eine glühende Liebe zu seinem Glauben. Er war seiner berühmten Ahnen
würdig. Abgeschieden von aller Welt, fand er nur Beruhigung in religiösen
Studien und in dem Forschen der Naturkräfte, und gab sich diesen Beschäftigungen mit dem wärmsten Eifer hin. Sein Riesenfleiß, unterstützt von ungewöhnlichen Geistesgaben, ließ ihn die schönsten Ergebnisse erringen, und bald
galt der junge Jizchok Meduro für eine Leuchte der portugiesischen Judenheit.«

»Mein Vater hatte das Alter erreicht, in dem er eine Lebensgefährtin wählen
sollte. Seine Wahl fiel auf eine spanische Waise, deren Vater auch, glaubensstark
und gottergeben, sein Leben auf dem Scheiterhaufen ausgehaucht hatte. – Im
ersten Jahre einer zufriedenen Ehe ward ihm ein Zwillingspaar, ich und mein
Bruder, geboren. Der enge trauliche Kreis der Familie schien den Geist der
Schwermuth von meinem Vater zu bannen, und die schmerzlichen Erinnerungen
zwar nicht zu verlöschen, aber doch zu mildern. Aber auch dieses häusliche
Glück sollte bald zerstört werden. Auch in Portugal brachen Judenverfolgungen
aus, denen bald ein königliches Edikt folgte, das die Juden zum Religionswechsel oder zur Auswanderung zwang. Mein Vater floh mit seinem Weibe und den
beiden im zartesten Alter stehenden Kindern. Gehetzt wie das Thier des Waldes,
durchzogen wir die pyrenäische Halbinsel und einen Theil von Frankreich. Kein
Haus, keine Hütte wollte uns gastlich aufnehmen; des Nachts mußten wir auf
offener Haide schlafen; den Verschmachtenden ward oft ein Trunk Wasser versagt; und nur dem sichtbaren Schutze Gottes hatten wir es zu danken, daß wir
nach unsäglichen Drangsalen den deutschen Boden erreichten. In einer Stadt am
Rheine erlag die theure Mutter den ungewohnten Leiden der weiten Reise; – in
Köln liegt sie begraben ... Mein Vater stand allein in fremdem Lande mit zwei
kleinen Knaben. Auch im Elend der Verbannung zu stolz um seinen mildthäti-
gen Glaubensbrüdern zur Last zu fallen, durchirrte er ganz Deutschland, und als
er endlich in Prag anlangte, betrachtete er es als eine Fügung Gottes, daß in der
Altschul, wo die Gebräuche der Portugiesen gelten, die Stelle eines Oberschammes erledigt war. Er bewarb sich um diese Stelle, und als er dem Gabbe der
Altschul seinen Namen, dessen Ruf weithin bis nach Deutschland gedrungen
war, nannte, bedauerte es dieser tief, daß mein Vater nicht lieber den Rabbinerstuhl einer Gemeinde oder eines ganzen Landes annehmen wollte. Aber mein
Vater war von den Schlägen des Unglücks zu hart getroffen worden, er wollte in
völliger Abgeschiedenheit, ungekannt nur seinem Glauben, seinen religiösen
Studien, seinen Söhnen leben. Einem so ausgezeichneten Manne durfte nichts
verweigert werden; seine Wünsche wurden von den Schulgabboim vollständig
erfüllt. Reb Jizchok Meduro ward Oberschammes, aber es blieb für alle Übrigen

ein Geheimniß, daß der Schammes Reb Jizchok der große Lehrer aus Portugal sei. – Hier also, wo ich als kleiner Knabe und später als Mann gelebt, und wo ich, so Gott will, das müde Auge schließen werde, hier in dieser Wohnung, die Ihr, meine theuern Kinder! jetzt bewohnt, hatte auch mein verewigter Vater gelebt und geforscht. – Sein ungeheures Wissen, seine Weisheit, sein ascetischer Lebenswandel flößten Allen die tiefste Ehrfurcht ein, die durch sein mildes und doch menschenscheues Wesen wo möglich noch erhöht ward.«

»Es war natürlich, daß die Gefühle der ehrfurchtsvollen Verehrung auch mich und meinen Bruder im höchsten Grade beseelten. Wir kamen, außer beim Gebete, mit keinem Menschen zusammen. Der Vater empfing nie Besuche, und da wir Kinder auch nicht in das Cheder gingen, so hatten wir auch keine Gespielen. Der Vater war uns Alles. In unserem zartesten Alter hatte er uns alle die mühseligen und kleinlichen Dienste einer weiblichen Wärterin erwiesen; als wir größer wurden, war er unser Lehrer; waren wir krank, war er unser Arzt und Pfleger. Der tiefe Ernst, der in seinen Zügen ruhte, wich nur dann einem leisen milden Lächeln, wenn wir, mein Bruder und ich, unten in der Schule zu seinen Füßen sitzend seinem wundervollen Vortrage lauschten, einem Vortrage, wie ich ihn seit jener Zeit nie so hinreißend, nie so begeisternd gehört, – wenn er erkannte, wie das Feuerwort seiner mächtigen Rede zündend in unsere jugendliche Gemüther drang. – Er liebte seine Kinder unendlich, aber er vermied es, dies zu zeigen. Er küßte uns nie, und nur einmal, wo er mich schlafend glaubte, drückte er seine Lippen auf meine Stirne, und eine heiße Thräne rollte auf mein Antlitz nieder ... Ein süßer wonniger Schauer durchrieselte mich, aber ich wagte es nicht, die Augen aufzuschlagen.« –

Gawriel hielt bei dieser Stelle inne. Das Bild jenes bleichen großen Mannes, der einst die glühenden Lippen auf *seine* kindliche Stirne gedrückt, dessen Thränen einst *sein* Antlitz genetzt hatten, trat jetzt lebhaft, lebhafter denn je, vor seine Seele. Jetzt schien es ihm gewiß, daß dieses Bild aus seiner Jugend kein Traum gewesen, und er glaubte überzeugt zu sein, daß er den, der er für seinen Vater hielt, wieder erkennen würde, wenn er jetzt vor ihn träte ...

Gawriel las weiter.

»Dieser Beweis seiner Zärtlichkeit ermuthigte mich an diesem Tage zu der schüchternen Frage, was der Purpurstreif auf seiner Stirne bedeute, ein Zeichen, das auch bei uns Kindern zuweilen, wenn wir heftig erregt waren, auftauchte. Ich hatte von dem schweigsamen Vater eine einsilbige Antwort erwartet, aber gegen seine Gewohnheit erzählte er uns mit der ganzen Macht der schmerzlichen Erinnerung die erschütternden Begebenheiten seines Lebens. Wir erfuhren diese erst jetzt, wir erfuhren erst jetzt, wo das Grab unserer Mutter liegt ...«

»Das Maal, das auf meiner, auf Euerer Stirne prangt, schloß mein Vater, *ist eine Erinnerung an den Mann, von dem wir abstammen*, der im gläubigen Gottvertrauen den martervollsten Tod erduldet ... Möge es Euch stets eine Mahnung sein, Eures Ahnen würdig zu werden.« –

Gawriel legte die Schrift aus der Hand. Das Flammenzeichen auf seiner Stirne schien ihn jetzt schmerzlich zu brennen ... Sollte er *gerade in dem Mo-*

mente, wo er den gewaltsamen Bruch mit seiner frühern Vergangenheit vollständig beschließen wollte, sollte er in dem Momente, wo er *alle* Hoffnung, das *edlere* Ziel seines Lebens, seinen Vater zu finden, aufgab, sollte er gerade in diesem Momente einen Fingerzeig finden? *Sollte das Erinnerungszeichen nicht auch ein Erkennungszeichen sein?* – Mit fieberhafter Hast ergriff er nach kurzem Sinnen wieder die Schrift und las weiter:

»Diese Mittheilungen machten einen ungeheueren Eindruck auf uns Kinder, und oft, wenn wir in der Abenddämmerung müßig vor der Schulthüre saßen, besprachen wir mit wehmüthiger Rührung die Erzählung des Vaters, stets zu dem Beschlusse gelangend, alle unsere Kräfte aufzubieten, das Leben unseres Vaters zu versüßen, und einst, wenn wir groß geworden, nach Köln zu wandern, um am Grabe der Mutter zu beten ... Ich habe schon erwähnt, daß wir, ich und mein Bruder, keine Gespielen hatten; aber wir wünschten gar nicht mit andern Kindern zu verkehren; die innige brüderliche Liebe, die wir gegenseitig zu einander empfanden, füllte unsere kindlichen Gemüther vollkommen aus. Ein Zufall oder vielmehr eine göttliche Fügung führte mir denn doch einen jungen Freund zu, einen Freund, der die Stütze meines Lebens ward. – Ich war einst im Auftrage meines Vaters zu einem Handwerker gegangen, der eine Arbeit für das Gotteshaus liefern sollte. Der Heimweg führte mich über das Moldauufer. Eine Rotte wilder Lehrjungen verhöhnte und mißhandelte einen schwächlichen Judenknaben, der etwa mein Altersgenosse sein mochte. Sein Hilferuf erregt meine innigste Theilnahme. Geboren unter der heißen Sonne des Südens, bedenke ich nicht, daß ich erst zehn Jahre und allein bin, werfe mich in den dichten Haufen, und komme dem armen Bedrängten in dem Augenblicke zu Hilfe, wo ihn zwei der Boshaftesten, von seinem ohnmächtigen Widerstand gereizt, in den Fluß stürzen wollen. Wollt Ihr den Knaben tödten?! rief ich mit der ganzen Kraft meiner jugendlichen Stimme, der Fluß ist tief, er müßte ja ertrinken! – wer ihn berührt, der ist des Todes!«

»Einen Augenblick machte meine Ankunft, der entschiedene Ton meiner Sprache den wilden Haufen stutzig; aber gleich darauf tönt ein wieherndes Hohngelächter. Von Natur aus ungewöhnlich kräftig, verdoppelt die Entrüstung meine Stärke. Mit einem gewaltigen Faustschlage zwinge ich den Größten unter ihnen, der den armen Gemarteten festhielt, diesen los zu lassen. Ich entreiße ihnen den kleinen bleichen Judenknaben, der aus Mund und Nase heftig blutet, und während ich ihn mit dem linken Arme umschlinge, drohe ich, mit dem rechten jeden, der es wagt uns feindselig näher zu kommen, in den Fluß zu stürzen. Zwanzig geballte nervige Fäuste strecken sich mir entgegen. Ich nehme den ungleichen Kampf mit der Überzahl an, und sie erkennen bald, daß sie es mit einem Gegner zu thun haben, der wenigstens jedem Einzelnen von ihnen an Kraft bedeutend überlegen ist. – Ich leiste so lange Widerstand, bis mein Hilferuf einige Juden herbeiführt, die die Schaarwache holen. Der wilde Haufe zerstiebt bei ihrer Ankunft mit lautem Geschrei, und ich trage, obwohl selbst aus mehreren Wunden blutend, den ohnmächtigen Knaben zur Thüre seines Hauses. Der Knabe war Dein Vater, theuerer Schlome! Karpel

Sachs, der Sohn des reichen Beer Sachs. – In meiner Wohnung angelangt, sank ich, nachdem ich meinem Vater den Vorgang erzählt, ermattet zusammen ... Der Vater träufelte mir aus einem Fläschchen einige Tropfen auf meine Wunden, küßte mir die Blutstropfen aus meinem Gesichte und lächelte milde .... Ich war wieder wohl, ich war glücklich! – Den nächsten Erew Schabbos[136] sandte mir der reiche Reb Beer Sachs einen neuen schönen Samstaganzug und drei Goldstücke; aber das Geschenk wurde entschieden zurückgewiesen. Der kleine Karpel hatte in Folge des Schreckens und der erlittenen Mißhandlungen eine Woche lang das Bett hüten müssen. Als er das erstemal das Haus verlassen durfte, kam er, mir zu danken. Die Thränen in seinen Augen, die tiefgefühlte Dankbarkeit, die schönen Worte, mit denen der liebe Knabe dieses Gefühl so warm und wahr auszudrücken wußte, gewannen mein Herz. Karpel bat, uns oft besuchen zu dürfen, und da mein Vater nichts dagegen einzuwenden hatte, kam Karpel so oft er nur Zeit hatte zu uns, und es knüpfte sich ein fester Liebes- und Freundschaftsbund zwischen uns, an dem auch mein Bruder, damals auch ein herrlicher edler Knabe, den innigsten Antheil nahm. Karpel betrachtete mich, nicht mit Unrecht, als seinen Lebensretter, und sein gewissermaßen ehrerbietiges Benehmen gegen mich, das er bis in's späteste Alter bewahrte, bildete fast den einzigen Streitpunkt in unserem gemüthlichen Verkehre. Bei seinen öftern Besuchen nahm er nicht selten Theil an unserem Unterrichte, und er bedauerte seinerseits nur, daß wir, mein Bruder und ich, uns nicht entschließen konnten, in seine Wohnung zu kommen; aber das Geschenk des reichen Reb Beer Sachs, der es nicht einmal für nöthig gefunden, mir für den wesentlichen Dienst, den ich seinem einzigen Sohne erwiesen, persönlich zu danken, hatte uns zu tief verletzt, und so kam es, daß dieser den Lebensretter seines Sohns kaum vom Sehen kannte.« –

»Wir Knaben lebten einförmig und ruhig, unser Leben ward jetzt auch durch die Liebe unseres kleinen Freundes Karpel verschönt. Aber plötzlich zerstörte der härteste Schlag, der uns treffen konnte, unser stilles Glück. Es war jener Jom Kipur, wo ich und mein Bruder, da uns nur noch wenige Tage zur Bar Mizwé fehlten, das Erstemal fasteten. Der Tag neigte sich zu Ende, die scheidenden Sonnenstrahlen warfen durch die hohen schmalen Fenster der Alt-schul ihr röthliches Licht, das nach und nach dem wachsenden Dunkel wich, und auch die Wachskerzen brannten schon trübe. Eine tiefe Stille herrschte im weiten menschenerfüllten Raume, als mein Vater an's Omed[137] trat, das Nile-gebet[138] vorzutragen. Auch ich, obwohl ermüdet und abgespannt, lehnte mich an die mit Marmor belegte Wand, welche die zum *Aron hakodesch hinanführenden Stufen einschließt, um meinem Vater lauschend in's Antlitz zu blicken. Er war ein wunderherrlicher Mann und in diesem Momente glich er einem Engel. So hatte sich mein kindlicher Geist den Propheten Elias gedacht! – Er

---

[136] Rüstung des Sabbaths, Freitag.
[137] Vorbeterpult.
[138] Ein Gebet am Versöhnungstage, das bei anbrechender Abenddämmerung begonnen wird.

war eine hohe ungebeugte Gestalt. Der dunkle, nur wenig mit Weiß gemischte Bart wallte auf seine Brust nieder und hob sich auffallend gegen das lange, weiße Sterbegewand ab, während die Locken seines Hauptes, die unter dem Häubel[139] emporquollen, schon im Silberschimmer glänzten. Sein edles Gesicht trug jetzt den Stempel der tiefsten Andacht, und über seinen leuchtenden Augen, deren Blick Begeisterung entzünden mußte, glühte auf der Mitte der Stirne eine dunkle Purpurflamme. Das Nilegebet ist ergreifend, aber in dem Munde meines Vaters wirkte es fast wundervoll. Er blickte nicht hinein in das Machsor,[140] das vor ihm aufgeschlagen lag, und wandte den Blick aufwärts, es schien, als wäre das, was er sprach, Eingebung des Augenblicks, als wäre er ein gottbegeisterter Seher. Jedes Wort, das mit dem vollen Wohlklange seiner Stimme von seinen Lippen tönte, drang siegreich und unwiderstehlich in das Herz aller Anwesenden. Wenn er das Sündenbekenntniß mit erschütterndem Ausdrucke sprach, zerfloß alles in Thränen, und wenn er im Gebete wieder die fromme Hoffnung auf Gottes Milde aussprach, fühlten sich Alle erhoben und gekräftigt. Endlich gelangte er zum Schlusse. Mit gottgläubiger Zuversicht jubelte er siebenmal »haschem hu hoelokim!«[141] aus voller Brust hervor, und als sich der tausendstimmige laute Chor der Anwesenden prachtvoll an der Decke des Gotteshauses brach, sank mein Vater plötzlich zusammen; – ich fing ihn in meinen Armen auf ...«

»Ich sterbe! sprach er mit schwacher, aber vernehmlicher Stimme. Herr der Welt! mein Vater durfte sein Leben zur Verherrlichung Deines geheiligten Namens auf dem Scheiterhaufen verhauchen, – mich hast Du dieser Gnade nicht gewürdigt ... aber Du läßt mich hier, an heiliger Stätte, versöhnt am Schlusse des Jom Kipurs sterben, – Allvater ich danke Dir! ... dann winkte er auch meinen Bruder zu sich, und sprach mit leiser, immer schwächer werdender, ersterbender Stimme: Meine Kinder, die Zeit drängt ... Eure Mutter ruht im Grabe zu Köln ... In Prag, als Diener dieses gottgeweihten Hauses, habe ich die schönsten, ruhigsten Jahre meines Daseins verlebt ... Liebt Euch! ... Jammert nicht, verzweifelt nicht! ... Was Gott thut, ist wohl gethan. Diese Welt ist nur eine Vorhalle des Jenseits, bedenkt dies stets, und *prägt dies einst auch auf Euerem Sterbebette Eueren Kindern ein* ... Ein Segensspruch, ein leiser Schma Jisroel-Ruf, – und der herrliche Mann war nicht mehr! ...«

»Am andern Morgen standen wir weinend an seinem Grabe ...«

»Als wir in unsere nun verödete Wohnung heimkamen, frug ich meinen Bruder: Was werden wir nun beginnen? Der kluge Knabe heftete sein glänzendes Auge auf mich. Hast Du nicht gehört, was der Vater im Scheiden gesprochen? In Köln liegt Euere Mutter begraben ... Wir haben heute am Grabe unseres Vaters gebetet, wollen wir nicht auch die letzte Stätte der guten verlassenen Mutter besuchen?«

---

[139] Kopfbedeckung, die jeder verheiratete Jude am Versöhnungstage trägt.
[140] Gebetbuch.
[141] Der Ewige der ist unser Gott.

»Ja, ja, du theuerer Bruder, rief ich, mich laut schluchzend an seine Brust
werfend, nach Köln, nach Köln, zum Grabe der Mutter! ...«

»In der Schiwo[142] setzten wir den Plan fest, gleich Ißre chag schel Sukos[143]
die weite Wanderung anzutreten. Unserem einzigen Freunde, dem kleinen
Karpel, theilten wir zu seinem tief innigen Bedauern unser Vorhaben mit. Die
Thränen traten dem armen Knaben in die Augen, aber er zerdrückte sie männlich, um uns nicht noch mehr zu betrüben. Ißre chag schel Sukos feierten wir
beide, mein Bruder und ich, unsern dreizehnten Geburtstag. Es war gerade
Krias ha Thoro;[144] wir besuchten die Haschkomo,[145] und ließen uns zur Thora
rufen. Dann gingen wir auf das Bes ha Kworos,[146] wo die Gabboim der Altschul meinen Vater einen herrlichen Grabstein, *auf dem eine Weintraube*[147]
und das Zeichen der Lewiim[148] *ausgemeißelt waren*, hatten hauen lassen ... und
dann zogen wir, das magere Bündel am Rücken, den Wanderstab in der Hand,
vor's Thor. Karpel begleitete uns eine Stunde weit. Er drückte uns jedem eine
kleine Börse in die Hand, und versicherte uns, daß es blos seine eigenen Er-
sparnisse wären, und daß er nicht seinen Vater um diese Gabe angesprochen.
Dann erneuerten wir nochmals unsern Freundschaftsbund für ewig ...«

»Vergeßt mein nicht, Ihr theuern Freunde! sprach Karpel beim Abschied. –
Ich danke Dir nochmals, Mosche! Wir sind jetzt noch Knaben, aber wir werden einst zu Männern reifen, vergiß nie, Mosche! daß Du in Prag einen Freund
hast, dem Du das Leben gerettet, der für ewig Dein Schuldner, der jeden Augenblick seines Lebens bereit ist, die hohe Schuld zu zahlen ... vergiß mich
nicht, wie ich nie Dein vergessen will! Karpel küßte mich, meinen Bruder,
dann stürzte er nochmals laut schluchzend an meine Brust. Mit der ganzen
Kraft meiner Seele riß ich mich endlich los ... wir schieden. Karpel setzte sich
auf einen Hügel und blickte uns weinend nach ... Es war recht traurig für uns ...
Wir waren so einsam, so verlassen, Vater und Mutter lagen im Grabe, und der
einzige, treue kleine Freund blieb verzweifelnd zurück! – Des Weges unkundig, durchirrten wir ganz Deutschland. Wir erfuhren manches Leid, manchen
Schmerz, aber zuweilen wurden wir auch mitleidsvoll und theilnehmend aufgenommen. Nach einer mehrmonatlichen beschwerlichen Wanderung langten
wir endlich am Ziele unserer Reise, in Köln, an. Hochklopfenden Herzens zogen
wir durch das Stadtthor. Aber die ungewohnten Mühseligkeiten des weiten

---

[142] Die sieben Trauertage um einen verstorbenen nahen Anverwandten.
[143] Der Tag, der dem Lauberhüttenfeste folgt.
[144] Vorlesung der Thora, ein Tag, an welchem aus der Thora vorgelesen wird.
[145] Ein Gottesdienst, der etwas früher als der gewöhnliche für jene, die später zu kom-
       men verhindert sind, abgehalten wird.
[146] Friedhof.
[147] Eine Weintraube wurde, wenigstens in den Zeiten des Talmuds, als das Sinnbild
       eines ganz vollkommenen Menschen betrachtet. (*Talm. Tract. Sota 47 b.).
[148] Eine Kanne und ein Waschbecken; weil die Lewiim (vom Stamme Lewi) den
       Kohanim (Priestern, Abkömmlingen Arons) bei den vorgeschriebenen Waschun-
       gen behilflich sind.

Weges hatten die Kräfte meines Bruders erschöpft, und der arme Knabe brach auf offener Straße krank zusammen. Ich war allein mit ihm in einer fremden Stadt, verzweifelnd suchte mein brennendes Auge Hilfe – da sandte uns Gott einen Retter. Ein ältlicher Herr trat aus dem Hause, an dessen Schwelle mein Bruder bewußtlos lag.«

»Ein krankes Kind auf offener Straße?! frug er, wer ist der Knabe?«

»Es ist mein Bruder, antwortete ich schüchtern, wir sind Waisen, wir kommen weit her aus Böhmen, um das Grab der Mutter zu besuchen ...«

»Schafft den Knaben hinauf in's Zimmer, befahl der Herr, legt ihn in's Bett, laßt ihm Suppe geben, ich will gleich nachsehen ...«

»Wir sind Judenknaben, gnädiger Herr! rief ich schnell ...«

»Ich bin ja auch ein Jude, lächelte der würdige Mann, ich bin Baruch Süß. Der Leibarzt unseres gnädigen Churfürsten, des Erzbischofs von Köln.«

Gawriel zuckte zusammen, aber er las weiter.

»Geschäftige Diener trugen meinen kranken Bruder die breite Treppe hinauf in ein herrlich eingerichtetes Zimmer und legten ihn in's Bett. Ich blieb bei meinem Bruder. Der edle Menschenfreund Baruch Süß untersuchte ihn mit der größten Aufmerksamkeit, und fand, daß er an einem hitzigen Fieber krank darnieder läge, daß er vorläufig nichts als tiefer Ruhe bedürfe, und daß sich erst genau nach einundzwanzig Tagen eine Entscheidung über den weitern Verlauf der Krankheit ergeben würde. – Plötzlich hörte man frische Kinderstimmen vor der Thüre, diese ward aufgerissen, und zwei liebliche Mädchen blickten in das Zimmer. Das schelmische Lächeln in ihren Zügen wich schnell der tiefsten Rührung, als ihnen der Vater mit einem Winke Schweigen gebot und ihnen leise mittheilte, daß sie ihr Zimmer vorläufig einem armen elternlosen Knaben, der plötzlich auf offener Straße erkrankt sei, abtreten müßten. *Die beiden Mädchen waren Baruch Süß' Töchter, Miriam und Perl.*«

Gawriel's krampfhaft zitternder Hand entfiel das Manuskript. Mußte gerade heute in der Stunde, wo er im beharrlichen Vorgehen jede, auch die letzte Möglichkeit einer Rückkehr abschneiden wollte, mußte gerade heute die Erinnerung an seinen Großvater, an seine Mutter auf eine so eigenthümliche, unerwartete, er mochte sich's nur ungerne gestehen, fast *wunderbare* Weise geweckt werden?! Sollte er vielleicht in dieser Schrift, die ihm ein sonderbarer Zufall in einem entscheidenden Momente in die Hand gespielt, Aufschluß über das Geheimniß seiner Geburt finden? – und fand er diesen, sollte all' dies merkwürdige Übereinstimmen nichts als Zufall, – nicht denn doch ein wunderbares Zeichen jener allgewaltigen Vorsehung sein, die er so oft trotzig herausgefordert hatte? ... Diese Gedanken bestürmten Gawriel mit dem ganzen Umfange ihres fürchterlichen Ernstes, und mußten um so erschütternder auf ihn einwirken, als die rasch aufeinander fluthenden Begebenheiten des heutigen Tages geeignet waren, auch die Entschlüsse des Kräftigsten wankend zu machen. Er ging heftig im Zimmer auf und ab. Ich mag nicht weiter lesen, murmelte er vor sich hin, bis ich einen Entschluß gefaßt. Wenn ich, – wenn ich in dieser Schrift Aufschluß über meinen Vater fände, wenn ich hoffen dürfte, daß er mich in seine Arme schließt, daß er mich liebevoll an seine Brust drückt, Gawriel! was liegt Dir dann an der ganzen Vergangenheit, was an der Zukunft? ... wenn ich meinen Vater fände, so fände, wie ich ihn mir immer in den kurzen Momenten beseligender Träume gedacht, wenn ich ihn so in meine Arme schlöße, – und wär's auch nur der kürzeste Zeittheil, den sich der Menschensinn nur zu denken vermag – *Gott!!*

Die leidenschaftliche Erregtheit Gawriel's hatte eine leicht zu begreifende Höhe erreicht. In dem stärksten Übermaße einer, nach *einer* Richtung hindrängenden Empfindung hatte er *das* Wort ausgesprochen, das er, wenigstens in seinen Selbstgesprächen, seit einer langen Reihe von Jahren nicht über die Lippen gebracht hatte, und er schauerte fast zusammen, als das ihm fremdgewordene Wort wieder einmal, wenn auch willenlos, fast gläubig aus seinem Munde tönte ...

Aber wenn er todt, verschollen wäre, rief er, sich plötzlich fast freudig aufrichtend, wenn ich gerade aus dieser Schrift erführe, daß er für mich unwiederbringlich verloren ist .... wenn mich dann kein Band mehr an dieses Dasein knüpft, *als die Rache*, dann, dann, ... *bleibt mein Vorsatz unerschütterlich!* ...

Er setzte sich nieder, und seine Augen konnten die schon etwas verblaßten Schriftzüge nicht rasch genug überfliegen. Er las weiter:

»Mein Bruder genoß die beste Pflege. Unserem Wohlthäter Baruch Süß hatte der Tod einst zwei hoffnungsvolle Knaben in einer Woche entrissen. Die Knaben mochten in unserem Alter gewesen sein, und dieser Umstand erhöhte noch die Theilnahme, die sein edles Herz für uns, namentlich für meinen kranken Bruder, empfand. – Genau wie es Baruch Süß vorausgesagt, traf es ein. Drei Wochen lang lag mein Bruder im Fieber und sprach irre; am einundzwanzigsten Tage verfiel er das erstemal in einen tiefen, ruhigen Schlaf. Mit fast väterlicher Theilnahme wollte Süß das Erwachen des Kranken abwarten. Endlich schlug mein armer Bruder zu meinem namenlosen Entzücken sein schönes dunkles Auge auf, erhob sich in seinem Bette und blickte erstaunt umher. Wo sind wir, Mosche? frug er mit schwacher, zitternder Stimme. Ich warf mich leidenschaftlich an seinen Hals, und meine Thränen netzten seine bleichen eingefallenen Wangen.«

»Du bist krank gewesen, armes Kind, sprach Süß, Gott ließ Dich genesen. Du mußt ihm dankbar sein.«

»Ich erzählte im überfluthenden Gefühle der Dankbarkeit, wie gütig sich unser Wohlthäter benommen, und als mein Bruder in tiefer Bewegung die Hand des edlen Mannes erfaßte, an seine bebenden Lippen drückte und vergebens nach Worten rang, seinen innigen Dank auszusprechen, da zuckte es eigenthümlich über Süß' Gesicht, und sein Auge füllte sich mit Thränen. – Ihr seid gute liebe Knaben! sprach er tief ergriffen. – Der warmen Theilnahme seines großen Herzens mochte sich die Erinnerung an die zwei früh verlorenen Söhne beigesellt haben. Er eilte aus dem Zimmer, um nicht durch seine ungewöhnliche Rührung das Gemüth des Genesenden zu erschüttern. Wir blieben allein. In diesem Augenblicke fühlten wir uns unendlich beruhigt, wir standen nicht mehr so ganz allein, so ganz verlassen! – Süß gestattete dem Genesenden in dem Garten seines Hauses frische Luft zu schöpfen, und da war es, wo wir seine Töchter näher kennen lernten. Sie mochten nur etwas jünger sein als wir. Beide, besonders Miriam die ältere, waren von der Natur mit den schönsten Gaben beschenkt worden. Ihre außerordentliche und besonders bei Mädchen ihres Alters fast beispiellose Schönheit stand nur im vollkommensten Einklange mit einem scharfen, alles rasch erfassenden, tief eindringenden Geiste, mit einem Gemüthe, das geschaffen schien, der weiblichen Jugend als Muster voranzuleuchten. Das freundliche zutrauliche, fast schwesterliche Benehmen der Mädchen, das der gute Vater augenscheinlich begünstigte, machte einen tiefen unverlöschlichen Eindruck auf uns.«

»So lange mein Bruder nicht vollständig genesen war, durften wir nicht daran denken, den Zweck unserer Reise zu erfüllen, das Grab der Mutter zu besuchen. Es kostete mich einen schweren Kampf, nicht allein hinaus zu eilen auf den Friedhof, aber dies hätte meinen armen Bruder betrübt, und ich liebte ihn so innig!«

»Endlich war er stark genug, – wir gingen hinaus auf den Friedhof. Der Vater hatte uns den Stein, der das Grab der Mutter deckte, genau beschrieben, wir fanden ihn leicht, und das lang ersehnte Ziel war erreicht. Die Gemüthsstimmung, in der wir uns befanden, kann ich Euch, meine Lieben! nicht schildern. Die ehrfurchtsvollste Scheu, die wehmuthreichste Rührung erfaßte allgewaltig unsere jugendlichen Gemüther ... Wir beteten lange leise, und als wir uns endlich losreißen mußten um heim zu gehen, stürzten wir uns laut schluchzend in die Arme. Wir haben keinen Vater, wir haben keine Mutter, ... sprach mein Bruder tief bewegt, ich hab' nur *Dich, Du* hast nur mich! – Ich will Dich ewig, ewig lieben, ich will Dich nie verlassen, *nie!* – Bruder! lieb' mich auch so, wie ich Dich liebe! ...«

»Ich konnte vor Aufregung nicht antworten, ich drückte ihn heftig an meine hochklopfende Brust, und preßte meine glühenden Lippen auf seine blasse Stirne, auf der in diesem Augenblicke ein helles Flämmchen brannte. Das feste Band der Bruderliebe sollte, wenn möglich noch enger geknüpft werden, der schöne Bund ward neuerdings geschlossen, in einer weihevollen Stunde, an einer Stätte, die uns Kindern unendlich heilig war!«

»Was werdet Ihr jetzt beginnen? frug uns Süß, als wir ernst bewegt in seinem Hause anlangten. Diese Frage überraschte uns. Wir hatten seit dem Tode des Vaters keinen andern Gedanken erfassen, keinen andern Gedanken festhalten können, als den, am Grabe der Mutter zu beten. Er hatte unsere jugendlichen Gemüther so vollständig ausgefüllt, unseren Geist in einer so fortwährenden Spannung erhalten, daß wir der weitern Zukunft auch nicht einen Augenblick gedacht hatten, daß wir erst in diesem Momente einen prüfenden Blick über unsere Zukunft gleiten ließen. Mit gesenkten Augen standen wir eine Weile schweigend vor Süß. Mein Bruder faßte sich zuerst. Was wir thun werden? wiederholte er, – vor allem Andern, Euch, theuerer Wohlthäter! danken für Euere namenlose Güte, für die Milde, für die väterliche Liebe, die Ihr den armen verlassenen Waisen in so reichem Maße zugewendet habt, – Euch dan-

ken dafür, daß Ihr mich armen Knaben gepflegt und mit Gottes Hilfe geheilt
habt von schwerer Krankheit ... Euch, Ihr guten, lieben Mädchen! danken für
Euer Mitleid, – dafür, daß Ihr nicht stolz wart gegen die armen fremden Knaben, daß Ihr geweint habt, als ich krank war, und Euch gefreut habt, als mich
der gütige Gott genesen ließ! ... dafür, daß Ihr gut wart gegen uns, wie Schwestern, Ihr reichen schönen Mädchen gegen uns arme, arme Knaben! – – und
dann, fuhr er nach einer kurzen Pause fort, während welcher er seine tiefe
Rührung zu bewältigen suchte, und mühsam seine heißen Thränen nieder-
schluckte, dann wollen wir weiter ziehen, auf eine Jeschiwo gehen, das Wort
Gottes forschen, und uns bemühen unseres Vaters Reb Jizchok Meduro würdig
zu werden – würdig zu werden unseres Großvaters, der sein Leben helden-
müthig auf dem Scheiterhaufen endete, zu dessen Erinnerung das Feuermaal in
geweihten Augenblicken auf unserer Stirne prangt!«

»Mein Bruder hielt inne; er war wunderherrlich anzusehen, sein seelenvol-
les Auge leuchtete, und das feurige Maal, von dem er sprach, hob sich eben
jetzt prachtvoll ab gegen das noch immer etwas krankhaft blasse Kinderge-
sicht, gegen die reine alabasterweiße Stirne. Ich blickte mit einem wehmüthigen brüderlichen Stolze auf meinen Zwillingsbruder, der seine Worte wunderbar aus meiner Brust zu schöpfen schien. Die beiden Mädchen schluchzten
leise, und auch Baruch Süß bedurfte einiger Zeit, um sich zu sammeln.«

»Ich laß Euch nicht fort, Ihr lieben herrlichen Knaben! rief er, nie und nimmer. – Da sei Gott vor, daß ich Euch allein, verlassen, verwaist, hinausziehen
ließe in die weite Welt. Da eine glückliche Fügung Euch über meine Schwelle
führte, müßt Ihr jetzt bei mir bleiben. Ich hatte einst auch zwei schöne gute
Knaben ... der Herr hat mir sie genommen; wollt Ihr mir sie ersetzen? wollt Ihr
meine Söhne, wollt Ihr die Brüder dieser Mädchen sein?«

»Dieser unerwartete Antrag überraschte uns. Das beseligende Gefühl, plötzlich, unverhofft eine neue Heimat gefunden zu haben, kämpfte mit dem uns
angeborenen Stolze eine Wohlthat anzunehmen, für die wir nichts, als unsere
unbegrenzte Dankbarkeit bieten konnten. – Wir schwankten einen Augenblick
und wußten nicht, was wir antworten sollten; als aber Miriam unsere Hände
erfassend mit thränenfeuchtem Auge und zitternder Stimme uns bat nicht fort
zu gehen, bei ihrem Vater zu bleiben, – da schien uns Beiden kein Widerspruch denkbar, wir blieben.«

»Baruch Süß behandelte uns stets mit väterlichen Wohlwollen, und es gelang uns immer seine Gunst zu erhalten. Unser verewigter Vater hatte uns
schon eingeführt in die Forschung des Gotteswortes, und so kam es, daß wir,
trotz unserer Jugend schon weit vorgeschritten waren. In Süß' Hause konnten
wir nun mit voller Muße den gewohnten Beschäftigungen nachhängen. Für alle
unsere Bedürfnisse wurde auf das Liebreichste gesorgt, und wir fühlten uns
bald so heimisch wie im elterlichen Hause. – Baruch Süß war überdies so gütig
uns auch in jenen Wissenschaften unterrichten zu lassen, von denen uns der
Vater in unserem zartesten Knabenalter nur die ersten Anweisungen geben
mochte. Seine Bemühungen um uns hatten die schönsten Erfolge. Die Vorbil-

der unserer Väter schwebten stets vor unserer Seele, und eiferten uns zu dem
angestrengtesten Fleiße, zu den höchsten Aufopferungen an. Wir galten bald
der jüdischen Jugend, nicht nur in Köln, sondern im ganzen Rheinlande als
glänzendes Beispiel; unsere Namen wurden überall mit Auszeichnung genannt,
und Baruch Süß fühlte sich hierdurch hinreichend belohnt. Wir lebten glücklich und zufrieden, und reiften – ich mag es jetzt, wo alles vorüber ist, aussprechen – zu zwei herrlichen, an Geist und Körper gleich entwickelten Jünglingen
heran, während Miriam und Perl zu wunderholden Jungfrauen erblühten.«

»Ich war in das Alter gelangt, wo sich das Herz willig der Liebe erschließt.
Miriam's unendlicher Liebreiz, die entzückende Anmuth ihres Wesens, ihr
edles Herz, ihr bewunderswerther tiefer Geist, hatten einen unverlöschlichen,
mächtigen Eindruck auf mich gemacht, einen Eindruck, der sich bis zur höchsten Liebe steigerte. Ich machte nicht den leisesten Versuch diese schöne Regung niederzukämpfen. Die freundliche wohlwollende Theilnahme Miriam's
ließ meine kühnen Hoffnungen um so weniger unerreichbar erscheinen, als
Baruch Süß, auch als wir in's Jünglingsalter traten, keine Veränderung in seinem Haushalte einführte, uns gegen seine Töchter das trauliche Du gestattete,
und unsere Verdienste mit fast väterliche Liebe anerkannte. Baruch Süß' un-
geheuerer Reichtum, sein Einfluß, seine Stellung am churfürstlichen Hofe,
machten es ihm überdies möglich, bei der Wahl seines Eidams alle die kleinlichen Rücksichten fallen zu lassen, die so oft den liebsten Wünschen hindernd
entgegentreten. – Ich träumte mich hinein in eine glückliche seelenfrohe Zukunft, aber ich scheuete mich diese süßen Träume auszusprechen, und selbst
meinem theuern unendlich geliebten Bruder blieben meine Hoffnungen mona-
telang ein Geheimniß; meinem Bruder, den ich in der That mehr als mich
selbst liebte! – Endlich schien mir's ein Verrath an meiner Bruderliebe, wenn
ich länger über ein Gefühl schwiege, das mit jedem Tage fester Wurzel in
meiner Seele schlug. Wir bewohnten ein Zimmer gemeinschaftlich und in der
Dämmerung eines scheidenden Sommertages erschloß ich ihm mein Herz. Ich
hielt meinen Arm um seinen Nacken geschlungen, und lehnte meinen Kopf an
seine Wange. Mir schien's, als ob er plötzlich zusammenzuckte und zu zittern
begänne; aber ich überredete mich, daß es Täuschung sei, und als er längere
Zeit vor sich hinstarrte, glaubte ich, daß die lebhafteste Theilnahme für mich
ihn in tiefe Träume versenkt hätte. Ich suchte in seinen Zügen zu lesen, aber
die wachsende Dunkelheit machte dies unmöglich. Bist Du denn überzeugt,
daß Dich Miriam liebt? frug er endlich mit tonloser Stimme. Ich hatte mir
schon oft selbst diese Frage gestellt, und hatte sie stets günstig für mich beantwortet, und das Benehmen Miriam's berechtigte mich hierzu; aber ich ver-
gaß, daß sie sich auch gegen meinen Bruder so benahm, und erst die spätere
ungünstige Wendung, die dieses anfänglich mich so beglückende Verhältniß
nahm, machte mich hierauf aufmerksam, ohne daß ich aber je die wahre Sach-
lage völlig ergründen konnte, und selbst jetzt, wo mannigfache Erfahrungen
meine Menschenkenntniß geläutert haben, kann ich es nicht bestimmen, ob
Miriam damals mich oder meinen Bruder geliebt, oder ob ihr jungfräuliches

Herz in bangem Zagen zwischen uns Beiden schwankte. – Damals glaubte ich,
die Frage meines Bruders mit einem aufrichtigen Ja beantworten zu können.
Das mißmuthige Schweigen, in das mein Bruder neuerdings versank, wurde
von mir ebenfalls mißdeutet, ich glaubte hierin nur die zu weit getriebene
Befürchtung zu erblicken, Baruch Süß werde mir die Hand seiner Tochter
verweigern. Ich blieb nur kurze Zeit in diesem Irrthume befangen; plötzlich
wurde ich bitter enttäuscht. Einige Tage später erwache ich in der Nacht und
höre in meinem Zimmer laut und heftig sprechen und weinen. Ich springe
rasch von meinem Lager auf. Es ist eine sternhelle Nacht, und der fahle Mond-
schein fällt gerade auf das Bett meines Bruders, der, wie es ihm oft zu geschehen pflegt, im Traume spricht. Der Schmerz, der sich in den Zügen des Schlafenden ausdrückt, die großen Thränen, die aus den geschlossenen Augenwim-
pern hervorquellen und über seine bleichen Wangen rollen, erfüllen mich einen
Augenblick mit einem eigenthümlichen tiefinnigen Schmerze; aber schon im
nächsten Augenblicke belächle ich mein kindliches Mitgefühl, ich will ihn
wecken, den bösen Traum verscheuchen, der seinen Geist umstrickt – aber als
ich ihn rufen will, fährt es wie zuckender Blitz, dem grollender Donnerschlag
folgt, in meine Seele, und die Worte, die sich langsam von seinen Lippen lösen,
werden mir urplötzlich klar und helle; – mit verhaltenem Athem lauschte ich.«

»Ich liebe meinen theuern Bruder mehr als mein Leben, sprach er, und er, er
liebt Miriam! ... Stille, stille! niemand soll's erfahren, als Du, mein Gott und
Herr! der Du mein zuckendes, zerrissenes Herz siehst ... Ich will schweigen,
ewig schweigen wie das Grab, ... nicht Miriam, nicht mein Bruder – kein
Mensch soll's erfahren ...... o! ich bin ja heiter, Bruder! guter Bruder nimm *Du*
Miriam als Ehegemal – *ich*, ich kann ja sterben! ... Ich will Euch nicht die
Freuden des Hochzeitstages trüben, ich werde nicht weinen ... nein! ich will
mich Eueres Glückes freuen und lachen so recht herzlich lachen, wie am Freu-
dentage meines Bruders, am Hochzeitstage meiner Innigstgeliebten ... o! ich
lache nicht erzwungen, ich lache ja so recht von ganzem Herzen, seht Ihr? ...
ha, ha, ha! ...«

»Aber mein Bruder lachte nicht, sondern schluchzte kramphaft. Mein Herz
zog sich fürchterlich zusammen; ein unnennbares, fast körperlich fühlbares
Weh durchzitterte mich. Ich konnte im ersten Augenblicke vor wahnsinnigem
Schmerze nicht sprechen, dann aber rief ich laut, mich auf das Bett des schla-
fenden Bruders werfend: Nein, Theuerer! nein, Du sollst *nicht* entsagen ...
Miriam soll *Dein* sein, – Dein, Dein für ewig!«

»Mein Bruder erwachte. Was ich sprach, zeigte ihm deutlich, daß ich das
Geheimniß seines Herzens kannte, laut schluchzend lag ich an seiner Brust.«

»Ein Weib, theuerer Bruder! begann er endlich mit zitternder Stimme, vergebens nach Fassung ringend, – ein Weib, und sei es auch die herrliche Miriam, soll unsere Herzen nicht trennen. Ich hatte Dich allein auf der weiten Welt,
Du warst mein Alles, Bruder! ... Gedenkst Du noch, wie Du selbst krank und
müde mich auf Deinem Arme trugst, als ich mir auf unserer Reise zum Grab
der Mutter den Fuß verwundet hatte? Gedenkst Du's noch, wie Du drei Wo-

chen lang gewacht an meinem Krankenlager und fast nicht geschlafen? Gedenkst Du's noch, wie der Vater uns sterbend ermahnt uns zu lieben? Gedenkst Du's noch, wie wir den Bund erneuet am Grabe der Mutter? ... und ich, ich sollte alles das, alles das vergessen haben? – *Nein*, Bruder! nimm *Du* Miriam zur Gattin und – sei glücklich!«

»Es entstand ein edler Streit zwischen uns. Jeder wollte mit blutendem Herzen entsagen, und keiner von uns Beiden wollte das Opfer der Bruderliebe annehmen. – Die eigenthümlichen sonderbarsten Gedanken, wie sie nur eine so verzweifelte Lage hervorzurufen vermag, tauchten im raschen Wechsel vor uns auf – das Loos, Miriam selbst sollte entscheiden; – aber sie wurden eben so schnell wieder verworfen. Endlich reifte in einem langen qualvollen Kampfe ein männlicher Entschluß in uns: *Wir wollen Beide entsagen*, keiner sollte Miriam besitzen und unsere Liebe sollte ein ewiges Geheimniß bleiben. In unserer gegenseitigen tiefinnigen Bruderliebe wollten wir den unendlichen Schmerz, der uns erfüllte, vergessen. – «

»Wir wollten, wir mußten mit dem anbrechenden Morgen das Haus verlassen, an das uns die mächtigsten Bande fesselten. Am andern Tage standen wir bleich, verstört, die Thränen in den Augen vor unserem väterlichen Freunde Süß, und erklärten ihm mit stockender Stimme unseren plötzlich gefaßten Entschluß, sein Haus zu verlassen, weiter zu ziehen. Süß erschrak, er starrte uns sprachlos an. Unser fester Vorsatz schien einen seiner Lieblingspläne zerstört zu haben. Er suchte vergebens uns zurückzuhalten, forschte vergebens nach einem Grunde, der uns zu diesem unerwarteten Schritte veranlassen mochte. Bleibt bei mir, ich hab' es gut mit Euch vor, ... wiederholte Süß mehrmals schmerzlich, und als er sah wie unerschütterlich wir unserem Vorsatze treu blieben, sprach er endlich mühsam seinen Stolz niederringend: Bleibt bei mir, seid meine Söhne ... ich habe nur Töchter, zwei schöne herrliche Töchter, ... aber ich wollte auch zwei Söhne haben, ... wollt Ihr nicht meine Söhne werden? Meine Töchter, so hab' ich guten Grund zu glauben, sind Euch gewogen ... Süß sprach nicht weiter, sein väterlicher Stolz kämpfte mit seiner väterlichen Liebe. – Uns ward es klar, Süß hatte die Absicht gehabt, uns zu seinen Schwiegersöhnen zu wählen, und seine Töchter hatten diesen Wunsch vollkommen getheilt. Ich und mein Bruder waren, wie es Zwillingsbrüder in der Regel zu sein pflegen, einander fast vollkommen ähnlich, für wen mochte sich Miriam entschieden haben? – Es trat eine peinliche qualenreiche Pause ein. Süß konnte die wahre Ursache nicht errathen, weßhalb wir, die wir als arme Waisenknaben sein Haus betreten hatten, seine wunderholden Töchter, die schönsten, reichsten, edelsten Mädchen der deutschen Judenheit, verschmähten. – Wir, mein Bruder und ich, bedurften unserer ganzen Manneskraft, um nicht dem unsäglichen Schmerze der Verzweiflung zu erliegen. *Einer* von uns Beiden *mußte* nothwendigerweise dem heißersehnten Ziele, das wir Beide – jeder mit der vollsten Macht seines Wollens – anstrebten, nahe stehen, – *und jetzt zurücktreten zu müssen, schweigend* zurücktreten zu müssen, und hierdurch diejenigen, die wir am meisten liebten, vielleicht tödtlich zu kränken – das vernichtete uns!«

»Süß, an der empfindlichsten Stelle seines Herzens, an seinem Vaterstolze verletzt, war tief gebeugt. Ich kann und mag Euch nicht länger zurückhalten, sprach er mit herbem Schmerze. Geht! ... mögt Ihr es nie bereuen, so geschieden zu sein. Dann schritt er rasch der Thüre zu und sprach in einem Tone, der uns das Herz zerriß: O! hättet Ihr nie die Schwelle meines Hauses betreten! ...«

»Wir wollten so nicht von unserem Wohlthäter scheiden. Wir eilten ihm auf sein Zimmer nach, – es war für uns verschlossen; wir ließen durch einen alten Diener des Hauses um die Vergunst bitten, von seinen Töchtern Abschied nehmen zu dürfen, sie wurde uns versagt. Wir erlagen fast dem unsäglichen Schmerze der Verzweiflung ... Noch am Abende desselben Tages wollten wir Köln verlassen, Süß nimmer endende Güte stattete uns noch reich zur Weiterreise aus; – aber er mochte uns *nie* mehr sehen.«

»Bei anbrechender Dämmerung stiegen wir den Reisewagen, der unserer an der Hinterthüre des Hauses wartete. Wir warfen einen schmerzlichen Blick auf die Fenster jenes Zimmers, das Miriam bewohnte; ... zwei Mädchengestalten blickten in die beginnende Dämmerung hinaus, und das heftige Zittern der einen, die ihr Tuch an die Augen drückte, bewies, daß sie heftig schluchzte ... es war Miriam!«

»Unsere Herzen schlugen hörbar, die schönen Züge meines Bruders waren furchtbar entstellt, er mußte eben so wie ich, unsäglich leiden. – Ich blickte in sein Antlitz, über das der Schmerz sichtbarlich zuckte. Bruder! sprach ich, noch ist's Zeit ... ich kann entsagen ... kehr' *Du* zurück zu Miriam. Wenn Miriam zwischen uns Beiden schwankt, oder wenn sie auch nur einen von uns liebt, wird Deine Rückkehr zu deinen Gunsten entscheiden ... Du, Miriam, unser Wohlthäter Süß ... Ihr alle werdet glücklich sein ...«

»Und Du? – frug mein Bruder im Tone des wehmuthreichsten Vorwurfs.«

»Ich geh' in die Ferne und suche zu vergessen. – Ich hatte mich bemüht fest zu antworten, aber meine Stimme schwankte und die Thränen rollten unaufhaltsam über meine Wangen. Mein Bruder stürzte laut schluchzend in meine Arme. – Ich verlass' Dich *nie*, Bruder! rief er, – guter Bruder! stoß mich nicht weg von Deinem edlen Herzen!«

»Wir zogen von einer Jeschiwo zur andern; unser Name war schon weit und breit bekannt, wir wurden überall freundlich aufgenommen; aber wir fühlten uns nirgend heimisch. – Wir sprachen nie von Miriam, aber die Erinnerung an diese unglückliche Liebe trübte unser Leben. Wir versenkten uns mit dem angestrengtesten Fleiße in das Studium des Gotteswortes, wir bereicherten unser Wissen, aber der Stachel in unserem blutenden Herzen schmerzte d'rum nicht weniger ... Wir hatten in der talmudischen Welt eine für Bochurim unerhörte Berühmtheit erlangt, wir wurden sogar oft mit Zuschriften von angesehenen Rabbinern beehrt, die unsern Rath, unsern Ausspruch in religiös wissenschaftlichen Fragen verlangten, man trug uns die bedeutendsten Rabbinate an, – wir hätten das höchste Ziel eines Talmudjüngers erreichen können; aber wir mochten Beide nicht, uns trieb's noch immer ruhelos umher ...«

»Es war ein Jahr seit unserer Abreise von Köln verflossen, als wir auf unserer Wanderung zufällig erzählen hörten, die jüngere Tochter des reichen churfürstlichen Leibarztes Süß hätte ihrem Vetter Joel Rottenberg aus Worms die Hand gereicht, während die ältere sich vorläufig entschieden weigerte in den Bund der Ehe zu treten. Uns Beide erfüllte diese Nachricht mit einem eigenthümlichen Gefühle der Wehmuth. Jedem von uns schien – ohne daß er sich's selbst zu gestehen wagte – ein Hoffnungsstrahl aufzudämmern; – und doch hätte keiner von uns Beiden glücklich werden mögen ohne den Andern. Noch Einmal, das Letztemal, frug ich meinen Bruder, ob er zu Miriam zurückkehren wolle; aber er sah den unendlichen Schmerz meiner Seele, nach kurzem heftigen Kampfe siegte seine Bruderliebe, er blieb bei mir, wir wollten uns nie trennen! – «

»Wieder war ein Jahr vergangen, wir lebten damals in Germersheim, einer Gemeinde unweit von Speier. Wir hatten während der kurzen Zeit unseres dortigen Aufenthaltes die Zuneigung und Achtung des Rabbiners erworben, und als dieser bald nach unserer Ankunft starb, empfahl er der Gemeinde auf seinem Todtenbette, einen von uns zu seinem Nachfolger zu wählen, und diese bestürmte uns nun mit Bitten, einer von uns möge den erledigten Rabbinerstuhl einnehmen, und die Tochter des Verstorbenen, die bei ihrer nunmehr verwitweten Mutter lebte, ehelichen. Ich war noch immer nicht in der Verfassung, diese Anträge, so schmeichelhaft und ehrenvoll sie auch sein mochten, anzunehmen, und auch mein Bruder wies dieselben entschieden zurück. Wir faßten daher den Entschluß, uns durch eine Weiterreise allen ferneren Erörterungen zu entziehen. Ich war eben in meinem Kämmerchen im Hause der Rabbinerswitwe beschäftigt, meine Sachen zur Reise zu packen, als plötzlich mein Bruder leichenblaß mit verstörter Miene in mein Zimmer tritt.«

»Weißt Du, was soeben ein fremder Bochur im *Bes hamidrosch erzählt?«

»Was?«

»Miriam Süß hat endlich den Bitten ihres Vaters nachgegeben, und ihre Hand ihrem Vetter Josef Süß aus Speier gereicht. Die Trauung wurde prunkvoll in Köln gefeiert ...«

»Ich hatte inniges Mitleid mit meinem Bruder, in diesem Augenblicke erkannte ich es erst, er war leidenschaftlicher als ich. Der harte Schlag, den ich jahrelang erwartet, schien ihm ein Donnerschlag aus blauem Himmel. Er sank auf einen Stuhl, vergebens preßte er seine Hände auf sein Antlitz, die Thränen quollen doch zwischen den Fingern hervor.«

»Aber Bruder, Bruder! rief ich, selbst alle die Erinnerungen und Gedanken, die in mir emporstiegen, niederkämpfend, hattest Du denn etwas anderes erwarten können? Was betrübst Du Dich? Was liegt Dir nun daran? ... Sei ein Mann, Bruder, sei kräftig!«

»Gott! schluchzte mein Bruder, hätte ich das gewußt! ... hätte ich gewußt, daß Miriam schwach genug sein könnte, mich zu vergessen! o! Bruder, Bruder, glaub' mir's, Miriam hat nur mich geliebt, mich und niemand andern, sie konnte niemand so lieben, wie mich! ... o! ich habe Dir viel, unendlich viel geopfert, als ich entsagte, *Dir nutzlos entsagte!* ... o! warum warst Du nicht großmüthig, warum nahmst Du dies Opfer an?!«

»Ich blickte mit dem tiefsten Schmerze in das Gesicht meines Bruders, so leidenschaftlich, so erregt hatte ich ihn noch nie gesehen, und ich glaubte doch ihn so genau zu kennen wie mich selbst, war er doch mein Zwillingsbruder! Mir schien es fast, als verhülle in diesem Augenblicke die dunkle Nacht des Wahnsinns seinen lichten Geist, das Feuer seiner Augen leuchtete wild und unheimlich ....«

»Du hast Dich mir nutzlos geopfert? wiederholte ich schmerzlich bewegt; hab' ich's verlangt? hab' ich's gewollt? ... und ich, ich! glaubst Du, mein Herz ist von Stein? Glaubst Du, ich habe *weniger* gelitten als Du, weil ich *geschwiegen?* ich habe auch aufgeschrieen vor heißem Seelenschmerz, wenn ich oft verzweifelnd lange bange Nächte durchwachte, ... Siehst Du, Bruder! ich, ich mache Dir keinen Vorwurf! ...«

»Ich litt unsäglich; die Nachricht, die wieder alle Wunden meines Herzens schmerzvoll aufriß, vereint mit den ungestümen ungerechten Vorwürfen meines Bruders, den ich so innig geliebt, von dem ich mich so innig geliebt glaubte, erschütterten mein Gemüth so heftig, daß ich lebensgefährlich erkrankte. Acht Wochen lang kämpfte ich mit dem Todesengel. In den wirren wüsten Fieberträumen meiner Krankheit schien mir's zuweilen, als wenn ein Engel an mein Lager träte, als wenn eine weiße Mädchenhand meine glühende Stirne berührte, – einmal schien mir's, als wenn eine schöne weibliche Gestalt sich über mein Lager beugte und eine Thräne auf mein Antlitz niederrollte. – Gott, gelobt sei er! ließ mich genesen. Er erfrischte mich mit dem Borne seiner unendlichen Gnade. Die Krankheit hatte den wohlthätigsten unerklärlichen Einfluß auf mein Leben ausgeübt. Ein neuer frischer Blutstrom schien durch meine Adern zu rollen. Ich war nicht nur körperlich, sondern auch geistig gesundet. Die Liebe zu Miriam – nunmehr das Weib eines Andern – die ich gewaltsam hätte aus meinem Herzen reißen müssen, war wunderbarer Weise verschwunden. O! es war ein Wunder! und ich dankte Gott für diese Huld! ... Das edle herrliche Mädchen, das mich mit mehr als schwesterlicher Sorgfalt gepflegt, Nächte lang theilnehmend und mitleidsvoll an meinem Bette gewacht hatte, war Deine Mutter, gute Schöndel, – Lea, die Tochter der Rabbinerswitwe. – Deine Mutter war schön und gut. So lange Miriam in meinem Herzen geherrscht, hatte ich die wunderliebliche Jungfrau nicht bemerkt, aber jetzt, wo ich wieder frei war, konnte meine tiefgefühlte Dankbarkeit leicht in eine innige, warme, treu erwiederte Liebe übergehen. – Ein halbes Jahr nach meiner Genesung ward Lea mein Weib und ich bestieg den Rabbinerstuhl in Gemersheim.«

»Mein Bruder hatte mir während meiner Krankheit die aufopferndste Liebe bewiesen, und schloß sich wieder – als wolle er mich den unseligen Vorwurf, der meinem Herzen so wehe gethan, vergessen machen – mit der größten Innigkeit an mich. Ich hatte ihm nie gegrollt, wohl hatte er mit frevelnder Hand an dem festen Band gerüttelt, das unsere Herzen umschlungen hielt, das vorschnelle Wort, das er gesprochen, hatte mich schmerzlich berührt; – aber theuere Kinder! Ihr kennt die Geschwisterliebe nicht, Ihr wißt nicht, wie man einen Bruder liebt, und nun gar einen *Zwillingsbruder!* ... Von unserem Entstehen, vom Mutterschoße an waren wir durch die süßesten heiligsten Bande aneinander gekettet. Ein Pulsschlag hatte unsere Herzen bewegt, an *einer* Mutterbrust hatten wir gelegen, *alles* Leid und *alle* Freuden hatten wir bisher redlich und gleich getheilt ... ich konnte nicht anders, ich mußte meinen Bruder mit ungeschwächter Innigkeit lieben!«

»In dem ersten Jahre einer glücklichen zufriedenen Ehe beschenkte mich Deine Mutter mit einem wunderherrlichen Mädchen, mit Dir, theuere Schöndel; – ich war glücklich, aber mein Glück währte nur kurze Zeit; acht Tage nach Deiner Geburt starb Deine gute unvergeßliche Mutter! .... Ihr könnt Euch meinen tiefen Schmerz denken! Ich faßte den festen unerschütterlichen Entschluß, nie mehr zu ehelichen, und dem erhabenen Beispiele meines Vaters folgend, mein ganzes Leben der Forschung des Gotteswortes, der religiösen Pflege meiner Gemeinde, der Erziehung meines einzigen geliebten Kindes zu weihen. – In der redlichen Erfüllung meiner Pflichten fand ich endlich Beruhigung, und wenn Du, Schöndel! mich mit Deinem süßen kindlichen Lächeln anblicktest, wenn Du mir Dein kleines feines Händchen entgegenstrecktest, fühlte ich mich sogar glücklich!«

»Mein Bruder war mir ein treuer Gefährte. Er bewohnte ein Kämmerchen in meinem Hause, und studirte fast den ganzen Tag bei mir. Mein Herz war erfüllt von der schmerzlichen Erinnerung an meine verewigte, früh hingeschiedene Gattin. Miriam's gedachte ich blos in freundschaftlicher Dankbarkeit; aber jedes Gefühl der Liebe für sie war – ich habe es schon erzählt – völlig erstorben in mir. Ich hätte ruhig von ihrem Vater, ihrer Schwester zu meinem Bruder sprechen können; aber ich mochte dies nicht, weil das tiefe Schweigen, das er beobachtete, mir ein untrügliches Zeichen dafür war, daß er die einst so tief gefühlte Liebe noch nicht bekämpft, daß sie noch mit voller Kraft in seiner Seele wucherte; Miriam's Name kam daher wieder nicht über unsere Lippen. – Meinem Bruder wurden viele günstige Heiratsanträge gestellt, er wurde von mehreren bedeutenden deutschen Gemeinden zum Rabbiner gewählt; aber er wies alles entschieden zurück und meine wohlmeinende Zusprache wurde nicht gehört ... Wir saßen oft tagelang beisammen, versenkt in das Studium der Talmude. Einst waren wir vertieft in der Lösung einer Schaile,[149] die mir von zwei Rabbinern, welche sich hierüber nicht einigen konnten, zur Entscheidung vorgelegt worden war. Wir waren lange gesessen, waren dann im Eifer des Gesprächs herumgegangen, und blieben endlich zufällig, wie es oft zu geschehen pflegte, vor dem geöffneten Fenster stehen. Mein Bruder war eben im Begriffe, eine Ansicht, die ich aufgestellt hatte, zu bekämpfen, als er einen Blick durch das Fenster warf ... er verstummte plötzlich, seine Arme sanken schlaff am Körper herunter, seine Lippen bewegten sich krampfhaft, ohne einen Laut hervorzubringen.«

---

[149] Anfrage (in religiösen Sachen).

»Was hast Du, Bruder? frug ich erschrocken.«

»Er antwortete nicht, aber er streckte den Arm aus, und deutete auf die Straße; ich erblickte eine Frau, die aus einem Reisewagen stieg.«

»Was hast Du, Bruder? frug ich wiederholt dringend; ich sehe nichts, das Dich so sehr beunruhigen könnte.«

»Mein Bruder blickte mich starr an, als fände er meine Frage unbegreiflich, er deutete nochmals auf die Frau und dann alle seine Kräfte sammelnd, rief er unwillkührlich mit lauter gellender Stimme: Miriam Süß! und brach leichenblaß, zuckend zusammen.«

»Mein Bruder erholte sich erst spät am Abende. Er hatte recht gehabt, es war Miriam. Josef Süß, ihr Gatte, hatte einen Proceß mit dem Magistrate der Stadt Speier, und wollte die Entscheidung desselben in dem nahegelegenen Germersheim abwarten. Seine Frau war ihm gefolgt. Mir that es leid, daß Josef Süß gerade Germersheim zu seinem Aufenthaltsorte gewählt, nicht um meinet-, blos um meines Bruders willen. – «

»Ich wagte es nicht, mit meinem Bruder über Miriam's Anwesenheit zu sprechen; ihr Anblick hatte ihn zu mächtig erschüttert. – Ich machte den leisen Versuch, ihm eine Reise während der Dauer ihrer Anwesenheit in Germersheim anzurathen; aber sein Auge blitzte, als er antwortete: Bruder, ich habe niemand auf der weiten Welt als Dich! ... ich habe Dir alles, das Theuerste auf Erden geopfert, stoß' mich nicht weg von Dir!«

»Erst später war er nach und nach ruhiger geworden, und schon gab ich mich der Hoffnung hin, er hätte sich in sein unabänderliches Geschick ergeben, als sich nach Verfluß einiger Monate sein Benehmen wieder auf eine auffallende fremdartige Weise änderte. Mein Bruder zog sich von mir zurück, kam immer seltener zu mir, bis er sich endlich wochenlang in sein Stübchen einschloß, ohne mich sehen, mich sprechen zu wollen. Ich wußte mir dies nicht zu erklären, und wartete nur eine passende Gelegenheit ab, ihn zufällig allein zu sprechen. Diese fand sich endlich. Ich war gewöhnlich der erste im Gotteshause, das ich auch in der Regel aufschloß. Eines Morgens, es war im Winter, trat ich in den dunklen völlig menschenleeren Raum, kurz darauf knarrten die eisernen Thüren nochmals und eine Gestalt erschien an der Stufe, die in das Innere der Synagoge führte. Das blasse zitternde Licht des Ner Tomids ließ mich meinen Bruder erkennen. Er blieb unschlüssig stehen, als wolle er eine Zusammenkunft mit mir allein vermeiden. Ich ließ ihm nicht Zeit einen Entschluß zu fassen, trat rasch an ihn heran und reichte ihm meine Hand. Aber seine Hand zuckte in der meinigen, er konnte meinen Blick nicht ertragen, sein Auge, das mir sonst treu und bieder in's Antlitz geleuchtet, haftete am Boden, und auch seine sonst so schönen edlen Züge schienen mir entstellt und verzerrt. Der rothe Flammenstreif an seiner Stirne brannte in einem früher an ihm nie gesehenen tiefen Dunkel, um die glänzenden Augen waren weite violette Ringe gezeichnet, seine bläulichen Lippen zitterten fortwährend, – es war klar, mein armer Bruder konnte meinen Anblick nicht ertragen. Ich starrte in sein Antlitz, ein tiefes namenloses Weh, eine unaussprechbare Theilnahme erfaßte mein Herz; – dann aber durchzuckte es mich plötzlich mit dem Strahle der Wahrheit, die brüderliche Liebe schärfte mein geistiges Auge; – Miriam war in Germersheim, ihr Gatte war abwesend, mein Bruder liebte sie mit rasender Leidenschaft ... sein Antlitz trug das Kainszeichen der Schuld, es war kein Zweifel, *mein armer Bruder hatte schwer gesündigt!* Ich ließ seine Hand los. Ich war zu gewaltig erschüttert, und rang eine geraume Zeit vergebens nach einem Worte ... Mein Bruder unterbrach die peinliche Todtenstille, die im weiten Raume herrschte, mit keinem Laute – mir war's ein schweigendes Geständniß seiner Schuld!«

»Es kamen jetzt fromme Beter in's Gotteshaus, und ich mochte nun nicht mehr mit ihm sprechen; in der tiefen Stille der Nacht, allein, sollte er das mahnende Wort seines Bruders vernehmen ...«

»Ich verbrachte den Tag in der qualenreichsten Aufregung. Wäre der blutige Leichnam meines Bruders entstellt, zerrissen zu meinen Füßen gelegen, ich hätte ihn nicht so tiefinnig bedauert! – hätte ich mit dem letzten Tropfen meines Herzblutes das ungeschehen machen können, was ich jetzt als gewiß zu nehmen mich gedrängt fühlte, – ich hätte ihn gerne vergossen. – Ich mußte meinen Bruder, den armen Gefallenen, den unendlich tief Gesunkenen wieder aufrichten, ich mußte ihn dem starken Arm der Sünde entreißen; – ich wußte es, es konnte nur ein heißer Kampf gewesen sein, in dem mein Bruder unterlegen ...«

»Nach Mitternacht – alles um mich war in tiefem Schlaf versunken – schlich ich an die Thüre seines Zimmers. Ich klopfte zuerst leise, dann stärker, es erfolgte keine Antwort. – Der Schlüssel meines Zimmers öffnete auch diese Thüre. Erst nach längerem Harren betrat ich mit hochklopfendem Herzen die Schwelle. Die kleine Lampe, die ich mitgebracht, warf ihr mattes Licht rings umher; ich trat an das Bett meines Bruders, es war leer – mein Bruder war nicht in seinem Zimmer. Ich sank vernichtet zusammen; wohl war ich schon früher von der Schuld meines Bruders überzeugt gewesen; aber diese Gewißheit, diese grausame Gewißheit, die mir jeden, auch den leisesten Hoffnungsschimmer raubte, erfaßte mein Herz von neuem mit einem so gräßlichen Schmerze, als hätte ich früher nicht die leiseste Ahnung gehabt! In dem Momente, wo mein brüderliches Herz vor tiefinnigem Schmerze aufschrie, in dem Momente, wo ich alles aufbieten wollte, meinen Bruder zu retten, in dem *Momente* schwelgte mein *Bruder, mein Bruder!* mein zweites Ich – o nein, mehr, mehr! ich hatte ihn mehr geliebt als mich, ich hätte mich für ihn tausendfach geopfert! – in dem Momente schwelgte mein Bruder in den Armen eines ehebrecherischen Weibes, *jenes Weibes, das ich einst in reiner, keuscher, inniger Liebe angebetet hatte!*«

»Was sollte ich thun? Ich mußte bleiben, ich mußte ihn erwarten, und wäre darob mein armes Herz gebrochen. Ich setzte mich zu dem Tische, und versuchte es beim Scheine der Lampe in einer Bibel zu lesen; aber ich vermochte es nicht; ich starrte gedankenlos hinaus durch das geöffnete Fenster, und machte mehrmals den nutzlosen Versuch mich zu sammeln, die Ansprache zu überdenken, mit der ich meinen Bruder empfangen wollte. – Jede Sekunde schien mir ein Jahrhundert, und doch, doch hätte ich wieder gerne den peinlichen Moment seiner Ankunft hinausgeschoben, und doch zuckte ich schmerzlich zusammen bei dem leisesten Geräusche, das der Wind in dem Gange verursachte. Ich mochte drei lange nimmer enden wollende Stunden so gesessen haben, als ich ein leises Geräusch vernahm, und kurz darauf schwang sich eine kräftige Gestalt durch das Fenster, – es war mein Bruder. – Er blieb regungslos wie ein Marmorbild aufrecht vor mir stehen. Bei seinem Anblick zog sich all' mein Blut so rasch und mächtig in mein Herz zurück, daß ich in der That glaubte meine Brust würde zerspringen; ein kalter Schauer durchrieselte mein Mark, ich hatte mich halb erhoben, die eine Hand auf die geöffnete Bibel haltend, als wollte ich aus derselben meine Kraft, meine Zuversicht schöpfen. Es trat eine lange bange Pause ein, sie nagte mehr an meinem Lebensnerv, als zehn kummervoll verlebte Jahre!«

»Ich hatte mit Gewißheit darauf gerechnet, mein Bruder würde mir zerknirscht in die Arme fallen, mein Anblick zu dieser Stunde würde ihn an alles das gemahnen, woran er vergessen, – ich glaubte, er würde mir entgegenkommen; aber ich hatte mich getäuscht, mein Bruder blieb starr und unbeweglich und senkte nicht einmal sein Auge ...«

»Trotz der ungeheuern Aufgeregtheit, in der ich mich in diesem verhängnißreichen Augenblicke befand, hat sich doch der ganze Eindruck desselben unverwischt in mir erhalten, und noch jetzt, da ich dies schreibe – es sind nun fast zwanzig Jahre verflossen – steht das Bild meines armen Bruders mit voller Klarheit vor meiner Seele, das Bild meines Bruders, wie ich ihn damals das *letzte* Mal gesehen. Er war groß, genau so groß wie ich, seine Augen leuchteten unheimlich unter buschigen zusammenwachsenden Brauen hervor, auf seiner Stirne glühte im tiefsten Purpur das Flammenzeichen unserer Familie, sein dunkler Bart hob die furchtbare Leichenblässe seines Gesichtes noch hervor, seine bebenden Lippen zuckten so heftig, daß sein starker Lippenbart fortwährend zitterte, sein langes reiches Haar fiel wirr auf seine Schultern herab.«

Gawriel hielt wieder inne. In dem Grunde seiner Seele tauchten urplötzlich dunkle Erinnerungen auf, die immer klarer und deutlicher wurden. Jene Gestalt, die einst ihre glühenden Lippen auf das Gesicht des erschreckten Kindes gedrückt hatte, trat lebendig vor seine Seele ... eine halb verschwommene Mahnung an einen Bettler, der ihn einst in Aachen von der Kirchenthüre bis zu seinem Hause verfolgt hatte, ward wieder lebendig und rege in ihm. – Sonderbarer Weise erschien es ihm erst jetzt, nachdem eine lange Reihe von Jahren den Eindruck dieser Gestalten geschwächt und verwischt hatte, daß die beiden einander glichen, – daß beide, Gawriel glaubte sich nicht zu täuschen, dem Bilde seines Vaters entsprachen. Vergebens suchte er auch nach einer andern Verkörperung dieses Bildes, die er in der jüngsten Vergangenheit gesehen zu haben glaubte; aber das menschliche Gedächtniß besitzt die eigenthümliche Eigenschaft, daß gerade die Eindrücke der fernsten Vergangenheit, und namentlich Jugendeindrücke lebendiger und klarer in uns erstehen, als jene, die wir später empfingen, und so wie der beste Schütze in der Hitze des Kampfes oft das nächste Ziel verfehlt, so rang Gawriel, sonst so geisteskräftig, in seiner fast wahnsinnigen Aufregung vergebens darnach, diese Erinnerung heraufzubeschwören ... er hoffte vielleicht aus dem Folgenden nähere Aufschlüsse über seinen Vater zu erhalten und las weiter.

»Ich war entschlossen zu schweigen, und überließ es meinem Bruder die tiefe Stille zu brechen, die ihm nicht weniger peinlich sein mochte als mir ... Mein Bruder schwieg lange, in seiner Brust arbeitete es fürchterlich, er athmete in tiefen Stößen und auch über sein Gesicht zuckte es wundersam, wie ich es früher noch nie an ihm gesehen. Seine Stirnadern schwollen an, daß sie zu bersten drohten, die Unterlippe sank schlaff herab, der Schaum trat ihm vor den Mund, bevor er noch ein Wort gesprochen. – Ich sah, er suchte einen Gedanken, ein Wort, das mich niederschmettern, mich vernichten sollte. Mir graute vor ihm; aber ich blickte ihn doch starr und unverwandt an. Endlich lösten sich nach schwerem Kampfe einige Worte von seinen Lippen, aber seine Stimme klang hohl und dumpf: Was suchst Du hier in tiefer Nacht? Warum spähest Du mir nach? Bist Du mein Wächter? Was willst Du von mir?«

»Einen solchen starren ungebeugten Trotz hatte ich nicht erwartet. Ich blieb zuerst wie versteinert stehen, aber schon in dem nächsten Augenblicke überschäumte mein heißes spanisches Blut; mit jener wilden leidenschaftlichen Erregtheit, wie man sie nur in einem solchen Momente, nur unter solchen Umständen empfindet, antwortete ich meinem Bruder:«

»Was ich von Dir will, fragst Du? *Du kannst fragen?* kannst mir in's Auge blicken, als wärst Du frei und schuldlos? Du sinkst nicht ein vor Scham? Greif' in Deine Brust! ... Sieh'! Dein Antlitz zeigt ja Deine böse, böse That ... Du fragst, was ich von Dir will? – ich will Dich retten, dem starken Arm der Sünde entreißen, aber siehe, sie hält Dich fest mit ehernen Banden! ... Ich hielt inne, meine Worte schienen wirkungslos. In den Zügen meines Bruders sprach sich der wildeste Grimm aus, er knirschte mit den Zähnen, aber er antwortete nicht.«

»Bruder! begann ich wieder nach einer kurzen schmerzlichen Pause, Bruder! Hast Du denn *alles, alles* vergessen? Hast Du kein Erinnern mehr für die Vergangenheit, keinen Blick für die Zukunft? ... O! sieh' mich nicht so starr an, als verständest Du mich nicht ... Bruder, bei der unendlichen Liebe, die ich für Dich empfunden, bei der Erinnerung an unseren verewigten Vater, bei dem Andenken an unsere frühverstorbene Mutter fleh' ich auf meinen Knieen zu Dir, *bedenke es nur*, was Du verbrochen! ... Ja, blick' mich nur an mit zornfunkelnden Augen, knirsche mit den Zähnen, balle die Faust, ich zittre nicht, ja! Du hast fürchterlich gefrevelt, ja, ja! hörst Du?! ...«

»Ich war von dem hartnäckigen unerwarteten Widerstande meines Bruders so maßlos erschüttert, daß ich nicht weiter sprechen konnte. Ich griff nach der auf dem Tische liegenden Bibel, schlug die Zehn Gebote auf und deutete schweigend auf das siebente ...«

»Lo Sinow! Du sollst nicht ehebrechen! begann ich wieder nach einer tiefen Pause, während welcher wir unsere Herzen schlagen hörten .... Dich soll nicht gelüsten das Eheweib Deines Nächsten ... Siehst Du, so stehts geschrieben, so wurde es der lauschenden Menschheit am flammenden Sinai verkündet! – Nun denn, das Wort Gottes, das Wort Gottes, das Deinem Volke eine leuchtende Feuersäule war in dem Dunkel der Nacht, und ein ewig frischer Quell in der Hitze des Tages, das Wort Gottes, für das Dein Großvater den Flammentod erlitten, das Wort Gottes, dessen ewige Wahrheit Dein Vater, ich, jeder gläubige Jude mit seinem Herzblute besiegelt hätte, das Wort Gottes hast Du verachtet, von Dir gestoßen, mit Füßen getreten! ... Kennst Du nicht den Ausspruch unserer Weisen: Alle werden des Jenseits theilhaftig, nur drei nicht, der Ehebrecher, der ....«[150]

»Ich konnte nicht weiter sprechen, mit meinem Bruder war eine furchtbare Veränderung vorgegangen. Seine Züge, schon früher verzerrt und entstellt, nahmen jetzt einen so fürchterlichen Ausdruck an, daß sie fast keinem menschlichen Wesen anzugehören schienen, alles Blut seines Antlitzes schien sich in zwei dunkelrothen Rändern um die Augen herum angesammelt zu haben, diese selbst traten in unnatürlicher Größe weit aus ihren Höhlen hervor, sein Mund stand weit geöffnet, und ließ seine schönen weißen Zähne sehen, – er glich in diesem Augenblicke einem wilden blutdürstenden Thiere.«

»Du hast mir das *Diesseits* geraubt, willst Du mir nun auch das *Jenseits* rauben!? rief er nach einer langen Pause mit einem lauten Geheule, wüthend auf mich losstürzend. Ich erkannte zu meinem namenlosen Schmerze, daß mein wohlgemeintes, aber scharfes Wort den innersten Kern seiner Seele getroffen, daß das Bewußtsein seiner Schuld übermächtig in ihm wach geworden, daß es urplötzlich die Nacht des Wahnsinns über seinen sonst so klaren hellen Geist heraufbeschworen ... Vergebens blieb nun meine freundliche Ansprache; mit der wilden Raserei des Wahnwitzes stürmte er auf mich ein. – Bruder! laß ab, laß ab, zwing' mich nicht meine Kraft zu gebrauchen, rief ich, wir sind ja Brüder, Zwillingsbrüder, ich bin ja Dein Mosche! – Aber mein Bruder hörte mich nicht, er faßte mich mit kräftiger Faust am Halse. Mein Leben war ernstlich bedroht. Mir selbst lag nicht viel am Leben; aber ich wollte Dir, theure Schöndel! die Du nun niemand auf der weiten Welt hattest als mich, den Vater erhalten, und der Gedanke an Dich verlieh mir Riesenstärke. Ich hatte es zuerst mehrmals vergebens versucht, meinen Bruder, dessen Hand meine Kehle krampfhaft zusammenpreßte, wegzudrängen, aber es gelang mir nicht ... ich konnte nur mühsam athmen, das Blut trat mir in den Kopf, es flimmerte mir vor den Augen, es schwindelte mir, ich fühlte es, es mußte etwas Entscheidendes geschehen, ich mußte mich meines fürchterlichen Gegners entledigen. Ich sammle alle meine Kraft und drücke ihn mit der ganzen Wucht meines Körpers zu Boden. Friede! Mosche, Friede! sprach mein Bruder endlich zähneknirschend, nach nutzlosen Anstrengungen sich meinem Arme zu entwinden, ... laß mich, ich will ruhig sein – «

»Ich traue seinem Versprechen, aber in dem nächsten Augenblicke springt er mit der Wuth und der Schnelligkeit einer Tigerkatze auf mich los, schlägt seine spitzen Zähne in meine nackte Brust, und macht die verzweifeltsten

---

[150] *Talmud. Tract. Bowe Mozia, 58. b.

Anstrengungen mich zu erdrosseln. Ich schreie laut auf vor heißem Schmerz, und fasse ihn, dem dunkeln Triebe der Selbsterhaltung folgend, am Halse ... ein krampfhaftes Zucken meiner nervigen Faust, – und mein Bruder stürzt mit einem dumpfen Gemurmel verzerrten Antlitzes leblos nieder! ... Einen Augenblick stand ich verzweifelnd da, dann warf ich mich wahnsinnig vor Schmerz auf den Boden und versuchte es, meinen Bruder in's Leben zurückzurufen. Meine Bemühungen blieben erfolglos ...«

»Ich fand meine Fassung erstaunlich schnell, und wieder war es der Gedanke an Dich, meine theure Tochter! der mich aus dem wilden Sturme der Verzweiflung emporriß ... Ich öffnete das Fenster und rief laut zum sternbesäeten Himmel empor: Herr der Welt! *Du hast es gesehen, Dein Vaterauge wachte ... ich bin nicht schuld an seinem Tode, ich bin kein Kain, meine Hand hat dieses Blut nicht vergossen!*« –

Gawriel hielt erschöpft, fast ohnmächtig inne im Lesen, und warf die verhängnißvolle Schrift weit weg von sich ... Die übermenschliche Kraft, mit der er bisher den vergilbten Zeichen aufmerksam und gierig gefolgt, war gebrochen. Die Hoffnung, seinen Vater kennen zu lernen, ihn aufsuchen, an seine pochende zerspringende Brust drücken zu können, hatte ihn mit dem wildesten, dem wonnigsten Entzücken erfüllt, – und nun, nun waren alle diese Hoffnungen zerstört, vernichtet; – sogar der Name seines Vaters, der in der ganzen Schrift – als wäre es absichtlich – nicht genannt war, blieb ihm unbekannt – *das schönere edlere Ziel seines Lebens blieb ihm unerreichbar!* ... Was lag ihm nun an dem weitern Inhalt der Schrift? Was lag ihm daran zu erfahren, wie Rabbi Mosche noch in derselben Nacht mit seinem Töchterchen die Flucht ergriffen, um dem rächenden Arme der menschlichen Gerechtigkeit zu entgehen? Was lag ihm daran, zu erfahren, wie Reb Karpel Sachs den alten Jugendfreund mit inniger Liebe aufgenommen, was lag ihm daran zu erfahren, wie Reb Mosche als Schammes der Altschul ein ruhiges beschauliches Leben geführt, wie er den festen Entschluß gefaßt, die Hand seiner Tochter nur *dem* zu geben, der gleich ihm, gleich seinem verewigten Vater die bescheidene Stelle eines Schammes in der Altschul übernehmen wolle, wo er ferne vom Treiben der Welt, ruhig seinem Glauben, seinen Pflichten leben könne, ruhig und abgeschieden, wie sein Vater, wie er selbst, ein sturmbewegtes Leben erst schließen durfte ... Was lag Gawriel an allem dem, an allem Anderen? Hatte er doch erfahren, daß sein Vater todt sei – verloren für ihn, für ewig – wußte er doch, daß das heiße ungestillte Sehnen seiner Seele ewig und immerdar ungestillt bleiben sollte, waren doch die tausend Fäden, mit denen sein Herz an der süßesten Hoffnung seines Lebens hing, plötzlich schmerzlich zerrissen! .... Gawriel las nicht weiter. Er saß eine Weile bewegungslos in seinem Stuhle. Die Sprache hat keinen Ausdruck für den Gefühlssturm, der seine Brust durchwühlte, und es bedarf des kühnsten Aufschwungs der Fantasie, um sich denselben auch nur in blassen Farben auszumalen. –

Also damit ist's aus! sprach er endlich nach langem Schweigen, die Hand krampfhaft an's Herz drückend, damit ist's aus! ... *es bleibt mir also nur das eine, das einzige Ziel meines Lebens – die Rache!* ... Noch steht Mannsfeld in Pilsen, noch ist Blume's Schicksal in meiner Hand! ... Ich dank' Dir, Zufall, Du hast mich wunderbar geleitet, Du hast mir in dem entscheidendesten Augenblicke die qualvollen Zweifel gelöst ... *Es bleibt mir nur die Rache, – mein Vorsatz bleibt unerschütterlich!*

Die Glockenschläge der Rathhausuhr verkündeten, daß noch zwei Stunden zur Mitternacht fehlten. Um diese Zeit wurde die Thore der Judenstadt geschlossen. Gawriel erhob sich rasch, bewaffnete sich und hüllte sich in seinen Mantel, dann strich er sich langsam über die hohe marmorweiße Stirne, als wolle er jeden neuerstehenden Gedanken gewaltsam niederbeugen, und schritt zur Thüre. An der Schwelle blieb er nochmals in einer Überfülle von Gedanken versunken stehen und warf einen Blick in das Stübchen, das er für immer verlassen sollte. Es schien, als könne er sich denn doch nicht so leicht losreißen von der Wohnung, in der sein Großvater ein reich bewegtes Leben beschlossen, wo sein Vater die schöne Zeit der unschuldreichen Jugend verlebt hatte. – Plötzlich ermannte er sich und eilte beflügelten Schrittes der Judenstadt zu. – Auf dem kurzen Wege dahin begegnete er einem, tief in einen Mantel gehüllten Manne; es war Michoel Glogau; aber Beide waren zu sehr mit ihren Gedanken beschäftigt, und keiner bemerkte den Andern.

Gawriel kam gerade zur rechten Zeit; gleich nach seinem Eintritte in die Judenstadt wurden die Thore derselben geschlossen.

VI

Der Winter hatte sich im Jahre 1620 zeitlich eingestellt, es war eine rauhe kalte Nacht. Der Himmel war von einem grauen Wolkenschleier verhüllt, der bald vor dem Hauche des eisigen Nordwindes zerriß, bald sich wieder eben so schnell von Neuem verdichtete. Die Dächer waren von hohem Schnee bedeckt, der Boden war hart gefroren und knisterte unter den Fußtritten. Es war schon stille geworden, die zahlreichen Verkäufer, die ihre Waaren bis zur späten Abendstunde auf offener Straße feilboten, und deren Lichter und Lämpchen der Judenstadt einen eigenthümlich freundlichen Anblick verliehen, waren verschwunden, die Straßen waren fast menschenleer, und nur hier und da sah man Einzelne sich fest in ihre Mäntel hüllend nach Hause, oder in's Bes-hamidrosch eilen.

Gawriel schritt langsam, fast jeden Augenblick stille haltend durch die Straßen. Er hatte in seinem reichbewegten Leben unendlich vielen Seelenschmerz erfahren. Seit jenem Tage, wo er verzweifelnd an dem Sterbebette seiner Mutter gestanden, seit jenem Tage, wo Blume seine heiße innige keusche Jugendliebe schmachvoll zurückgewiesen, war sein ganzes Leben ein schmerzenreiches qualerfülltes gewesen – und doch schien es ihm, als wäre er *nie so* unglücklich, *nie so* unaussprechlich elend gewesen, als jetzt. Seine Zukunft starrte ihm furchtbarer, grauenhafter als je entgegen. Das Kriegsglück, das sich bisher an seine, an seines Freundes Mannsfeld's Fahne geheftet hatte, schien ihm mit der heutigen Niederlage Friedrich's verschwunden ... Die kühne Zuversicht, mit der er sich unverantwortlich gemacht hatte dafür, daß er sich losgerissen von Allem, was ihm früher theuer und heilig gewesen, war durch die glühenden Worte Michael's, die ihn zur entscheidendesten Stunde mit der vollen bewältigenden Kraft der Wahrheit getroffen, gebrochen ... Seine einzige Hoffnung, seinen Vater wiederzufinden, ihn an sein Herz zu drücken, sich mit ihm, mit seinem Schicksale, – vielleicht mit Gott zu versöhnen, – die kühne Hoffnung, die ihn oft emporgerissen aus dem bodenlosen Abgrund der Verzweiflung; – diese einzige, süße Hoffnung, die stets, selbst dann, wenn er sich's nicht zu gestehen wagte, in seiner Seele dämmerte – war zerstört, war vernichtet worden! ...

Namentlich war es die erschütternde Kunde von dem frühen Tode seines Vaters, die ihn *jetzt* mit unendlichem Schmerze niederbeugte und fast alle frühern Eindrücke verwischte ... Sein Vater hatte ihn nicht verstoßen, wie er so oft in Momenten wilder Aufregung gefürchtet – sein Vater war vielleicht geschieden aus diesem Leben ohne zu ahnen, daß sein Kind einst verzweifelnd die Spur seines Weges suchen würde ... und er hatte diesen Vater nie gekannt, und sollte diesen Vater, den er nur deßhalb so wahnsinnig haßte, weil er ihn so gerne mit der ganzen Riesenkraft seiner Seele geliebt hätte – diesen Vater sollte er *nie, nie* erblicken!

Gawriel stand gedankenschwer in der Mitte der Straße. Mit jenem eigenthümlich herben Wehe, das sich selbstquälerisch die schmerzendsten Herzenswunden aufreißt, suchte er sich nochmals die Züge seines Vaters, die sein Ohm so lebhaft geschildert, vor sein inneres Auge zu führen; ... aber er rang vergebens darnach, es tauchten nur Zerrbilder auf in seiner Seele, bleiche Männer mit purpurnen Feuermaalen an der Stirne; und alle diese Zerrbilder erstanden und zerflossen mit der Schnelligkeit des Gedankens; alle glichen einander – und doch war nicht eines das wahre echte Bild ... So wie sich der Mensch zuweilen eines Wortes, das er sprechen will, nicht erinnern kann, und es liegt ihm doch so unendlich nahe, daß er glaubt, er dürfe nur die Zunge regen, um es auszusprechen, so spähte Gawriel nach diesem Bilde, es schien ihm so nahe, es umschwebte ihn fast ... und doch fand er es nicht.

Damit ist's aus, sprach er endlich leise, sich mit der Hand über die hohe Stirne streichend, – richte den Blick nach etwas Anderem ... Die Vergangenheit läßt sich nimmer ändern – wer todt ist, ist todt ... Das Grab gibt der Erde nichts wieder, die Todten werden nimmer lebend ... *Dein Vater ist todt, er ist unwiederbringlich verloren* ... aber meine Rache lebt, in mir ... in meiner Brust, mit wildem Höllenbrand ... Vergiß des Todten und gedenk' der Rache!

Gawriel versuchte es wieder mit jener bewundernswürdigen Geistesgeschmeidigkeit, die den herben Schlägen, die ihn getroffen, einen fast unglaublichen Widerstand entgegenzusetzen vermocht hatte, sich dem vernichtenden Einflusse dieses Gedankenwirbels zu entziehen, seinen Sinn davon abzulenken ... Wieder suchte er – wie er es stets in den Momenten der höchsten Aufregung zu thun pflegte – nach einen Gegenstande außer ihm, der seine Aufmerksam-

keit, sei's auch nur auf kurze Zeit, zu fesseln vermöchte, und er fühlte sich fast
glücklich, als er in einem eilig an ihm Vorüberschreitenden den frankfurter
Bochur Nochum erkannte.

Guten Abend, sprach er, seine Gemüthsstimmung beherrschend und den
Groll mühsam niederringend, den er im Grunde seines Herzens gegen Nochum
fühlen mußte – woher des Weges?

Ich war beim Parneß Reb Gadel, entgegnete Nochum, ich bin an ihn empfohlen worden, und pflege des Nachts mit seinen Söhnen zu lernen; aber eben
jetzt wurde ihnen mitgetheilt, daß der Pfalzgraf auf die Altstadt herüberge-
kommen ist, die Krone und die Reichskleinodien mitgebracht, und den Alt-
städtern bedeutet hat, daß er mit dem grauenden Morgen die Stadt verlasse,
und dem siegreichen Gegner das Feld räume ... Ihr könnt Euch denken, daß
nun vom Lernen weiter keine Rede sein mochte.

Ist diese Nachricht gewiß? frug Gawriel nach einer längeren Pause des
Nachdenkens.

Sie ist dem Parneß, wie er sagte, aus der verläßlichsten Quelle zugekom-
men, und es kann darüber nicht der leiseste Zweifel obwalten ... übrigens ersu-
che ich Euch, die Sache denn doch bis morgen geheim zu halten; sie ist es bis
jetzt jedem andern in der Judenstadt, und dürfte es wohl bis morgen bleiben.

Gawriel schwieg gedankenvoll. Jetzt bin ich noch Herr über Blume's
Schicksal, dachte er, jetzt glaubt sie ihren Gatten noch in meiner Macht ... ich
muß mich sputen ... Verliere ich die günstige Zeit zur Rache, so ist sie vielleicht unwiederbringlich, für immer verloren!

Nochum mißdeutete Gawriel's Schweigen. Freilich konnte er nicht vermuthen, welche wichtige Kunde er ihm mitgetheilt, er konnte nicht ahnen, daß
er einem Menschen gegenüberstehe, dem kurz vorher die einzige Hoffnung
seines Lebens vernichtet worden, der sich in der nächsten Zukunft mit der
vollsten Kraft seines Hasses für das namenlose Weh seiner ganzen qualenreichen Vergangenheit rächen wollte.

Ihr nehmt warmen Antheil an den Weltereignissen, begann Nochum endlich, und es freut mich dies recht herzlich, man findet dies bei Bochurim nicht
leicht; ... aber hier in Prag, auf dieser altehrwürdigen Jeschiwo trifft man Bochurim, wie selten anderswo ... erst heute lernte ich einen Bochur kennen,
Michoel Glogau; ich bedaure nur, daß er jetzt schon Prag verläßt ... ich versichere Euch, noch nie hat ein junger Mann einen so tiefen Eindruck auf mich
gemacht als er ... Wir sprachen zufällig von einem Mamser, ich sprach eine
Ansicht aus, die ich – ich gestehe es gerne – zurücknahm, als mir sie Reb Michoel widerlegte; ... aber wie sie mir widerlegte, so klar, so warm, so über-
zeugend – doch was erzähle ich Euch, ich erinnere mich, daß Ihr bei diesem
Gespräche anwesend wart, und daß Ihr's mit angehört haben müßt. Nicht
wahr, Michoel fand die wahre, richtige Anschauung?

Gawriel's Herz zuckte auf. Seine Seele war tausendfach zerrissen und die
frischgeweckte Erinnerung an die erschütternden Worte Michoel's goß sieden-
des Öl in alle diese offenen unvernarbten Wunden.

Auch ich bedauere es, Michoel Glogau erst so spät getroffen zu haben, sprach Gawriel mit tiefer Bewegung; ... aber es war schon zu spät, zu spät!

Nochum blickte forschend in Gawriel's Antlitz. Die innige Betrübniß, die sich in seinen Zügen und Worten aussprach, schien ihm unbegreiflich. Gawriel bemerkte dies, er schrak zusammen, als fürchte er seine geheimsten Gedanken verrathen zu haben ... Lebt wohl! rief er nach einer kurzen Pause plötzlich abbrechend, und eilte so schnell er konnte, durch die engen winklichten Gassen. – Nochum sah ihm eine Weile verwundert nach, dann ging er ruhig seines Weges weiter.

Gawriel hielt erst am Hahnpasse vor Blume's Hause. Er blickte zu den Fenstern der Dachwohnung empor, eines war trotz der rauhen Winterkälte geöffnet, und er glaubte in der Dunkelheit die Umrisse einer weiblichen Gestalt zu erkennen ... Sein Herz schlug hörbar; er legte die Hand auf die Thürklinke; aber er blieb nochmals gedankenschwer stehen.

So steh' ich hier am Ziele! begann er, zuerst leise, dann immer lauter zu sich selbst sprechend ... Ein qualenreiches Leben lang lechzte ich dem Momente der Rache entgegen ... nun ist er da, keine Macht auf Erden kann sich nun zwischen mich und meine Rache stellen ... ich werde mich rächen ... und dann? ... dann einsam, verlassen, unbeweint und unbedauert – am nächsten Blachfelde verbluten ... Es hätte anders werden können! ... Hätte ich jenen Michoel, den ich jetzt am Schlusse meiner weiten, weiten Irrfahrt fand, hätte ich jenen Michoel an jenem Jom Kipur getroffen, ... hätte er *damals* jene Worte gesprochen, die *heute* meine Seele schonungslos zerfleischten, ... hätte er damals *so* zu mir gesprochen ... es wäre anders worden! Gawriel Süß, Gawriel Süß, der Arme, Mißhandelte, Verstoßene, Verbannte, mit Füßen Getretene – Gawriel Süß, der sich losgerissen vom beseligenden Glauben seiner Kindheit, Gawriel Süß, der im Donner des Geschützes, im Gewühle der Schlachten, Vergessenheit für die Vergangenheit suchte und nicht fand – Gawriel Süß hätte *eine Stütze der Schwankenden, ein Lehrer seines Volkes, ein hohes Beispiel demuthsvoller Gottergebenheit werden können ... Sein Schicksal stand in seiner Hand, daß er verdarb war seine eig'ne Schuld!* ... So sprachst Du, Michoel; aber es war zu spät! ... aber nein! nein! ich bin nicht Schuld daran ... das ist eine Erfindung von Euch, Ihr Gottgläubigen! ... mich beherrschte nichts als ein *tückischer böser Zufall*, und selbst in *diesem* entscheidenden Momente will er mir den süßen Augenblick der Rache durch das trügerische Bild, wie ich hätte werden können, vergällen – kurz bevor ich der langersehnten Rache entgegeneile, läßt er mich Michoel Glogau begegnen! – o! es ist nichts als tückischer böser Zufall! ... in dem Momente, wo ich das *Letztemal* noch schwankend Dich – den sie allmächtig, allerbarmend nennen, – mit dem tiefsten Schmerze, der je eine Menschenseele vernichtete, auffordere, mir meinen *Vater* wiederzugeben, *einen Vater!* eine Wohlthat, die dem Niedrigsten auf Erden nicht versagt ist ... in dem Momente, wo ich Dich anrufe mir meinen Vater – und sei's auch für den kürzesten Zeittheil, den der Menschensinn nur erdenken kann – wiederzugeben ... mich in seinen Armen – und sei's unter namenloser körperlicher Qual – *sterben zu lassen! ... in dem Momente erfahre ich, daß er todt ist! ...* Wo ist Deine Allmacht?! Wo?! Beuge meinen starren Nacken! zertrümmere meinen Trotz! Führ' mir den Vater entgegen! – und ich, Gawriel Süß will zurückkehren zu Dir – hörst Du? zu Dir, zu Deinem Glauben – ich will bereuen, und will sterbend Deinen Namen verherrlichen! ... aber es wird nicht so sein ... das Grab gibt seine Todten nimmer wieder ... *ich war nur namenlos unglücklich – und ich ruf' es laut: es gibt keinen ...*

Gawriel unterbrach sich. Es hatte rings um ihn auf dem damals fast unbewohnten, von dem weiten Friedhofe begrenzten Hahnpasse eine Todtenstille geherrscht, aber plötzlich klangen vom Friedhof herüber Töne an sein Ohr, Töne, die schon einmal sein Herzblut zu Eis erstarren gemacht hatten, und die er damals für Ausgeburten seiner erhitzten, überreizten Phantasie gehalten hatte; ... aber die Töne klangen diesmal noch deutlicher; diesmal konnte es keine Täuschung sein.

Mein Sohn! mein Sohn! – Du Armer, Verlassener, in Sünde Geborener, wo bist Du? – Wo soll ich Dich suchen? o! daß meine Stimme tönte mit der Kraft des Donners, daß sie reichte von einem Ende des Erdballs zum andern ... vielleicht würde mein armer Sohn die Stimme seines Vaters hören, und ihm verzeihen! ...

So klangs an Gawriel's Ohr. Ein dumpfer Schrei entrang sich seiner Brust, er ließ die Thürklinke des Hauses, die er krampfhaft in der Hand fest hielt, los ... er blickte herum, eine ziemlich hohe Mauer trennte ihn von dem Gottesacker. Plötzlich erblickte er eine kleine geschlossene Thüre in der Mauer, die gesteigerte Aufregung verlieh dem ohnehin kräftigen Manne Riesenstärke, mit einem einzigen Stoße brachen die Planken der Thüre krachend auseinander – und Gawriel befand sich am Friedhofe ...

Er ließ sein brennend Auge über den weiten schneebedeckten Raum fliegen. Es war tiefdunkel, der Himmel war von dichten Wolken verhüllt, die verwitterten Leichensteine stachen eigenthümlich ab gegen die glitzernde Schneefläche; die alten Bäume, mit ihren beeisten Ästen greisenhaften Wächtern dieser Ruhestätten gleichend, verschwammen in dem blaugrauen Lufthintergrunde ...

Gawriel legte seine ganze Seele in's Ohr und Auge; – aber eine Weile sah er nichts, es rauschte kein Blatt ...

Plötzlich begann sich's in einer ihm nahegelegenen Baumgruppe zu regen. Eine Fiebergluth durchschauerte Gawriel; er schwankte, aber er faßte sich mit übermenschlicher Kraft, und die Lippen fest übereinandergepreßt, die Hände krampfhaft an die übervolle zerspringende Brust gedrückt, näherte er sich dem Gehölze ... er bog zitternd die Zweige auseinander, er beachtete es nicht, daß er sich die Hände blutig riß; er drang immer vorwärts, endlich hatte er das Gehölz durchbrochen ... Genau in demselben Augenblicke trat der Mond aus den dunklen Wolken, die ihn bisher verhüllt hatten, und warf sein volles Licht auf die von Bäumen umfriedete Stelle ...

Gawriel erkannte drei Leichensteine, einen größern, und zwei kleinere gleiche. *Der größere trug eine Weintraube und das Zeichen der Lewiim ...* Vor den Leichensteinen war eine hohe Gestalt, ein Greis, hingesunken ...

Gawriel wollte vorwärts, die Gestalt ansprechen, sie von Angesicht zu Angesicht schauen – und wenn es tausendfach sein Leben kosten sollte; – aber in diesem Augenblicke ertönte die bebende Stimme des Greises von Neuem ... Gawriel blieb wie festgebannt.

Mein Gott! mein Herr! allerbarmender gnadenreicher Gott! ... Habe ich *noch* nicht gesühnt den Frevel meiner Jugend? ... hab' ich nicht jahrelang gebüßt, gelitten, wie kein zweiter Mensch auf Erden?! ... Hier am Grabe meines verewigten früh dahingeschiedenen Vaters ... hier am Grabe meines theuern Zwillingsbruders, der mich so innig, so unendlich tief geliebt hatte, meines Bruders, der in jener verhängnißvollen Nacht wachgerufen den unsäglich bittern Schmerz der reuevollen Verzweiflung ... o! wäre ich damals, als Du den Abtrünnigen, – den bösen schändlichen Bruder von Dir stießest mit mächtiger Faust, o! wäre ich damals von Deiner lieben Bruderhand gestorben! – aber nein, Du Theuerer! Du solltest kein Kain werden, Du solltest einst rein und selig in Frieden entschlummern ... ich aber; ich erwachte aus scheinbarem Todesschlaf zu nimmerendender namenloser Qual! ... An dem Grabe meines unvergeßlichen süßen Jugendgespielen Karpel, den ich so gerne noch in meine Arme geschlossen hätte ... und der friedlich unter diesem Rasen schlummerte als ich verzweifelnd nach Prag, der Stadt meiner seligen unschuldreichen Jugend zurückkehrte ... an diesen Gräbern habe ich jahrelang zu Dir, Allerbarmer, gefleht! ... Du, Allwissender, der Du in die Tiefen meiner Seele blicktest, Du weißt, was ich gelitten! ... und *doch* ist die Wolke Deines Zornes noch nicht vorübergezogen ... Lo Sinow steht noch immer in meiner Bibel ... und mein Sohn ist noch immer nicht in meine Arme geeilt!

Gawriel athmete fast nicht. Jedes dieser Worte drang wie ein Flammenschwert in sein Herz. In seiner Brust wogten Gefühle, die sich nicht schildern, nicht beschreiben, nicht ahnen lassen. In dem innersten Kern seines Wesens ging eine *unendliche allgewaltig erschütternde Veränderung vor* ... plötzlich war es licht geworden in seiner Seele, und so wie sich das an tiefe Dunkelheit gewohnte blöde Körperauge schmerzhaft schließt, wenn es urplötzlich zu dem glühenden Feuerstrome eines mächtigen Vulkans aufblickt; so schloß sich sein geistiges Auge einen Augenblick vor dem Eindrucke dieses erschütternden Momentes. Er stand seinem unglücklichen Vater gegenüber! diese von Gram, vom Elende tief gebeugte Gestalt war sein armer verzweifelnder Vater ... der wahnsinnige Jakow! ... Der glühendeste Wunsch seiner Seele, das tiefste Sehnen seines qualenreichen Lebens war gestillt worden – war gestillt worden in dem Momente, wo er sich mit wildem gottesläugnerischem Trotze der bodenlosesten Verzweiflung ergeben ... *das war kein blinder Zufall!* ... Gawriel wollte sprechen, aber sein Geist fand keinen Ausdruck, seine Lippe keinen Laut.

Allvater! vergib mir endlich, begann Jakow wieder mit dem herzzerreißenden Ausdrucke der tiefsten Verzweiflung; und sein Körper schien unter der Wucht seines Seelenschmerzes zusammenzubrechen – vergib mir, Allvater! ... ich habe gesündigt, ich habe gefrevelt, aber ich habe unendlich viel gelitten, und Du, Vater! bist allmilde ... Laß mich endlich sterben, Allvater ... laß mich

hier neben meinen Lieben ruhen ... und vergib auch ihr, der Mutter meines
Sohnes ... und zum Zeichen, daß Du mir vergeben, gib mir meinen Sohn, *meinen Sohn!* bevor ich sterbe ... Laß' mich an seinem Herzen sterben ... Ich will
ja nur an *seinem Herzen sterben*, ich will nichts mehr! ... Gott!! gib mir meinen
Sohn! ... o! komm zu mir, mein Sohn! ... mein Sohn, wo bist Du?!

Es herrschte einen Augenblick die tiefste Grabesstille; dann rief Gawriel:
Hier bin ich, Vater!

Die Beiden, Vater und Sohn, starrten sich eine geraume Weile sprachlos an ...
Das war das Bild, das Gawriel seit einigen Stunden vergebens heraufbeschworen, sein Vater, der wandernde Jude in Aachen, jene Gestalt, die einst ihre glühenden Lippen auf seine jugendliche Stirne gedrückt, sie waren alle dieselbe ...

In Jakow's Antlitz spiegelte sich einen Augenblick der höchste Grad des
Wahnsinns ab; ... aber nach und nach schien die ungeheuere überwältigende
Macht der freudigen Überraschung den bösen Geist, der über seine Seele
schwebte, zu bannen. Sein brennend Auge, aus dem der Wahnwitz geleuchtet
hatte, ward feucht ... eine warme Thräne löste sich von seiner Wimper und floß
langsam die bleiche Wange herab ...

Urplötzlich, als hätte ihn erst jetzt der Strahl der Erkenntniß getroffen, rief er:
Er trägt das Flammenzeichen an seiner Stirne! ... mein Gott! es ist mein Sohn!!

Mein Vater! ...... *Schma Jisroel haschem*[151] ...

Gawriel stürzte in die weitgeöffneten Arme seines Vaters ... Sie hielten sich
fest umschlungen ... die Lippen Beider zuckten, als wollten sie sprechen; ...
aber sie sprachen nicht mehr ... der rascheste Gemüthswechsel hatte das leichte
Band, das den Geist an den Körper fesselt, gelöst; die fürchterlichste Aufregung, die je ein Menschenherz erfaßte, hatte sie getödtet!

Sie hielten sich sterbend noch fest umschlungen ... Im Leben getrennt, ver-
einsamt, wollten sie im Tode nicht von einander lassen.

Diese erschütternde Scene war nicht zeugenlos geblieben. Blume war in banger angstvoller Erwartung an dem Fenster ihrer Wohnung gestanden ... Das,
was sie gesehen und gehört, hatte sie mit namenlosem Schauer erfüllt ... aber
sie war gerettet! – Von dieser wunderbaren Fügung unendlich tief ergriffen,
sank sie mit unsäglicher Rührung betend auf die Knie.

VII

Der Pfalzgraf floh am kommenden Morgen in der Richtung von Breslau. Anhalt, Hohenlohe, der alte Thurn, der alte Bubna, *Bohuslaw Berka, *Raupowa
und Andere begleiteten ihn. – Die Kleinseitner, dem Kaiser stets zugethan,
sandten gleich, nachdem Friedrich die Stadt verlassen, Boten an den Herzog

---

[151] Höre Israel der Ewige ... unser Gott ist ein einig einziger Gott. –

Maximilian und baten ihn, er möge in die Stadt kommen. Mittags zog der Herzog von Boucquoi und Tilly begleitet durch das Strahower Thor auf den Hradschin. *Wilhelm von Lobkowitz und fünf andere böhmische Herren kamen ihm entgegen, wünschten ihm zu dem erfochtenen Siege Glück und baten, wie die Chronisten schreiben, »in einer langen mit Thränen vermischten Rede« um Vergebung ihrer Empörung, Erhaltung ihrer Freiheiten und Schonung der Stadt. Maximilian antwortete ihnen milde, er wolle thun, was in seinen Kräften stehe und die Stadt solle nicht geschädigt werden; was aber die übrigen Punkte beträfe, wäre er zu nichts bevollmächtigt. Er für seine Person riethe ihnen, sich dem Kaiser ohne alle Bedingungen zu unterwerfen. – Die Alt- und Neustädter hatten ebenfalls eine Deputation an den Herzog gesandt, mit der Bitte, er möge ihnen drei Tage Zeit gönnen, um die Bedingnisse, unter welchen sie sich unterwerfen sollten, aufzusetzen. Maximilian verweigerte diese Frist, und sie schwuren dem Kaiser sogleich Gehorsam und Treue und lieferten auch dem Herzoge ihre Waffen aus. – Die Nachricht von dem erfolgten Einzuge des Herzogs hatte in der Judenstadt, die eben so wie die Kleinseite stets kaiserlich gesinnt war, die freudigste Aufregung hervorgerufen. Der Parneß ließ die Gemeindeältesten und Mitglieder des Bes Dins[152] zu einer außerordentlichen Besprechung auf das Rathhaus laden und es wurde einstimmig beschlossen, den Herzog Maximilian auch im Namen der prager Judengemeinde als Sieger zu begrüßen. Die Sitzung sollte eben geschlossen werden, als die Todtengräber von Awrohom Schuster begleitet dringend um Einlaß baten. Des Morgens bei einem Begräbnisse hatte man am Friedhofe zwei Leichen, die sich noch im Tode fest umschlungen hielten, gefunden. Die beiden Leichen hatten im Tode eine überraschende Ähnlichkeit angenommen, eine Ähnlichkeit, wie man sie nur zwischen Vater und Sohn trifft, namentlich trugen beide einen gleichen bläulichen Streifen an der Stirne. Der wahnsinnige Jakow war allen bekannt gewesen, bezüglich der andern Leiche aber konnte nur einer der beim Leichenbegräbnisse Anwesenden nähere Aufschlüsse geben. Awrohom Schuster nämlich erklärte, den jungen Mann gekannt zu haben, er sei erst seit Kurzem in Prag, und er hätte ihm gleich bei seiner Ankunft eine Wohnung bei Reb Schlome Sachs, dem Oberschammes der Altschul zugewiesen. Auf späteres Nachfragen bei dem Letzteren hätte er erfahren, daß der Fremde Gawriel Mar hieße und ein tüchtiger Bochur aus *Aschkenes sei. Die Todtengräber hielten es für ihre Pflicht, dem Bes Din und dem Gemeindevorstande von diesem eigenthümlichen Vorfalle die Anzeige zu machen, und Awrohom Schuster wiederholte nochmals seine Aussagen bezüglich der Leiche des jungen Mannes ...

Die Versammelten hielten dieses Ereigniß für wichtig genug, um einen Blick in die Briefschaften zu werfen, die man in den Kleidern des Verstorbenen gefunden. Schon die Aufschrift erregte allgemeines Erstaunen, die Briefe waren an »General-Major Otto Bitter« gerichtet und »Ernst Graf von Mannsfeld, Generalfeldzeugmeister« unterfertigt; der Inhalt bezog sich auf Kriegs-

---

[152] Rabbiner-Collegium.

operationen und geheime Pläne. – Man wußte nicht, was man annehmen sollte. Einige waren geneigt zu glauben, daß Gawriel Mar ein Bote Mannsfeld's war, Andere bezweifelten dies, da sich sonst Mannsfeld nicht mit vollem Namen gezeichnet hätte, und hielten Gawriel für einen Spion der Kaiserlichen, der sich der Briefe auf irgend eine Weise bemächtigt hatte; wieder Andere glaubten ganz einfach, Gawriel Mar und General-Major Bitter seien ein und dieselbe Person. Man war eben in der lebhaftesten Debatte hierüber begriffen, als sich die Thüre des Sitzungssaales rasch öffnete und Reb Schlome Sachs von Reb Michoel Glogau begleitet unangemeldet eintrat.

Ihr kommt gerade recht, rief ihm der Parneß entgegen ... Ihr könnt uns vielleicht Aufschluß über Eueren Miethsmann geben, der ...

Wir kommen eben deshalb, Mekaß Reb Gadel! unterbrach ihn Reb Schlome; – aber ich bin zu erschöpft von dem, was ich eben erlebt, sprecht Ihr, Reb Michoel! ich bitt' Euch, Ihr seid gefaßter.

Die Aufmerksamkeit der ganzen Versammlung richtete sich nun auf Michoel Glogau.

Ich hatte gestern, begann dieser in gedrängter Kürze, den heute Morgens als Leiche am Friedhofe gefundenen Gawriel Mar das Erstemal gesehen und gesprochen. Durch ein zufälliges Zusammentreffen von Umständen war die Vermuthung in mir rege geworden, Gawriel Mar möge mit Gawriel Süß, der seit Jahren verschollen sein sollte, ein und dieselbe Person sein. Die Vermuthung wurde zur Gewißheit, als ich kurz darauf hinter einer Mauerecke versteckt seinen frühern Namen rief, und er zunächst einer alten Gewohnheit folgend seinen Kopf wandte, spähend unherblickte, als suche er den Rufenden; dann aber, als fürchte er sich zu verrathen, eiligst davon schritt. Seine Verkleidung, seine Anwesenheit in der Judenstadt konnte entweder den Zweck haben seinen früheren Glaubensgenossen irgend eine Unbill anzuthun, oder sich ihnen wieder anzuschließen, reuig zu dem Glauben seiner Kindheit zurückzukehren. Ich faßte den Entschluß, Gawriel Mar vor meiner baldigen Abreise zu sprechen. Meine Worte hatten – ich weiß nicht warum – einen tiefen Eindruck auf ihn gemacht; ich wollte es versuchen seine Absichten zu erfahren; waren sie bös, sie zu erschüttern, waren sie gut, sie mit meiner schwachen Kraft zu unterstützen. –

Ich erfrug seine Wohnung, und einige Stunden später befand ich mich bei Reb Schlome Sachs. Dieser nahm meine Mittheilungen zuerst sehr ungläubig auf; aber nach und nach erinnerte er sich mehrerer Ungewöhnlichkeiten, die ihm bei seinem Gaste gleich anfänglich aufgefallen waren ... Seine Frau hatte ihn einige Tage nach seiner Ankunft im Nachdenken vertieft vor einer Landkarte gefunden; sie hatte an demselben Tage einen Offizier, der die sprechendeste Ähnlichkeit mit Gawriel hatte, mit dem jungen Grafen Thurn ausreiten sehen; er selbst hatte ihn auf eine so eigenthümliche Weise aus dem Schlafe sprechen hören, daß er sich's damals gar nicht zu erklären vermochte; sein ganzes Benehmen war räthselhaft gewesen ... Reb Schlome Sachs war außerordentlich bestürzt, und fragte mich, was ich beginnen wollte. – Ich ersuchte ihn, mich auf Gawriel's Zimmer zu begleiten; ich wollte ihn gleich sprechen. Ohne zu wissen warum, schien mir's als wäre jeder verlorene Augenblick auch unwiederbringlich verloren ... Wir gingen auf sein Zimmer; es war geöffnet, aber Gawriel war nicht zu Hause. Bei dem Scheine einer langsam erlöschenden Lampe, die er auf dem Tische hatte stehen lassen, erblickten wir einen gewaltsam erbrochenen Schrank, in demselben Waffen; auf dem Boden umhergestreuete vergilbte Papiere. Reb Schlome schrak heftig zusammen; als er diese zur Hand nahm ... sie bildeten den Nachlaß seines Schwiegervaters, dessen Lebensgeschichte. – Wir bemerkten an einigen Stellen frische Thränenspuren ... die Schriften waren jahrelang im Schranke verschlossen gelegen, es konnte nicht der leiseste Zweifel obwalten, durch ein außergewöhnliches Ereigniß war Gawriel in deren Besitz gelangt, Gawriel, niemand Anderer konnte diese Schriften gelesen haben; ihr Inhalt mußte ihn zu Thränen gerührt, erschüttert ... bei einer Stelle sogar mußte er die Papiere weit weg von sich geschleudert haben; so schien es uns Beiden, und aus dem Inhalt der Schrift ergab sich, daß wir uns nicht getäuscht. Die Schrift, die wir Beide, Reb Schlome Sachs und ich, mit der gespanntesten Aufmerksamkeit durchlasen, lieferte uns staunenswerthe Ergebnisse ... Der wahnsinnige Jakow war Gawriel Süß' Vater, war ein Bruder Rabbi Mosche's, war ein Sohn des großen Rabbi Jizchok Meduro, war ein Ohm von Rabbi Schlomes Ehegattin ... Eine wunderbare Fügung Gottes hatte Gawriel Süß in das Haus geführt, wo er die Geschichte seines Vaters kennen lernen sollte – eine wunderbare unerforschliche Fügung Gottes ließ ihn in derselben Nacht in den Armen seines Vaters, am Grabe seines Großvaters sterben! ...

Michoel schwieg tief bewegt, und überreichte der Versammlung die Lebensgeschichte Rabbi Mosche's.

Mees haschem hoißo soß, hi Niflos beenenu,[153] sprach Rabbi Lippman Heller, der als Assessor des Rabbinerkollegiums an der Sitzung theilgenommen hatte, endlich nach einer langen Pause ...

Aber wißt Ihr auch, daß Gawriel Süß und General-Major Otto Bitter ein und dieselbe Person ist? frug er dann ...

Ja, – antwortete Michoel; während Reb Schlome Sachs tief bewegt sich nicht von der Handschrift seines Schwiegervaters loszureißen vermochte; spähte ich sorgsam im Zimmer herum. Ich fand mehrere Briefe des Grafen Mannsfeld an General-Major Otto Bitter, in einem derselben schrieb er ihm, er sende ihm *hebräische Schriften zur Durchsicht* ... unter diesen fand ich auch mehrere Briefe in deutscher Sprache, aber mit hebräischen Schriftzeichen. Diese Briefe sind aus Prag von Blume Rottenberg unterschrieben und an ihren Gatten gerichtet ... Wenn ich mich recht erinnere und mir Gawriel Süß' Lebensgeschichte recht erzählt wurde, hieß seine ehemalige Braut Blume Rottenberg und heiratete ihren Vetter, den Brudersohn ihres Vaters ... Blume Rottenberg muß sich in

---

[153] Das ist vom Herrn geschehen, wunderbar ist's in unsern Augen! Psalmen. Cap. 118, V. 23.

Prag befinden; wenn es Euch Morai we Roboßai![154] beliebte, könnte man Blume Rottenberg rufen lassen, vielleicht wüßte sie das geheimnißvolle Dunkel, das über Gawriel Süß' Leben, und namentlich über seinem Tode schwebt, zu lösen; vielleicht vermag sie über den Zweck seiner Anwesenheit in Prag, seiner Verkleidung Aufschluß zu geben.

Michoel's Vorschlag fand allgemeine Beistimmung. – Blume Rottenberg hatte in Prag zurückgezogen und unter einem fremden Namen gelebt, und nur ein Einziger, der Besitzer jenes zum Umbau bestimmten Hauses, das sie bewohnte, kannte ihren wahren Namen und wußte über ihre Wohnung Aufschluß zu geben. Er befand sich zufällig unter den Anwesenden. Blume Rottenberg ward ersucht, sich in die Wohnung des Dajan Reb Lippman Heller zu verfügen, der in Gegenwart des Parneß ihre Mittheilungen entgegennehmen sollte ...

Erschüttert kehrten die Beiden zwei Stunden später in den Schooß der Versammlung zurück. Gawriel Süß' ganzes Leben, seine ganze Vergangenheit lag jetzt klar vor ihren Augen – und Gawriel Süß war reuig in den Armen seines Vaters gestorben!

Es ward einstimmig beschlossen, die Beiden, Vater und Sohn, nebeneinander bei den Gräbern ihrer Angehörigen zu bestatten.

Es war früher Sitte[155] in Israel, möglichst bald zu begraben. Jakow und sein Sohn sollten sogleich bestattet werden. Alle Anwesenden, tief bewegt von der sichtbaren Fügung, die alles so wunderbar geleitet, beschlossen dem Leichenbegängnisse beizuwohnen, und wollten sich auf den Friedhof begeben. Sie traten eben aus dem Rathhause, als zwei Reiter mit schaumbedeckten Rossen heransprengten und vor demselben hielten. Es war ein kaiserlicher Feldobrist von einem jüngern Offizier begleitet.

Könnte ich den Vorsteher Euerer Gemeinde sprechen? frug der Obrist. Erschreckt nicht, sprach er zu den erbleichenden Männern freundlich weiter, es soll der prager Jugendgemeinde keine Unbill widerfahren; wir wissen, daß Ihr gut kaiserlich gesinnt seid, und mit fester unwandelbarer Treue an Euerem Kaiser und Herrn hangt;[156] aber unter Euch, in der Judenstadt lebt seit kurzem, Euch selbst unbekannt, ein Abtrünniger Eueres Glaubens, ein Geächteter, ein Feind des Kaisers und des Reichs, der Mannsfeld'sche General Otto Bitter. Er ist nicht mit dem Pfalzgrafen geflohen ... wir haben allen Grund zu glauben, daß er sich hier in Euerer Stadt befindet. Er ist Mannsfeld's rechte Hand und weiß von allen seinen Plänen. – Ich bitt' Euch, wendet alles auf, ihn lebend in unsere Hände zu liefern.

---

[154] Meine Weisen und Lehrer!

[155] Auch rabbinische Bestimmung.

[156] Die prager Juden hatten eben so wie die kleinseitner Bürger fest an der kaiserlichen Sache gehalten, und hatten sich in der That nach der Ankunft des Herzogs von Baiern auch eines besonderen Schutzes zu erfreuen. Es wurde sogar für die Judenstadt eine eigene Schutzwache errichtet, und so kam es, daß diesselbe von allen Ausschweifungen, die sich die spanischen und niederländischen Soldaten gegen die altstädter Bürgerschaft erlaubten, verschont blieb.

Das ist unmöglich, erwiederte der Parneß nach einer kurzen Pause. Der, den ihr sucht, ist durch eine wunderbare Fügung heute um Mitternacht reuig in den Armen seines wiedergefundenen Vaters gestorben. Wir wollen ihn eben zu Grabe bestatten; wenn's Euch gefällig ist, Herr Obrist! bemüht Euch mit auf den Friedhof; – Euch zu überzeugen, daß Otto Bitter nimmer gegen seinen kaiserlichen Herrn kämpfen wird ... Ihr kennt ihn doch von Person?

Wie sollte ich nicht? stand ich ihm doch gestern gegenüber, als der erste Ritter unseres Heeres, Graf Pappenheim von seinem Schwerte schwer verwundet zu Boden stürzte ...

Auf dem kurzen Wege nach dem Friedhofe erzählte der Parneß dem Obristen die erschütternde Lebensgeschichte Gawriel's und die wunderbaren Begebenheiten, die plötzlich den geheimnißvollen Schleier, die sein Leben verhüllte, zerrissen hatten ....

Die beiden Leichen lagen einander noch fest umschlingend auf einer Bahre. Es war dies ein tief ergreifender Anblick. Die beiden Offiziere entblößten ihre Häupter. – Der Obrist warf einen prüfenden Blick auf die Leiche Gawriels. Es ist kein Zweifel, er ist's, sprach er; dann zog er aus seiner Brusttasche ein Papier, das er sorgsam überlas und von Zeit zu Zeit die Leiche nochmals mit der größten Aufmerksamkeit betrachtete ...

Ich hab's gesagt, wiederholte er, es ist kein Zweifel, der Todte ist Otto Bitter ...

Was befehlt Ihr, daß mit der Leiche geschehe? frug der jüngere Offizier, soll sie auf's Schloß geschafft werden, damit der Herzog ...

Wir kämpfen nur mit Lebenden, der Todte gehört nicht mehr dieser Welt an, antwortete der Obrist ernst. Otto Bitter war ein Rebell, ein Feind des Kaisers und des Reichs – aber er war ein tapferer Held ... Möge Gott ihm seine Sünde verzeihen ... Vorsteher! gebt mir die bei ihm vorgefundenen Briefschaften und bestattet Eueren Todten!

An demselben Tage in der anbrechenden Dämmerung beteten zwei Frauen milden Engeln gleichend an Gawriel's Grabe. Beide waren dem Verschiedenen gleich verwandt. Die eine war Blume Rottenberg, das Weib, das er einst wahnsinnig geliebt, die Tochter seiner Mutterschwester, die andere Schöndel Sachs, die Tochter seines Ohms ...

Blume Rottenberg hatte acht Tage lang furchtbar gelitten. Sie war fest entschlossen, lieber ihr Leben, als ihre Pflicht zu opfern ... Sie war durch ein Wunder gerettet worden. Ihre gläubige Zuversicht war hierdurch noch erhöht worden. Vier Monate lang war sie ohne Nachricht von ihrem Gatten geblieben, und doch blickte sie gottvertrauend und hoffend der Zukunft entgegen. – Sie

hatte sich nicht getäuscht. Am 26. März 1621 übergaben die Mannsfeld'schen
Kriegsbedienten die Stadt Pilsen dem General Tilly, und acht Tage später kehrte
Aron Rottenberg glücklich und unversehrt in die Arme seines Weibes zurück ...

Er wurde bei seiner Ankunft von einer freudigen Kunde überrascht. Aus
Worms waren wichtige Nachrichten für ihn eingelaufen. Der Patricier, der mit
der Familie Rottenberg den bekannten folgenschweren Rechtsstreit gehabt
hatte, war gestorben. Von Gewissensbissen schwer gequält, hatte er am Todtenbette, in Gegenwart seines Beichtvaters und einer Gerichtsperson erklärt, daß
die Forderung der Rottenberge an ihn vollkommen begründet, und die Schuld-
urkunde, die er für falsch erklärt hatte, echt gewesen sei. Er gestand weiter,
daß die Häupter der Gewerke beabsichtet hatten, die Rottenberge um jeden
Preis zu der Erklärung zu zwingen, die Schuldverschreibung sei verfälscht.
Dieses Geständniß wäre die Losung zu einer allgemeinen blutigen Judenver-
folgung und Plünderung gewesen. – An der edlen Festigkeit der Rottenberge
war das ruchlose Unternehmen gescheitert. Der Vorwand zu einer, wenn auch
verbotenen, so doch scheinbar gemeinnützigen Selbstrache war genommen,
und wenn es auch den Empörern gelungen war die wilde Wuth des plünde-
rungslustigen Pöbels für einen Tag aufzustacheln, so konnten die schuldlosen
Juden wenigstens auf die Hilfe der Fürsten, auf die Theilnahme jedes rechtlich
Denkenden rechnen. – Nachdem der Sterbende nochmals feierlichst erklärt
hatte, daß sein ganzer Besitzstand rechtmäßiges Eigenthum des Aron Rottenberg sei, bat er die Anwesenden unter heißen Thränen in den rührendesten
Ausdrücken, die Spuren Aron Rottenbergs aufzusuchen, sowohl um ihn in den
Besitz seines Eigenthums zu setzen; als auch um ihm zu sagen, daß sie Zeugen
der tiefen Zerknirschung und der innigen Reue gewesen, die seine letzte Le-
bensstunde verbitterten; er hoffe hierdurch die Verzeihung der Rottenberge,
die seine Habgier in namenloses Elend gestürzt, zu erlangen ....

Die am Todtenbette des Patriciers Anwesenden theilten sein Geständniß
sogleich dem Vorstande der jüdischen Gemeinde in Worms mit. Dieser Vorfall
erregte bei dieser das ungeheuerste Aufsehen, und erst jetzt sah sie ein, wie
falsch, wie ungerecht sie die edle Handlungsweise der Rottenberge beurtheilt
hatte, welches schwere Unrecht sie ihnen abzubitten habe. In einer Versammlung der Gemeindeältesten ward einstimmig beschlossen, Aron Rottenberg
aufzusuchen, ihm namens der Gemeinde für die ihm zugefügte Beleidigung
Abbitte zu thun, und ihn dringend aufzufordern, in seine Vaterstadt zurückzukehren und das Amt eines Gemeindevorstehers, das früher sein Vater, dann er
selbst verwaltet hatte, wieder zu übernehmen.

Der Brief der Wormser Gemeinde, der ihn von allen diesen Ereignissen in
Kenntniß setzte, machte einen unendlich wohlthuenden Eindruck auf Rottenberg. Das tiefinnige Bedauern, die schmerzliche Reue, welche die Gemeinde in
herzlichen Worten aussprach, machte es ihm unmöglich ihrem Ansinnen zu
widerstehen. Dankerfüllten Herzens trat er mit seiner Familie die Reise nach
Worms an. Er wurde in seiner Vaterstadt, die er mit Thränen der Rührung
betrat, unter lautem Jubel empfangen ...

Eine lange Reihe glücklich verlebter Jahre ließ die Familie Rottenberg die Leiden ihrer Vergangenheit, aber nicht die Wunder vergessen, deren sie der Herr gewürdigt ....

Awrohom Schuster betrachtete sich mit nicht geringem Stolze als ein Werkzeug der göttlichen Vorsehung. Er war es, der Gawriel Süß bei seiner Ankunft in der Judenstadt zuerst angesprochen; er war es, der ihn zu Reb Schlome Sachs gewiesen, wo Gawriel endlich die Lösung seines räthselhaften Lebens fand, eine Lösung, die so unendlich tief erschütternd auf ihn eingewirkt hatte. –

Noch fünfzig Jahre später war der steinalte aber noch rüstige Awrohom Schuster bereit, jedem, der es wünschte, Gawriel Süß' Geschichte zu erzählen, und bedauerte es dann nur, seine beiden ehemaligen Nachbarn, Hirsch Backfischhändler und Mindel Leberbraterin, die ihm mit dem Tode vorangegangen waren, nicht mehr als Zeugen für die Genauigkeit und Wahrheit, mit der er seine erste Zusammenkunft mit Süß schilderte, aufführen zu können.

Reb Schlome Sachs und seine Gattin lebten wie früher ruhig und zufrieden, und als Schöndel im zehnten Jahre einer kinderlosen Ehe von einem Knaben genas und so der tiefinnigste, wenn auch nie ausgesprochene Wunsch ihrer Herzen erhört wurde; fehlte nichts zu ihrem Glücke ...

Michoel Glogau ging nach Breslau und lehrte dort das Wort Gottes.

Anhang

Nachwort

Jüdische Geschichtsbilder – Die historischen Erzählungen Salomon Kohns

Im letzten Drittel des 19. Jahrhunderts war Salomon Kohn einer der bekanntesten jüdischen Schriftsteller deutscher Sprache. Sein umfangreiches Werk besteht fast ausschließlich aus Erzähltexten, die vornehmlich den Gattungen historische Erzählung und historischer Roman sowie der sogenannten Ghettoliteratur angehören.[1] Bevor der deutsch-jüdische Zeitroman gegen Ende des Jahrhunderts an Bedeutung gewann, waren es tatsächlich diese beiden Genres, welche hauptsächlich die als genuin jüdisch empfundene Literatur in deutscher Sprache ausmachten.[2] Schon früh wurde Kohn als »Nestor der Ghettogeschichte« anerkannt;[3] seine Leistung als Pionier deutsch-jüdischer historischer Literatur findet allerdings erst in letzter Zeit eine angemessene Würdigung.[4] Der vorliegende Band enthält drei von Kohns historischen Erzählungen, die man als

---

[1] Adolf Kohut: Berühmte israelitische Männer und Frauen in der Kulturgeschichte der Menschheit. Lebens- und Charakterbilder aus Vergangenheit und Gegenwart. Leipzig: Payne 1901, Bd 2, S. 29f. Kohut spricht an dieser Stelle von ca. 70 Erzählungen, die Kohn publiziert haben soll, nennt allerdings keine Quellen für diese Zahlen. Die wichtigsten sind in diesem Band in der *Auswahlbibliographie* (unten, S. 231) aufgeführt.

[2] Vgl. Hans Otto Horch: Auf der Suche nach der jüdischen Erzählliteratur. Die Literaturkritik der »Allgemeinen Zeitung des Judentums« (1837–1922). Bern, Berlin, Frankfurt a. M. u. a.: Lang 1985 (Literaturhistorische Untersuchungen; 1). Horch unterscheidet drei Paradigmata der deutsch-jüdischen Erzählliteratur: das historisch-heroische Genre, die Dorf- und Ghettogeschichte und den modernen jüdischen Roman. Weitere Ausführungen zu dem Thema mit Analysen von repräsentativen Texten dieser drei Genres bei Florian Krobb: Selbstdarstellungen. Untersuchungen zur deutsch-jüdischen Erzählliteratur im neunzehnten Jahrhundert. Würzburg: Königshausen & Neumann 2000.

[3] S[alomon] Wininger: Große Jüdische National-Biographie. Czernowitz: Orient/Arta o. J. [1927ff.], Bd III, S. 493.

[4] So bei Gabriele von Glasenapp: Zur (Re-) Konstruktion der Geschichte im jüdisch-historischen Roman. In: Aschkenas – Zeitschrift für Geschichte und Kultur der Juden 9 (1999), S. 389–404, bes. S. 395ff.; dies., Geschichte und Erinnerung. Die Popularisierung der Historie in jüdisch-historischen Erzählungen der ersten Hälfte des 19. Jahrhunderts. In: Historisches Bewußtsein im jüdischen Kontext. Strategien – Aspekte – Diskurse. Hg. von Klaus Hödl. Innsbruck: Studien-Verlag 2004, S. 71–85.

bahnbrechend für das historische Genre, für die Entwicklung einer jüdischen Erzählliteratur in deutscher Sprache insgesamt und für die Ausbildung eines in deutscher literarischer Form verhandelten historischen jüdischen Bewußtseins einstufen darf. Diese Texte Salomon Kohns wurzeln im jüdischen Milieu Prags und nehmen ihre Stoffe aus der Geschichte der böhmischen Metropole und ihrer jüdischen Gemeinde. Alle sind erstmals in den 1840er und 1850er Jahren in einem der wichtigsten und langlebigsten jüdischen Publikationsprojekte im deutschsprachigen Mitteleuropa, den *Sippurim*, erschienen, deren Ausstrahlung und gattungsbestimmende Bedeutung sich weit über Prag und Böhmen hinaus auf den gesamten deutschsprachigen, ja mitteleuropäischen Raum erstreckte.

I

Salomon Kohn wurde am 8. März 1825 in Prag geboren und starb ebendort am 6. November 1904. Abgesehen von einer Unterbrechung von zwei Jahrzehnten (1855–1875) erstreckt sich seine literarische Schaffensperiode über die gesamte zweite Hälfte des 19. Jahrhunderts; sein umfangreiches Œuvre ist literaturwissenschaftlich bislang höchstens ansatzweise erschlossen. Auch über sein Leben ist wenig mehr bekannt als einige Grundzüge.[5] Kohns Herkunft, seine soziale Stellung und seine kulturelle Orientierung können in vielfältiger Hinsicht als typisch für die Lage der Juden im Prag des 19. Jahrhunderts gelten: die kulturelle Orientierung zum deutschen Bürgertum hin, mit dem die jüdische Bevölkerung Böhmens trotz im 19. Jahrhundert zunehmender Adaption des Tschechischen als Umgangs- und Geschäftssprache bis weit ins 20. Jahrhundert hinein weitgehend identifiziert wurde; die akademische Bildung (Kohn studierte an Prags Technischer Hochschule und Universität Mathematik, bis er das Handelsgeschäft seines Vaters übernehmen mußte) und die berufliche Orientierung (gewerblich-industrielles und kaufmännisches Bürgertum). Auch war Kohn mit dem jüdischen Gemeinde- und Vereinswesen sehr verbunden, in dem er über Jahrzehnte hinweg führende Stellungen einnahm (er war unter anderem Ehrenmitglied des Vereins zur Förderung der jüdischen Wissenschaft), ein Gemeindewesen, das zwar ein an

---

[5]   In den Beiträgen von Margarita Pazi: Deutsche Literatur in Prag um 1900. In: Unerkannt und (un)bekannt. Deutsche Literatur in Mittel- und Osteuropa. Hg. von Carola L. Gottzmann. Tübingen: Francke 1991 (Edition Orpheus; 5), S. 159–179, hier S. 167, und Gabriele Veselá: Juden in der Prager deutschsprachigen Literatur. In: Das jüdische Prag. Glossen zur Geschichte und Kultur. Hg. von Ctibor Rybár. Prag: TV Spektrum 1991, S. 180–238, hier S. 186, wird Kohn lediglich gestreift. Die Personalartikel in Wininger (Anm. 3), in der *Neuen Deutschen Biographie*, Bd 12 (1980), S. 434–435 (Verf. Renate Heuer), im *Handbuch österreichischer Autorinnen und Autoren jüdischer Herkunft, 18. bis 20. Jahrhundert*, hg. von der Österreichischen Nationalbibliothek, München: Saur 2002, Bd II, Sp. 713 sowie im *Metzler Lexikon der deutschjüdischen Literatur. Jüdische Autorinnen und Autoren deutscher Sprache von der Aufklärung bis zur Gegenwart*, hg. von Andreas B. Kilcher, Stuttgart: Metzler 2000, S. 325–326, geben nicht mehr als knapp einführende Hinweise.

mittelständische Sozialstrukturen angelehntes, aber durchaus jüdischen Zusammenhalt förderndes Sozialmilieu strukturierte.

Besonderheiten in Kohns Werdegang sind dagegen, daß er die Verbundenheit mit seiner Religionsgemeinschaft und ihrer Kultur durch literarisches Schaffen untermauerte, und daß er nach schriftstellerischen Anfängen in den späten 1840er Jahren zunächst (nach Übernahme des väterlichen Geschäftes) für zwei Jahrzehnte verstummte, bevor er von der Mitte der 1870er Jahre an zu einem der meistgelesenen jüdischen Schriftsteller deutscher Sprache in seiner Epoche wurde. Kohns Rückkehr zur Literatur hatte wohl zunächst primär wirtschaftliche Gründe: Der Börsenkrach von 1873 hatte zum Ruin seines Geschäftes geführt. Genau dieses Ereignis bildet denn auch das Thema seines Comeback-Romans *Ein Spiegel der Gegenwart* (1875), der einen Versuch darstellt, literarisch das Vorurteil einer Alleinschuld jüdischer Spekulanten an der Wirtschaftskrise, die dem kurzlebigen Gründerboom ein Ende setzte, zu entkräften.[6] Der Grundstein seines literarischen Ruhmes, an den er in den 1870er Jahren anknüpfen konnte, war allerdings in seiner ersten Schaffensphase gelegt worden, und zwar mit den Geschichten, die der vorliegende Band umfaßt, besonders mit der Großerzählung *Gawriel*, die in der Zwischenzeit in mehrere Fremdsprachen übersetzt worden war. Dieses Werk ließ Kohn ebenfalls 1875 (jetzt unter dem Titel *Gabriel*) in einer zweibändigen selbständigen Ausgabe neu erscheinen, in deren Vorbemerkungen er nicht ohne Stolz erklärt, daß der Text, im *Sippurim*-Original lediglich S. K. gezeichnet, dem damals bekanntesten Vertreter und zugleich dem Pionier des Ghetto-Genres, Leopold Kompert (1822–1884), zugeschrieben worden sei. In seiner späteren Schaffensperiode widmete Kohn sich auch anderen historischen Perioden (der Roman *Die Starken* spielt im 18. Jahrhundert) und jüdischen Figuren (der Roman *Ein deutscher Minister* handelt von Jud Süß, führt also in das Herzogtum Württemberg des Hochabsolutismus); und er veröffentlichte nach 1875 zahlreiche Erzählungen, die dem durch Leopold Kompert und andere Autoren mittlerweile etablierten Genre der Ghettoliteratur zugerechnet werden können: Seine *Prager Ghettobilder* (1884) etwa sind Geschichten mit teilweise humoristischem Inhalt, die im traditionellen jüdischen Milieu Prags spielen, die aber nicht als historische Literatur im engeren Sinne angesehen werden können, weil sie jüdisches Leben als zeitlose Erscheinung präsentieren.[7] *Gawriel* sowie die Erzählungen *Der Kadisch vor Col-Nidre* und *Der*

---

6 Vgl. Krobb, Selbstdarstellungen (Anm. 2), S. 130ff.

7 Vgl. Florian Krobb: »Dina, was sagst du zu dem zuckrigen Gott?« Salomon Kohn und die Prager deutsch-jüdische Literatur des 19. Jahrhunderts. In: Von Franzos zu Canetti. Jüdische Autoren aus Österreich. Neue Studien. Hg. von Mark H. Gelber, Hans Otto Horch und Sigurd Paul Scheichl. Tübingen: Niemeyer 1996 (Conditio Judaica. Studien und Quellen zur deutsch-jüdischen Literatur- und Kulturgeschichte; 14), S. 7–24. Zum Ghetto-Genre insgesamt vgl. Gabriele von Glasenapp: Aus der Judengasse. Zur Entstehung und Ausprägung deutschsprachiger Ghettoliteratur im 19. Jahrhundert. Tübingen: Niemeyer 1996 (Conditio Judaica. Studien und Quellen zur deutsch-jüdischen Literatur- und Kulturgeschichte; 11). Zu Kompert besonders M. Theresia Wittemann:

Retter gehören jedoch einer anderen literarischen Gattung an: der geschichts-
erzählenden Literatur, denn sie alle führen in die Geschichte der jüdischen
Gemeinde Prags in ihrer Blütezeit im 16. und 17. Jahrhundert.

Aufgrund seiner Verbundenheit mit dem traditionellen jüdischen Milieu und
seiner gesetzestreuen Lebensführung zählt Mordechai Breuer Salomon Kohn
zur neo-orthodoxen Strömung im deutschen Judentum. Seine »traditionsfreund-
liche Belletristik« habe das Ziel, »durch die suggestive Kraft einer fesselnden
und ergreifenden Erzählung das Bekenntnis zur Tradition im Bewußtsein ihrer
Leser [zu] stärken«:[8]

> Selbst streng gläubig und gesetzestreu, gab er in seine Erzählungen eine große Liebe
> zur Tradition. In spannenden Situationen und Schicksalswendungen spiegelt sich bei
> Kohn die unbesiegbare Lebensfreude und Lebenskraft der altjüdischen Gemeinschaft.[9]

Nicht nur sind die Stoffe von Kohns frühen Erzählungen alle der Geschichte der
Prager jüdischen Gemeinde entnommen; die Entstehung und Aussageabsicht
dieser Texte und ihr unmittelbarer publizistischer Rahmen – die *Sippurim*-Reihe
nämlich – sind ebenfalls untrennbar mit der Situation in Prag und Böhmen verbunden, allerdings der Situation in der ersten Hälfte des 19. Jahrhunderts.

II

Prag gilt als goldene Stadt, als Ort herrlicher Barockarchitektur, großzügiger
Bürgerhäuser und Adelspaläste, würdiger Stadtburgen und wuchtiger Moldau-
brücken. Prag hat heutzutage das auch literarisch konstruierte Image einer unheimlichen Stadt.[10] Dieses letzte Prädikat verdankt die Stadt nicht zuletzt der
Mythisierung einer Schlüsselperiode in der Geschichte der Prager Juden, nämlich der Zeit des Hohen Rabbi Jehuda Löw (um 1525–1609) und seiner als Golem bekannten Homunkulus-Kreatur, sowie des geheimnisvollen Mordechai
Maisl (1520–1601), die zu der Zeit, als der okkultische und eigenbrödlerische
Kaiser Rudolf II. (1552–1612, Regierungsantritt 1576) Prag zu seiner Residenz
machte, das Gesicht jüdischen Gemeinde dieser Stadt prägten. Diese historischen Figuren erlangten durch die Romane von Gustav Meyrinck und Leo Pe-
rutz für das 20. Jahrhundert neues Leben. Die schriftliche Fixierung in deutscher
Sprache des zunächst mündlich überlieferten Sagenstoffes um den Hohen Rabbi

---

Draußen vor dem Ghetto. Leopold Kompert und die »Schilderung jüdischen Volksle-
bens« in Böhmen und Mähren. Tübingen: Niemeyer 1998 (Conditio Judaica. Studien
und Quellen zur deutsch-jüdischen Literatur- und Kulturgeschichte; 22).
8   Mordechai Breuer: Jüdische Orthodoxie im Deutschen Reich 1871–1918. Sozialge-
     schichte einer religiösen Minderheit. Frankfurt a. M.: Jüdischer Verlag bei Athe-
     näum 1986, S. 145.
9   Ebd.
10   Vgl. den Titel der Anthologie *Die unheimliche Stadt. Ein Prag-Lesebuch*, hg. von
     Hellmut G. Haasis, München: Piper 1992 (Serie Piper; 1377).

Löw und den Golem geht allerdings auf Leopold Weisel (1804–1873) zurück, der zusammen mit Salomon Kohn ein *Sippurim*-Beiträger der ersten Stunde war. Die deutschsprachige Literatur des jüdischen Prag ist bis heute vornehmlich als ein Phänomen des frühen 20. Jahrhunderts bekannt und untrennbar mit den Namen Franz Kafka und Franz Werfel verbunden. Doch die Prager deutsche (und besonders die deutsch-jüdische) Literatur beschränkt sich nicht auf diese wenigen Namen mit weltliterarischem Klang;[11] und sie konzentrierte sich nicht nur auf die wenigen Jahrzehnte nach der Wende vom 19. zum 20. Jahrhundert, die in der Tat eine literarische Blüte hervorbrachten und die immer noch das Gesamtbild der Prager deutschen Literatur überschatten.[12] Die Wurzeln des kulturellen Milieus, das Träger und Nährboden dieser literarischen Blüte war, reichen weit ins 19. Jahrhundert (vielleicht sogar darüber hinaus) zurück. Im 19. Jahrhundert liegen auch die Wurzeln für das jüdische Bewußtsein, das die deutsch schreibenden Prager jüdischen Autoren des 20. Jahrhunderts auszeichnete.

Salomon Kohn und die *Sippurim*-Sammlungen, in denen er seine ersten Schriften veröffentlichte, stehen am Beginn einer literarischen Traditionslinie, die noch Kafka selbst, seine Zeitgenossen und die Subkultur, der er angehörte, beeinflußte. Die Kontinuität des jüdischen kulturellen Milieus, das Kafka und seine Zeitgenossen prägte, beleuchtet die Geschichte einer der Institutionen der Prager jüdischen Kultur, nämlich der Buchhandlung von Jakob Brandeis in der Zeltnergasse (Celetná) 33. Wolf Pascheles (1814–1857), der Herausgeber der ersten vier *Sippurim*-Sammlungen, war der Schwiegervater von Jakob Brandeis (1835–1912). Jakob und später sein Sohn Richard brachten neue *Sippurim*-Ausgaben heraus und vertrieben sie, teilweise als Bände ihrer an *Reclams Universalbibliothek* angelehnten *Jüdischen Universalbibliothek*, über ihre Läden in Prag und Breslau.[13] In der Tat erschienen zahlreiche der Rabbi Löw- und

---

[11] Zur Prager deutschen Literatur des angegebenen Zeitraumes insgesamt vgl. Deutschsprachige Literatur aus Prag und den böhmischen Ländern 1900–1925. Chronologische Übersicht und Bibliographie. Hg. und eingeleitet von Jürgen Born. München: Saur 1991; Prager Profile. Vergessene Autoren im Schatten Kafkas. Hg. von Hartmut Binder. Berlin: Mann 1991 (Schriften der Kulturstiftung der Deutschen Vertriebenen: Kulturhistorische Reihe).

[12] So finden sich in einer neueren Anthologie der Prager deutschen Literatur keine Beiträge von vor 1890. Vgl. Prager deutsche Erzählungen. Hg. von Dieter Sudhoff und Michael M. Schardt. Stuttgart: Reclam 1992 (Universal-Bibliothek; 8771). Von Fritz Mauthner (geb. 1849) abgesehen gehören alle in diesen Band aufgenommenen Schriftsteller der Generation an, die um die oder nach der Jahrhundertwende in die Öffentlichkeit traten.

[13] Im März des Jahres 1937 taucht der Name des Verlagshauses Brandeis noch einmal auf, als nämlich die Reichsschrifttumskammer des Dritten Reiches »Brandeis, Luise, verw. – Volljüdin – Inh. d. Fa. Jakob B. Brandeis, Breslau« einen Termin zur Liquidation stellt und im Juli desselben Jahres einen »Antrag zur Führung rein jüdischer Buchhandlungen und Verlage« verzeichnet. Damit war die Vernichtung dieses traditionsreichen mitteleuropäischen Verlagshauses besiegelt. Vgl. Volker Dahm: Das jüdische Buch im Dritten Reich. 2., überarb. Aufl., München: Beck 1993, S. 509f. und 518ff.

Golem-Geschichten, die so lange das Bild des mystischen jüdischen Prag prägten, erstmals in den *Sippurim*-Sammlungen.[14]

Der elaborierte Titel der *Sippurim*-Sammlungen bezeichnet den Inhalt der
Bände: *Sippurim, eine Sammlung jüdischer Volkssagen, Erzählungen, Mythen,
Chroniken, Denkwürdigkeiten und Biographien berühmter Juden aller Jahrhunderte, insbesondere des Mittelalters.* Das *Jüdische Lexikon* erklärt den Begriff Sippurim (den Plural von hebräisch Sippur, Erzählung, Volksgeschichte)
als »im chassidischen Judentum die Bezeichnung von Wundergeschichten und
legendarischen Biographien der hervorragenden Meister, wie sie in volkstüm-
lichen Schriften (oft mit der Bezeichnung ›Schiwche‹ = Lobpreisung des ...)
niedergelegt sind.«[15] Der Untertitel der von Wolf Pascheles edierten *Sippurim*
weitet die Bedeutung einerseits durch zusätzliche Gattungsbezeichnungen aus
(die wohl eher als Übersetzungen und definitorische Aktualisierungen des
hebräischen Begriffs anzusehen sind), engt sie aber andererseits durch Verweis
auf das jüdische Mittelalter auch wieder ein. Die »hervorragenden Meister«
werden zu »berühmten Juden«, die Allusion an religiöse Lehrer und geistige
Führer wird also durch allgemeine Prominenz oder Bedeutung ersetzt. Der
Untertitel bezeichnet also einerseits einen gewissen Säkularisationsschritt,
behält aber gleichzeitig die Tradition, auf der das neue Unternehmen aufbaute,
im Bewußtsein der Leserschaft.

Pascheles' *Sippurim* erschienen in fünf Bänden von 1847 bis 1865 (der
fünfte Band unter der Herausgeberschaft seines Sohnes Jakob Pascheles); die
ersten Ausgaben erschienen in Einzellieferungen, wurden später zusammengebunden und in den folgenden Jahrzehnten zusammen mit den nachfolgenden
Sammlungen mehrfach in ein- und mehrbändigen Ausgaben neu aufgelegt. Bei
späteren Sammlungen arbeitete der Verleger und Buchhändler Pascheles mit
Kollegen in Leipzig, Wien, Breslau und Frankfurt am Main zusammen und
vertrieb seine Bücher über deren Buchhandlungen.[16]

In Kohns Person manifestiert sich wie auch in der Geschichte der *Sippurim*
und der Verlegerdynastie Pascheles-Brandeis die Kontinuität des jüdischen
kulturellen Systems und eines literarisch geprägten jüdischen Bewußtseins, das
im 19. Jahrhundert in Konkurrenz zu anderen Gruppenidentitäten geriet und
sich als jüdisches Nationalbewußtsein verstehen konnte, das aber gleichzeitig
in nicht spezifisch jüdischen, sondern spezifisch bürgerlichen Formen Ausdruck findet. Was in den Vorbemerkungen zu den verschiedenen *Sippurim*-
Sammlungen zu lesen ist, gilt auch für Kohns Beiträge: In ihrer Gesamtheit, so
Wolf Pascheles, sollen die *Sippurim* »als nationales Geschichtsbuch« verstanden werden (Vorwort zur *Dritten Sammlung*, 1854) oder auch als »poetischer
Hausschatz des Judenthums«, der »nichts aus seinem Bereiche ausschließt,

---

[14] Zu Leopold Weisel und den Sagen um Rabbi Löw und den Golem vgl. Glasenapp,
Aus der Judengasse (Anm. 7), bes. S. 137–140.

[15] Jüdisches Lexikon. Berlin: Jüdischer Verlag 1930, Bd IV/2, Sp. 445.

[16] Weitere Informationen zur Publikationsgeschichte der *Sippurim* in Krobb: »Dina,
was sagst du zu dem zuckrigen Gott?« (Anm. 7), S. 9ff.

was das Judenthume und seine Verhältnisse in der Vergangenheit betrifft«
(Vorwort zur *Zweiten Sammlung*, 1853). Mehrmals zitiert Pascheles die Prin-
zipien des *Prodesse et Delectare* als Aufgaben seiner Literatur, mehrmals betont er die Stilprinzipien »schlichter einfacher Erzählung« (Vorwort zur zweiten
Auflage der *Ersten Sammlung*, 1853) und »anmuthiger Form [...] ohne den
strengen Ton der Didaktik anzunehmen«:

> An einem solchen Buche aber fehlt es bisher trotz der Schreiblustigkeit unserer Zeit,
> trotz des Vorbildes der Literatur anderer Völker, wo von jeher dieses Feld so sorg-
> fältig angebaut und gepflegt worden. –

Die Blickrichtung für das Verständnis von Kohns *Sippurim*-Erzählungen ist
mithin auf diese Kontexte gelenkt: die politisch-geographischen (Prag), die
historischen (das bürgerliche Zeitalter um die Zeit der Revolution von 1848/49),
die kulturellen (die Formierung von Gruppenidentitäten im öffentlichen literarischen Diskurs) und die literargeschichtlichen (die Vorbilder »der Literatur
anderer Völker« meinen hier das Umfeld der nichtjüdischen deutschen Literatur der Zeit, also Genres, Moden und Konventionen).

III

Salomon Kohns Werk kann als Musterbeispiel deutsch-jüdischer Literatur des
19. Jahrhunderts bezeichnet werden: In nahezu allen seiner Texte widmet er
sich jüdischen Themen; sie alle diskutieren in deutscher Sprache Probleme,
geschichtliche Ereignisse und Erfahrungen, die für die Lage der Juden in Mitteleuropa von Interesse und Relevanz waren. Sein literarisches Schaffen ist weiterhin untrennbar mit seiner Heimatstadt verbunden: Zahlreiche seiner Werke,
nicht zuletzt die in diesem Band versammelten frühen Erzählungen, nehmen
ihren Stoff und ihr Personal aus der Geschichte der Judengemeinde Prags und
vermitteln ein einzigartiges Lokalkolorit der jüdischen Gemeinde Prags.[17]
    Das jüdische Milieu Prags schreibt seine eigene Geschichte. Die eigene
Vergangenheit, in mündlichen Überlieferungen präsent, wird für die Gegenwart aufbereitet, bis in die Gegenwart tradiert. Der Vorgang der Verschrift-
lichung und Literarisierung verdankt sich einer bestimmten Konstellation in
der Entwicklung der Juden im nachaufklärerischen Mitteleuropa und in der
mitteleuropäischen Literatur- und Geistesgeschichte insgesamt. Ohne die spezifisch jüdischen und Prager jüdischen Kontexte und ohne gewisse kulturelle
Einflüsse aus dem nichtjüdischen Bereich ist Kohns historisches Schreiben
nicht angemessen verstehbar.
    Kohns Beiträge zu den ersten *Sippurim*-Bänden stehen ganz am Anfang der
deutschsprachigen jüdischen Literatur in Prag; sie gehören aber gleichfalls zu

---

[17] Unter anderem deshalb haben einige seiner Beschreibungen des Prager Ghettos Auf-
    nahme in neuere Anthologien zu diesem Thema gefunden, die in diesem Band im An-
    hang unter der Rubrik *Neudrucke und Übersetzungen*, S. 231ff. nachgewiesen sind.

den Pionierleistungen jüdisch-historischer Erzählliteratur in deutscher Sprache insgesamt. Welcher historisch-kulturellen Konstellation verdankt sich die Entstehung einer deutsch-jüdischen historischen Erzählliteratur, für die Kohns Werke beispielhaft sind? Was macht ihren besonderen Prager Charakter aus? Welche Bedeutung haben diese Werke für die Entwicklung deutsch-jüdischer Literatur insgesamt im 19. Jahrhundert und darüber hinaus? Und wie ist die Funktion dieser Literatur im Zusammenhang des Diskurses um die Lage der Juden in der bürgerlichen Gesellschaft allgemein und im multiethnischen Böhmen des 19. Jahrhunderts insbesondere zu beurteilen? Welchen Beitrag leistet eine solche Literatur zur innerjüdischen Identitätsdiskussion im Spannungsfeld von Angleichungsdruck an die nichtjüdische Mehrheitsgesellschaft und Bewahrung jüdischer kultureller Eigenständigkeit?

Der Zeitpunkt der Veröffentlichung der ersten *Sippurim*-Bände ist signifikant. Das Datum 1847 verweist auf die Zeit des Vormärz und der bürgerlichen Revolution von 1848/49 als historische Kontexte. Abgesehen von der jungdeutschen bzw. jungböhmischen Literatur in einem engen politischen Sinne entstanden um die Zeitenwende von 1848/49 auch Literaturtypen mit regionalem oder volksliterarischem Charakter. Zu nennen wären hier die bereits angesprochene Ghettoliteratur und der von Berthold Auerbach zu Prominenz gebrachte Typ der Dorfgeschichte, darüber hinaus aber auch Auswanderer- oder Amerikaromane, die mit ihrem Thema durchaus eine Reaktion auf die politisch-soziale Lage im deutschsprachigen Mitteleuropa darstellten. Auch die Texte in den *Sippurim* können in diesem literarischen Gesamtkontext verstanden werden: In ihnen drückt sich ein Impuls aus, dessen Augenmerk auf das »Volk«, das Lokale und Partikulare gerichtet ist. Hier melden sich Stimmen zu Wort, die bisher in der deutschen Literatur nicht repräsentiert waren, deren Geschichte, Traditionen, Lebenswelten und Anliegen bisher nicht zum Gegenstand der Darstellung in deutscher literarischer Form geworden waren. In dieser Hinsicht kann man diese Literatur als durchaus emanzipatorisch bezeichnen: Sie meldet den Anspruch an, daß die regionale jüdische Geschichte und Tradition im literarischen Leben des deutschsprachigen Mitteleuropa Gehör verdienen, daß die Geschichten der Juden Prags erzählenswert sind.

Da sie Erzählgut aus einer mündlichen Tradition in eine literarische Form überführen, haben die Erzählungen in den *Sippurim* aber gleichermaßen an einer weiteren Tendenz der deutschen Literatur der Zeit Anteil: Es ist dies die in romantischen Vorstellungen von Volkspoesie wurzelnde Sammlungs- und Aufzeichnungsbewegung, deren Signifikanz durch Namen und Titel wie Brentanos *Des Knaben Wunderhorn* (1806), Jakob und Wilhelm Grimms *Kinder- und Hausmärchen* (1812), sowie die Sagen- und Mythenausgaben Karl Simrocks und vieler anderer markiert ist. Auf diese Zeittendenz bezieht sich auch der oben zitierte Verweis auf Vorbilder »der Literatur anderer Völker«. Auf die Zeiterfahrung des beschleunigten sozialen Wandels, der für die jüdische Bevölkerung um die Zeitenwende von 1848/49 besonders spürbar war (»Freilich haben sich die Zeiten geändert und unsere Verhältnisse mit ihnen«, schreibt

Wolf Pascheles im Vorwort zur *Zweiten Sammlung*, der ersten nach der historischen Zäsur von 1848/49 erschienenen), da er eine Auflösung althergebrachter Lebensweisen und Lebensumstände mit sich brachte, bezieht sich die Programmatik der *Sippurim*, »Sagen, Erzählungen und Denkwürdigkeiten des jüdischen Volkes so viel als möglich« zu sammeln und aufzuzeichnen, »um den reichen Sagenschatz noch zur rechten Zeit vor gänzlicher Vergessenheit und Verfall zu schützen« (Vorwort zur zweiten Auflage der *Ersten Sammlung*).

Das Bestreben, den deutschen Poesien, Märchen, Sagen und Mythen jüdische beizugesellen, zeugt von einem emanzipatorischen Impetus, von dem Willen, jüdische Überlieferungen den nichtjüdischen in vergleichbarer Form (also in der deutschen Literatursprache) an die Seite zu stellen. Die Literatur einer Minderheit verlangt nach Gehör, und sie erhebt ihre Stimme in einer Form, die der der Mehrheitsgesellschaft gleicht, also schon auf formaler Ebene den Anspruch der Minderheit auf Teilnahme am kulturellen Diskurs der Mehrheit manifestiert. Gleichzeitig aber behält diese Literatur ihren minderheitlichen thematisch-stofflichen Bezug, das heißt ihre Autoren schreiben über sich, über die primäre Bezugsgruppe, der sie zugehören.

Im Gesamtprozeß der allmählichen kulturellen Angleichung der jüdischen Minderheit im deutschsprachigen Mitteleuropa an die Gepflogenheiten der nichtjüdischen Mehrheitsgesellschaft bleiben also die Interessen der Minderheit primäres Anliegen auch im literarischen Diskurs. Die Reformen Josephs II. (1741–1790), die eine entscheidende Verbesserung der rechtlichen und sozialen Lage der Juden im Habsburgerreich bewirkten, beförderten auch die Annahme des Deutschen als Verkehrssprache in den gebildeten Kreisen, zu denen sich zählen zu können das Bestreben vieler Juden sein mußte, weil diese Zugehörigkeit Aufstiegschancen und eine gewisse Harmonie im Zusammenleben mit kulturtragenden Kreisen der Mehrheitsgesellschaft gewährleisten zu können schien. Hoch- und Schriftdeutsch erschien wohl als natürliche Progression vom Westjiddischen als Umgangssprache. Geht man davon aus, daß noch bis in die letzten Jahrzehnte des 18. Jahrhunderts in der Prager Judenstadt ein ›aschkenasisches Deutsch‹ (also Jiddisch) als Umgangssprache vorherrschte und erst allmählich in den Druckerzeugnissen die hebräischen und sogenannten ›weiberdeutschen‹ Lettern durch lateinische ersetzt wurden, läßt sich ermessen, was für ein Schritt die Publikation jüdischen Erzählmaterials in deutscher Sprache und lateinischen Lettern eigentlich darstellte.[18] Es bedeutete einen Bruch mit der gelehrten rabbinischen Tradition der hebräischen Schriftauslegung; es bedeutete Ansprache auch einer weiblichen oder nicht in der klassischen jüdischen Gelehrsamkeit bewanderten Leserschaft und die endgültige Umsetzung der von Moses Mendelssohn und seiner Schule aufgestellten Forderungen nach jüdischer Auto-Emanzipation. Aber in den *Sippurim* geschah all dies vorsichtig,

---

[18] Vgl. Peter Demetz: Nachwort. In: Geschichten aus dem alten Prag. Hg., mit Anmerkungen und einem Nachwort versehen von Peter Demetz. Frankfurt a. M.: Insel 1994 (Insel-Taschenbuch; 1519), S. 365ff.

respektvoll den jüdischen Traditionen gegenüber, ohne offenen Bruch mit dem Althergebrachten. Die Bewahrung jüdischer Tradition mit modernen Mitteln, der Transport jüdischer Identität in eine neue Ära, die vorsichtige Modernisierung der Form, um der Substanz Bestand zu garantieren: dies kann als Motto der *Sippurim* und auch der Erzählungen Salomon Kohns postuliert werden.

Akkulturation war Gleichheitsnachweis; nur die Verständigung mit der nicht-jüdischen Mehrheitsgesellschaft in den kulturellen Gepflogenheiten derselben, also insbesondere auch der Selbstausdruck in deutscher (literarischer) Sprache, konnte der jüdischen Forderung nach Gleichbehandlung, nach Verleihung gleicher politischer Rechte, wie sie die christliche Mehrheit genoß, Nachdruck und Gewicht verleihen; nur sie konnte das Stigma der Andersartigkeit entfernen und die ›Gleichwertigkeit‹ der jüdischen Gemeinschaft demonstrieren.

Für Salomon Kohn, der sich durch seine Themenwahl, seine starke Verwurzelung in seiner lokalen Kultur als ›Bohemist‹ zu erkennen gibt, stellt es keinen Widerspruch dar, wenn er seine kulturelle Zugehörigkeit zur böhmisch-jüdischen Kultur und seinen Zugehörigkeitsanspruch zur bürgerlichen Gesellschaft des Habsburgerreiches, zur literarischen Republik der dominanten mitteleuropäischen literarischen Sprache Deutsch sowie zur Tradition seiner böhmischen Heimat gleichermaßen in deutscher literarischer Form Ausdruck verleiht. Die Notwendigkeit für die Bewohner Prags und Böhmens insgesamt, sich für eine der Volksgruppen oder korrespondierenden Sprachgemeinschaften zu entscheiden, bestand wohl in den 1840er und 1850er Jahren noch nicht in dem Maße, wie dies im letzten Drittel des 19. und am Beginn des 20. Jahrhunderts im Zeichen von Nationalitätskonflikten und Autonomiebewegungen der Fall gewesen ist. Ungeachtet der Spannungen zwischen den deutschen, jüdischen und tschechischen Bevölkerungsgruppen war die kulturelle Lage in Böhmen in den 1830er und 1840er Jahren insgesamt von einer Rückbesinnung auf die böhmische Vergangenheit geprägt; diese Tendenz kann als Gegenbewegung zu dem von Wien vorangetriebenen Germanisierungsprozeß verstanden werden, der seinen Höhepunkt fünfzig Jahre zuvor mit den Reformen Josephs II. erreicht hatte. Der Volksdichtung wurde die Aufgabe zugewiesen, eine spezifisch böhmische Identität zu formulieren.

An dieser Bewegung, die in den revolutionären Ereignissen von 1848/49 kulminieren sollte, partizipierte die jüdische Minderheit auf ihre Weise: eben durch die Darstellung jüdischer Geschichte in ihrer spezifisch böhmischen Ausprägung. Seit den 1830er Jahren läßt sich eine deutliche Zunahme von wissenschaftlichen Veröffentlichungen über die jüdische Geschichte sowie von jüdischen Sagen und Legenden feststellen, deren Publikation und Rezeption auch in nichtjüdischen Zeitschriften andeutet, daß in dieser Zeit jüdische Intellektuelle in Prag intensiv am allgemeinen Erinnerungsdiskurs partizipierten. Die Idee einer Wissenschaft des Judentums, in den 1820er Jahren in Berlin geboren, stimulierte die Erforschung der jüdischen Geschichte mit zeitgemäßen Forschungsmethoden und befreite die jüdische Erinnerungskultur von einer einseitig-religiösen Ausrichtung.

Schon bald nach den Ereignissen von 1848/49 und nach der Veröffentlichung der frühen *Sippurim*-Bände änderte sich jedoch die Lage in Prag entscheidend – und damit auch das Umfeld, in das hinein Kohns Werke wirkten. Daß Kohn auch in seiner späteren Schaffensphase an den in der ersten Hälfte des 19. Jahrhunderts entwickelten Genres festhielt, zeigt seine – trotz der neoorthodoxen Ausrichtung – tiefe Verwurzelung in der bürgerlich-jüdischen Ideologie. Die *Wallenstein*-Aufführung vom 10. November 1859, anläßlich des 100. Geburtstags von Schiller, gilt als eine der letzten gemeinsamen öffentlichen Veranstaltungen von Deutschen und Tschechen und als eine der letzten Manifestationen des bürgerlichen Konsenses in Prag. Danach, besonders seit den späten 1860er Jahren, nahm der Antagonismus zwischen tschechischer und deutscher Bevölkerung stetig zu; Meilensteine in dieser Entwicklung waren am Anfang der 1880er Jahre die Umgangssprachenerhebung der böhmischen Bevölkerung, mit deren Hilfe die Zahlenproportionen des tschechischen und deutschen Bevölkerungsteils nachgewiesen werden sollten (1880), die als »Kuchelbader Schlacht« bekannten Ausschreitungen zwischen deutschen und tschechischen Studenten (1881) und schließlich die Aufteilung der Prager Universität in eine deutschsprachige und eine tschechischsprachige Lehranstalt (1882).

Als Salomon Kohn seine historischen Erzählungen zu den *Sippurim* beisteuerte, demonstrierte er seine Zugehörigkeit zur böhmischen Kultur in deutscher Sprache. Als er in seiner zweiten Schaffensphase erneut ins Licht der Öffentlichkeit trat, tat er dies als Schriftsteller, dessen bisheriges Hauptwerk *Gawriel* internationale Aufmerksamkeit auf sich gezogen hatte, auch weiterhin in einer der Weltsprachen seiner Zeit: Deutsch. Er schrieb weiterhin als Angehöriger einer Denkrichtung, die am Beginn seiner Karriere dominant und innovativ gewesen war, die aber im letzten Viertel des 19. Jahrhunderts in Böhmen nicht mehr unumstritten war. Der sich zunehmend aggressiver gebärende tschechische Nationalismus bildete eine Herausforderung auch für die jüdische Gemeinschaft. Auch die in Zionismus und jüdischer kultureller Renaissance gipfelnde jüdische Selbstbesinnungsbewegung setzte einen dissimilatorischen Akzent gegen die deutschakkulturierte Verbürgerlichungstendenz, der Kohn Zeit seines Lebens angehörte.

IV

Seit dem späten Mittelalter beherbergte Prag eine der größten und bedeutendsten jüdischen Gemeinden Mitteleuropas. Prag wurde allgemein als eine der kulturell führenden Gemeinden des europäischen Judentums, ja geradezu als *mater judeorum* anerkannt.[19] Erst 1852 wurde das Prager Judenghetto offiziell aufgelöst und in Josephstadt umbenannt. Der Plan der Nationalsozialisten, nach der erfolgreichen Vernichtung allen jüdischen Lebens in ihrem Machtbe-

---

[19] Vgl. Heiko Haumann: Das jüdische Prag (1850–1914). In: Die Juden als Minderheit in der Geschichte. Hg. von Bernd Martin und Ernst Schulin. München: Deutscher Taschenbuch Verlag 1981 (dtv; 1745: Geschichte), S. 209–230, hier bes. S. 209f.

reich Teile der Prager Judenstadt in ein Museum für jüdische Kultur umzuwandeln, entbehrte nicht einer zynischen Logik: Nicht nur waren in Prag architektonische Zeugen jüdischer Kultur vergangener Zeiten, Kultusgegenstände und Schriften erhalten wie sonst kaum irgendwo, auch konnte man in der Tat bis in die ersten Jahrzehnte des 20. Jahrhunderts dort in ganz besonderem Maße jüdisches Leben und jüdische Kultur in all ihrer Vielfalt und auf engem Raum konzentriert erleben: Es gab Reste traditionellen Ghetto-Lebens mit einem durch Zuzug von Osteuropa erneuerten ostjüdischen Bevölkerungselement, weiterhin aber auch eine bürgerlich-jüdische Schicht von Unternehmern, Akademikern und Künstlern. Die jüdischen Bewohner Prags hingen religiösen und kulturellen Orientierungen an, die die gesamte Bandbreite von traditioneller Orthodoxie über eine sich kulturell bürgerlich gebende Neo-Orthodoxie bis hin zu einer liberalen, areligiösen oder religiös indifferenten Ausrichtung umfaßten. Vom späten 19. Jahrhundert an wurde Prag zudem ein fruchtbarer Boden für die jüdische kulturelle Renaissance.

Die Komplexität der kulturellen, sozialen und politischen Lage im Prag des 19. Jahrhunderts stellte für die jüdische Bevölkerung eine besondere Herausforderung dar: die Notwendigkeit, Stellung zu den verschiedensten Orientierungsmöglichkeiten, Identifikationsangeboten und Affiliationsoptionen zu beziehen und über diese Stellungnahme die Entwicklung eines eigenständigen kulturellen Selbstverständnisses zu versuchen. Notwendig gemacht wurde die Formulierung einer jüdischen (Gruppen-) Identität durch die Zeitumstände. Die Emanzipation der Juden, also die allmähliche staatsbürgerlich-rechtliche Gleichstellung mit den christlichen Untertanen der Habsburger Krone, betraf auch die jüdischen Einwohner des zisleithanischen Böhmen; ein entscheidender erster Schritt war das Toleranzpatent Josephs II. von 1781, aber die schrittweise Durchsetzung vollständiger Gleichberechtigung zog sich bis 1867 hin. Die innerjüdische Aufklärungsbewegung der Haskala ermöglichte und förderte die kulturelle Angleichung der jüdischen an die nichtjüdische Bevölkerung in Bereichen wie Sprache, Kleidung, Lebensstil, Geschmack, ja sogar in verschiedenen Aspekten der Religionsausübung (obgleich ein modernisierter, ›geregelter‹ Kultus in Prag sehr viel weniger Anhänger fand als in einigen Metropolen Deutschlands). Das Berufsprofil der jüdischen Bevölkerung wurde zunehmend mittelständischer, wie im übrigen Europa auch. Besondere wirtschaftliche und berufliche Chancen eröffneten sich im Zuge der Industrialisierung, die Nordböhmen im Laufe des 19. Jahrhunderts in ein industrielles Kernland der Habsburg-Monarchie umwandelte und jüdischen Unternehmern ein besonderes Betätigungs- und damit Aufstiegsfeld anbot. Das Vorbild des deutschen professionellen, akademischen und unternehmerischen Bürgertums (die tschechischen Mittelschichten wurden erst in der zweiten Hälfte des 19. Jahrhunderts zu einer selbstbewußten, maßstabsetzenden wirtschaftlichen, politischen und kulturellen Macht) und die Loyalität gegenüber der deutsch-österreichischen Obrigkeit, die ein Aufbrechen der ghettoähnlichen Zustände unterstützt sowie den wirtschaftlichen Aufstieg ermöglicht hatte und weiterhin die Existenzsicherheit der jüdi-

schen Gemeinde garantierte, legte zunächst eine kulturelle Orientierung am
deutschen Bürgertum nahe. Die Aneignung deutscher Bildung und des Deutschen als Literatur- und Umgangssprache in den Jahrzehnten um und nach
1800 waren die Folge dieses Prozesses.

Doch darf dieser Prozeß der Emanzipation, Verbürgerlichung und Assimilation an die deutsche Bevölkerung nicht einfach als ein Überwechseln aus
einer kulturellen Sphäre (dem Bereich des Ghettos oder der Judengasse) in
die andere (das deutschsprachige Bürgertum) aufgefaßt werden. Zunehmende staatsbürgerliche Gleichstellung und kulturelle Anpassung stellten die
Juden Prags (wie anderswo in Mitteleuropa) vor die Frage, was sie denn als
Gemeinschaft recht eigentlich auszeichnete und von anderen Bevölkerungsgruppen unterschied. Eine zunehmende Judenfeindschaft, die auch den An-
passungswilligen die Problematik einer einsinnig assimilatorischen Orientierung vor Augen führte, war ebenfalls ein Faktor, der zur Selbstbesinnung und
Standortbestimmung zwang. Schon 1844 und dann im Zuge der 1848er Unruhen war es zu anti-jüdischen Ausschreitungen gekommen, die zum Ende
des Jahrhunderts wieder aufflammten. Bevölkerungsstatistiken, aus denen
die in einer Familie hauptsächlich verwendete Umgangssprache hervorgeht,
weisen einen immer stärkeren Anteil an tschechisch-sprachigen Familien innerhalb der jüdischen Gemeinschaft aus, während gleichzeitig im öffentlichen Bewußtsein die jüdische Bevölkerung als Habsburgisch-staatstragende
deutsche Bürgerschicht galt und damit zu einem der primären Gegner der
tschechisch-nationalistischen Bewegung wurde, die teilweise antisemitische
Züge annahm.

Das 19. Jahrhundert – in dessen zweiter Hälfte Kohns Hauptschaffensperi-
ode als Autor liegt – endet mit zwei Erscheinungen, die ein symbolisches
Schlaglicht auf die jüdische Kultur- und Sozialentwicklung in der Neuzeit
werfen: Zwischen 1897 und 1904 wurde die Josephstadt ›assaniert‹, d. h. bis
auf wenige bedeutende Gebäude fiel die gesamte, über Jahrhunderte hinweg
gewachsene Stadtarchitektur dieses Viertels neuen Straßenzügen und Häuser-
zeilen zum Opfer. Diese in vieler Hinsicht ›moderne‹ stadtplanerische Maß-
nahme signalisiert auf physisch-topographischer Ebene das Ende einer jüdischen Sonderexistenz in Prag. Gleichzeitig (1899) fand ein aufsehenerregender
Ritualmordprozeß statt, in dem ein jüdischer Schustergeselle der Ermordung
eines christlichen Mädchens angeklagt wurde. Diese auf mittelalterlichem
Aberglauben fußenden Anschuldigungen wurden am Ende des 19. Jahrhunderts politisch funktionalisiert und von Demagogen zu politischen Macht-
zwecken ausgebeutet: eine Erscheinung der politischen Unsicherheit einer im
Wandel begriffenen Massengesellschaft. Dieses neue Klima stellte die Frage
nach der jüdischen Identität mit einer beispiellosen Dringlichkeit neu.

V

Die deutsch-jüdische Literatur des 19. Jahrhunderts illustriert den Versuch, durch den Rückgriff auf die jüdische Geschichte die Vergangenheit der eigenen Gemeinde wie der größeren jüdischen Gemeinschaft im europäischen Exil die Lücke zu füllen, die der Schwund an ausschließlicher Verbindlichkeit religiöser Lebensregeln für das jüdische Selbstverständnis offengerissen hatte. Prager jüdische Schriftsteller konnten dabei auf einen reichen Überlieferungsschatz zurückgreifen, der im kollektiven Gedächtnis der Gemeinde aufgehoben war. Kohns frühe historische Erzählungen sind Verschriftlichungen bekannter Überlieferungen. Dies gilt für den (nicht in diesen Band aufgenommenen) Kurztext *Die Juden in Böhmens Vorzeit* (*Sippurim, Erste Sammlung*, S. 111–118); dies gilt ebenfalls für die Erzählung *Kadisch vor Col-Nidre*, die die Ursprünge eines lokalen Brauches erklärt, und es gilt weiterhin für die Erzählung *Der Retter*, die ein historisch überliefertes Ereignis zum Thema hat. *Gawriel* hingegen ist eine viel breiter ausgeführte und auf sehr viel literarischere Weise präsentierte Geschichtsfiktion.

Im Gesamtzusammenhang der Transformation des Judentums um die Epochenschwelle des frühen 19. Jahrhunderts herum gewinnt die Geschichtswissenschaft zunehmend den Status und die Bedeutung einer säkularisierten Religion.[20] Nicht zufällig ist die historisch-kritische Methode der Eckpfeiler der seit den 1820er Jahren sich entwickelnden Wissenschaft des Judentums. Erstmals wurde die Vergangenheit zum Objekt der Forschung, wohingegen sie im traditionellen jüdischen Denken gewissermaßen Teil des forschenden Subjekts selbst gewesen war.[21] Die Erzählungen in den *Sippurim* sind als ein Dokument der Orientierungssuche zu lesen, als Ausweis des Versuchs, sich über das eigene Herkommen und damit über die eigene Gegenwart und auch Zukunft klarzuwerden. Nur die Kenntnis der Wurzeln der Gegenwartsexistenz, so die Logik dieses Diskurses, verleiht der jüdischen Gegenwart in nichtjüdischer Umgebung einen Sinn, macht sie als Teil eines verpflichtenden Kontinuums erfahrbar und gibt ihr damit eine Richtung und ein Ziel. Durch die Konstruktion einer Gruppenvergangenheit konstituiert sich eine gesellschaftliche Gruppe recht eigentlich in der Gegenwart. Historisches Erzählen hat entscheidenden Anteil an diesem Prozess; historisches Erzählen ist zurückprojizierte Identitätsbestimmung. Ruth Gladstein-Kestenberg kennzeichnet entsprechend die frühen Werke Salomon Kohns als »Herkunftssagen«, die zur Herstellung »kol-

---

[20] Vgl. zum jüdischen Geschichtsverständnis und zum »historischen Paradigmenwechsel« Yosef Hayim Yerushalmi: Zachor: erinnere Dich! Jüdische Geschichte und jüdisches Gedächtnis. Berlin: Wagenbach 1996 (Wagenbachs Taschenbuch; 260); und Ismar Schorsch: From Text to Context. The Turn to History in Modern Judaism. Hanover und London: Brandeis University Press 1994 (The Tauber Institute for the Study of European Jewry Series; 18).

[21] Vgl. Glasenapp, Zur (Re-)Konstruktion der Geschichte im jüdisch-historischen Roman (Anm. 4), S. 390.

lektiv empfundener Identifikation« dienten.[22] Während diese Einschätzung besonders auf Kohns Erzählung *Die Juden in Böhmens Vorzeit* zutrifft, muß sie im Hinblick auf die drei Texte dieses Bandes etwas modifiziert werden. Bei diesen handelt es sich nämlich nicht mehr um Herkunftssagen als Gründungsmythen, sondern um Herkunftssagen als Rückblick auf Zeiten der Reifung und Bewährung. So sind die Themen der drei Texte als Berichte von Herausforderung und Feindesabwehr zu kennzeichnen und damit als Beispiele der Stärkung des Zusammenhalts, der Gruppenintegration sowie der Herausbildung von Persönlichkeiten, die, obgleich der jüdischen Tradition verhaftet, sich den Anforderungen ihrer Zeit stellen.

Alle drei Texte präsentieren Episoden aus der Geschichte der Prager jüdischen Gemeinde; alle drei Texte sind aber auch von überregionalem Interesse und überlokaler Bedeutung. Ihr Anliegen ist es nicht nur, eine Prager-jüdische Lokalgeschichte ins Bewußtsein der Gegenwart zu transportieren, sondern eine jüdische Geschichte insgesamt für das bürgerliche Zeitalter zu konstruieren und diese jüdische Geschichte in den Kontext der Weltgeschichte einzubetten, das heißt bei aller Bewahrung der Eigenständigkeit der jüdischen Erfahrung doch zu demonstrieren, daß jüdische Geschichte nicht losgelöst von der europäischen Makrogeschichte wie von der Prager Mikrogeschichte gesehen werden darf. Durch aktive jüdische Geschichtsakteure wird die jüdische Vergangenheit dabei gleichzeitig von dem Vorurteil befreit, eine reine Opfergeschichte der Weltereignisse abzugeben: Auch die jüdische Gemeinde hat ihre Geschichtshelden – wenn auch deren Glorifizierung nicht von der generellen Lage der Bedrohung und Gefährdung der jüdischen Gemeinde im Exil ablenken darf.

Historisches Erzählen kann unterschiedliche Funktionen übernehmen. Zu einem nicht geringen Teil liefert es Unterweisung, Wissen, Erinnerung an Bekanntes, aber vielleicht vorübergehend Vergessenes. Dies ist auch bei den vorliegenden Geschichten der Fall. So ist die Auflistung Prager deutscher Schriftstellerinnen des 17. Jahrhunderts in *Gawriel* (S. 76, Anm.)[23] ein bloßer Bildungsnachweis, der in keinem offensichtlichen Zusammenhang mit der Erzählung insgesamt steht.

Von größerer Bedeutung aber ist eine andere Funktion des historischen Erzählens, nämlich das Öffnen politisch-historischer Räume und Kontexte, die in den vorliegenden Erzählungen sämtlich über den Horizont Prags hinausweisen. Die Texte führen in viele der politischen Zentren der frühneuzeitlichen Welt: von Prag über Wien nach Rom beispielsweise *Der Retter*; *Gawriel* führt in die Zentren jüdischer Kultur von Polen über das Rheinland und Amsterdam bis

---

[22] Ruth Gladstein-Kestenberg: Identifikationen der Prager Juden vor und während der Assimilation. In: Die Juden in den böhmischen Ländern. Vorträge der Tagung des Colloquium Carolinum in Bad Wiessee vom 27. bis 29. November 1981. Hg. von Ferdinand Seibt. München: Oldenbourg 1983 (Bad Wiesseer Tagungen des Collegium Carolinum; 11), S. 161–200, hier S. 161.

[23] Seitenangaben in runden Klammern verweisen jeweils auf den Textteil des vorliegenden Bandes.

nach Spanien. Ereignisse der Weltgeschichte bilden den Hintergrund: die Früh-
phase des Dreißigjährigen Krieges in *Gawriel*, die Türkenkriege in *Der Kadisch
vor Col-Nidre*. In den historischen Rückblicken in *Gawriel* werden Schlüsseler-
eignisse der europäisch-jüdischen Geschichte in die Vorgeschichten der Erzähl-
figuren integriert: die Vertreibung der Juden aus Iberien 1492/1497 und der
Frankfurter Fettmilch-Aufstand von 1614 sind nur zwei einschlägige Beispiele
(S. 154 bzw. 127). Und schließlich ist es die Funktion historischer Erzählliteratur, dem trockenen historischen Faktengerüst Leben einzuhauchen: Die Schlacht
am Weißen Berg war jedem Leser als erster großer Wendepunkt im Verlauf
des Dreißigjährigen Krieges bekannt; in *Gawriel* lernt er nun die Hauptakteure
auf böhmischer Seite vom ›Winterkönig‹ bis zu den Höflingen, Ratgebern und
Feldherren kennen. Dabei erlaubt die Figurengestaltung und die Mischung von
Faktischem mit fiktionalen Elementen, die geschichtliche Episode in einem ganz
bestimmten Licht zu zeichnen und damit zu bewerten.

Alle drei Texte weisen sich schon durch ihren Untertitel oder Anfangssatz als
historische Erzählungen aus – mit einer Datumsangabe nach christlicher, nicht
nach jüdischer Zeitrechnung (*Kadisch*: »Es war ein stürmischer Freitag-Abend
im Monate September des Jahres 1577«; *Der Retter*: »Aus der Mitte des
16. Jahrhunderts«; *Gawriel*: »Es war der Morgen eines winterlichen Herbsttta-
ges des Jahres 1620«). Alle drei Texte führen in die Randzeiten der Periode
kultureller Blüte der Prager Judenschaft um die Regierungszeit des Habsburger
Kaisers und böhmischen Königs Rudolfs II. (1575–1611). Alle Geschichten
zeigen einen jüdischen Mikrokosmos, der seinen eigenen Gesetzen gehorcht,
dessen Lebensrhythmus durch den Festtagskalender und die religiösen Vorschriften geregelt ist, dessen Geschicke durch die jüdische Obrigkeit – die
Rabbiner und Gemeindevorsteher – verwaltet werden. Doch in allen Erzählungen finden auch Kontakte mit der nichtjüdischen Außenwelt statt,[24] und es sind
meist genau diese Begegnungen und Interaktionen, die Konfliktpotential auf-
weisen und damit überhaupt erst die Handlungen auslösen.

Diese Stoffwahl und Geschichtsdarstellung entspricht der Interessenlage des
19. Jahrhunderts, in dem Selbstabsonderung von der Mehrheitsgesellschaft nicht
mehr denkbar war, dem aber sehr wohl der Gedanke der Selbstbehauptung in
einer nichtjüdischen Umwelt, die durchaus feindliche Züge annehmen konnte,
am Herzen lag. Und weiterhin entspricht die Einbettung der Geschicke einer
Partikulargemeinschaft in die der gesamten Nation dem Modell historischen Erzählens Scottscher Prägung mit seiner Verschränkung von Einzelschicksal (oder

---

[24] Es geht Kohn mithin darum, das Vorurteil der Selbstisolation zu korrigieren, das
sich hartnäckig bis in die neueste Literatur zu dem Thema hält, wenn man zum Beispiel liest, daß bis zu den Reformen Josephs II. »die Prager Judenstadt trotz der harten Realität gleichsam jenseits von Raum und Zeit [lebte], eingesponnen in einem
eigenständigen, von Aberglauben und messianischen Sehnsuchtsbildern erfüllten
Dasein«. In: Aus dem böhmischen Ghetto. Sagen, Legenden und Erzählungen. Aus-
gew. und hg. von Alois Hofman und Renate Heuer. Frankfurt a. M.: Campus 1995
(Campus Judaica; 3), Nachwort, S. 247.

Schicksal einer kleinen Gemeinschaft) und Welt- oder Staatengeschichte. Wechselseitig können Ereignisse auf historischer Mikroebene Einfluß auf den allgemeinen Gang der Geschichte ausüben, wie natürlich die ›große‹ Geschichte oft die Lebensgeschichte jedes einzelnen und jeder einzelnen Kleingruppe beeinflußt, ja bestimmt. Deshalb ist schon allein die chronologische Verortung des Geschilderten nach der im Europa des 19. Jahrhunderts dominanten (also christlichen) Zeitrechnung ein Akt der Anerkennung von Geschichte – säkularer Ereignisgeschichte – jenseits des Horizontes jüdischer ›Heilsgeschichte‹.

Salomon Kohn und die anderen *Sippurim*-Beiträger waren nicht allein in ihrem Bestreben, das moderne Genre des historischen Romans zur Verhandlung jüdischer Belange, zur Neudefinition eines jüdischen Geschichtsverständnisses, zur Verlebendigung jüdischer Vergangenheit nutzbar zu machen. Seit den 1830er Jahren enthielten jüdische Periodika des deutschsprachigen Raumes historische Texte. Bevor er sich als Erzähler von *Schwarzwälder Dorfgeschichten* einen Namen machte, veröffentlichte Berthold Auerbach die zwei historischen Romane *Spinoza* (1837) und *Dichter und Kaufmann* (1840). Heinrich Heines *Rabbi von Bacherach*, in den 1820er Jahren unter dem unmittelbaren Einfluß der ›Wissenschaft des Judentums‹ begonnen, wurde ebenfalls 1840 publiziert: Von diesem Zeitpunkt an reißt die Kette mit historischen Erzähltexten bis heute nicht mehr ab.[25] Auch diese im engeren Sinne literarischen Einflüsse werden auf das Hervortreten einer Prager deutsch-jüdischen historischen Erzählliteratur nicht ohne Wirkung gewesen sein. Hier erhielt das Genre jedoch ein ganz eigenes Gepräge.

Die drei vorliegenden Texte markieren eine fortschreitende Literarisierung deutsch-jüdischen historischen Erzählens. Schon die Erzählung *Der Kadisch vor Col-Nidre* verwendet die modernen Techniken der Rückblende und der Milieuschilderung, konzentriert sich aber noch sehr auf den frommen Gehalt und die Herleitung eines religiösen Brauches. Bei der Erzählung *Der Retter* lassen sich dann eine sehr konkrete Einbettung des Geschilderten in die Weltgeschichte und andere Merkmale des historischen Erzählens Scottscher Prägung beobachten. Mit *Gawriel* tritt die Gattung schließlich in einer sehr elaborierten, vielsträngigen und trotzdem in der Konzentration der Rahmenhandlung auf einen sehr kurzen Zeitraum novellistisch anmutenden Form hervor. Es scheint nicht zuletzt der Erfolg dieser Großerzählung gewesen zu sein, welcher der Gattung des jüdisch-historischen Romans zu weitreichender Anerkennung verholfen hat.

---

[25] Insgesamt sind die Forschungserträge zu diesem Genre bisher sehr spärlich. Außer den bereits angeführten Beiträgen von Glasenapp (Anm. 4) und Krobb (Anm. 2) soll auf folgenden einführenden Beitrag hingewiesen werden: Nitsa Ben-Ari: The Jewish historical novel helps to reshape the historical consciousness of German Jews. In: Yale Companion to Jewish Writing and Thought in German Culture 1096–1996. Ed. by Sander L. Gilman and Jack Zipes. New Haven: Yale University Press 1997, S. 143–151.

VI

Das Jahr 1577, mit dessen Nennung die Erzählung *Der Kadisch vor Col-Nidre* anhebt, bezeichnet den Beginn der Regierungszeit Kaiser Rudolfs II., also den Beginn einer der Blütezeiten Prags, die sich auch mit der Epoche des Hohen Rabbi Löw und des berühmten Mordechai Meisel (1528–1601) überschneidet. Der spezielle Status dieser Periode in der Geschichte des jüdischen Prag spielt in der vorliegenden Erzählung jedoch nur eine untergeordnete Rolle. Die historischen Markierungen, die sich auf die eigentliche Handlung beziehen und einige ihrer Wendungen motivieren, haben mit den Thronfolgewirren im Königreich Polen nach dem Aussterben der jagellonischen Dynastie zu tun.[26] Diese führen dazu, daß der Protagonist der Erzählung nach langer Abwesenheit seine Familie nicht mehr in seinem Heimatort vorfindet und er, nachdem der Verdacht eines schweren Verbrechens auf ihn fällt, sein Leben nur durch seine Konversion und Einreihung in die Habsburgische Armee retten kann. Als Soldat in kaiserlichen Diensten kommt er in Kontakt mit der jüdischen Gemeinde Prags, die er vor drohenden Ausschreitungen schützt. In zwei Gesprächen mit dem Rabbiner und dann mit dessen Sohn und Nachfolger erzählt er seine Lebensgeschichte, besonders die Umstände seines unfreiwilligen Glaubenswechsels. Seine Beichte und die Bereitwilligkeit des Rabbiners, seiner durch das Totengebet am Vorabend des Versöhnungstages zu gedenken, ermöglichen eine Versöhnung des Abtrünnigen mit seiner angestammten Glaubensgemeinschaft. In dieser Geste der posthumen (denn als Konvertierter gilt er der jüdischen Gemeinde als verstorben) Wiederaufnahme in die Gemeinde – die sich ja recht eigentlich durch ihre kollektive Erinnerung und die dieser Erinnerung gewidmeten Rituale wie dem Totengedenken konstituiert – liegt die zentrale Aussage des Textes.

Die historische Erzählung thematisiert und reflektiert mithin die Bedeutung des Erinnerns und der Geschichte als identitätsstiftendes Band der jüdischen Gemeinschaft. Nicht zufällig betont der Angeklagte in seinem Plädoyer gegen die ihm drohende Zwangskonversion seine Zugehörigkeit zum Judentum als Geschichtsgemeinschaft, »denn jedem Juden gehört die ganze Vergangenheit und ihre Leiden«:

> Kann ich zu der Vergangenheit [...], kann ich zu meinem Glauben [...] sagen: weiche aus meiner Brust dem neuen fremden Gaste? (S. 15)

Geschichte und Religionszugehörigkeit werden hier als untrennbare Einheit aufgefaßt; gewaltsam zerrissen durch Zufälle und Schicksalsschläge, ist der Einbezug des Abtrünnigen in das Erinnerungsritual des Kadischgebets eine symbolische Wiederherstellung dieser Einheit.

Das Beispiel eines Abtrünnigen konnte in der Situation des 19. Jahrhunderts als Beitrag zur zeitgenössischen Diskussion um die Konversion als radikalster

---

[26] Vgl. in den *Worterklärungen und historischen Erläuterungen* in diesem Band die Bemerkungen zu S. 13.

Ausprägung der Assimilation verstanden werden. Das Resultat ist nämlich das gleiche, auch wenn die Umstände anders gelagert sind: die Auflösung der Gemeinschaft. Dieser Tendenz setzt Kohn das Beispiel eines Mannes entgegen, der nach unfreiwilliger Abspaltung von seiner Gemeinschaft gerade wieder Anschluß an sie und Vergebung von ihr sucht; er setzt ihr das Beispiel einer Gemeinschaft entgegen, die verständnisvoll, vergebungsbereit, in sich gefestigt und mit sich im Reinen ist. Er malt weiterhin das Bild einer Gemeinschaft, der ihr überliefertes Zeremonialgesetz den Zusammenhalt gibt und die dadurch in der Lage ist, Gefahr und Bedrohung zu ertragen: alles Gesichtspunkte mit Relevanz für die Gegenwart des 19. Jahrhunderts, die durch die ausführlichen Milieuschilderungen, die theologischen Auseinandersetzungen um die Sabbatruhe, die Beschreibungen des Zusammenrückens angesichts des »blinkende[n] Schwert[es] über unsern Häuptern« transportiert werden (S. 4).

Signifikanterweise lastet Kohn die Schuld an der Trennung Isak Solans von seiner Gemeinschaft (und damit die Auflösungstendenzen insgesamt) nicht ausschließlich äußeren Einflüssen an. Im Gegenteil, Urheber der Ereigniskette ist ja der betrügerische Amsterdamer Glaubensbruder, der die Hilflosigkeit seines Gastes zu eigenem Gewinn ausnützt, den Keim des Mißtrauens in dessen Seele setzt und so Anklage und Konversion herbeiführt. Diese Handlungsführung impliziert eine Selbstkritik des Judentums und auch einen Aufruf, inneren Zwist und Eigensucht hinter das gemeinsame Interesse zurückzustellen. Die Gespräche im Zusammenhang des Verfahrens gegen Solan geben Kohn weiter die Gelegenheit, Positionen vorzutragen, die durchaus dem aufgeklärten Geist des 19. Jahrhunderts und dem Versuch, ein tolerantes und vernunftgegründetes Zusammenleben der Religionsgemeinschaften zu formulieren, entsprechen. Dazu gehört der Schlüsselsatz: »der Mensch kann nur in seinem angeerbten Glauben, in der Religion seiner Väter glücklich werden« (S. 17), der ja auch einen Respekt vor anderen Religionen und ein Abrücken von etwaigen jüdischen Ausgewähltheitskonzepten impliziert. Erscheinen Kohns Mittel der Stimmungsverdichtung (der Sturm am Erzählbeginn) und der Sympathielenkung (die Sentenzenhaftigkeit einiger Aussagen) den literarischen Konventionen der eigenen Zeit geschuldet, so trägt die Erzähltechnik mit ihrer subjektiven Ich-Perspektive, ihren Rückblenden, ihrem dramatischen Handlungsrahmen und den zu Reflexionen Raum bietenden Dialogen ausgesprochen moderne Züge, die weit über das konventionelle historische Erzählen hinausweisen.

Ein Kuriosum der Erzählung, das vielleicht ein Schlaglicht auf die Inspiration Kohns wirft, sei an dieser Stelle angemerkt. Kohn verschweigt den Soldatennamen seines Protagonisten, legt aber Spuren, die eine Identifizierung nahelegen: Die Namensähnlichkeit und die Definition seines Ranges und seines Titels – »General-Lieutenant seiner apostolischen Majestät, meines gnädigen Herrn und Kaisers Ferdinand, und Feldherr der Croaten, Panduren und der gesammten ungarischen Reiterei« (S. 19) – legt eine Assoziation zu dem Freiherrn (und späteren Grafen) Giovan Lodovico Isolani nahe, der als »Oberster Kommandant alles Kaiserlichen Kriegsvolkes zu Roß Kroatischer Nation und leichter Pferde« während des Dreißigjährigen Krieges zu Berühmtheit gelangte. Diese auch in Schillers *Wallenstein* auftretende Gestalt wird als »einer der bekanntesten und zugleich unbekanntesten, wildesten und folgsamsten, treuesten und untreuesten Soldaten des Dreißigjährigen Krieges« beschrieben; die Abstammung dieses Generals »mit seinem ebenso fremdländischen Namen wie Aussehen« war und ist jedoch in Dunkelheit gehüllt.[27] Möglicherweise einer zypriotischen Familie entstammend, besaß er später Landgüter in Kroation; er diente seit seiner Jugend als Reiter, und er galt als unnahbar und einfach, im Auftreten ganz anders als viele herrschaftliche Generale mit ihren klangvollen Adelstiteln. Isolanis Abteilung war eine leichte, mobile und vielfach einsetzbare Reitertruppe, deren schnelle und brutale Attacken Angst und Schrecken verbreiteten. Vielleicht verdankt sich Kohns Beschreibung von Isak Solans lebensverneinendem Draufgängertum seiner Kenntnis dieser Reputation des Grafen Isolani (eine weitere Gemeinsamkeit ist beider Teilnahme an Türkenkriegen); vielleicht dichtete Kohn seine jüdische Sage gewissermaßen in eine Lücke der christlichen Geschichtsschreibung hinein, indem er einer Gestalt, die scheinbar aus dem Nichts in die Weltgeschichte eintrat, eine jüdische Biographie beigab. Die Chronologie allerdings widerspricht dieser Identifikations-These: Isak Solan ist zum Zeitpunkt der bei Kohn geschilderten Ereignisse, also 1576–77, bereits ein junger Erwachsener; als Geburtsdatum Isolanis wird gemeinhin 1580 oder 1586 angenommen. Es scheint jedoch nachvollziehbar, daß eine geheimnisvolle Gestalt mit einer Rolle in der böhmischen Geschichte (Isolani nahm an Kaiser Ferdinands böhmischem Feldzug teil, der in der Schlacht am Weißen Berg gipfelte; er war außerdem in den Komplott zur Ermordung Wallensteins eingeweiht) die dichterische Phantasie beflügeln konnte, vor allem, wenn der Autor sich vor die Aufgabe gestellt sah, eine hochrangige und geschichtsbekannte Persönlichkeit in ein erfundenes, jedenfalls von dem dominanten Geschichtsbild abseitig gelegenes Szenarium einzufügen. Nicht zuletzt demonstriert er mit seiner jüdischen Isolani-Figur, daß Juden zum Kriegsdienst und zu hohen militärischen Würden fähig sind, ein Thema, das auch in *Gawriel* und in Kohns späterem Roman *Die Starken* (1878) eine Rolle spielen sollte.

VII

Auch in der auf den ersten Blick etwas kolportagehaft anmutenden Erzählung *Der Retter* finden sich zahlreiche Elemente, die in der Nachfolge Walter Scotts für den historischen Roman gattungsbestimmend wurden. Mordechai Kohen aus der angesehenen Prager Druckerdynastie der Gersoniden, der Lebensretter des jungen christlichen Selbstmörders und Retter der jüdischen Gemeinde Prags, ist

---

[27] Heinrich Bücheler: Goan Lodovico Isolani. In: ders., Von Pappenheim zu Piccolomini – Sechs Gestalten aus Wallensteins Lager. Biographische Skizzen. Sigmaringen: Thorbecke 1994, S. 103–122, hier S. 103.

ein ›mittlerer‹ Held insofern, als er zwischen den Ebenen der namenlosen, unge-
schichtlichen Masse (hier die Prager Juden) und der großen Geschichtsakteure
(hier Kaiser Ferdinand I. und Papst Pius IV.) hin- und herwechselt und zwischen
ihnen vermittelt. Ebenfalls konstituierend für das historische Genre ist die Tatsache, daß Kohn seinen Helden in einem genau umrissenen und datierten historischen Kontext agieren läßt, aber in dieser geschichtlichen Landschaft eine Episode ansiedelt, die nicht in den allgemeinen Geschichtsbüchern verzeichnet ist –
entweder, weil sie der herrschenden Geschichtsschreibung zu unwichtig erscheint oder weil sie gar nicht tatsächlich passiert war, also eine Erfindung des
Verfassers ist. In diesem Fall ist Mordechai jedoch tatsächlich eine historische
Figur, deren Grabstein auf dem jüdischen Friedhof in Prag noch heute zu sehen
ist[28] – das Ergebnis der Darstellung einer vermeintlich unwichtigen Begebenheit
ist, daß die auf der unteren Ebene Beteiligten und ihre Schicksale aus der An-
onymität hervorgeholt und als historische Gestalten wahrnehmbar werden. Kohn
bettet so das Schicksal der jüdischen Gemeinde Prags in den Verlauf der Weltgeschichte (repräsentiert durch die beiden ranghöchsten Vertreter des christlichen Abendlandes) ein und zeigt es als deren Teil.

Die dargestellte Episode beleuchtet aber auch, daß Juden nicht allein wehr-
lose Opfer des allgemeinen Geschichtsverlaufs und der machthabenden Geschichtsakteure bleiben müssen, daß sie, wie hier Mordechai Kohen, in den
Geschichtsverlauf verändernd eingreifen können, daß sie sich von Geschichts-
objekten zu Geschichtssubjekten emanzipieren können. Sie sind dazu aus eigener Kraft fähig, so lehrt das Beispiel Mordechai Kohens, weil sie sowohl die
moralische Stärke wie die gesellschaftlichen Fertigkeiten besitzen, die sie dazu
befähigen, aus dem umgrenzten Raum des jüdischen Ghettos in die Welt der
christlichen Machthaber auszugreifen und erfolgreich in ihr zu agieren. Die
moralische Stärke des Protagonisten zeigt sich in Mordechais altruistischer
Hilfeleistung für den jungen Selbstmörder, welche seine eigene spätere Rettungstat ja erst möglich macht; die gesellschaftlichen Fertigkeiten sind unter
anderem Mordechais Sprachkenntnisse, die ihm erlauben, auf Hochdeutsch
und Latein den richtigen Ton zu finden für seine Unterredungen mit Kaiser
und Papst respektive. Ob solche Talente (auch, daß ein Ghettobewohner ein
meisterhafter Reiter ist) historisch plausibel sind, ist nicht von entscheidendem
Interesse: Gerade die idealtypische Darstellung transportiert hier die Botschaft.

Während es im jüdischen Geschichtsverständnis des 19. Jahrhunderts
durchaus verbreitet war, den spanischen Juden vor der Ausweisung von 1492
solche Fähigkeiten zuzutrauen,[29] macht Kohn einen Aschkenasen zu seinem

---

28 Die Inschrift auf dem Grabstein lautet: »Hier liegt ein Gerechter, Oberhaupt und
   Vorsteher; er beugte öfters Austreibungen vor, gab sein Leben preis, zog nach Rom
   und ließ durch den Papst den Kaiser seines Eides entbinden.« Vgl. zum historischen
   Kern der Erzählung *Der Retter* und den möglichen Anstößen zu Kohns Neuerzäh-
   lung der alten Überlieferung Glasenapp: Zur (Re-) Konstruktion der Geschichte
   (Anm. 4), S. 397ff.
29 Vgl. zum Bild der spanischen Juden im deutsch-jüdischen Geschichtsdiskurs der Zeit
   Ismar Schorsch: The Myth of Sephardic Supremacy. In: Leo Baeck Institute Year-

Helden, um seinen Lesern nahezubringen, daß Selbstausbildung und persönlicher Einsatz nicht von der historischen und kulturellen Gesamtlage determiniert werden, sondern umgekehrt die Summe der individuellen Taten die Gesamtlage beeinflußt. In die Gegenwart des 19. Jahrhunderts vermittelt dieses Beispiel auf überzeugende Weise, daß ein Einmischen in die Belange der Gesamtgesellschaft durchaus jüdischen Traditionen entspricht. Die Abwendung von unmittelbarer Ausweisungsgefahr ist zu diesem Zeitpunkt zwar nicht mehr das wichtigste Anliegen solchen Tätigwerdens, doch eine Bedrohung von Juden bestand auch in der Mitte des 19. Jahrhunderts weiter, als die rasch fortschreitende Industrialisierung für sozialen Sprengstoff sorgte, der sich auch gegen die jüdische Bevölkerung zu entladen drohte.[30]

Ein weiteres Charakteristikum der Erzählung ist es, daß der Protagonist zu keinem Zeitpunkt aus eigenem Interesse oder für den eigenen Vorteil handelt. Er begreift seine Existenz ausschließlich im Zusammenhang seiner Glaubensgemeinschaft, und diese Verbundenheit allein motiviert ihn zu seiner Rettungstat. Sein Vorgehen erfolgt in Absprache mit den geistigen und weltlichen Autoritäten seiner Gemeinde; er setzt seine ›modernen‹ Fähigkeiten außerhalb des Ghettos ausschließlich zum Nutzen der jüdischen Gemeinde ein. Der Held – und sein Autor – erweisen sich damit als der jüdischen Gemeinschaft und der jüdischen Tradition fest verbunden: Darin besteht auch der Beitrag dieser Erzählung zur Formulierung eines jüdischen Selbstverständnisses in den Zeiten der Desintegration und Auflösung, als die Tradition zunehmend ihre Verbindlichkeit verliert und sich andere Möglichkeiten der Lebensgestaltung anboten, die bis zur freiwilligen Konversion führen konnten.

Gespiegelt wird am Vorabend der 1848er Revolution ein neues jüdisches Selbstbewußtsein, das die Willkürmaßnahmen der Obrigkeit als solche benennt und nicht mehr bereit ist, sie klaglos zu erdulden. Die Beziehbarkeit des historischen Beispiels auf die Verfassergegenwart – auch dies ein bestimmender Zug des historischen Genres allgemein – ist überdeutlich: Die Erringung von Existenzsicherheit in dem beispielhaften Ereignis aus der Vergangenheit hat in der Mitte des 19. Jahrhunderts in der Erringung von Rechtssicherheit und rechtlicher Gleichstellung eine Parallele. Die Dialogpartner der jüdischen Emanzipationsverfechter sind dabei die gleichen geblieben: die nichtjüdische Bevölkerung Prags (der man so begegnen muß, wie Mordechai dem jungen Selbstmörder, will man ihr Wohlwollen und ihren Respekt erringen) und die Obrigkeiten bis hin zu Kaiser und Papst. War der Kern der Erzählung also seit

---

book 34 (1989), S. 47–66; weiterhin Michael A. Meyer: The Emergence of Modern Jewish Historiography – Motives and Motifs. In: ders., Judaism within Modernity. Essays on Jewish History and Religion. Detroit: Wayne State University Press 2001, S. 44–63, bes. S. 45ff. Zur Darstellung sephardischer Juden in der deutsch-jüdischen Literatur der Zeit vgl. die einschlägigen Kapitel in Florian Krobb: Kollektivautobiographien / Wunschautobiographien. Marranenschicksal im deutsch-jüdischen historischen Roman. Würzburg: Königshausen & Neumann 2002.

[30] Vgl. Haumann, Das jüdische Prag (Anm. 19), bes. S. 211f.

Jahrhunderten Bestandteil der jüdischen Erinnerungskultur, so erbringt Kohns dichterische Neugestaltung des Stoffes gleichsam den Nachweis, daß das traditionelle jüdische Geschichtsverständnis mit seiner Erinnerungs- und Weitergabeverpflichtung produktiv in eine moderne (bürgerliche) Erinnerungsform und ein modernes (bürgerliches) Erinnerungsmedium, die historische Erzählung, überführt werden kann.

VIII

Wie bereits angedeutet, verkörpert Salomon Kohns umfangreiche Erzählung *Gawriel* (die auch als Roman bezeichnet werden kann, wenn man bedenkt, daß der Verlag Costenoble den Text bei der Wiederveröffentlichung 1875 tatsächlich in zwei Bänden präsentierte, ein Umstand, dem auch mit dem neuen Untertitel »Roman« Rechnung getragen wurde) deutsch-jüdisches historisches Erzählen wie kaum ein anderer Text der Zeit. Nach seinem Erscheinen in der *Dritten Sammlung* der *Sippurim* (1854) erregte dieses komplexe literarische Historiengemälde zunächst keine überregionale Aufmerksamkeit; erst nach einer englischen Übersetzung, die 1870 erschien, wurde der Roman ein Bestseller. Der Roman weist zahlreiche Züge auf, die aus früheren Texten Kohns und der Gattung des historischen Romans bekannt sind, erscheint aber gleichzeitig als inhaltlich völlig eigenständige und formal gelungene Schöpfung. Kohn verschmilzt sehr geschickt »ein weltgeschichtliches Ereigniß« (S. 99), die Schlacht am Weißen Berg vom 8. November 1620, mit der Erzählung eines jüdischen Schicksals, nämlich dem des Konvertiten Gawriel Süß, der als General Otto Bitter an dieser Auseinandersetzung teilnimmt. Für den Protagonisten bringt dieser Tag, »der für Jahrhunderte entscheidend werden sollte« (S. 133), zugleich die Lösung seines Lebensrätsels. Beide Handlungsstränge kulminieren in einem sehr kurzen Zeitraum. Bis zum Schluß wirft jede Enthüllung über die Vorgeschichte Gawriels immer neue Fragen auf, welche die Aufmerksamkeit des Lesers gefangen halten. Das Schicksal der Zentralgestalt basiert zwar auf einer talmudischen Anweisung und deren harscher Auslegung; die Konsequenzen dieser Regelung sprengen aber den engen Rahmen theologischer Diskussion und machen das gespiegelte Schicksal einer allgemeinen menschlichen Interpretation zugänglich.

Gawriel verbindet die Technik der enthüllenden Rückblende, die bereits aus den beiden früheren Erzählungen bekannt ist, mit der Technik der Verzahnung von Allgemeingeschichte und Partikulargeschichte durch einen mittleren Helden, wie sie bereits in der Erzählung *Der Retter* Anwendung gefunden hatte. Auf der ersten Ebene geraten eine ganze Reihe von Geschichtsakteuren in den Blick, die bei dem sogenannten Böhmischen Aufstand von 1618 bis 1620 eine Rolle gespielt hatten: Als Reitergeneral der ligistischen Truppen und Abgesandter Ernst von Mannsfelds kommt Otto Bitter mit den entscheidenden Persönlichkeiten dieser vielleicht dramatischsten Epoche der böhmischen Geschichte von den

Führern der böhmischen Adelsrevolte gegen die Habsburgische Herrschaft bis zu dem ›Winterkönig‹ Friedrich von der Pfalz und seiner Clique in Berührung. Das in diesen Szenen entworfene Geschichtsbild läßt an »bohemistischer« Deutlichkeit nicht zu wünschen übrig: Friedrich und seine landfremden Berater Anhalt und Hohenlohe sind an der Katastrophe schuld; Thun, Schlick, Bubna und Mannsfeld dagegen erscheinen als aufrechte Soldaten und Patrioten. Im Bereich der jüdischen Partikulargeschichte bleibt der Blick nicht, wie in den beiden früheren Erzählungen, auf die Prager jüdische Gemeinde zu einem eng definierten historischen Zeitpunkt beschränkt. Hier wird auf mehrere Generationen und über sie auf lange Zeiträume der Geschichte der Juden Europas zurückgegriffen und in entfernte geographische Regionen ausgegriffen: Es entsteht durch Gawriels komplexe Vor- und Familiengeschichte der Eindruck, als ob in Prag alle Fäden jüdischen Schicksals zusammenliefen. Prag ist der Zielpunkt jüdischer Geschichte von der Vertreibung der Juden aus dem Sepharad am Ende des 15. Jahrhunderts; in Prag treffen sich die aus den alten und berühmten Judengemeinden des Aschkenas vertriebenen Juden.

Gawriel ist zudem ein historischer Text, der aber – wiederum analog zu den früheren Erzählungen – eine für das 19. Jahrhundert ungeheuer aktuelle Fragestellung verhandelt. Wie in *Der Kadisch vor Col-Nidre*, so schreibt Kohn auch in *Gawriel* gleichsam in eine Leerstelle von Schillers *Wallenstein* hinein. Diesmal füllt er diese Leerstelle nicht nur faktisch (durch Erfindung einer jüdischen Biographie für eine »geschichtslose« historische Figur), sondern auch thematisch. Er geht um Bindung und Zugehörigkeit.

Hatte der Name des zwangskonvertierten Juden Isak Solan in *Der Kadisch vor Col-Nidre* Assoziationen zu dem nicht nur aus der Militärgeschichte, sondern auch aus Schillers Historiendrama bekannten Reitergeneral des Dreißigjährigen Krieges Graf Isolani erwecken sollen, so gemahnt auch die Hauptgestalt von Kohns *Gawriel* an eine Figur aus Schillers *Wallenstein*: Der Generalmajor Buttler, der Mörder Wallensteins, eine »starke und düstere Gestalt«, der Walter Silz »die dunkle Farbe Shakespearscher Verbrecherfiguren« zuspricht,[31] hat mit Gawriel Bitter nicht nur den militärischen Rang gemeinsam, sondern ebenfalls die bürgerliche Herkunft und den Aufstieg durch die Ränge seines Regiments: »Und noch dazu dasselbe, hör ich / Wo er vom Reiter hat heraufgedient?« (*Die Piccolomini* I, 1, Z. 47–48)[32] – wie just Graf Isolani seine Beförderung kommentiert. Schon in *Wallensteins Lager* hatte der Wachtmeister die Aufmerksamkeit auf diesen Fall gerichtet, als Beispiel für die Chancen, die der Dienst im Wallensteinschen Heer dem Tüchtigen biete:

---

[31] Walter Silz: Charakter und Funktion von Buttler in Schillers »Wallenstein«. In: Schillers *Wallenstein*. Hg. von Fritz Heuer und Werner Keller. Darmstadt: Wissenschaftliche Buchgesellschaft 1977 (Wege der Forschung; 420), S. 254–273, hier S. 255f.

[32] Die Schiller-Zitate sind der folgenden Ausgabe entnommen: Schillers Werke, Nationalausgabe. Bd 8: Wallenstein. Hg. von Hermann Schneider und Lieselotte Blumenthal. Weimar: Böhlau 1949.

> Da ist der Chef vom Dragonerkorps,
> Heißt Buttler, wir standen als Gemeine
> Noch vor dreißig Jahren bei Köln am Rheine,
> Jetzt nennt man ihn Generalmajor.   (*Wallensteins Lager*, 7, 441–444)

Nicht nur der Laufbahnbeginn im Jülich-Klevischen Erbfolgestreit, auch die absolute Loyalität zu dem jeweiligen Heerführer – Bitters zu Ernst Graf Mannsfeld, dem Heerführer der protestantischen Union, und Buttlers zu Wallenstein, dem Generalissimus des katholischen Kaisers – verbindet diese beiden Gestalten. Wie Bitter die emotionale Bindung an seinen Kommandeur preist, der ihm eine Lebensperspektive frei von den überlieferten Vorschriften und Zwängen seiner Glaubensgemeinschaft ermöglicht und eine (bei aller militärischen Hierarchie) egalitäre, zweckrationale, meritokratische Alternative zum jüdischen Lebensweg bietet, so preist Buttler in Schillers *Wallenstein*-Drama den Herzog von Friedland als Führer- und Vaterfigur für die Gestrandeten und Heimatlosen der Gesellschaft:

> All dieses Volk gehorcht Friedländischen
> Hauptleuten. Die's befehligen, sind alle
> In *eine* Schul gegangen, *eine* Milch
> Hat sie ernährt, *ein* Herz belebt sie alle.
> Fremdlinge stehn sie da auf diesem Boden,
> Der Dienst allein ist ihnen Haus und Heimat.   (*Die Piccolomini*, I, 2, 219–224)

Buttlers Rolle in Gesellschaft (beim Gelage zum Beispiel) ist dieselbe wie Bitters, in Octavio Piccolominis Kommentar:

> Ihr liebt die Bacchusfeste auch nicht sehr,
> Herr Oberster! Ich habe es wohl bemerkt.
> Und würdet, deucht mir, besser Euch gefallen
> Im Toben einer Schlacht, als eines Schmauses.   (Ebd., IV, 6, Z. 2168–2171)

Buttler verkörpert die zugehörigkeitslose Randfigur, dem der Krieg die Chance zu einer selbstbestimmten Lebensgestaltung bietet; er verkörpert das individualistische Prinzip der Leistung, des Aufstiegs aus eigener Kraft und unter Nutzung der historischen Chance. Wenn er erläutert: »Es ist ein großer Augenblick der Zeit / Dem Tapfern, dem Entschloßnen ist sie günstig. / Wie Scheidemünze geht von Hand zu Hand, / Tauscht Stadt und Schloß den eilenden Besitzer« (ebd., IV, 4, Z. 2014–2017) – dann apostrophiert er nicht nur den Krieg als Umstürzer aller Ordnungen, er formuliert auch die bürgerliche Maxime vom Aufstieg aus eigener Kraft im Gegensatz zum überkommen, ererbten Geburts- und Besitzstand des Feudalzeitalters. Schillers Drama ist insgesamt als Auseinandersetzung mit der Forderung nach Erfüllung eines individuellen Glücksanspruchs im Konflikt mit der Unterwerfung unter ein umfassendes Prinzip zu verstehen. Als Geschichtsdrama prüft *Wallenstein* diese beiden Ausrichtungen als Geschichtskräfte. Und genau an dieser Stelle setzt *Gawriel* an.

Auslöser der Handlung um Gawriel Süß ist sein Ausschluß aus der jüdischen
Gemeinschaft, seine Selbstisolation von seiner angestammten Religion, als er
erfährt, daß er als Mamser, als Sohn einer Ehebrecherin, »nicht in die Gemeinde
des Herrn kommen« darf (S. 116). Dem kollektivistischen Prinzip der überkommenen Definition der Gruppenzugehörigkeit stellt der derart auf sich selbst Ver-
wiesene ein individualistisches, bindungsloses Prinzip entgegen, das auf den
ersten Blick Züge eines modernen Verständnisses von der Autonomie des Ich
trägt. Der Krieg mit seinen Unwägbarkeiten, die aber wie bei Schiller gleichermaßen eine ungekannte Chancengleichheit gewähren, bietet Gawriel die Illusion
einer völlig selbstbestimmten, selbstverantwortlichen, bindungslosen (oder doch
nur autonom eingegangene persönliche Bindungen aufweisenden) Existenz. Die
Worte, mit denen Gawriels neuer Gefährte, der Söldnerführer Mannsfeld, in
dessen Corps er unter dem angenommenen Namen Otto Bitter Karriere macht,
Gawriel dafür dankt, ihn aus einem Hinterhalt befreit zu haben, geben diesem
individualistischen Prinzip zunächst eine eindeutig positive Bewertung:

> Dich band kein Eid, was Du für mich gethan, entstammte blos dem freien Willen
> Deiner edlen Seele ...   (S. 124)

Der freie Wille, die Autonomie des Ichs, versetzt den Mamser in die Lage –
um noch eine Formulierung zu zitieren, in der die Band- und Bindungsrhetorik
zum Einsatz kommt –»den [also jeden] Glauben abzustreifen wie ein unbrauchbar gewordenes Gewand« (S. 72). Diese Position, die man durchaus als modern
bezeichnen könnte, bildet tatsächlich den Ausgangspunkt einer ausführlichen
Diskussion aus jüdischer Perspektive über das Problem der Willensfreiheit.[33]
Dieser an mehreren Stellen des Textes wiederaufgegriffene Diskurs, der mit
Argument und Konterargument oft den Charakter einer Disputation über die
richtige Auslegung des Talmud, also eines Pilpul annimmt, widerlegt Gawriels
Schluß, daß der Makel seiner Geburt eine Rückkehr in die jüdische Gemeinschaft unmöglich macht, und daß ein modernes Individuum nur außerhalb
traditioneller Bindung zu einer selbstbestimmten, modernen Existenz fähig ist.
Zwar gibt Kohn zu, daß Gawriel durch seinen Mamser-Status gebrandmarkt ist
»durch das heilige Wort der Schrift, das menschliche Weisheit nimmer ganz zu
erklären vermag« (S. 120), doch differenziert er das Verdikt später dahinge-
hend, daß ein Mamser sehr wohl seinen Platz in der Gemeinde einnehmen und
»eine Leuchte seines Volkes werden« kann, wie eine Mischna-Stelle hervor-
hebt: »Ein Mamser Talmud Chochom [hebr: Schriftgelehrter] steht über einem
hohen Priester, der weniger würdig ist« (S. 149). Nach orthodoxem Verständnis hat der Talmud durch solche Aussagen das Problem gelöst und es der Willensfreiheit des Einzelnen anheimgestellt, in der Situation, in der er sich befindet, eine ihm angemessene Entscheidung zu treffen. Jüdisches Gesetz und die
Freiheit des Individuums sind mithin nicht unvereinbar, wie die Ausgangskon-
stellation suggeriert hatte; es bietet im Gegenteil Flexibilität und Nachsicht

---

[33] Vgl. Glasenapp, Aus der Judengasse (Anm. 7), S. 142f.

und bewährt sich daher auch in modernen Zeiten. Das Ziel des Handlungsverlaufs ist Gawriels Wiederaussöhnung mit der jüdischen Gemeinschaft, zu der er fähig wird, als er die Hybris erkennt, die in der Anmaßung, vollständig autonom und bindungslos leben zu können, liegt. Das Prinzip der Bindung, der freiwilligen Selbstunterordnung, obsiegt also – und diese so eindeutige Aussage beinhaltet aus jüdischer Sicht auch eine Antwort auf Schillers Fragestellung.

Die Versöhnung bleibt intern. Gawriels Lebensrätsel ist symbolisiert durch ein Geburtsmal auf der Stirne, das auch eine andere, externe Lösung hätte eröffnen können. Bis zum vorletzten Kapitel bleibt die Möglichkeit offen, daß das Mal, welches Gawriel Süß / Otto Bitter, aber auch die historische Figur Gottfried von Pappenheim auf der Stirne tragen, ein Familienkennzeichen ist, daß der kaiserliche Feldherr, dem Gawriel in der Schlacht am Weißen Berg gegenübersteht, vielleicht gar sein Halbbruder ist. Der Reichserbmarschall Gottfried Heinrich zu Pappenheim-Treuchtlingen (1594–1632) kommandierte als Oberstleutnant drei Kürassierkompagnien in der Schlacht; seine Verletzungen (eine Schußverletzung und ein gespaltener Kopf) sind ebenso historisch verbürgt wie die Tatsache, daß er die Nacht nach der Schlacht nur überlebte, weil sein eigenes gestürztes Pferd ihn wärmte (im *Gawriel* ist er unter einem Leichenberg begraben): ein Abenteuer, das sich zur Legendenbildung anbot und ihn zu einer Berühmtheit machte. Wegen der zahlreichen Narben von Kriegswunden, die sein Gesicht entstellten, handelte er sich den Spitznamen »Schrammhannes« und den Ruf eines Draufgängers ein. Auf zeitgenössischen Stichen sind die Gesichtsblessuren, besonders eine sichelförmige Narbe über der Augenbraue, deutlich zu erkennen.[34] Doch die Fährte, die auf eine Familienverbindung Gawriels außerhalb des Judentums hindeuten könnte, erweist sich als blindes Motiv; sie wird nicht nur zurückgenommen, sondern erfährt eine Umdeutung im Sinne jüdischer Geschichtsauffassung. Ein interkonfessionelles Mal könnte eine familiengeschichtliche Zufälligkeit signalisieren; es könnte, da es die beiden draufgängerischsten Kriegshelden der Schlacht eint, ein Zeichen der Getriebenheit und des Lebensüberdrusses sein; es könnte das Kennzeichen des sündhaften, unerlösten Menschen schlechthin sein. Es ist aber, wie die weiteren Enthüllungen offenbaren, ein Leidenszeichen, das auf die größte Katastrophe in der Geschichte des Judentums seit der Zerstörung des zweiten Tempels im Jahre 70 u. Z. – den Beginn der neueren jüdischen Exilgeschichte – hindeutet: die Ausweisung der Juden aus Spanien und Portugal 1492 bzw. 1497 und das Leiden der iberischen Juden unter den Verfolgungen der Inquisition.

Kohn erklärt das »Kainszeichen der Schuld« (S. 173) als recht eigentlich ein Leidenszeichen des Judentums, welches zum ersten Mal bei Gawriels Großvater Jizchak Meduro in Erscheinung tritt als »Wirkung der fürchterlichen Qual, die der grauenhafte Anblick des Scheiterhaufens auf die zu Tode erschreckte Mutter hervorgerufen hatte« (S. 154): Auf dem Scheiterhaufen der spanischen

---

[34] Vgl. Barbara Stadler: Pappenheim und die Zeit des Dreissigjährigen Krieges. Winterthur: Gemsberg 1991, Abb. S. 287, 372 und 436. Zu Pappenheims Ruf vgl. ebd. S. 761f.

Inquisition verbrennt der Stammvater der Meduros; der Eindruck auf seine
Frau löst die Geburt Jizchaks aus, der mit dem das Brandmal auf der Stirn
Spanien verläßt. »Das Maal, das auf meiner, auf Euerer Stirne prangt«, erklärt
Gawriels Onkel Mosche in seinen Aufzeichnungen seinen Nachkommen,

> ist eine Erinnerung an den Mann, von dem wir abstammen, der in gläubigem Gott-
> vertrauen den martervollen Tod erduldet ... Möge es Euch stets eine Mahnung sein,
> Eures Ahnen würdig zu werden.   (S. 156)

Als »Erinnerungszeichen« ist Gawriels Mal also auch ein »Erkennungszeichen«
(S. 157) des Judentums im Exil (das mit Jizchaks Flucht aus Iberien seinen kulturellen Schwerpunkt vom Sepharad ins Aschkenas verlagert), eine Verpflichtung gegenüber dessen Geschichte.[35] Dieser Verpflichtung gerecht zu werden, ist
die Erfüllung des jüdischen Geschichtsverständnisses, das in *Gawriel* manifest
wird. Deshalb wird Bitters Assoziation mit Pappenheim (und auch seine weltli-
che Verbindung mit Mannsfeld) im Verlauf der Ereignisse transzendiert. Beide
historische Gestalten waren als Konfessionswechsler (in entgegengesetzte Rich-
tungen) bekannt; Gawriel vollzieht die umgekehrte Bewegung der Rückkehr in
die eigene Religionsgemeinschaft und damit in seinen Geschichtsverband.

Die genealogischen Verbindungen haben den Zweck, die jüdische Geschichte
der Handlungszeit (also die ersten Jahre des Dreißigjährigen Krieges) in ein
Kontinuum der europäisch-jüdischen Geschichte einzuordnen. Viele wichtige
Orte werden genannt: Durch die Flucht der Vorfahren Mosche und Jakow
Meduro von Spanien über die alten jüdischen Gemeinden im Rheinland bis nach
Prag wird die Schwerpunktverlagerung vom sephardischen zum aschkenasi-
schen Kulturbereich nachvollzogen und gleichzeitig die jüdische Geschichts-
abfolge von Blüte und Vertreibung, Kulturleistung und Verfolgungsleid, Seß-
haftwerdung und Exilierung evoziert.

Die geschilderte historische Welt weist dabei in Einzelheiten durchaus Züge
der Verfasserzeit auf. Die Beschreibung wird häufig in Kategorien vorgenommen, die eher aus dem 19. als aus dem 17. Jahrhundert stammen. So erscheint
die – signifikanterweise außerhalb der Ghettomauern wohnende – Familie Sachs,
bei der Gawriel in Prag Aufnahme findet, durchaus bürgerlichen Bildungsprinzi-
pien zugetan. Als Gawriel den hohen Grad an weltlicher Bildung und die gewählte Ausdrucksweise seiner Gastgeberin bemerkt (was nur auf die Verwendung der hochdeutschen Sprache hindeuten kann), betont Schöndel Sachs die
Notwendigkeit

---

[35] Die Konstruktion von Genealogien, die auf die Leidensgeschichte der spanischen Juden zurückverweisen, ist im 19. Jahrhundert ein verbreitetes Motiv in der historischen
Literatur von Juden. Vgl. dazu Krobb, Kollektivautobiographien / Wunschautobiographien sowie Schorsch, The Myth of Sephardic Supremacy (beide Anm. 29). Die Konstruktion einer sephardisch-iberischen Vorgeschichte für den Meduro-Clan ist übrigens
chronologisch unwahrscheinlich. Mosche und Jakow sollen vor der Flucht aus Portugal
geboren sein; die Ausweisung aus Portugal fand 1497 statt. Ihre Kinder Schöndel Sachs
und Gawriel Süß sind zur erzählten Zeit in ihren frühen 30ern, also ca. 1585–1590 geboren: Es klafft in dem Stammbaum also eine Lücke von fast einem Jahrhundert.

jene[r] hohe[n] Bildung [...], die man bei dem Drucke, den die Juden trotz mannigfachen, wenn auch langsamen Fortschreitens denn doch zu erdulden haben, so selten
bei den Juden und namentlich bei Frauen findet. (S. 85)

Insbesondere der kurfürstlich-kölnische Leibarzt Baruch Süß, der Pflegevater
von Gawriels Vater und eine der Vorbildgestalten des Romans, stellt den aufgeklärten Gebildeten des bürgerlichen Zeitalters dar, der Glaubenstreue mit rationaler
Wissenschaft zu verbinden trachtet: »der feste Gottesglaube wird nicht erschüttert durch vernünftige Forschung, wenn man nur diese unterordnet« (S. 148). All
die Neuerungen, die im assimilatorischen Klima des 19. Jahrhunderts zur Debatte standen, müssen jedoch in Kohns Weltbild im Dienste der jüdischen Gemeinschaft eingesetzt werden. So wird die Notwendigkeit betont,

daß Juden [...] sich auch den allgemeinen Wissenschaften zuwenden müßten, auch
um der gesamten Menschheit gegenüber das Judenthum, die Judenheit würdig vertreten zu können. (S. 85)

Daß Kohn einer Frau, Schöndel Sachs, solche Maximen in den Mund legt,
zeigt nicht nur, daß er in einem modernen Sinne Frauen in seine bürgerliche
Vorstellungswelt einbezieht, sondern auch, daß er Frauen als Leserinnen erwartet und diesen in seinem Text Identifikationsangebote bereitstellt. Eine weitere Intervention in zeitgenössische Debatten des 19. Jahrhunderts besteht in
der Auseinandersetzung mit der jüdischen Selbstunterschätzung, die gleichzeitig ein antijüdisches Stereotyp darstellt, betreffs der Untauglichkeit der Juden
zu körperlichen und speziell militärischen Tätigkeiten, das in dem Ausspruch
»die Bochurim der prager Jeschiwo sind nicht das Holz, aus dem der König
oder die Stände Kriegshelden bilden wollen« (S. 77) zum Ausdruck kommt –
ein Vorurteil, das durch die Person Gawriel Süß / Otto Bitter, der ja just zu
diesem Zeitpunkt als Bochur in Prag weilt, ad absurdum geführt wird.

IX

Durch seine Version eines entscheidenden Wendepunktes in der Geschichte Böhmens als Teil des Habsburgerreiches sowie durch seine Beurteilung der an den
Ereignissen beteiligten Geschichtsakteure positioniert sich Salomon Kohn auch
im Kontext der politischen Debatte in Prag um die Mitte des 19. Jahrhunderts. Er
affirmiert ganz deutlich eine eigenständige böhmische Geschichte, die sich in der
Auseinandersetzung mit den Habsburgischen Oberherren behauptet: ein Zug des
Gawriel, dessen Bedeutung für das 19. Jahrhundert mit seinem ständig an Schärfe
gewinnenden Nationalismus nicht zu unterschätzen ist. Er spielt aber deutlich die
religiösen (hussitischen) Grundlagen des eigenständigen böhmischen Selbstverständnisses im Zeitalter der Glaubensspaltung herunter; die Rücknahme der von
Rudolf II. in seinem Majestätsbrief von 1609 gewährten konfessionellen Privi-
legien durch Ferdinand II. im Zuge von dessen Rekatholisierungskampagne der
Habsburgischen Erblande schwingt natürlich immer als Verständnishinter-

grund für die Rebellion der böhmischen Stände mit, die zum Prager Fenstersturz, zur Wahl Friedrichs V. von der Pfalz als König und zur Entscheidungs-
schlacht am Weißen Berg führte. Doch werden die in *Gawriel* auftretenden
böhmischen Führer nicht als Streiter für Glaubensfreiheit heroisiert, sondern
als böhmische Nationalisten. In der Debatte des 19. Jahrhunderts wurde der
Religionsaspekt von wirtschaftlichen, sozialen, kulturellen (Sprachenfrage) und
politischen (Selbstbestimmung) Gesichtspunkten überlagert; das Hauptaugen-
merk galt der Durchsetzung politischer Ansprüche.

Aus dem zeitgenössischen Umfeld des 19. Jahrhunderts hätte man aus jüdischer Perspektive vielleicht erwarten können, daß Kohn den Aspekt der Emanzipation religiöser Minderheiten oder das Ziel einer egalitären, auf Recht und
Verfassung gebauten Gesellschaftsordnung mehr in den Vordergrund gerückt
hätte. In der Vorgeschichte betont Kohn in der Tat die Rolle der Obrigkeiten in
der Niederschlagung etwa des Fettmilch-Aufstandes und verbirgt hierin auch
einen Appell an die Autoritäten der eigenen Gegenwart, Existenz- und Rechtssicherheit zu gewährleisten. Kohns Zeichnung der böhmischen politischen und
militärischen Führerpersönlichkeiten in Auseinandersetzung mit der landfremden Clique des ›Winterkönigs‹ veranschaulicht aber besonders, daß Charakterfe-
stigkeit und Überzeugungstreue auf persönlicher Ebene für ihn größeres Gewicht
hatten als konfessionspolitische Visionen. So ist es auch zu verstehen, warum
seine Momentaufnahme einer historischen Situation und der an ihr Beteiligten
die weitere Entwicklung einiger der historischen Figuren ausspart. Der schnelle
Seitenwechsel des jungen Grafen Thurn und auch des Grafen Heinrich von
Schlick nach der Niederlage in der Schlacht am Weißen Berg, der sehr gut in
unsere heutige Gesamtsicht des Dreißigjährigen Krieges als Zeitalter der Söldner
und Glücksritter paßt, hätte das insgesamt positive Bild der böhmischen Protagonisten, das die Erzählung liefert, wohl doch zu stark unterminiert.

Auch für Mannsfeld, den frühen Mentor und Förderer des jüdischen Protagonisten, gilt, daß seine persönliche Integrität und seine Fürsorge für die Truppen
gegenüber seiner militärisch-politischen Rolle in dieser Phase des Konflikts
hervorgehoben werden. In historischer Sicht erscheint er somit als Vorläufer
Wallensteins, als literarische Figur dagegen als Nachfolger von Schillers Wal-
lenstein-Figur. Die Parteiung, der die nichtjüdischen Positivgestalten der Erzählung angehören, nämlich die Böhmen und das protestantisch-antihabsburgische
Lager in Deutschland allgemein, findet sich am Ende des Romangeschehens
auf einem Tiefpunkt. Als Gründe dafür werden nicht nur die militärische Übermacht des Gegners angeführt, sondern auch interne Zwistigkeiten, Inkompe-
tenz und Integrationsunfähigkeit der protestantisch-böhmischen Partei. Diese
wiederum werden auf Charakterschwächen der Symbolfigur dieser Koalition
zurückgeführt: auf den ›Winterkönig‹, der lieber sein Geld und seine Kraft bei
Gelagen verschwendet als seinen Verpflichtungen gegenüber seinen Alliierten
und seinen Untergebenen (darunter Mannsfelds Regimentern) nachzukommen.

Dieser Analyse des Scheiterns kontrastiert der Erzählausgang der Handlung,
der ja eine posthume Reintegration und Versöhnung zwischen Individuum und

Gemeinschaft präsentiert. Ist also der Gesamtverlauf der weltgeschichtlichen Entwicklung von Wechselhaftigkeit und Zwist gekennzeichnet, so ist das Merkmal der jüdischen Gemeinschaft Überdauern, Kohäsion und Integrationsfähigkeit. Der Konflikt zwischen Individuum (oder individuellem Schicksal) und Gemeinschaft (oder kollektivem Schicksal) wird durch solche Oppositionsstrukturen nur noch deutlicher zugunsten des Kollektivs entschieden. War Kohns Bitter (als jüdische Parallelgestalt zu Schillers Buttler) bürgerlicher Einzelgänger und Aufsteiger, dessen Lebenseinrichtung seiner eigensinnigen und eigensüchtigen, affektgeladenen Selbstsicht entspricht, so wird Kohns jüdische Figur Gawriel Süß zum Gegenpol eines zu weit getriebenen und daher in letzter Konsequenz destruktiven Individualismus.

Der historische Roman leistet eine Geschichtsreflexion als jüdische Geschichtsaffirmation. Faßt Otto Bitter seinen Konversionsschritt mit den Worten »Ich brach mit meiner ganzen Vergangenheit« (S. 121) zusammen, so vereint ihn die Versöhnung mit seinem Kollektiv auch mit seiner Geschichte. Wird die existentielle Situation des Menschen in der Geschichte, daß nämlich die Kinder die Sünden der Eltern zu büßen haben, zunächst im Zeichen der talmudischen Mamser-Verordnung als harsch, unmenschlich und ungerecht empfunden, so wird diese Empfindung am Schluß in der Vereinigung Gawriels mit seinem leiblichen Vater zu einem Wiedergewinn der Geschichte als Wiedergewinn der Familie, der Gemeinschaft, des Glaubens und der Ewigkeit transzendiert. Die moderne bürgerlich-individuelle Geschichtssicht des Einzelnen als Meister seines Schicksals wird nicht nur zurückgenommen, sondern modifiziert in den jüdischen Vorsehungsglauben zurücküberführt. Daß sich der Schuster Awrohom am Ende der Erzählung »mit nicht geringem Stolze als ein Werkzeug der göttlichen Vorsehung« (S. 191) bezeichnet, ist mehr als eine schrullig-humorige Selbstüberschätzung. Das Zurückbinden des Erzählschlusses an den Erzählbeginn, wo der Schuster und seine beiden Straßenhändler-Kollegen dem Leser zuerst begegnet waren, verleiht der Erzählung eine mehr als formale Abrundung: In den allerersten und allerletzten Szenen kommt das jüdische Volk zu Worte, und durch die humoristische Oberfläche der vox populi hindurch erscheint es als die Geschichtsinstanz, der recht eigentlich die Sympathien des Autors gehören, die alles Partikulare in sich aufhebt und versöhnt. Auf einer niederen Ebene spiegelt das Verhältnis der drei Volksvertreter die gesamte Problematik des Romans: Ihr Hader, ihr Neid und ihre Zänkereien werden überhöht durch eine gegenseitige Unterstützung, ein gegenseitiges Verbundenheits- und Zusammengehörigkeitsgefühl, ein blindes Aufeinandereingespieltsein, ein gemeinsames Schicksal, dessen eigentliche Stärke sich erst am Ende des Lebens erweist, dessen Existenz aber den eigentlichen Wesenskern des Judentums als Geschichts- und Schicksalsgemeinschaft ausmacht.

X

Kohn verortet mit den Erzählungen seiner frühen Schaffensphase die jüdische Gemeinschaft im Gesamtrahmen der Prager und der böhmischen Geschichte, in der Geschichte des Habsburger Reiches sowie im Gesamtzusammenhang der jüdischen Geschichte des Exils. Kohn zeigt, daß jüdische Geschichte fest in die europäische Geschichte eingebettet ist, daß sie keineswegs nur Leidens- und Verfolgungsgeschichte ist, daß sie also der jüdischen Minderheit nicht ausschließlich von der christlichen Mehrheitsgesellschaft aufgezwungen wird. Genauso, wie die Geschichte dieser Mehrheitsgesellschaft auf die jüdische Gemeinschaft einwirkt, so können einzelne Mitglieder dieser jüdischen Gemeinschaft zu Geschichtsakteuren werden, die in den Verlauf der Regional- wie der Weltgeschichte eingreifen. In dieser Hinsicht folgt Kohn den Erkenntnissen der jüdischen Geschichtsschreibung seit der Etablierung der Wissenschaft des Judentums durch Leopold Zunz (1794–1886) und seine Mitstreiter in den frühen 1820er Jahren. Die Gegenwartsrelevanz eines solchen Geschichtsbildes besteht darin, daß Kohn eine Vergangenheit konstruiert, die im Einklang steht mit dem Selbstbild eines an bürgerlichen Werten orientierten Judentums. Diese selbstsichere Einschätzung der eigenen Geschichte fußt sicherlich zumindest teilweise in dem Selbstverständnis der Prager Gemeinde, die auf eine so lange Geschichte und bedeutende Vergangenheit zurückblicken konnte. Das Selbstbewußtsein als führende Gemeinde der mitteleuropäischen Judenheit ist vielleicht mitverantwortlich dafür, daß in Prag die Modernisierung des Judentums langsamer, weniger abrupt verlief als anderswo, daß auch die von Joseph II. und seiner Administration verordnete Aufklärung in Prag keinen radikalen Entwicklungsschub auslöste, sondern die neuen Tendenzen von den alten Strukturen absorbiert und zu einer Evolution verschmolzen wurden, die niemals zum Umsturz oder zur Aufgabe althergebrachter Orientierungen führte, sondern diese allmählich und behutsam den neuen Zeitgegebenheiten anpaßte.

Das Beispiel der josephinisch-aufklärerischen Politik des Prager Probstes und Schulaufsehers Ferdinand Kindermann Ritter von Schulstein (1740–1801), der der Prager jüdischen Normalschule eine von nichtjüdischen Vorbildern adaptierte Fibel sittlich festigenden Inhalts verordnete, ist in dieser Hinsicht aufschlußreich. Die jüdische Gemeinde Prags erklärte sich zwar zum Einsatz dieses Lesebuches bereit, aber nur an Nachmittagen, nach dem Ende der Unterweisung der Kinder im Cheder oder in der Jeschiwa.[36] Letzteres trug entscheidend dazu bei, daß die jüdische Überlieferung und die religiöse Wissensvermittlung weiterlebten; die Normalschule führte hingegen zu einer kulturellen Germanisierung der Prager Juden durch die Aneignung säkularisierten Bildungsgutes und beschleunigte damit einen Verbürgerlichungsprozeß in kultu-

---

[36] Vgl. zu Kindermanns Reformpädagogik Gabriele von Glasenapp und Michael Nagel: Das jüdische Jugendbuch. Von der Aufklärung bis zum Dritten Reich. Stuttgart: Metzler 1996, bes. S. 25–55.

reller und bildungsmäßiger Hinsicht, der bereits in Salomon Kohns Generation als weitgehend abgeschlossen gelten kann. Die Verwendung jedenfalls der deutschen Sprache für öffentliche Belange und in der erzählenden Literatur war bereits selbstverständlich geworden.

Für Kohns Generation war es daher Aufgabe und Bedürfnis, der äußeren Geschichte der Juden als Geschichte einer problematischen Interaktion mit der christlichen Mehrheitsgesellschaft eine innere Geschichte der Juden als Geschichte der Bewährung, des Überdauerns und der besonderen Gottverbundenheit gegenüberzustellen. Der jüdischen Gemeinschaft eignet in Kohns Texten etwas Einzigartiges, das man in Herderscher Terminologie als Volksseele bezeichnen könnte, dessen Manifestation aber religiöses Gesetz, rituelle Praxis und Lebensführung gemäß der Gebote sind.[37] Es ist diese Dimension des historischen Schreibens von Kohn, das eine Interpretation in moderner kulturzionistischer oder nationaljüdischer Hinsicht ermöglichte, wie sie sich in den zahlreichen Übersetzungen ins Jiddische oder Hebräische niederschlagen sollte. Kohn hatte selbst keine solche Intention; ihm ging es darum, im Prozeß der Verbürgerlichung die Verbindung der Juden mit ihren historischen Wurzeln nicht abreißen zu lassen, ihnen Stolz auf ihre Herkunft einzuflößen und damit einer Auflösung jüdischen Selbstverständnisses entgegenzuwirken. Daß er dies in der Sprache, im Rahmen der literarischen Form- und Geschmackskonventionen des mitteleuropäischen Bildungsbürgertums tat, daß er ein verbreitetes und beliebtes Genre verwendete, demonstriert Kohns feste Verwurzelung im 19. Jahrhundert – in einer Zeit vor der jüdischen Kulturrevolution, aber auch in einer Zeit vor einem verstärkt in Erscheinung tretenden Nationalismus und Partikularismus.

XI

Im 19. und frühen 20. Jahrhundert erfreuten sich Salomon Kohns historische Erzählungen einer großen und internationalen Beliebtheit. Im Vorwort zur Buchausgabe von 1875 des jetzt *Gabriel* betitelten Romans erklärte Kohn stolz, daß man »den berühmten Ghetto-Erzähler Kompert« für den »Verfasser des Originals« gehalten habe.[38] Der Vergleich mit Leopold Kompert (1822–1886), dessen Name seit der Mitte des 19. Jahrhunderts mit deutsch-jüdischer Erzähllliteratur allgemein und dem Genre der Ghettoliteratur insbesondere geradezu synonym geworden war, ist ebenso erhellend wie irreführend. Erhellend, weil der Vergleich mit Kompert auf die Bedeutung hinweist, die Kohns *Gawriel* als einem Meilenstein jüdischer Literatur in deutscher Sprache beigemessen wurde. Unzu-

---

[37] Zum jüdischen Geschichtsdenken der Zeit als Hintergrund zu der beschriebenen Orientierung vgl. Meyer, The Emergence of Modern Jewish Historiography (Anm. 29), S. 44–63.

[38] S[alomon] Kohn: Gabriel. Roman. 2., umgearbeitete Aufl., Jena: Costenoble 1875, Bd I, S. VI.

treffend ist die Parallele allerdings insofern, als Kompert sich ausschließlich im Genre der Ghettoliteratur betätigte, Kohn aber in seiner ersten Schaffensphase nur historische Texte veröffentlicht hatte. Das Mißverständnis, das Ghettogeschichten und historische Erzählungen als Ausprägungen derselben Gattung sieht, hat sich bis in die Gegenwart gehalten; ein anschauliches Beispiel dafür bietet die Tatsache, daß ein Band von *Geschichten aus dem Ghetto* mit Heinrich Heines historischem Fragment *Der Rabbi von Bacherach* eröffnet wird.[39]

Die Ausbreitung einer jüdischen Erzählliteratur in den Muttersprachen der Länder, in denen Juden lebten, war im 19. Jahrhundert ein gesamteuropäisches Phänomen. Eine rege Übersetzungstätigkeit trug zur Ausbildung eines Länder- und Sprachgrenzen übergreifenden jüdischen literarischen Netzwerks bei, das sich sogar bis nach den Vereinigten Staaten von Amerika erstreckte. Die im Anhang dieser Ausgabe nachgewiesenen Übersetzungen verraten eine lebhafte Rezeption der Texte Kohns in zahlreichen europäischen Ländern. Die Übersetzungen ins Jiddische und Hebräische zeugen von der Aneignung der Schriften Kohns seitens der neuen, kulturzionistischen Bewegung, die um die Jahrhundertwende eine Neuorientierung jüdischer kultureller und politischer Ausrichtung einleitete. Diese Rezeptionszeugnisse verweisen darauf, daß sich eine neue Generation die Schriften Kohns als Vorläufer und Wegweiser aneignete. Sie verraten Kontinuitätslinien, die von dem deutschsprachigen Prag des frühen 19. Jahrhunderts bis zum neuen jüdischen Homeland in Palästina reichen. In einer entscheidenden Phase dieser Entwicklung kam auch Franz Kafka mit den *Sippurim* und Kohn in Berührung. Im Prager Laden des Hauses Brandeis erwarb er drei Bücher, die in ganz unterschiedlicher Weise jüdisches Bewußtsein der alten wie der neuen, zionistischen Ausrichtung illustrieren: Shlomo Zemachs *Jüdische Bauern. Geschichten aus dem neuen Palästina* (Wien und Berlin, 1919), Fritz Mordechai Kaufmanns *Vier Essais über ostjüdische Dichtung und Kultur* (Berlin, 1919) und einen *Sippurim*-Doppelband, in dem augenscheinlich eine von Jakob Pascheles und eine von Richard Brandeis besorgte Ausgabe zusammengebunden worden waren.[40]

In den Volksausgaben der *Sippurim*, die »auf die reifere Jugend bedacht« und daher unter »Ausscheidung« aller »verfänglichen, das sittliche Gefühl nicht allzusehr schonenden Erzählungen« neu zusammengestellt[41] in Jakob Brandeis' Verlag herausgegeben wurden, trat das volkspädagogische Interesse gegenüber dem Sammel- und Aufbewahrungsinteresse immer mehr in den Vordergrund. Die zumindest teilweise ursprünglich aus Volksüberlieferungen geschöpften Erzählstoffe wurden durch das neue Medium, durch die literarische Bearbei-

---

[39] *Geschichten aus dem Ghetto.* Hg. von Jost Hermand. Frankfurt a. M.: Jüdischer Verlag bei Athenäum 1987 (Athenäum jüdische Bibliothek).

[40] Vgl. *Kafkas Bibliothek. Ein beschreibendes Verzeichnis. Mit einem Index aller in Kafkas Schriften erwähnten Bücher, Zeitschriften und Zeitschriftenbeiträge.* Hg. von Jürgen Born. Frankfurt a. M.: Fischer 1990, Nr 61, 108, 230.

[41] Jakob B. Brandeis: Vorwort zur ersten Auflage [1887]. In: *Sippurim. Ghettosagen, jüdische Mythen und Legenden.* Volksausgabe. 3. Aufl., Prag, Breslau: Brandeis 1909.

tung und Anthologisierung erneut und in zeitgemäßer Form zum Gemeingut gemacht. Eduard Petiška etwa erzählt noch 1967 Sagen aus den *Sippurim* nach, als ob er einen mündlichen Erzählstoff aufzeichnete, das heißt ohne auf etwaige Quellen und Vorbilder zu verweisen. Darunter befindet sich auch die vom »weise[n] Kohen, der bis zum Papst mit seiner Bitte pilgerte, er möge den Kaiser Ferdinand I. von dem Schwur befreien, die Juden aus seinem Reiche zu vertreiben«[42] – dieselbe Geschichte, die Salomon Kohn unter dem Titel *Der Retter* veröffentlicht hatte. Während die Rezeption mancher Texte von Kohn im Kontext des neuen jüdischen Aufbruchs auf eine kulturpolitische Brisanz seines identitätsbestärkenden Schreibens hindeutet, wechselten andere eher in den literarischen Mainstream über, wie die *Prager Ghettobilder*, die 1884 in der *Universalbibliothek* des Reclam-Verlags als humoristische Geschichten aus dem Ghetto vermarktet wurden. Die Mehrheit der Werke Kohns jedoch erschien weiter in den Publikationsorganen des verbürgerlichten, religiös konservativ orientierten Judentum Deutschlands wie *Der Israelit* oder der *Jüdischen Presse* und unterstreichen damit die Verbundenheit des Autors mit seinem angestammten kulturellen Milieu.

XII

Wie andere Werke der deutsch-jüdischen historischen Literatur verraten auch die Texte Salomon Kohns das Bestreben, wieder die ›Herrschaft‹ über die eigene Vergangenheit zu erlangen und diese in zeitgemäßer Form einem zeitgenössischen Lesepublikum zugänglich zu machen. Sein Anliegen, das er mit anderen Autoren von jüdischer historischer und von Ghetto-Literatur teilt, ist nicht nur, volkstümliche Überlieferungen und das Wissen um historische Ereignisse und Lebensweisen vor dem Vergessen zu bewahren, sondern auch, mit modernen literarischen Mitteln ein jüdisches Geschichtsbewußtsein für die nachaufklärerische, von Emanzipation und Assimilation geprägte jüdische Neuzeit zu entwickeln.

Das Geschichtsbild des Prager Autors weist ein ausgesprochen Prager Kolorit auf; es ist dem Lokalen zutiefst verpflichtet. Kohns historische Literatur paßt sich aber auch unschwer in die weiteren kultur- und mentalitätsgeschichtlichen Zusammenhänge der deutsch-jüdischen Literaturentwicklung im 19. Jahrhundert ein: Sie ist als Beitrag zu dem Versuch zu verstehen, durch Erinnerung an die Leidens- und Widerstandsgeschichte der jüdischen Gemeinschaft seinen zeitgenössischen jüdischen Lesern Stolz auf die eigene Vergangenheit einzuflößen und damit den zentrifugalen, assimilatorischen Kräften, die im 19. Jahrhundert den Zusammenhalt der jüdischen Gemeinden bedrohten, entgegenzuwirken. Seine Geschichten stellen Identifikationsangebote bereit; sie bilden

---

[42] Eduard Petiška: Der Golem – Jüdische Märchen und Legenden aus dem alten Prag. 3. Aufl., Berlin: Union 1974, S. 6 (tschechisches Original 1967).

Beiträge zur Diskussion um die Identität der jüdischen Gemeinschaft im Zeitalter des möglichen Identitätsverlustes als Kollektiv. Diesem Anliegen entspricht die Fusion moderner literarischer Mittel mit einer inhaltlichen Aussage, welche die überkommenen religiösen Vorstellungen und Praktiken sowie den Gruppenzusammenhalt als zweifellose Werte affirmiert. Diesem Anliegen entspricht weiterhin die Präsentation jüdischer Protagonisten, die es in Hinsicht auf Mut, Tatkraft, physische Stärke, diplomatisches Geschick, Sprachkenntnisse und allgemeine Bildung, aber auch in Hinsicht auf Karriereerfolge in der nichtjüdischen Welt mit jeder anderen (nichtjüdischen) literarischen Heldengestalt aufnehmen können.

Salomon Kohns Geschichten beleuchten die Kraft des jüdischen Glaubens und die daraus erwachsende Kraft der jüdischen Glaubensgemeinschaft in einer Umwelt, die sich oft feindlich und bedrohlich zeigte, fast immer aber mit Unverständnis und Berührungsangst auf die jüdische Gemeinschaft in ihrer Mitte blickte. Salomon Kohns Geschichten treten den Beweis an, daß die Vertreter der jüdischen Gemeinschaft Prags ihren christlichen Zeitgenossen in nichts nachstanden: nicht in Mut und Tapferkeit, nicht in Opferbereitschaft und Leidensfähigkeit, nicht in weltlicher Bildung und Umgangsformen, schon gar nicht in ethischem Empfinden und Gemeinschaftssinn. Diese Eigenschaften befähigen, so die Anwendung der historischen Beispiele für die Gegenwart des 19. Jahrhunderts, zur produktiven und selbstbewußten Koexistenz mit der christlichen Mehrheitsgesellschaft. Sie entkräften mögliche judenfeindliche Argumente dieser christlichen Gesellschaft ebenso wie mögliche jüdische Selbstzweifel und den Hader mit dem eigenen Schicksal sowie mit der Schicksalsgemeinschaft. In ihrem Verständnisrahmen des 19. Jahrhunderts beziehen die Geschichten klare Stellung gegen eine etwaige Entfremdung von der jüdischen Gemeinschaft und der jüdischen Religion durch allzu weitgehende Assimilation an die Mehrheitsgesellschaft bis hin zur Konversion. Juden, so die Gegenwartsaussage, können als Juden Mitglieder einer bürgerlich orientierten Gesellschaft sein.

In diesem Argumentationszusammenhang ist der Nachweis zentral, daß bei allen möglichen Härten, Ungerechtigkeiten und Entfremdungsgefühlen nicht die tradierte Religion und ihre Ausübung anzuzweifeln sind, sondern daß immer nur Umstände, menschliches Unverständnis und menschlicher Hochmut die Entzweiung zwischen dem Individuum und seiner Gemeinschaft verursachen. Gawriel Bitters Beispiel demonstriert, daß Religion und Religionsgemeinschaft immer die Möglichkeit zur (Re-)Integration bereithalten, daß sie immer die Bereitschaft zur Vergebung und Versöhnung anbieten – welche das Individuum allerdings anzunehmen gewillt sein muß. Selbstunterwerfung unter die Normen der Gemeinschaft ist in Kohns Sinne eine Befreiung, sie verspricht Erlösung durch Einfügen in den gottgewollten Weltenlauf, sie ist somit Erfüllung der Vorsehung.

Weil ein derartiges Insistieren auf der überlieferten Religionsauffassung als Gegengewicht zu den innerjüdischen Reformtendenzen zu verstehen ist, die gerade in der Epoche des Vormärz im Zuge des Kampfes um bürgerliche

Gleichberechtigung einen Aufschwung nahmen, ist Salomon Kohn (wie anfangs bereits bemerkt) allgemein einer eher neo-orthodoxen als liberalen Richtung in der innerjüdischen Orientierungsdiskussion zugeordnet worden. In der Tat sieht sein literarisches Weltbild in den frühen Erzählungen wie auch in späteren Werken eine Öffnung jüdischer Religionsauffassung und -ausübung für außerjüdische Einflüsse nicht vor, läßt seine Weltanschauung noch nicht einmal Alternativen auf individueller Ebene zu. Dennoch trifft sich am Ende des 19. Jahrhunderts diese vielleicht als konservativ einzuschätzende Haltung mit Neuerungstendenzen einer radikal säkularen und damit Kohn scheinbar diametral entgegengesetzten Bewegung.

In Theodor Herzls Traktat *Der Judenstaat* von 1896, der Gründungscharta des Zionismus als nationalistischer politischer Bewegung, führt der Verfasser auch Gedanken zum Wesen des Judentums und Gründe zum Überleben der Juden als Gemeinschaft an: Natürlich zwinge der moderne Antisemitismus dazu, die »Judenfrage« als »nationale Frage« zu behandeln und sie »zu einer politischen Weltfrage« aufzuwerten, um ein als Nationalstaat entworfenes jüdisches Homeland unabhängig von den judenfeindlichen Gesellschaften der Diaspora zu ermöglichen. Als Antwort auf die zentrale Frage des Traktats, was denn bisher das Judentum als Gemeinschaft ausgemacht habe, auf welches kollektive jüdische Bewußtsein der jüdische Nationalstaat mithin aufbauen könne, fällt dann die Aussage, die Herzl mit Kohns Gedankenwelt verbindet: »weil uns ja nur der alte Glaube zusammengehalten hat«.[43] Genau der Sicherung des Zusammenhalts auf der Grundlage des »alten Glaubens« dient Kohns Werk; der Zionismus interpretiert dieses Gemeinschaftsgefühl dann als »Beweis ständig präsenten jüdischen Nationalbewußtseins«.[44] Gemeinsamer Nenner ist die Existenz eines Gruppenbewußtseins, sei es nun primär religiös oder politisch fundiert, das als historische Konstante aus der Vergangenheit in die Zukunft projiziert, die Grundlage für eine Gruppenidentität liefert, die ein vollständiges Aufgehen der Minderheitsgemeinschaft in der Mehrheitsgesellschaft verhindert. Kohns historische Erzählungen stellten die Vergangenheit bereit, aus der sich jüdische Identität vom 19. bis hinein ins 20. Jahrhundert speisen sollte.

---

[43] Theodor Herzl: Der Judenstaat. Versuch einer politischen Lösung der Judenfrage. Zürich: Artemis 1988, S. 49.
[44] Hofman / Heuer, Nachwort (Anm. 24), S. 250f.

Editorische Notiz

Alle Texte wurden nach den in den *Abdrucknachweisen* angegebenen Ausgaben reproduziert. Die Vorlagen wurden überdies mit weiteren Auflagen abgeglichen, die Erzählungen *Der Kadisch vor Col-Nidre in der Altneu-Synagoge* sowie *Der Retter* insbesondere mit der zweiten Auflage der *Sippurim* (Prag: Pascheles und Leipzig: Hunger 1853); gegebenenfalls wurde der sinnvolleren oder moderneren Version gefolgt. Die Zeichensetzung wurde in Einzelfällen behutsam modernisiert, aber nicht standardisiert; ansonsten wurden nur ganz offensichtliche Fehler stillschweigend korrigiert; heute ungewöhnlich oder gar falsch erscheinende Grammatik und Orthographie jedoch generell im Originalzustand belassen. Verschiedene Schreibweisen desselben Wortes (was vor allem bei Begriffen aus dem Jiddischen und Hebräischen vorkommt, da es keine standardisierten Konventionen der deutschen Umschrift des jiddischen oder hebräischen Lautstandes gab) wurden beibehalten.

Die Herausgeber danken Tracy Keogh und Fiona Cummins (Dublin) für ihre Unterstützung bei den Schreib- und Korrekturarbeiten auf sprachlich doppelt fremdem Terrain. Unser Dank gilt weiterhin Till Schicketanz für die professionelle drucktechnische Betreuung dieses Bandes und Dr. Ran HaCohen (Tel Aviv) für seine unschätzbare Hilfe bei der Übersetzung und Erläuterung von zahlreichen hebräischen und jüdisch-deutschen Begriffen.

Abdrucknachweise

Der Kadisch vor Col-Nidre in der Altneu-Synagoge

Abdruck nach: Sippurim, eine Sammlung jüdischer Volkssagen, Erzählungen, Mythen, Chroniken, Denkwürdigkeiten und Biographien berühmter Juden aller Jahrhunderte, insbesondere des Mittelalters. Unter Mitwirkung rühmlichst bekannter Schriftsteller hg. von Wolf Pascheles. Erste Sammlung, 4. Aufl., Prag: Wolf Pascheles, Leipzig: Heinrich Hunger 1870, S. 82–102.

Der Retter. Aus der Mitte des 16. Jahrhunderts

Abdruck nach: Sippurim, eine Sammlung jüdischer Volkssagen, Erzählungen, Mythen, Chroniken, Denkwürdigkeiten und Biographien berühmter Juden aller Jahrhunderte, insbesondere des Mittelalters. Unter Mitwirkung rühmlichst bekannter Schriftsteller hg. von Wolf Pascheles. Erste Sammlung, 4. Aufl., Prag: Wolf Pascheles, Leipzig: Heinrich Hunger 1870, S. 178–224.

Gawriel. Historische Erzählung aus dem dreißigjährigen Kriege

Abdruck nach: Sippurim, eine Sammlung jüdischer Volkssagen, Erzählungen, Mythen, Chroniken, Denkwürdigkeiten und Biographien berühmter Juden aller Jahrhunderte, insbesondere des Mittelalters. Unter Mitwirkung rühmlichst bekannter Schriftsteller hg. von Wolf Pascheles. Dritte Sammlung. Prag: Wolf Pascheles, Leipzig: Heinrich Hunger 1854, S. 5–140.

Salomon Kohns Werke: Auswahlbibliographie

Die Juden in Böhmens Vorzeit. Ankunft derselben in Böhmen / Die Erbauung der Altneu-synagoge in Prag. In: Sippurim [...]. Erste Sammlung. Prag: Pascheles 1848, S. 111–118.
Ein Spiegel der Gegenwart. 3 Bde. Jena: Hermann Costenoble 1875.
Gabriel. Roman, 2 Bde, 2. umgearbeitete Aufl., Jena: Hermann Costenoble 1875.
Die Starken. Historische Erzählung. Breslau: Schottlaender 1878.
Prager Ghettobilder. Leipzig: Reclam o. J. [1884] (Reclams Universal-Bibliothek; 1825/26).
Neue Ghettobilder. Erzählungen. Leipzig: Albert Unflad o. J. [1886].
Ein deutscher Minister. Roman aus dem achtzehnten Jahrhundert. 2 Bde, Cincinnati: The Bloch Publishing and Printing Company o. J. [1886].
Der alte Grenadier. Die fidelen Alten. Zwei Erzählungen. Berlin: Cronbach 1893 (Kollektion Cronbach: Skizzen und Erzählungen aus dem jüdischen Kultur- und Familienleben; 2).
Alte und neue Erzählungen aus dem böhmischen Ghetto. Zürich: Cäsar Schmidt 1896.

Neudrucke und Übersetzungen

Der Kadisch vor Col-Nidre in der Altneu-Synagoge

Erstdruck
Sippurim, eine Sammlung jüdischer Volkssagen, Erzählungen, Mythen, Chroniken, Denk-würdigkeiten und Biographien berühmter Juden aller Jahrhunderte, insbesondere des Mittelalters. Hg. von Wolf Pascheles. Erste Sammlung. Prag: Wolf Pascheles 1847, S. 82–102.

Wiederabdrucke
Deutscher Volks-Kalender auf das Jahr 1859. Insbesondere zum Gebrauch für Israeli-ten. Hg. von Heimann Liebermann. Brieg o. J.
Deborah. Allgemeine Zeitung des amerikanischen Judentums [Cincinnati], Jg 5 (1859/ 60), Nr 7–11.
Ghettosagen, jüdische Mythen und Legenden. Volksausgabe. Hg. von J[akob B.] Brand-eis. Prag: Brandeis 1888, S. 33–56; 2. Aufl., 1889; 3. Aufl., 1909.
Sippurim. Sammlung jüdischer Volkssagen, Erzählungen, Mythen, Chroniken, Denk-würdigkeiten und Biographien berühmter Juden aller Jahrhunderte, besonders des Mittelalters. Zweites Bändchen. Prag: Brandeis o. J. [1895], S. 87–126 (Jüdische Universal-Bibliothek; 11/12).

Jüdische Presse, Jg 41 (1910), Nr 41–46.

Das Volk des Ghetto. Hg. von Artur Landsberger unter Mitwirkung von H[ermann] Blumenthal und J[akob] E[lias] Poritzky. München: Georg Müller 1916, S. 99–131.

Sippurim. Prager Sammlung jüdischer Legenden in neuer Auswahl und Bearbeitung [Hg. von Siegfried Schmitz und Meir Wiener]. Wien, Leipzig: Löwit 1921, S. 44–67 [u. d. T. *Der Kaddisch vor Kolnidre*].

Sippurim ... [Titel wie oben. Hg. von Siegfried Schmitz]. 2. Aufl., Wien, Leipzig: Löwit 1926, S. 115–142 [u. d. T. *Der Kaddisch vor Kolnidre*].

Die Goldene Gasse. Jüdische Sagen und Legenden. Auswahl aus den Sippurim. Hg. von Heinz Politzer. Bilder von Friedrich Feigl. Wien, Jerusalem: Löwit 1937, S. 57–66 [u. d. T. *Kaddisch vor Kolnidre*; Nachdruck: Wiesbaden: Fourier 1996].

Geschichten aus dem alten Prag. Hg. von Peter Demetz. Frankfurt a. M.: Insel 1994, S. 230–264.

Aus dem böhmischen Ghetto. Sagen, Legenden und Erzählungen. Hg. von Alois Hofmann und Renate Heuer. Frankfurt a. M.: Campus 1995 (Campus Judaica; 3), S. 120–124 [Teilabdruck u. d. T. *Ein Kaddischgebet zur Sühne eines Konvertiten*].

Der Dorfgeher. Ghettogeschichten aus Alt-Österreich. Hg. von Günther A. Höfler und Ingrid Spörk. Leipzig: Reclam 1997 (Reclam-Bibliothek; 1581), S. 55–82.

Übersetzungen

Kadisch'en før Col-Nidre. En Fortælling [dän.]. In: Jødiske Noveller. Fortællinger og Folkesagn. Aus dem Deutschen von Asser Daniel Cohen. Kopenhagen: A. F. Høest's Forlag 1861, S. 122–150.

Le kadich avant Kol Nidre à l'Ancienne synagogue Neuve à Prague. Nouvelle [frz.]. Aus dem Deutschen von G[erson] Hesse. In: Archives Israélites (Paris), Jg 12 (1851), S. 514–525.

Ha-Anuss [hebr.]. Aus dem Deutschen von Mordechaj Zewi Zucker. Wien: Faust 1872.

Ha-kadisch lifne kol nidre be-bet ha-knesset ha-jeschana ha-chadascha bi-Prag [hebr.]. Aus dem Deutschen von Samuel Josef Fünn. Wilna: Fünn 1876; 2., verb. Aufl., Wilna: A. Z. Rosenkranz & M. M. Schriftsezer 1895.

Ha-kadisch lifne kol nidre, ssipur mi-jeme ha-benajim [hebr.]. Aus dem Französischen [!] von Salman Ben-Towim. Jerusalem 1900.

Ha-kadisch. Ssipur histori [hebr.]. Aus dem Deutschen von J[osef] J[eremia] Glass. In: Ha-Jehudi (London), Jg 4 (1900/01).

Ha-kadisch lifne kol nidre, miwchar ssipurim [hebr.]. Aus dem Deutschen von Awi'esri Wolf. Bne Brak: Nezach 1980, S. 5–37.

Il Kadisc avanti Kol Nidre [ital.]. In: Corriere Israelitico (Triest), Jg 20 (1881).

Kadisch nach a lebendigen [jidd.]. Aus dem Deutschen von Jizchak Elieser Leiserowitsch. Petrograd o.J. [1917].

Sipurim, eine Sammlung jüdischer Volkssagen, Mythen, Legenden, Chroniken, Denkwürdigkeiten und Biographien berühmter Juden aller Jahrhunderte, insbesondere des Mittelalters. Unter Mitwirkung rühmlichst bekannter Schriftsteller hg. von Wolf Pascheles [jüd.-dt.; drei Sammlungen Deutsch in hebräischen Lettern]. Erste Sammlung. Prag: Pascheles 1858, S. 77–97.

Der Retter. Aus der Mitte des 16. Jahrhunderts

Erstdruck

Sippurim, eine Sammlung jüdischer Volkssagen, Erzählungen, Mythen, Chroniken, Denkwürdigkeiten und Biographien berühmter Juden aller Jahrhunderte, insbesondere des

Mittelalters. Hg. von Wolf Pascheles. Erste Sammlung. Prag: Wolf Pascheles 1847, S. 178–224.

Wiederabdrucke
Deutscher Volks-Kalender und Jahrbuch auf das Jahr 1857 und 1858. Insbesondere zum Gebrauch für Israeliten. Hg. von Heimann Liebermann. Brieg o. J.
Ghettosagen, jüdische Mythen und Legenden. Volksausgabe. Hg. von J[akob B.] Brandeis. Prag: Brandeis 1888, S. 64–121; 2. Aufl., 1889, 3. Aufl., 1909.
Sippurim. Sammlung jüdischer Volkssagen, Erzählungen, Mythen, Chroniken, Denkwürdigkeiten und Biographien berühmter Juden aller Jahrhunderte, besonders des Mittelalters. Drittes Bändchen. Prag: Brandeis o. J. [1896] (Jüdische Universal-Bibliothek; 25/26), S. 37–131.
Jüdische Presse, Jg 42 (1911), Nr 26–36.

Übersetzungen
Redningsmanden. En Fortœlling fra Midten af det 16de Aarhundrede [dän.]. In: Jødiske Noveller. Fortœllinger og Folkesagn. Aus dem Deutschen von Asser Daniel Cohen. Kopenhagen: A. F. Høest's Forlag 1861, S. 151–217.
The deliverer [engl.]. In: Jewish Legends of the Middle Ages. Hg. von Claud Field. London: Mazin 1912, S. 121–140.
Ha-pode we-ha-mazil [hebr.]. Aus dem Deutschen von Eliezer Jizhak Spira. Warschau 1866; weitere Ausgaben: Warschau: Schuldberg 1892; 1909; Warschau: Haschchar 1912.
Ha-pode we-ha-mazil [hebr.]. Aus dem Deutschen von Mordechai S. Zucker. Wien 1872.
Ha-pode we-ha-mazil [hebr.]. Aus dem Deutschen von Sebi Barmeir. Tel Aviv 1947.
Rewach we-hazala [hebr.]. Aus dem Deutschen von Awi'esri Wolf. Bne Brak: Nezach 1980.
Il Salvatore. Racconto de secolo XVI [ital.]. In: Corriere Israelitico (Triest), Jg 3 (1864), S. 131–134, 165–169, 196–199, 257–260, 291–294, 328–331, 358–361; Jg 4 (1865), S. 32–34, 93–98.
Ein verzweifelter moment [jidd.]. Warschau: Jakobson M. Goldberg 1932.
Momenten fon ferzweiflung [jidd.]. Aus dem Deutschen von Menachem Mendel. Jerusalem 1976.
Di lezte minut [jidd.]. Aus dem Deutschen von Menachem Mendel. Jerusalem 1994.
Sipurim, eine Sammlung jüdischer Volkssagen, Mythen, Legenden, Chroniken, Denkwürdigkeiten und Biographien berühmter Juden aller Jahrhunderte, insbesondere des Mittelalters. Unter Mitwirkung rühmlichst bekannter Schriftsteller hg. von Wolf Pascheles [jüd.-dt., drei Sammlungen Deutsch in hebräischen Lettern]. Erste Sammlung. Prag: Pascheles 1858, S. 172–224.
Zachránce. Povídka z polovice 16. stol [tschech.]. Vydává židovská matice školská v Praze 1928 (Židovská knihovnica, 1).

Gawriel. Historische Erzählung aus dem dreißigjährigen Kriege.

Erstdruck
Sippurim, eine Sammlung jüdischer Volkssagen, Erzählungen, Mythen, Chroniken, Denkwürdigkeiten und Biographien berühmter Juden aller Jahrhunderte, insbesondere des Mittelalters. Hg. von Wolf Pascheles. Dritte Sammlung. Prag: Wolf Pascheles 1853, S. 5–140.

Wiederabdrucke

Gawriel. Roman. Separatausgabe. Historische Erzählung aus dem dreißigjährigen Kriege. Prag: Wolf Pascheles 1853.

Deborah. Allgemeine Zeitung des amerikanischen Judentums [Cincinnati], Jg 1 (1855/56), Nr 1–26.

Deutscher Volks-Kalender und Jahrbuch auf das Jahr 1863 und 1864. Insbesondere zum Gebrauch für Israeliten. Hg. von Heimann Liebermann. Brieg o. J.

Gabriel. Roman. 2., umgearbeitete Aufl., 2 Bde. Jena: Hermann Costenoble 1875.

Sippurim. Sammlung jüdischer Volkssagen, Erzählungen, Mythen, Chroniken, Denkwürdigkeiten und Biographien berühmter Juden aller Jahrhunderte, besonders des Mittelalters. Siebentes Bändchen. Prag: Brandeis o. J. [1897] (Jüdische Universal-Bibliothek; 57–60), S. 15–266.

Die unheimliche Stadt. Ein Prag-Lesebuch. Hg. von Helmut G. Haasis. München: Piper 1992, S. 217–227 [Anfangsszene].

Bearbeitung

Karl Walde: Gabriel. Ein dramatisches Gedicht in fünf Akten. Mit freier Benutzung des gleichnamigen Romans von Salomon Kohn. Wien: M. Breitenstein 1907.

Übersetzungen

Gabriel, a Story of the Jews in Prague [engl.]. Aus dem Deutschen von Artur Millmann. Leipzig: Tauchnitz 1870 (B. Tauchnitz Edition; 14).

Gawri'el, ssipur me-et milchemet schloschim ha-schana [hebr.]. Aus dem Deutschen von Israel Dov Frumkin. In: Chawazelet (Jerusalem), Jg 6 (1874).

Gawri'el, ssipur me-et milchemet schloschim ha-schana [hebr.]. Aus dem Deutschen von Israel Dov Frumkin. Jerusalem: Chawazelet 1875; 2. Aufl., 1899.

Roni pelet, ssipur jessodato be-korot milchemet schloschim ha-schana [hebr.]. Aus dem Deutschen von E[lasar] D[avid] Finkel. Warschau 1891.

Gabriele. Racconto storico [ital.]. In: Corriere Israelitico (Triest), Jg 6 (1867) – Jg 9 (1870).

General Gabriel. Historische erzelung fun jidischen leben in mittel-alter [jidd.]. Aus dem Deutschen von Elieser Lipman Perl. Warschau 1928.

Sipurim, eine Sammlung jüdischer Volkssagen, Mythen, Legenden, Chroniken, Denkwürdigkeiten und Biographien berühmter Juden aller Jahrhunderte, insbesondere des Mittelalters. Unter Mitwirkung rühmlichst bekannter Schriftsteller hg. von Wolf Pascheles [jüd.-dt., drei Sammlungen Deutsch in hebräischen Lettern]. Zweite Sammlung, Prag: Pascheles 1860, S. 17–150.

Gabriel. Een Roman [niederl.]. Aus dem Deutschen von Cornélie van Riet. Amsterdam: Gebroders Kraay 1876.

Gabriel [rumän.]. Aus dem Deutschen von M[oses] Schwarzfeld. In: Egalitatea (Bukarest), Jg 5 (1890), Nr 21 – Jg 6 (1891), Nr 38.

Worterklärungen und historische Erläuterungen

1   *Chosid*] Gewöhnlicher: Chassid, hier: Frommer.
    Versöhnungstag] Jom Kippur, höchster Festtag des jüdischen Kalenders; Höhepunkt der zehn Bußtage. Jom Kippur gilt als eine Vorwegnahme des göttlichen Gerichts, er wird daher als strenger Fasttag begangen, an dem die Gläubigen in weiße Kleider (als Symbol für die Sterbekleider) gehüllt in der Synagoge Rechenschaft über ihre Sünden ablegen.

4   *Raf*] Hier: Rabbiner.
    Spr. Sal. Cap. 18] Sprüche 18, Vers 21: »Tod und Leben sind in der Gewalt der Zunge, und wer mit Liebe auf sie achtet, kann ihre Frucht genießen.«
    schneeigen Sterbekleider] Nach der jüdischen Tradition wird die Farbe Weiß mit den Begriffen Versöhnung, Reinheit und Vergänglichkeit (des Lebens) assoziiert, daher werden vor allem aschkenasische Juden in weißen, kittelähnlichen Kleidern begraben.

5   *kleinen jüdischen Zeitrechnung*] Die jüdische Jahreszahl wird selten vollständig geschrieben, d. h. statt 5763 für das Jahr 2003 schreibt man meist nur 763. Dies wird angegeben durch eine entsprechende Abkürzung, die ausgeschrieben ungefähr heißt: »zum kleinen Detail«. Davon abgeleitet wurde der Begriff »kleine Zeitrechnung«.
    Wir werden nächstens die Erzählung des Hergangs liefern] Ankündigung an die *Sippurim*-Leser, die von Kohn jedoch nicht eingelöst wurde.

6   *Ezechiel, Cap. 33*] Kompilation aus den Versen 8–14.
    Talm. Berachoth, Fol 7. a] Zitat aus dem babylonischen Talmud; zu ergänzen ist Traktat, nämlich Berachoth, danach das Blatt, hier in der Abkürzung Fol. für Folium und dann die Seite, d. h. »a« für die Vorder- und »b« für die Rückseite.

13 *jagellonischen Hauses der französische Heinrich von Anjou*] Jagello, Großfürst von Litauen, bestieg nach seiner Heirat mit der polnischen Königin Hedwig (poln. Jadwiga) 1386 auch den polnischen Thron und begründete damit die Dynastie, die Polen und Litauen bis 1572 regierte. Mit dem Tod des Königs / Großfürsten Sigismund II. August starb die männliche Linie der Jagellonen aus. Die in der Union von Lublin (1569) getroffenen Regelungen sahen die Wahl eines neuen gemeinsamen Herrschers durch den Adel vor. Die Wahl fiel auf Heinrich III. (1551–1589), Bruder Karls IX. von Frankreich, der 1572–74 König von Polen war. Er entsagte nach dem Tode seines Bruders der polnischen Krone und wurde Nachfolger Karls auf dem französischen Thron.
    Maximilian der Zweite] (1527–1576), seit 1564 Kaiser des Heiligen Römischen Reiches.
    Stephan Bathori] (1533–1586), seit 1571 Fürst von Siebenbürgen. Wurde am 1. Mai 1576 in Krakau zum König von Polen gekrönt und setzte im folgenden Jahr seinen Titel gegen die Parteigänger Maximilians durch.

15 *Isak Solan*] Der jüdische Name enthält eine mögliche Anspielung auf den Grafen Isolani, einen bekannten Feldherrn des Dreißigjährigen Krieges. Giovan Lodovico Freiherr von Isolani (1580–1640) rühmte sich adliger Vorfahren aus Zypern, doch seine Herkunft blieb ungewiß. Sein Name wird erstmals erwähnt im Jahre 1601 im ungarischen Krieg gegen die Türken. Ab 1625 ist er in Wallensteins Armee beurkundet; später nimmt er auf Kaiserlicher Seite an den wichtigsten Schlachten des Dreißigjährigen Krieges teil, sein Titel ist »Oberster Kommandant alles kaiserlichen Kriegsvolks zu Roß Kroatischer Nation und leichter Pferde«. Die Kroatischen Reiter waren als besonders brutale Söldner gefürchtet. 1634 wurde Isolani in den Reichsgrafenstand erhoben.

17   *abgestorben*] Das Kadisch-Gebet ist das jüdische Totengebet; das Verb abgestorben bezieht sich auf die Lehrmeinung, daß ein dem Judentume Abtrünniger (Anuss) als verstorben gilt.

19   *Sturm von Ofen*] Ofen = alter (deutscher) Name von Buda, des rechtsufrigen Teils der heutigen ungarischen Hauptstadt Budapest. Ofen wurde 1541 vom türkischen Sultan Suleiman II. erobert. 1593 brach der Türkenkrieg an der Balkanfront erneut aus.

      Kaiser Ferdinand] Ferdinand II. (1578–1637), seit 1619 Kaiser des Heiligen Römischen Reiches. Isak Solans Selbstdarstellung als »Feldherr der Kroaten, Panduren und der gesamten ungarischen Reiterei« erinnert an den Titel des Grafen Isolani (siehe Anm. zu S. 15, Isak Solan).

      Tilli] Johann Tserclaes, Graf von Tilly (1559–1632), Oberbefehlshaber der Armeen der Katholischen Liga, löste nach dem Reichstag von Regensburg Wallenstein als Kaiserlicher Oberbefehlshaber ab.

      Wallenstein] Albrecht Wenzel Eusebius von Wallenstein, Herzog von Friedland (1583–1634), Kaiserlicher Feldherr im Dreißigjährigen Krieg.

      Reichstag zu Regensburg] Juli/August 1630. Am 13. August 1630 wurde Wallenstein als oberster Kaiserlicher Feldherr entlassen.

      Pappenheim] Gottfried Heinrich zu Pappenheim (1594–1632), Reiterkommandant der Katholischen Liga unter Tillys Oberbefehl.

      Friedland] Wallenstein, der seit 1624 auch den Titel eines Fürsten, später eines Herzogs von Friedland führte. Nach dem schwedischen Sieg über Tilly erhielt Wallenstein im April 1632 erneut den Oberbefehl über die Kaiserlichen Truppen.

21   *Schuldiener*] Schul = Synagoge.

22   *Mordechai Zemach*] Eigentlich Mordechai Kohen, auch Zemach genannt, bekanntestes Mitglied der Druckerdynastie der Gersoniden, die seit Anfang des 16. Jahrhunderts in Prag nachweisbar ist und dort die älteste hebräische Buchdruckerei begründet hat. Mordechai druckte in den Jahren zwischen 1529 und 1587, zuerst mit seinem Vater Gerson ben Samuel Kohen, später mit seinen Söhnen und Enkeln. Er starb im Jahre 1592.

24   *Aeolsharfe*] Windharfe, Geisterharfe; nach Äolus (Aiolos), dem griechischen Gott der Winde.

25   *Talesbeutel*] Beutel für den Tallit (hebr. Gebetsmantel), ein weißer Umhang mit blauen oder schwarzen Streifen, der von männlichen Juden beim Gebet getragen wird; an den vier Enden des Tallit sind Zizit (hebr. Schaufäden) angebracht.

26   *Barches*] Bezeichnung für das in der jüdischen Familie gebräuchliche Weizengebäck von länglicher, geflochtener Form, das vor allem an Sabbat- und Festtagen für den sogenannten Kiddusch, d. h. die Heiligung des Festtages mit einem Becher Wein, verwendet wird.

32   *Edict des Königs*] Ferdinand I. (1503–1564), seit 1526 König von Böhmen und Ungarn, seit 1558 Kaiser des Heiligen Römischen Reiches. Obwohl Ferdinand bemüht war, die Lage der Juden in Böhmen nicht weiter zu verschlechtern, kam es auch unter seiner Herrschaft zu einer Reihe von Ausweisungen, darunter aus den Städten Leitmeritz, Saaz, Kolin, Kuttenberg und aus Prag. Vor allem auf Druck der Stände verordnete Ferdinand im Frühjahr 1541 die Ausweisung aller Juden, die sich nicht innerhalb einer Frist taufen lassen würden, aus Böhmen. Im Januar 1542 beschloß der Landtag, daß die Juden von den Ständen in Böhmen weder geduldet noch aufgenommen werden sollten. Erst 1544 konnten die Juden wieder nach Böhmen zurückkehren.

35   *Raf*] Siehe Anm. zu S. 4.

36 *Seder*] Hebr.: Ordnung. Bezeichnung für den häuslichen Familiengottesdienst, der an den beiden ersten Abenden des Pessachfestes nach einer streng vorgeschriebenen Ordnung sowie mit besonderen Speisen stattfindet und an den Auszug der Israeliten aus Ägypten erinnern soll.

Schultracht] Siehe Anm. zu S. 25: Talesbeutel.

Hagada] Eigentlich Hagada schel Pessach. Die Hagada ist die Erzählung vom Auszug aus Ägypten, wie sie am Sederabend im familiären Kreis vorgetragen wird.

der Jüngste im Hause] Die Kinder des Hauses, und dabei vor allem der jüngste Sohn, sollen durch die Erzählung sowie durch die besonderen Speisen zu Fragen angeregt werden; diese Fragen werden dann mit der Erzählung vom Auszuge aus Ägypten beantwortet.

37 *Mizrajim*] Hebr.: Ägypten.

Herausgeber des Werkes »Zemach David«] David ben Salomo Gans (1541–1613) jüdischer Chronist, Schüler von Rabbi Löw. Betrieb in Prag auch astronomische Studien und stand in ständigem Kontakt zu Kepler und Tycho de Brahe. Verfasser der Chronik *Zemach David* (1592), die in zahlreichen Ausgaben erschien und auch mehrfach übersetzt wurde. Die kompilatorisch ausgerichtete Arbeit stellt in zwei Teilen die Persönlichkeiten und Ereignisse der jüdischen und der allgemeinen Geschichte von den Urzeiten bis 1592 dar.

40 *Utraquisten ... Kelchner*] Utraquisten bezeichnet die Anhänger einer gemäßigten Richtung der Hussiten, die das Abendmahl »sub utraque specie«, d. h. in beiderlei Gestalt empfangen. Diese Auffassung schloß die Forderung nach dem Laienkelch (also dem Empfang des Weines durch die gesamte Gemeinde) mit ein. Der Kelch wurde zum Wahrzeichen der hussitischen Bewegung. Die Begriffe Utraquisten und Kelchner werden hier wie bei Schiller (*Geschichte des Dreissigjährigen Kriegs*) im allgemeinen Sinne für Mitglieder der »Böhmischen Konfession« oder »Böhmische Protestanten« verwendet.

45 *Traktat Psachim*] Eigentlich Pesachim, talmudisches Traktat, das die Vorschriften für Pessach enthält.

48 *die große Anzahl deutscher Auswanderer*] Im Zuge der restriktiven, z. T. offen antijüdischen Gesetzgebung der Restaurationsepoche bzw. der Metternich-Ära sowie der gescheiterten Revolution von 1848 kam es zu einer großen, über Jahrzehnte andauernden Welle jüdischer Auswanderer. Bevorzugtes Ziel dieser Emigranten bildete Amerika, wo die gesetzlichen Hindernisse (etwa berufliche, politische oder gesellschaftliche Restriktionen) für die jüdische Bevölkerung bereits Anfang des 19. Jahrhunderts gefallen waren.

51 *küßte der Raf die Pfosten des Gotteshauses*] An den Eingängen der jüdischen Häuser, Höfe und Wohnungen soll nach halachischer Auffassung eine Mesusa (hebr.: Türpfosten) angebracht sein. Bezeichnet wird damit eine Türpfosteninschrift, die auf einer in einem Metall- oder Glaszylinder eingeschlossenen Pergamentrolle Abschnitte aus der Tora enthält. Sie zu beherzigen, daran soll die Inschrift mahnen.

54 *Kammerknecht*] Anspielung auf den Rechtsstatus der Juden im Heiligen Römischen Reich, die seit dem 13. Jahrhundert als »servi camerae«, also als der Kaiserlichen Finanzkammer direkt Unterstellte galten – mit allen Rechten (kaiserlicher Schutz) und Pflichten (Abgaben), die dies nach sich zog.

55 *Mizrajim*] Vgl. Anm. zu S. 37.

56 *Tischbite*] Synonym für den Propheten Elias.

57 *der neugewählte Papst*] Pius IV., vgl. die Bemerkungen im Text S. 59, Fußnote.

66   *Reb Lippmann Heller*] Jomtow Lipmann Heller, Rabbiner (1579–1654), wurde
      bereits mit 18 Jahren in Prag zum Rabbinatsassessor ernannt. Nach Rabbinerstel-
      len in Nikolsburg und Wien, wurde er 1627 Oberrabbiner in Prag. Infolge des
      Dreißigjährigen Krieges mußten die jüdischen Gemeinden Böhmens eine hohe
      Kriegssteuer zahlen. Heller, Vorsitzender der Kommission, die für das Aufbringen
      der Gelder verantwortlich war, wurde denunziert, die Reichen bei der Steuervertei-
      lung verschont und außerdem das Christentum in seinen Werken verunglimpft zu
      haben. Nach längerer Haftzeit wurde er schließlich gegen eine hohe Geldstrafe
      und den Verlust seines Amtes wieder auf freien Fuß gesetzt.

68   *Höckler und Höcklerinnen*] Im 19. Jahrhundert gebräuchlich für sogenannte Klein-
      verkäufer, die etwas verhökern.

71   *sechshundert dreizehn Gesetze*] Eigentlich 613 Gebote und Verbote der Tora.
      Nach einer alten Tradition beginnt ein bekannter Ausspruch in der Hagada, der
      die große Zahl der biblischen Gebote durch David und die Propheten auf einen
      immer kürzeren, religiös-ethischen Ausdruck bringen läßt, mit den Worten: »613
      Gebote sind dem Mose geoffenbart worden, 365 Verbote, gleich der Anzahl der
      Tage des Sonnenjahres, und 248 Gebote, gleich der Anzahl der Glieder des
      menschlichen Körpers.«

72   *Bußtage*] Unter den zehn Bußtagen versteht man die Zeit vom 1. bis 10. Tischri,
      d. h. vom Neujahrsfest (Rosch haschana) bis zum Versöhnungsfest (Jom Kippur).
      Sie sind, wie das Neujahrs- und Versöhnungsfest selbst, zur Buße bestimmt.

73   *Königs Chiskia*] Auch: Hiskija, König von Juda, regierte 29 Jahre, etwa von 725–
      695 v. d. Z. Obwohl Hiskija nach der biblischen Überlieferung eher als unbedeuten-
      der Herrscher galt, ist seine Regierungszeit für die Geschichte Judas und die jüdi-
      sche Religion von großer Bedeutung. Durch Zahlung großer Tribute erreichte er den
      Abzug der Belagerer von Jerusalem. Als auf diese Weise die Prophezeiung Jesajas
      von der Befreiung Jerusalems eintraf, bekannte sich der König zum Monotheismus
      und reinigte den Tempel von allem Heidnischen. Vor allem diese Maßnahmen er-
      klären seine Beliebtheit und seinen Ruf als frommster König seit Salomon.
      Talmud Traktat Berach. 10, a] Siehe Anm. zu S. 6. Es handelt sich ebenfalls um
      das Traktat Berachoth, zu ergänzen wäre hier Fol. bzw. »Blatt«.
      Exodus Cap. 34, Vers 6–8] Hier Vers 7.
      Talmud Trakt. Berach 32, b und Bowo. Mez. 59, a.] Siehe oben; bei der zweiten
      Angabe handelt es sich um das Traktat *Baba Mezia* (Bowo ist die aschkenasische
      Aussprache).
      Genesis Cap. 5, Vers 20] Wahrscheinlich ein Druckfehler; die Fundstelle ist
      Genesis, Kap. 8, Vers 21.
      Ezechiel Cap. 33] Hier Vers 11.

74   *Mis-mor Schir le Jom haschabbos*] Eigentlich: Mismor; hebr.: Gesang zum Sabbat.

75   *Chazos*] Auch Chazot (hebr.: Mitternacht) im Sinne von: Gottesdienst zur Mit-
      ternacht. Wurde Anfang des 16. Jahrhunderts von kabbalistischen Kreisen zum
      Zweck der Klage über die Zerstörung des Tempels in Jerusalem eingeführt. Für
      Chazot gibt es besondere Gebetssammlungen mit Stücken aus dem deutschen,
      spanischen und römischen Ritus, allerdings auch eigens für diesen Gottesdienst
      verfaßte Pijutim (Poesien), die z. T. auch kabbalistische Inhalte umfassen.

76   *Mannsfeld*] (Peter) Ernst Graf von Mansfeld (1580–1626), illegitimer Sohn von
      Peter Ernst Fürst von Mansfeld, dem luxemburgischen Garnisonskommandanten
      in spanisch-habsburgischen Diensten. Graf Mannsfeld trat der Habsburgischen
      Armee bei, konnte wegen des Stigmas seiner Geburt aber keinen festen Fuß in
      den Diensten der Katholiken fassen. Beim Ausbruch des Dreißigjährigen Krieges

war er Feldherr der Protestantischen Union und Hauptgegner Tillys und der Katholischen Liga.

Churfürst Maximilian] Herzog Maximilian I. von Bayern (1573–1651), Gründer und Führer der Katholischen Liga. Im Westfälischen Frieden 1648 wurden der Gewinn der Oberpfalz und die Kurwürde bestätigt, die ihm nach der Niederlage des Pfalzgrafen, des Führers der Protestantischen Liga und Böhmischen ›Winterkönigs‹ Friedrich in der Schlacht am Weißen Berg am 8. November 1620 zugefallen war.

Tilly] Siehe Anm. zu S. 19.

Boucquoi] Charles Bonaventure de Longueval Graf von Bouquoy (1571–1621), begann seine militärische Laufbahn in den spanischen Niederlanden, war ab 1618 Kaiserlicher Kommandeur im Böhmischen Krieg

Christian von Anhalt] Christian I., Fürst von Anhalt-Bernburg (1568–1630), Mitbegründer und Feldherr der Protestantischen Union. Statthalter der Oberpfalz und Mitarchitekt der Protestantischen Union. Engster Berater Friedrichs V. von der Pfalz (siehe unten Anm. zu S. 95).

Jeschiwo] Talmudschule.

Thurn] Franz Bernhard Graf von Thurn (1595–1628), Sohn des militärischen Führers des protestantischen böhmischen Adels, Heinrich Matthias Graf von Thurn (1567–1640). Franz Bernhard nahm an der Schlacht am Weißen Berg am 8. November 1620 teil, schloß sich aber nach der böhmischen Niederlage mit seinen Regimentern den Siegern an.

Helene von Wackenfels] Biographisch nicht zu ermitteln.

Eva von Lobkowitz] Gelehrte, vermutlich Ehefrau des Grafen Georg Friedrich von Hohenlohe (siehe unten, Anm. zu S. 96).

Katharina Albertin] Bekannte böhmische Gelehrte, lebte in der ersten Hälfte des 17. Jahrhunderts in Prag, bekannt u. a. für ihre fundierten Kenntnisse der antiken Sprachen.

Elisabeth Westonia] Johanna Elisabeth von Weston (1582–1612), geboren in England, lebte am Prager Hof, bekannt für ihre fundierten Sprachkenntnisse, unterhielt zahlreiche Briefwechsel mit den bedeutenden Humanisten ihrer Zeit, genoß auch selbst als Dichterin und Komponistin große Achtung.

Rabbi Löw] Eigentlich: Löwe Juda ben Bezalel, der Hohe Rabbi Löw, im jüdischen Schrifttum auch Maharal von Prag (um 1520–1609) genannt. Seit 1573 Rabbiner in Prag; zu seinen bedeutenden Leistungen zählt die Organisation der bereits 1564 begründeten Prager Chewra kadischa sowie die Gründung eines Mischna-Lehrhauses. 1592 wurde er von Kaiser Rudolph II. in einer Audienz empfangen, über deren Inhalt nichts bekannt wurde. Die Behauptungen, er betriebe kabbalistische Studien im Zuge derer er auch versucht habe, einen Golem (künstlichen Menschen) zu erschaffen, gehören ins Reich der zahlreichen Legenden um und über diesen bekanntesten aller Prager Rabbiner.

77 *Makkabäer*] Ursprünglich in der Form Makkabi Beiname des Hasmonäers Juda, der dann auf seine Brüder und Mitkämpfer, später auch auf die gesamte hasmonäische Dynastie übertragen wurde. Die Mitglieder dieser Dynastie erhoben zunächst den Kampf für die Freiheit der Religionsausübung, d. h. des jüdischen Gesetzes zu ihrem wichtigsten Ziel, das sich später erweiterte zu einem Kampf gegen jede Art von Fremdherrschaft. Die Makkabäer haben vier literarischen Erzeugnissen, die zu den apokryphen Büchern der Bibel gehören, und in denen die Geschichte ihrer Herrschaft (ca. 166 v. d. Z. – 44 n. d. Z.) dargestellt ist, den Namen gegeben. In der historischen Tradition des Judentums leben die Makkabäer als die Befreier des jüdischen Volkes fort, und das Fest der Befreiung von der Unterdrückung durch die Syrer, Chanukka, wird bis heute vielfach Makkabäerfest genannt.

78   *die Geschichte, wie unsere Glaubensgenossen einst ruchlos in der Altneuschul*
      hingeschlachtet wurden] 1389 kam es zu einem Pogrom gegen die Prager Juden,
      die sich, um ihren Verfolgern zu entgehen, in die Altneuschul flüchteten, jedoch
      auch dort niedergemacht wurden. Der Kabbalist Avigdor Kara, Augenzeuge der
      blutigen Ereignisse, verfaßte später eine Selicha über das Massaker »Et kol ha-
      tela'a« (hebr.: Und all das Unglück).
      Chazos] Vgl. oben, Anm. zu S. 75.
79   *der faule Wenzel*] Wenzel IV. (1361–1419), König von Böhmen, Sohn Kaiser
      Karls IV. Wenzel wurde von den böhmischen Magnaten und von seinem jüngeren
      Halbbruder, dem späteren Kaiser Sigismund, mehrmals gefangengesetzt; er muß-
      te einen Teil seiner Macht an die Ständeversammlung und den Reichsrat abtreten
      und trug so zur Entwicklung Böhmens zur Adelsrepublik mit Wahlkönigtum bei.
      In seine Regierungszeit fällt das Auftreten des Reformers Johann Hus, der 1415
      als Ketzer exekutiert wurde. Wenzel galt als untätiger Regent, der in seinen späte-
      ren Lebensjahren dem Alkohol ergeben gewesen sein soll.
81   *Vers des Psalmisten*] Hier Psalm 23, Vers 4.
84   *Kidusch*] Hebr.: Heiligung, d. h. Weihe des Sabbats oder Festtages bei einem
      Becher Wein im familiären Kreis oder in der Synagoge gesprochen.
      Pirke Aboth. Cap. 3] Hebr.: Sprüche der Väter; Bezeichnung für ein Mischna-
      traktat am Ende der Ordnung Nesikin, bestand ursprünglich aus fünf Kapiteln, zu
      denen später ein sechstes hinzugefügt wurde. Der Name Awot / Abot (Väter)
      rührt daher, daß in den ersten vier Kapiteln ethische Lebensregeln der hervorra-
      gendsten Weisen (Väter) des jüdischen Volkes enthalten sind. Von den Spruch-
      sammlungen des Judentums sind die Pirke Awot die beliebtesten und volkstüm-
      lichsten geworden.
86   *Dajan*] Hebr.: Richter. Im Volksmund Bezeichnung des Rabbinatsassessors.
      Klausrabbiner] Unter Klaus ist eine Art Lehrhaus (Bet hamidrasch) zu verstehen,
      erhalten von einer oder mehreren Stiftungen, in welchem fromme Personen ihr
      ganzes Leben dem Talmudstudium widmen können. Die Klaus dient oft auch als
      Synagoge, ein Umstand, der in der historischen Kontinuität des Judentums be-
      gründet ist, denn schon in talmudischer Zeit beteten viele Gelehrte nur dort, wo
      sie ihren Studien oblagen. Zu geschichtlicher Bedeutung gelangte die Klaus so-
      wohl durch ihre Gründer als auch durch die Klausrabbiner, die an ihnen wirkten.
87   *der hohe Rabbi Löw*] Siehe Anm. zu S. 76.
88   *Psalmen Cap. 133*] Hier Vers 1.
91   *Jesaias, Cap. 56, Vers 3*] Tatsächlich Verse 4 und 5.
92   *Thoro*] Tora.
93   *kleine Zeitrechnung*] Siehe Anm. zu S. 5.
94   *Schiurstube*] Hebr.: Maß. Bedeutet in diesem Kontext entweder die für den Un-
      terricht oder das gemeinsame Studium, hier vor allem die Talmudvorträge, fest-
      gesetzte Zeit und / oder der regelmäßig stattfindende Talmudkurs bzw. die Räum-
      lichkeiten, in denen er abgehalten wird.
      Klause] Siehe Anm. zu S. 86: Klausrabbiner.
      Graf Gottfried von Pappenheim] Gottfried Heinrich Graf zu Pappenheim (1594–
      1632), General der Katholischen Liga, starb in der Entscheidungsschlacht von
      Lützen zwischen Wallenstein und Gustav Adolf, in der auch der Schwedenkönig
      tödlich verwundet wurde. »Auf seiner Stirne erblickte man zwey rothe Striemen,
      Schwertern ähnlich, womit die Natur schon bey der Geburt ihn gezeichnet hatte.
      Auch in spätern Jahren erschienen diese Flecken, so oft eine Leidenschaft sein
      Blut in Bewegung brachte, und der Aberglaube überredete sich leicht, daß der

künftige Beruf des Mannes schon auf der Stirne des Kindes angedeutet sey.« (Friedrich Schiller: *Geschichte des Dreissigjährigen Kriegs*. In: Friedrich Schiller: Werke, Nationalausgabe. Bd 18: Historische Schriften, 2. Teil. Hg. von Karl-Heinz Hahn. Weimar: Böhlau, 1976, S. 276).

95   *Herr Smil von Michalowitz*] Eigentlich: Bohuslav Ritter von Michalowicz, königlicher Beamter, während des böhmischen Aufstandes namhaftes Mitglied der Prager Direktorialregierung, von König Friedrich zum Burggrafen von Königgrätz ernannt; nach der Niederlage der Böhmen zum Tode verurteilt und im Juni 1621 in Prag hingerichtet.

Friedrich] Kurfürst Friedrich V. von der Pfalz (1596–1632), Oberhaupt der Protestantischen Union, des 1608 gegründeten Zusammenschlusses protestantischer Fürsten hauptsächlich Mitteldeutschlands. Friedrich wurde im August 1619 von den böhmischen Ständen zum König gewählt. Mußte nach der Niederlage am Weißen Berg 1620 abdanken. Verlor später auch seine Kurwürde und die Oberpfalz an Herzog Maximilian von Bayern.

Kaiser] Ferdinand II. (1578–1637), seit 1619 Kaiser des Heiligen Römischen Reiches.

die Liga] Katholische Gegengründung zur Protestantischen Union (Juli 1609) unter der Führung Herzog Maximilians von Bayern.

96   *Hohenlohe*] Graf Georg Friedrich von Hohenlohe (1569–1645), protestantischer Heerführer, kämpfte zunächst in den Niederlanden gegen die Spanier, Parteigänger des Herzogs von Braunschweig, später des Kurfürsten Friedrich und entsetzte im Verlauf der böhmischen Kriege die Stadt Tabor. Kämpfte auf böhmischer Seite in der Schlacht am Weißen Berg, später in Diensten des schwedischen Königs.

Mathias Thurn] Heinrich Matthias Graf von Thurn (1567–1640), militärisches Oberhaupt des protestantischen böhmischen Adels, stand an der Spitze der Verschwörer, die am 23. Mai 1618 die Kaiserlichen Statthalter aus dem Fenster der Prager Burg stürzten und damit den Dreißigjährigen Krieg auslösten. Kämpfte in der Schlacht am Weißen Berg unter Christian von Anhalt. Nach der Niederlage zum Tode verurteilt, nach der Gefangennahme durch Wallenstein jedoch begnadigt.

Union] Protestantische Union, Zusammenschluß lutherischer und calvinistischer Fürsten, unter Friedrichs V. Führung am 11. Mai 1608 gegründet.

dieses Pfalzgrafen] Friedrich V. von der Pfalz (siehe Anm. zu S. 95).

97   *Abraham Schulz*] Hofprediger Friedrichs; biographische Daten nicht zu ermitteln.

Wilhelm Raupowa] Ruppau (oder Ruppa, Raupa), Wenzel Wilhelm (Václav Vilém z Raoupova) (1580–1641), Politiker, Haupt der ständischen Opposition in Böhmen, Präsident des ständischen Direktoriums, Oberstkanzler des Königreichs Böhmen; nach der Niederschlagung des böhmischen Aufstandes im November Flucht nach Berlin, 1628 von Kaiser Ferdinand II. begnadigt.

98   *Waldstein*] Wallenstein.

99   *Johann von Bubna*] Offizier, Generalwachmeister im böhmischen Heer; weitere biographische Daten nicht zu ermitteln.

Graf Schlick] Graf Joachim Andreas von Schlick (1569–1621), einflußreicher Sprecher der ständischen Opposition während der Auseinandersetzungen mit den Habsburgern. Von König Friedrich zum Oberstlandrichter von Böhmen und Landvogt in der Oberlausitz ernannt. Nach der Schlacht am Weißen Berg zum Tode verurteilt und in Prag hingerichtet.

die bekannte Katastrophe] Das als Prager Fenstersturz bekannte Ereignis vom Mai 1618, das den Dreißigjährigen Krieg auslöste.

100   *Heinrich Schlick*] Vetter des am 21. Juni 1621 hingerichteten Führers der protestantischen Stände Graf Joachim Andreas von Schlick. War beim sogenannten

Prager Fenstersturz am 23. Mai 1618 persönlich anwesend. Obrist im böhmischen Heer bis zur Schlacht am Weißen Berg, wechselte danach zur Kaiserlichen Armee, wo er Karriere machte.

Kriegsrat zu Rokizan] Im Oktober 1620 lagen sich die feindlichen kursächsischen, bayerischen und böhmischen Heere im südböhmischen Rockitzan gegenüber. Der Versuch Friedrichs, persönlich mit dem Bayerherzog Maximilian zu einem Ausgleich zu gelangen, scheiterte.

die kleine Affaire bei Rakonitz] Nach dem Treffen bei Rockitzan zogen die Heere nach Rackonitz, wo es zu Scharmützeln kam. Um der böhmischen Überlegenheit auszuweichen, entschlossen sich Tilly und Maximilian direkt auf Prag zu marschieren.

Dohna und Kratz] Christoph und Achatius von Dohna waren Mitarbeiter Christians von Anhalt am Pfälzischen Hof in Heidelberg. Christoph war 1616–1617 Abgesandter der Protestantischen Union in Prag, um die Kontakte zwischen Friedrich V. und den protestantischen Ständen Böhmens zu stärken. – Kratz biographisch nicht zu ermitteln. Ein Johann Kratz, Graf von Scharffenstein, war zwar Feldherr in dieser Zeit, aber für die Katholiken; er wechselte später zu den Protestanten und wurde 1635 deswegen hingerichtet. Der hier erwähnte Träger dieses Namens soll aber 1620 schon tot sein.

Fugger] Führender Offizier im kaiserlichen Heer, gefallen während des Scharmützels bei Rackonitz; weitere biographische Daten nicht zu ermitteln.

Aquaviva] Führender Offizier im kaiserlichen Heer, gefallen während des Scharmützels bei Rackonitz; weitere biographische Daten nicht zu ermitteln.

102 *Andreas von Habernfeld*] Arzt und Schriftsteller in Böhmen, Mitglied der Böhmischen Brüder, publizierte über die böhmischen Kriege, ging später in die Niederlande.

103 *Königin Elisabeth*] (1596–1622), Gattin Friedrichs von der Pfalz, einzige überlebende Tochter des englischen Königs Jakob (James) I. Berühmt für ihre Schönheit und Intelligenz.

111 *Schiurstuben*] Siehe Anm. zu S. 94.

Bothe Midroschim] Unkorrekte Pluralform zu Beth Midrasch (siehe unten Anm. zu S. 169).

113 *chanuko*] Hier: um die Zeit des Chanukafestes.

Jeschiwo] Siehe Anm. zu S. 76.

114 *Roschhaschono*] Hebr.: Kopf des Jahres; übertragen: jüdisches Neujahrsfest; es wird am Herbstbeginn am ersten und zweiten Tag des jüdischen Monats Tischri gefeiert und eröffnet die im Mittelpunkt des religiösen Jahres stehenden zehn Bußtage, die mit dem Versöhnungstag (Jom Kippur) schließen; siehe dazu auch oben Anm. zu S. 72. Am Neujahrstag, der auch als Schöpfungstag gilt, gedenkt Gott alles Geschaffenen und bestimmt die zukünftigen Lose der Menschen, er hält Gericht, und dadurch werden auch die Menschen durch den Ton des Schofars zu Buße und Besserung aufgerufen.

116 *Mamser*] Hebr.: Bastard, d. h. Kind einer verbotenen Ehe. Bezeichnet ein in Blutschande oder im Ehebruch gezeugtes Kind. Mamser und ihre Nachkommen dürfen nach dem Gesetz keine Ehen mit Juden eingehen, ansonsten sind sie dem vollberechtigten jüdischen Bürger gleichgestellt, d. h. ihr Zeugenrecht wird anerkannt, sie dürfen zur Tora aufgerufen werden und sind zur Einhaltung der religiösen Vorschriften verpflichtet.

122 *im Jülichschen*] Zur historischen Signifikanz des Herzogtums Jülich-Kleve siehe Anm. zu S. 126.

123 *Brandenburgisch oder kaiserlich*] Bezieht sich auf zwei der Hauptgegner im Jülich-Klevischen Erbfolgekrieg (siehe Anm. zu S. 126).

125 *Erzherzog Leopold*] (1586–1632), jüngerer Bruder von Kaiser Ferdinand II., Bischof von Passau und Straßburg, Führer der kaiserlichen Truppen im Jülich-Klevischen Erbfolgekrieg.

die Unirten] Die Armeen der Protestantischen Union (siehe Anm. zu S. 96).

126 *Jülich-Cleve'sche Erbfolgekrieg*] Nach dem Tod Johann Wilhelms, Herzogs von Jülich und Grafen von Ravensburg und der Mark am 25. März 1609 machten die lutheranischen Fürsten Johann Sigismund von Brandenburg und Philipp Ludwig, Herzog von Pfalz-Neuburg, Ansprüche auf dessen Nachfolge geltend. Da jedoch die Jülicher Stände und Johann Wilhelms Witwe Antoinette von Lothringen eine protestantische Nachfolge verhindern wollten und Kaiser Rudolf II. die Partei der Katholiken einnahm, entbrannte ein Konflikt, in den auch Frankreich und Großbritannien eingriffen. Nach einer zwischenzeitlichen Waffenruhe brach im Mai 1614 erneut Krieg aus, bei dem sich die Spanischen und die Vereinigten Niederlande als militärische Hauptwidersacher gegenüberstanden. Im Friedensschluß vom November 1614 erhielt Brandenburg Kleve und Mark, Jülich und Berg kamen an Pfalz-Neuburg (nachdem der Herzog Philipp Ludwig zum Katholizismus konvertiert war). Der Jülich-Klevische Erbfolgestreit gilt als Vorläufer des Dreißigjährigen Krieges.

Elsaßer Streitigkeiten] Die durch die Begründung der »Evangelischen Union« sowie der »Heiligen [katholischen] Liga« entstandene konfessionelle Lagerbildung wirkte sich auch auf das politisch und religiös ohnehin zerrissene Elsaß aus, da Straßburg sowie die Städte Weißenburg und Landau der Union, der Bischof von Straßburg sowie der Regent des österreichisch beherrschten Oberelsaß, Erzherzog Leopold von Habsburg, der katholischen Liga beitraten. Als Kaiser Rudolf II. die Verwaltung der unionsorientierten Ländereien Bischof Leopold von Straßburg übertrug und daraufhin die Heere der Union die bischöflichen Territorien überfielen, kam es im Sommer 1610 zu kriegerischen Auseinandersetzungen, die jedoch nach einer Weile beigelegt werden konnten. Die religiösen und politischen Spannungen zwischen den konfessionellen Lagern im Elsaß hielten jedoch weiter an.

Judenverfolgungen der Empörer Fettmilch, Gerngroß und Schopp] Als Fettmilch-Aufstand bekannte Plünderung der Judengasse in Frankfurt am Main und Vertreibung der Juden im August 1614. Ausgangspunkt der Revolte, die von dem Metzger Vincenz Fettmilch angeführt wurde, waren Auseinandersetzungen zwischen dem Frankfurter Stadtrat und den Zünften, die gegen ihren wirtschaftlichen Niedergang protestierten und anläßlich der Kaiserwahl von 1612 eine willkürliche Herabsetzung des Zinsfußes für die von den Juden gewährten Kredite forderten. Als diese Forderungen von der Obrigkeit abgelehnt wurden, geriet die jüdische Bevölkerung zunehmend in den Mittelpunkt der Agitation der Zünfte, als deren Höhepunkt Fettmilch und seine Anhänger schließlich das Judenviertel überfielen. Erst 1616 konnte die jüdische Bevölkerung unter kaiserlichem Schutz wieder in Frankfurt einziehen.

Der Pöbel in Worms] Anfang des 17. Jahrhunderts kam es in Worms zu Konflikten zwischen Bürgern und der patrizischen Stadtregierung. Den Juden wurde vorgeworfen, mit dem Patriziat zusammenzuarbeiten. Den Klagen der Zünfte über erhöhte Zinssätze der Juden wurde von Seiten des Rates kein Gehör geschenkt. Nachdem die Vermittlungsversuche des Kurfürsten Friedrichs IV. von der Pfalz erfolglos geblieben waren, wurden die Juden Ostern 1615 aus der Stadt vertrieben, die Synagoge beschädigt, die Judengasse geplündert und der Friedhof geschändet. Erst auf Druck des Kaisers konnten die Juden einige Jahre später nach Worms zurückkehren.

128 *Herzog von Savoyen*] Karl Emmanuel I. Herzog von Savoyen (1562–1630), als kleinerer Nachbar Frankreichs zunächst spanischer Alliierter, von Christian von Anhalt als Bundesgenosse der Protestantischen Union umworben. Ernst von Mansfeld erhielt 1617 die Erlaubnis, im Territorium der Protestantischen Union ein Regiment für den Herzog anzuwerben, um mit dessen Hilfe die von ihm kontrollierten Alpenpässe für spanische Hilfsaktionen zu sperren. Nachdem seine Hoffnungen auf die böhmische Königswürde oder gar die Kaiserkrone unerfüllt blieben, schloß er sich erneut dem katholischen Lager an.

131 *Mesuses*] Siehe Anm. zu S. 51.

133 *Styrum*] Hermann Otto Graf von Limburg-Styrum (1592–1644). Obwohl katholischer Herkunft und offiziell nie zum Protestantismus übergetreten, nahm er Partei für die Protestanten, so auch zu Beginn des Dreißigjährigen Krieges, wo er auf Seiten König Friedrichs in der Schlacht am Weißen Berg kämpfte. Später Parteigänger des Herzogs von Braunschweig. Seit den 1630er Jahren steile militärische und politische Karriere in den Generalstaaten (den Vereinigten Niederlanden).

134 *Schlemmersdorf*] Offizier in böhmischen Diensten; biographische Daten nicht zu ermitteln.

135 *Bornemissa*] eigentlich: Bornemisza. Ungarischer Reitergeneral in böhmischen Diensten; nähere biographische Daten nicht zu ermitteln.

139 *Lichtenstein*] Fürst Karl I. zu Lichtenstein (1569–1627), evangelisch geboren, konvertierte zum Katholizismus und wurde zu Beginn des Dreißigjährigen Krieges zu einem der einflußreichsten Staatsmänner am Habsburgischen Hof. Seit 1621 Statthalter und Vizekönig von Böhmen. Nach der Schlacht am Weißen Berg wurde er mit der Festnahme und Exekution der Anführer des böhmischen Aufstandes beauftragt.

Motol] Im 17. Jahrhundert kleine Ortschaft, heute Stadtteil im Westen von Prag.

140 *Graf Meggau*] Graf Helfried Ferdinand von Meggau, Offizier im bayerisch-kaiserlichen Heer, gefallen in der Schlacht am Weißen Berg am 8. November 1620; weitere biographische Daten nicht zu ermitteln.

Rechberg] Offizier im bayerisch-kaiserlichen Heer, gefallen in der Schlacht am Weißen Berg am 8. November 1620; weitere biographische Daten nicht zu ermitteln.

141 *Treffen von Netolitz*] Am 10. Juni 1619 wurden im südböhmischen Netolitz die böhmischen Truppen unter Peter Ernst von Mansfeld von den Kaiserlichen unter Boucquoi geschlagen.

144 *Tantalus*] Mythischer König von Lydien, von den Göttern für eine Freveltat damit bestraft, daß ihm Belohnung und Erquickung (Wasser) zwar zum Greifen nahe waren, aber dennoch ewig unerreichbar blieben.

147 *Rof*] Siehe Anm. zu S. 4: Raf/Rabbiner.

Pirke Aboth Cap. 2a] Siehe Anm. zu S. 86.

Balbos] Hebr. Hausvater (Haushaltungsvorstand).

Baal Milchomo] Hebr. Soldat.

148 *Rambam*] Abkürzung für Rabbi Moses ben Maimon (Maimonides), gilt als wichtigster jüdischer Philosoph und Kodifikator des Mittelalters. Geboren 1135 im spanischen Cordoba, erhielt er Unterricht in Talmud und Mathematik, später auch von arabischen Lehrern in Philosophie und Naturwissenschaften. Nach der Eroberung Cordobas durch die radikalen Almohaden wanderte Maimonides mit seiner Familie nach Marokko, später nach Palästina aus. Bereits zu Lebzeiten bedeutende rabbinische Autorität, Verfasser wichtiger religionsphilosophischer Werke.

Jad ha Chasaka] Hebr. starke Hand; andere Bezeichnung für eines der religionsphilosophischen Hauptwerke des Maimonides, den ca. 1180 fertiggestellten Gesetzeskodex *Mischne tora* (hebr.: zweite Lehre, bzw. Wiederholung der Lehre).

Ursprünglich verfaßt für den Privatgebrauch jener Leser, die rituelle Entscheidungen zu treffen haben, ohne über tiefgreifende Kenntnisse des Talmud zu verfügen. Maimonides vereinigte hier daher alle Resultate der schriftlich niedergelegten halachischen (religionsgesetzlichen) Literatur. Das Werk umfaßt jedoch nicht nur die Halacha, sondern auch Physik und Metaphysik. Auf diese Weise sollte ein festes Lehrgebäude des Judentums und zugleich ein wissenschaftliches Nationalwerk geschaffen werden, nicht zuletzt um auf diese Weise auch das Talmudstudium zu vereinfachen.

Jad ha Chasaka Iiure Biah Cap. 15, Hal. 19] Eigentlich »Issure Biah« (hebr.: verbotene geschlechtliche Beziehungen), Kap. 15, Hal[acha] (d. h. Gesetz) 19. Inhaltlich geht es hier um schwangere Frauen, die behaupten, das Kind sei nicht von ihrem Mann, bzw. um Väter, die ihre Vaterschaft bestreiten.

149 *Mischna in Horios*] Eigentlich: Horajot (hebr. Entscheidungen, Lehren); Name des zehnten und letzten Traktats der Mischna-Ordnung Nesikin, besteht aus drei Kapiteln und handelt von den religionsgesetzlichen Entscheidungen, die irrtümlich erfolgt sind und von den aus diesem Grund darzubringenden Sühneopfern.

Talmud Chochom] Talmudgelehrter.

151 *Elischa ben Abuja, Rabbi Meir's Lehrer*] Gelehrter im ersten bzw. zweiten Jahrhundert n. d. Z., Zeitgenosse von Rabbi Akiba, galt als einer der größten Kenner des Religionsgesetzes seiner Zeit, bis er vom Gesetz abwich, Freidenker wurde, sich abfällig über das Torastudium äußerte und von seinen Zeitgenossen als Apostat verdammt wurde. Lediglich sein Schüler Rabbi Meir wandte sich nicht von ihm ab und versuchte ihn Zeit seines Lebens zur Umkehr zu bewegen.

Talmud Traktat Chagiga 15. a] Siehe oben Anm. zu S. 6.

152 *Schma Jisroel*] Hebr.: Höre Israel, jüdisches Glaubensbekenntnis, abgeleitet von Deut. Kap. 6, Vers 4: »Höre Israel! Jawhe, unser Gott, Jahwe ist einzig«.

154 *secher Zadik liwrocho*] Hebr.: Das Andenken des Gerechten ist zum Segen. Ist eine der häufigsten Segensformeln bei der Erwähnung von Verstorbenen (ein alter jüdischer Brauch verlangt, daß bei Nennung des Namens eines verstorbenen Frommen sein Andenken durch eine solche Formel gesegnet werde), diese wird meist gebraucht (in Wort und Schrift) bei der Nennung bedeutender Gelehrter und Frommer.

fürchterlichen blutigen Judenverfolgungen] Nach dem Ausweisungsedikt von 1492 in Spanien und der portugiesischen Zwangskonversion von 1497 war es unmöglich, offen als Jude auf der iberischen Halbinsel zu leben. Es entstand in den folgenden Jahrzehnten und Jahrhunderten eine große Gruppe von Scheinchristen, sogenannten Marranos, die in ständiger Gefahr der Entdeckung und Verfolgung durch die Inquisition lebte. Im 19. Jahrhundert wurde die Leidensgeschichte der Marranen als Stoff für die neu entstehende deutsch-jüdische Literatur wiederentdeckt.

Berberei] Hier das islamische Nordafrika, Marokko.

158 *Aron hakodesch*] Hebr. Heilige Lade; Bezeichnung für den Toraschrein, d. h. Schrein zum Aufbewahren der Torarollen; repräsentiert in der Synagoge symbolisch das Allerheiligste.

160 *Talm. Tract. Sota 47 b.*] Siehe Anm. zu S. 6.

169 *Bes hamidrosch*] Eigentlich Bet hamidrasch (hebr. Haus des Studiums), ein neben der Synagoge in der Gemeinde vorhandenes Bethaus, in dem sich erwachsene Personen vor und nach den Gebetszeiten gemeinsam mit der Bibel, dem Talmud, den Midraschim und den Religionskodizes beschäftigen; zu diesem Zweck ist in jedem Bet hamidrasch eine Büchersammlung vorhanden.

176 *Talmud. Tract. Bowe Mozia, 58. b.*] Siehe Anm. zu S. 73.

184   *Bohuslaw Berka*] Eigentlich: Bohuchval (Gottlieb) Berka von Duba, 1618 Direktor
       der böhmischen Stände, 1621 zum Verlust seiner Güter und zum Tode verurteilt.
       Raupowa] Siehe Anm. zu S. 97.
185   *Wilhelm von Lobkowitz*] Bis 1620 Vertreter der böhmischen Stände; weitere
       biographische Daten nicht zu ermitteln.
       Aschkenes] Seit talmudischer Zeit wird die Bezeichnung für Germanien ver-
       wendet, daher auch die Bezeichnung Aschkenasim für die in Deutschland sowie
       die in Mittel- und Osteuropa lebenden Juden, meist auch verwendet zur Unter-
       scheidung der Sephardim, d. h. der in Mittel- und Südwesteuropa lebenden jü-
       dischen Bevölkerung.

Danksagung

Die Herausgeber danken Tracy Keogh und Fiona Cummins (Dublin) für ihre Unterstützung bei den Schreib- und Korrekturarbeiten auf sprachlich doppelt fremdem Terrain. Zu danken ist weiterhin Ran HaCohen (Tel Aviv) für seine Hilfe bei der Übersetzung und Erläuterung von zahlreichen hebräischen und jüdisch-deutschen Begriffen. Die Drucklegung dieses Bandes wurde durch einen ›Publication Grant‹ der National University of Ireland, Maynooth, und des Humanities Institutes of Ireland (UCD) unterstützt.